智慧城市

大数据与人工智能

李 林 编著

东南大学出版社
·南京·

内容提要

本书从智慧城市总体规划、建设目标、原则、体系及应用入手,介绍了智慧城市大数据与人工智能的数据中心、资源管理、交换与共享、系统开发、数据库设计、数据挖掘、可视化、人工智能、深度学习、神经网络及应用、区块链技术等,最后介绍了"城市智慧大脑"案例的实践和应用。

本书可作为高等院校、科研院所和企事业单位从事智慧城市建设、大数据、人工智能等信息工程的技术人员的参考书,也可为政府和有关管理部门制定相关政策提供科学参考。

图书在版编目(CIP)数据

智慧城市大数据与人工智能 / 李林编著. —南京:东南大学出版社,2020.6(2023.1重印)
 ISBN 978-7-5641-8961-7

Ⅰ.①智… Ⅱ.①李… Ⅲ.①数据处理-应用-现代化城市-城市建设-研究②人工智能-应用-现代化城市-城市建设-研究 Ⅳ.①C912.81-39

中国版本图书馆 CIP 数据核字(2020)第 112721 号

智慧城市大数据与人工智能
Zhihui Chengshi Dashuju Yu Rengong Zhineng

编　著　李　林

出版发行	东南大学出版社
社　　址	南京市四牌楼2号　邮编:210096
出 版 人	江建中
责任编辑	施　恩
网　　址	http://www.seupress.com
电子邮箱	press@seupress.com
经　　销	全国各地新华书店
印　　刷	苏州市古得堡数码印刷有限公司
版　　次	2020年6月第1版
印　　次	2023年1月第2次印刷
开　　本	787 mm×1 092 mm　1/16
印　　张	23.75
字　　数	590 千
书　　号	ISBN 978-7-5641-8961-7
定　　价	98.00 元

本社图书若有印装质量问题,请直接与营销部联系。电话(传真):025-83791830

人工智能技术集成创新体系研究

代前言

人工智能技术是新一轮科技革命和产业变革的重要驱动力量,加快发展新一代人工智能是事关能否抓住新一轮科技革命和产业变革机遇的战略思维问题。通过发展新一代人工智能,促进其同经济社会发展深度融合,从而推动我国新一代人工智能技术的健康发展。人工智能技术集成创新体系研究的重点是云计算、区块链、物联网、大数据、人工智能等新一代信息技术的集成创新,对经济发展、社会进步、高质量发展等方面具有重大而深远的意义。发展人工智能技术集成创新和深度融合应用是赢得科技竞争主动权的重要战略思维,是推动科技跨越发展、产业优化升级、生产力整体跃升的重要战略资源。

人工智能具有多学科综合、高度复杂的特征。通过人工智能技术集成创新体系研究,统筹谋划,协同创新,稳步推进,以增强原创能力作为重点,以关键核心技术为主攻方向,夯实新一代人工智能发展的基础。通过人工智能技术集成创新体系基础理论研究,学习和研究人工智能科技前沿的"无人区",努力在人工智能发展方向和理论、方法、工具、系统等方面取得变革性、颠覆性突破,确保人工智能在新型智慧城市涉及政务、民生、治理、经济等领域的深度融合应用的研究走在前面、关键核心技术的集成创新占领制高点。重点研究人工智能关键核心技术,以问题为导向,全面增强人工智能科技创新能力,建立新一代人工智能技术集成创新体系,确保人工智能关键核心技术牢牢掌握在我们自己的手里。

人工智能技术集成创新体系研究是以新一代信息技术的集成创新和深度融合应用为基础。紧紧围绕经济社会发展需求,充分发挥新型智慧城市所产生的海量数据和巨大市场应用规模的优势,以需求导向、市场拓展的科技发展路径,积极创新人工智能技术集成创新的产品和服务,实现人工智能技术集成创新的产业化,形成科技创新和产业应用互相促进的可持续发展。

人工智能技术集成创新体系研究的重点,以"新经济"推动高质量发展为导向。国家授予浙江省、河北省(雄安新区)、福建省、广东省、重庆市、四川省六个试点省市"国家数字经济创新发展试验区",与"新经济"高质量发展遥相呼应,是发展以数字经济为代表的"新经济"的重要部署,彰显了以"新经济"助推高质量发展的方向。"新经济"则是以互联网、知识经济、新一代信息技术为代表,以满足社会民生需求为核心的新产业、新技术、新产品和新商业模式。从根本上讲"新经济"的出现主要得益于云计算、区块链、物联网、大数据、人工智能等新一代信息技术革命性的推进,是人类经济发展史中前所未有的科技型、创新型经济。"新经济"可分成四种具体形态,即:数字经济、智能经济、共享经济和体验经济。把握新一代人工智能发展的特点,通过人工智能与经济和产业的高度融合发展,为高质量发展提供新动能。围绕建设现代化数字经济体系,以供给侧结构性改革为主线,通过人工智能技术集成创新体系研究,发挥人工智能在新一代信息技术集成创新中的重要作用。构建数据驱动、人机协同、跨界融合、共创分享的智能经济形态,充分发挥人工智能在产业升级、产品开发、服务创新等方面的技术优势。通过人工智能与经济和产业的深度融合应用,以人工智能技术集成创新推动各产业变革,在中高端消费、创新引领、绿色低碳、数字经济、共享经济、现代供应链、人力资本服务等领域培育新增长点、形成新动能。推动智能化信息基础设施建设,提升传统基础设施智能化水平,形成适应"新经济"、智能社会需要的基础设施体系。

人工智能技术集成创新体系研究的重点,以人工智能同保障和改善民生的深度融合应用为出发点。从保障和改善民生、创造美好生活的需要出发,推动人工智能在民生日常工作、学习、生活中的深度运用,创造更加智能的工作方式和生活方式。以民生领域的突出矛盾和难点,以及涉及人工智能在教育、医疗卫生、体育、住房、交通、助残养老、家政服务等领域的深度应用,创新智能服务体系。通过人工智能与社会治理的深度融合应用集成创新研究,开发适用于政府服务和决策的人工智能系统,实现政务信息资源整合和公共需求精准预测,推进智慧城市建设,运用人工智能提高公共服务和社会治理水平。

人工智能技术集成创新体系研究,就是将新一代信息技术与人工智能技术进行深度融合和集成创新。通过智慧城市、大数据、人工智能"三位一体"的深度融合应用,实现新型智慧城市在政务、民生、治理、经济的全领域、全社会、全行业可持续发展的"新经济"高质量发展的战略思维。

李 林

2019 年 12 月 20 日

目 录

第1章 智慧城市概论 ··· 1
  1.1 智慧城市基本概念 ··· 1
    1.1.1 智慧城市基本概念 ·· 1
    1.1.2 智慧城市建设范围 ·· 2
    1.1.3 智慧城市建设指导思想 ·· 5
    1.1.4 智慧城市评价指标 ·· 9
    1.1.5 智慧城市建设历程与存在问题 ······································· 13
  1.2 智慧城市系统工程方法论 ··· 14
    1.2.1 系统工程原理 ··· 14
    1.2.2 系统工程方法论 ·· 18
    1.2.3 智慧城市复杂巨系统 ·· 23
    1.2.4 智慧城市框架体系结构 ·· 25
    1.2.5 智慧城市系统集成 ·· 30

第2章 智慧城市总体规划 ·· 34
  2.1 智慧城市总体规划目标与原则 ··· 34
    2.1.1 智慧城市总体规划目标 ·· 34
    2.1.2 智慧城市总体规划原则 ·· 35
    2.1.3 智慧城市新技术应用 ··· 38
  2.2 智慧城市框架体系规划标准 ·· 41
    2.2.1 智慧城市业务架构规划标准 ·· 41
    2.2.2 智慧城市数据架构规划标准 ·· 42
    2.2.3 智慧城市应用架构规划标准 ·· 42
    2.2.4 智慧城市基础设施架构规划标准 ································· 42
    2.2.5 智慧城市安全体系规划标准 ·· 42
    2.2.6 智慧城市标准体系规划标准 ·· 43
    2.2.7 智慧城市产业体系规划标准 ·· 43
  2.3 智慧城市架构规划 ··· 43
    2.3.1 智慧城市总体架构规划 ·· 43
    2.3.2 智慧城市业务架构规划 ·· 45
    2.3.3 智慧城市数据架构规划 ·· 46

	2.3.4	智慧城市网络架构规划 ······································	47
	2.3.5	智慧城市系统集成架构规划 ···································	48
	2.3.6	智慧城市应用架构规划 ······································	48
	2.3.7	智慧城市逻辑架构规划 ······································	49
	2.3.8	智慧城市接口架构规划 ······································	50
	2.3.9	智慧城市基础设施架构规划 ···································	51
2.4	智慧城市体系规划 ···		52
	2.4.1	智慧城市安全体系规划 ······································	52
	2.4.2	智慧城市标准体系规划 ······································	53
	2.4.3	智慧城市信息与数据体系规划 ·································	54
	2.4.4	智慧城市管理与运行体系规划 ·································	54
	2.4.5	智慧城市产业体系规划 ······································	55
	2.4.6	智慧城市架构与体系规划特点 ·································	56
2.5	智慧城市总体规划编制指南 ······································		58
	2.5.1	智慧城市总体规划阶段与步骤 ································	58
	2.5.2	智慧城市顶层规划 ··	58
	2.5.3	智慧城市专项规划 ··	59
	2.5.4	智慧城市工程设计 ··	59
	2.5.5	智慧城市系统工程项目实施 ···································	59
2.6	智慧城市区块链集成创新与深度融合应用 ······························		59
	2.6.1	区块链基本概念 ··	59
	2.6.2	分布式架构与集中式架构 ····································	61
	2.6.3	区块链技术集成创新 ··	63
	2.6.4	区块链＋新型智慧城市深度融合应用 ···························	67
	2.6.5	新型智慧城市区块链总体架构 ································	68
	2.6.6	新型智慧城市区块链云平台技术结构 ···························	69
	2.6.7	新型智慧城市区块链底层技术服务结构 ·························	72
	2.6.8	新型智慧城市区块链分布式节点结构 ···························	74
	2.6.9	新型智慧城市区块链云平台实现功能 ···························	75
	2.6.10	新型智慧城市区块链深度融合应用特点 ·······················	77
2.7	智慧城市"运营管理中心"专项规划 ································		78
	2.7.1	智慧城市"运营管理中心"建设需要 ···························	78
	2.7.2	智慧城市"运营管理中心"建设内容 ···························	78
	2.7.3	智慧城市"运营管理中心"技术应用 ···························	79
	2.7.4	智慧城市"运营管理中心"组成 ·······························	80
	2.7.5	智慧城市"运营管理中心"可视化展现功能 ······················	84
	2.7.6	智慧城市"领导桌面"可视化展现功能 ·························	85

第3章 智慧城市大数据 ……………………………………………………………… 88

3.1 智慧城市大数据建设目标 ……………………………………………………… 88
3.1.1 智慧城市大数据基本概念 ………………………………………………… 88
3.1.2 智慧城市大数据总体要求 ………………………………………………… 89
3.1.3 以信息互联与数据共享为目标 …………………………………………… 90
3.1.4 以综合治理与民生服务大数据应用为目标 ……………………………… 91
3.1.5 以支撑行业管理与服务大数据应用为目标 ……………………………… 91

3.2 智慧城市大数据建设原则 ……………………………………………………… 92
3.2.1 智慧城市大数据建设总体原则 …………………………………………… 92
3.2.2 统一大数据管理与应用原则 ……………………………………………… 93
3.2.3 统一大数据标准 …………………………………………………………… 93
3.2.4 统一大数据体系结构 ……………………………………………………… 94
3.2.5 统一大数据开发和部署 …………………………………………………… 94

3.3 智慧城市大数据应用分类 ……………………………………………………… 95
3.3.1 大数据采集与传输 ………………………………………………………… 95
3.3.2 大数据导入与处理 ………………………………………………………… 96
3.3.3 大数据抽取与加工 ………………………………………………………… 96
3.3.4 大数据挖掘与智能分析 …………………………………………………… 96

3.4 智慧城市大数据技术应用 ……………………………………………………… 97
3.4.1 大数据资源管理技术应用 ………………………………………………… 97
3.4.2 大数据交换与共享技术应用 ……………………………………………… 97
3.4.3 大数据存储技术应用 ……………………………………………………… 98
3.4.4 大数据挖掘与分析展现技术应用 ………………………………………… 98
3.4.5 大数据人工智能（AI）技术应用 ………………………………………… 98
3.4.6 大数据可视化技术应用 …………………………………………………… 101
3.4.7 大数据安全技术应用 ……………………………………………………… 101

3.5 智慧城市大数据体系规划 ……………………………………………………… 102
3.5.1 智慧城市大数据体系架构 ………………………………………………… 102
3.5.2 智慧城市城市级大数据库 ………………………………………………… 103
3.5.3 智慧城市行业级主题数据库 ……………………………………………… 105
3.5.4 智慧城市业务级应用数据库 ……………………………………………… 106

3.6 智慧城市大数据资源中心 ……………………………………………………… 107
3.6.1 大数据资源中心设计 ……………………………………………………… 107
3.6.2 大数据资源中心机房设计 ………………………………………………… 108

第4章 智慧城市大数据开发与应用 ……………………………………………… 110

4.1 智慧城市大数据资源管理 ……………………………………………………… 110
4.1.1 大数据资源管理概述 ……………………………………………………… 110

4.1.2　元数据采集 ·· 111
　　　4.1.3　元数据服务器 ·· 112
　　　4.1.4　元数据网关 ·· 113
　　　4.1.5　元数据查询 ·· 113
　　　4.1.6　数据编码管理 ·· 114
　　　4.1.7　数据交换管理 ·· 117
　4.2　智慧城市大数据交换与共享 ·· 120
　　　4.2.1　大数据交换与共享概述 ·· 120
　　　4.2.2　数据交换与共享基础构件 ·· 123
　　　4.2.3　信息资源目录结构 ··· 130
　　　4.2.4　共享交换体系 ·· 131
　　　4.2.5　数据交换功能 ·· 132
　　　4.2.6　应用集成功能 ·· 139
　4.3　智慧城市大数据存储与分析展现 ··· 145
　　　4.3.1　大数据存储与分析展现概述 ·· 145
　　　4.3.2　数据加工管理 ·· 148
　　　4.3.3　空间数据采集 ·· 150
　　　4.3.4　数据应用分析 ·· 153
　　　4.3.5　数据展示 ··· 156
　4.4　智慧城市大数据资源共享与分析 ··· 159
　　　4.4.1　大数据资源共享现状分析 ·· 159
　　　4.4.2　大数据资源共享存在问题与对策 ··· 160
　　　4.4.3　大数据资源共享保障机制分析 ··· 163
　　　4.4.4　大数据资源共享策略与方法分析 ··· 165
　　　4.4.5　大数据资源共享运作流程分析 ··· 169
　　　4.4.6　大数据资源分类与共享分析 ·· 171
　4.5　智慧城市大数据资源管理策略与方法 ·· 174
　　　4.5.1　"数据孤岛"的形成与分析 ·· 174
　　　4.5.2　大数据资源管理存在问题分析 ··· 178
　　　4.5.3　基于"信息栅格"大数据资源管理策略 ·································· 179
　　　4.5.4　基于"信息栅格"大数据资源管理方法 ·································· 180
　　　4.5.5　资源的注册与发现 ··· 180
　　　4.5.6　资源的监测与发现 ··· 181
　　　4.5.7　资源发现分布式P2P互联结构的特点 ·································· 182
　　　4.5.8　智慧城市大数据资源管理策略 ··· 182
　　　4.5.9　智慧城市大数据资源服务元数据 ··· 183
　4.6　智慧城市大数据系统开发 ·· 184
　　　4.6.1　大数据系统开发原则 ··· 184

4.6.2　大数据共享与系统集成 ·················· 186
　　4.6.3　数据采集任务系统 ······················ 187
　　4.6.4　目录资源信息检索系统 ·················· 190
　　4.6.5　目录资源信息发布系统 ·················· 191
　　4.6.6　业务综合数据资源服务系统 ·············· 192
　　4.6.7　信息实时发布系统 ······················ 193
4.7　智慧城市大数据库设计 ·························· 194
　　4.7.1　大数据库设计概述 ······················ 194
　　4.7.2　大数据库组织形式 ······················ 195
　　4.7.3　大数据库技术设计 ······················ 196
　　4.7.4　智慧城市电子政务基础数据库 ············ 197
　　4.7.5　智慧城市人口基础数据库 ················ 198
　　4.7.6　智慧城市法人基础数据库 ················ 199
　　4.7.7　智慧城市地理空间基础数据库 ············ 199
　　4.7.8　智慧城市综合管理主题数据库 ············ 200
　　4.7.9　智慧城市空间可视化主题数据库 ·········· 201
　　4.7.10　智慧城市数字城管主题数据库 ············ 202
　　4.7.11　智慧城市基础设施主题数据库 ············ 203
　　4.7.12　智慧城市应急指挥主题数据库 ············ 204
　　4.7.13　智慧城市安全生产主题数据库 ············ 205
　　4.7.14　智慧城市重点目标主题数据库 ············ 205
　　4.7.15　智慧城市突发事件主题数据库 ············ 206
　　4.7.16　智慧城市运行态势主题数据库 ············ 207
　　4.7.17　智慧城市诚信系统主题数据库 ············ 207
　　4.7.18　智慧城市公共服务主题数据库 ············ 208
　　4.7.19　智慧城市医疗卫生主题数据库 ············ 208
　　4.7.20　智慧城市市民卡主题数据库 ·············· 209

第5章　智慧城市大数据与人工智能应用 ················ 210
5.1　数据与信息 ···································· 210
　　5.1.1　数据与信息关系 ·························· 210
　　5.1.2　数据流与信息流 ·························· 211
　　5.1.3　信息集成与数据共享 ······················ 217
　　5.1.4　数据服务模型 ···························· 220
　　5.1.5　数据服务应用 ···························· 222
5.2　数据挖掘 ······································ 225
　　5.2.1　数据挖掘概念 ···························· 225
　　5.2.2　数据预处理 ······························ 226

5.2.3　数据分析 ·· 228
　　　5.2.4　大数据环境下的数据挖掘 ······························ 230
　　　5.2.5　智慧城市大数据挖掘基本方法与复杂性 ·················· 232
　　　5.2.6　基于"信息栅格"大数据关联规则与挖掘 ················ 234
　5.3　数据可视化 ·· 236
　　　5.3.1　数据可视化概念 ·· 236
　　　5.3.2　智慧城市大数据可视化原理 ······························ 237
　　　5.3.3　智慧城市大数据可视化界面设计 ·························· 239
　　　5.3.4　智慧城市大数据可视化集成与分析展现 ···················· 242
　　　5.3.5　智慧城市大数据可视化集成平台功能 ······················ 247
　5.4　人工智能 ·· 248
　　　5.4.1　人工智能概念 ·· 248
　　　5.4.2　人工智能技术 ·· 248
　　　5.4.3　人工智能在智慧城市中的应用 ···························· 253
　5.5　深度学习 ·· 258
　　　5.5.1　深度学习概念 ·· 259
　　　5.5.2　深度学习方法 ·· 260
　　　5.5.3　深度学习过程 ·· 262
　　　5.5.4　深度学习算法特点 ······································ 263
　　　5.5.5　机器学习 ·· 264
　　　5.5.6　机器深度学习一体机 ···································· 265
　5.6　神经网络 ·· 267
　　　5.6.1　神经网络概念 ·· 268
　　　5.6.2　神经网络特点 ·· 269
　　　5.6.3　神经网络主流模型 ······································ 271
　　　5.6.4　神经网络主流算法 ······································ 273
　5.7　智慧城市大数据人工智能应用 ···································· 275
　　　5.7.1　智慧城市大数据结构化体系 ······························ 275
　　　5.7.2　智慧城市大数据人工智能应用 ···························· 277
　5.8　智慧城市大数据卷积神经网络应用 ································ 278
　　　5.8.1　智慧城市大数据特征表示方法与算法模型 ·················· 278
　　　5.8.2　智慧城市大数据特征提取的主要方法 ······················ 281
　　　5.8.3　卷积神经网络原理 ······································ 283
　　　5.8.4　智慧城市大数据卷积神经网络应用原理与架构 ·············· 284
　　　5.8.5　智慧城市大数据卷积神经网络深度学习方法 ················ 286
　　　5.8.6　智慧城市大数据卷积神经网络深度学习步骤 ················ 289
　　　5.8.7　智慧城市大数据人工智能应用案例介绍 ···················· 295

第6章 "城市智慧大脑"案例 ································ 296

6.1 新型智慧城市创新建设模式 ································ 296
6.1.1 建设新型智慧城市一体化信息基础设施 ················ 296
6.1.2 集成已建业务信息系统 ································ 298
6.1.3 进行大数据开发应用 ·································· 298
6.1.4 创新"三租云服务"模式 ······························ 298

6.2 新型智慧城市云平台规划设计 ································ 300
6.2.1 新型智慧城市云平台总体架构 ························ 300
6.2.2 新型智慧城市云平台总体技术路线 ···················· 300
6.2.3 新型智慧城市云平台业务支撑系统 ···················· 302
6.2.4 新型智慧城市云平台资源层 ·························· 304
6.2.5 新型智慧城市云平台接入层 ·························· 305
6.2.6 新型智慧城市云平台管理层 ·························· 307
6.2.7 新型智慧城市云平台应用层 ·························· 307
6.2.8 新型智慧城市云平台系统集成技术特点 ················ 308

6.3 粤桂新型智慧城市创新建设实施方案 ···························· 308
6.3.1 建设云平台信息基础设施 ···························· 309
6.3.2 建设本地化"运营管理中心" ························ 310
6.3.3 部署本地"可视化集成云平台"及线下运行"虚拟机" ······ 310

6.4 粤桂新型智慧城市"城市智慧大脑"功能 ························ 312
6.4.1 粤桂新型智慧城市"城市智慧大脑"总体功能 ············ 313
6.4.2 粤桂新型智慧城市"城市智慧大脑"分项功能 ············ 313
6.4.3 粤桂新型智慧城市"城市智慧大脑"可视化展现 ·········· 316

6.5 "城市智慧大脑"技术应用 ································ 317
6.5.1 综合信息集成展现技术应用 ·························· 317
6.5.2 监控与管理技术应用 ································ 317
6.5.3 大屏幕显示控制技术应用 ···························· 317

6.6 "城市智慧大脑"可视化分析展现界面设计 ······················ 318
6.6.1 可视化分析展现界面总体设计 ························ 318
6.6.2 综合信息分析可视化展现设计 ························ 318
6.6.3 大数据分析可视化展现设计 ·························· 319

6.7 "城市智慧大脑"可视化集成平台技术方案 ······················ 320
6.7.1 可视化集成平台概述 ································ 320
6.7.2 可视化集成平台界面设计 ···························· 321
6.7.3 可视化界面展现模式 ································ 326
6.7.4 可视化大屏幕分析展现场景 ·························· 326
6.7.5 "城市智慧大脑"工作座席设计 ······················ 328
6.7.6 计算机系统软件配置要求 ···························· 333

  6.7.7 "网络融合与安全中心"可视化运行管理展示界面 …………… 333
  6.7.8 "大数据资源中心"可视化运行管理展示界面 ……………… 333
  6.7.9 "公共信息一级平台"可视化运行管理展示界面 …………… 334
  6.7.10 "大数据资源中心"大数据分析展现界面 ………………… 335
 6.8 《新型智慧城市"信息栅格"操作系统》技术创新与特点 …………… 335
  6.8.1 《新型智慧城市"信息栅格"操作系统》创新与特点 ………… 336
  6.8.2 新型智慧城市系统集成模式创新与特点 …………………… 337
  6.8.3 新型智慧城市系统集成软件体系创新与特点 ……………… 340
  6.8.4 新型智慧城市系统集成组件封装技术创新与特点 ………… 342
  6.8.5 新型智慧城市系统集成可视化界面创新与特点 …………… 343

附录 …………………………………………………………………………… 345
 附录1 智慧城市可视化集成平台功能一览表 …………………………… 345
 附录2 智慧城市可视化大数据构成与内容一览表 ……………………… 347
 附录3 智慧城市行业元数据及数据类一览表 …………………………… 350

参考文献 ……………………………………………………………………… 367

第 1 章　智慧城市概论

1.1　智慧城市基本概念

1.1.1　智慧城市基本概念

智慧城市有狭义和广义两种理解。狭义上的智慧城市概念指的是以物联网为基础，通过物联化、互联化、智能化方式，让城市中各个功能彼此协调运作，以智慧技术高度集成、智慧产业高端发展、智慧服务高效便民为主要特征的城市发展新模式，其本质是更加透彻的感知、更加广泛的互联、更加集中和更有深度的计算，为城市的管理与服务运行植入智慧的基因。广义上的智慧城市是指以"发展更科学，管理更高效，社会更和谐，生活更美好"为目标，以自上而下、有组织的信息网络体系为基础，使得整个城市具有较为完善的感知、认知、学习、成长、创新、决策、调控能力和行为意识的一种新型城市的新常态。

智慧城市建设实质上就是实现国家信息化在一个城市中的具体体现。中共中央办公厅、国务院办公厅颁发的《2006—2020 年国家信息化发展战略》文件中指出："信息化是当今世界发展的大趋势，是推动经济社会变革的重要力量。大力推进信息化，是覆盖我国现代化建设全局的战略举措，是贯彻落实科学发展观、全面建设小康社会、构建社会主义和谐社会和建设创新型国家的迫切需要和必然选择。"

中共中央、国务院颁发的《国家新型城镇化规划（2014—2020 年）》指出："推进智慧城市建设，统筹城市发展的物质资源、信息资源和智力资源利用，推动物联网、云计算、大数据等新一代信息技术创新应用，实现与城市经济社会发展深度融合。强化信息网络、数据中心等信息基础设施建设。促进跨部门、跨行业、跨地区的政务信息共享和业务协同，强化信息资源社会化开发利用，推广智慧化信息应用和新型信息服务，促进城市规划管理信息化、基础设施智能化、公共服务便捷化、产业发展现代化、社会治理精细化。增强城市要害信息系统和关键信息资源的安全保障能力。"

随着信息化在我国国民经济和社会各领域的应用效果日渐显著，政府信息化以智慧政府内外网建设促进政府的管理创新，实现网上办公、业务协同、政务公开。农业信息服务体系不断完善，应用信息技术改造传统产业不断取得新的进展，数字技术应用大大提升了城市信息化在市政、城管、交通、公共安全、环境、节能、基础设施等方面现代化的综合管理水平。社会信息化在科技、教育、文化、医疗卫生、社会保障、环境保护、智慧社区，以及电子商务与现代物流等领域发展势头良好。产业信息化在新能源、交通运输、冶金、机械和化工等行业的信息化水平逐步提高。传统服务业向现代服务业转型的步伐加快，信息服务业蓬勃兴起。

金融信息化推进了金融服务创新,现代化金融服务体系初步形成。

智慧城市的基本理念是:在一个城市中将政府信息化、城市信息化、社会信息化、产业信息化"四化"融为一体,通过网络化、物联化、智能化技术应用,整合整个城市所涉及的综合管理与公共服务信息资源,包括地理环境、基础设施、自然资源、社会资源、经济资源、教育资源、旅游资源和人文资源等,以数字化的形式进行采集和获取,并通过智慧城市大平台和大数据进行统一的存储、优化、管理、展现、应用。实现城市综合管理和公共服务信息的互联互通、数据共享交换、业务功能协同。为科学化建设新型城镇、促进智慧城市和信息消费,建设美丽城市、智慧城市、可持续发展城市提供强而有力的手段和支撑。

1.1.2 智慧城市建设范围

1) 智慧政府

我国智慧城市的建设始于政府信息化。智慧政府的核心是电子政务内外网和公共协同服务平台的建设,其目的就是通过电子政务促进政府管理的改革和创新。政府管理创新从本质来讲就是以国家之力来推动我国政府信息化建设,以提高我国政府的管理能力和服务能力,提升国家在国际社会中的竞争力。从这个意义上讲,推动电子政务促进政府管理创新,促进政府信息化建设意义重大。

智慧城市实施智慧政府信息化应以网上行政审批、网上电子监察、网上绩效考核为突破口,以建设电子政务外网为基础,以在一个城市范围内建立政府公共服务体系为目标,重点实现政府各业务单位和部门之间的信息互联互通与数据共享,以此来大力推进政府信息化的建设和发展。

实现智慧政府信息化的重大意义是:

① 推动政府信息化,可以促进我国的改革开放和加快我国经济更好地与世界经济融为一体。通过构建政府信息化,推动电子政务,改变政府管理机制,提高政府管理的透明度、公开性,提高政府管理的效率等,可以使政府管理存在的问题得到更多解决,这对提升政府管理水平和服务能力,对政府管理适应我国改革开放带来的一系列的挑战意义重大。

② 通过推动政府信息化构建电子政府,可以提高政府决策的科学性、及时性、有效性,从而减少大量的重复建设,减少大量的财政资金浪费,这对于政府管理意义重大。

③ 通过推动政府信息化构建电子政府,可以真正提高公共服务的质量,提高政府的服务水平,增强政府的服务能力,促进管理型政府向服务型政府的转化。推动政府信息化,给企业、公众在网上提供一站式的服务、在线服务,不仅可以大大地减少政府的办事时间,而且能够提高它的公开性、透明度,这对于改善政府的公共服务、改善政府和公众的关系、提升政府的形象意义重大。

④ 通过推动政府信息化、打造电子政府,可以实现资源共享,降低政府的行政管理成本。电子政务的核心就是:信息互联互通,数据和资源共享,网络融合,管理与服务协同。通过对信息的有效管理、高效处理,提高信息资源的共享程度,可以给国家降低大量的管理费用和节省人力。

⑤ 通过推动政府信息化,构建电子政府,能够提高公务人员的整体素质。增强政府信息化、电子政务的支持,开阔视野,改变观念,提高信息化技能,这对提高我国政府公务员的整体素质具有深远意义。

2) 智慧治理

智慧城市治理就是应用现代技术手段建立统一的城市综合治理平台，充分利用信息资源，实现科学、严格、精细和长效管理的新型城市现代化管理模式。目前智慧城市管理已经从前几年的"数字城管"扩大到一个城市综合治理"大城管"的概念，涵盖了城市的市政管理、市容管理、公共安全管理、交通管理、公共及基础设施管理、水电煤气供暖管理、城市"常态"下事件的处理和"非常态"下事故的应急处置与指挥等。实行智慧城市管理后，城市的每一个管理要素和设施都将有自己的数字身份编码（物联网），并被纳入到整个智慧城市综合管理平台数据库中。智慧城市综合管理平台通过监控、信息集成、呼叫中心等数字化技术应用手段，在第一时间内将城市管理下的"常态"和"非常态"各类信息传送到城市综合监督与管理中心，从而实现对城市运行的实时监控和科学化与现代化的管理。

智慧城市实施城市信息化以数字城管为起点，以建设城市级综合监控与管理信息中心为基础，重点实现城市在市政、城管、交通、公共安全、环境、节能、基础设施等方面信息的互联互通与数据共享。以在一个城市范围内建立数字化与智能化的城市综合管理体系为目标，以此来大力推进城市信息化的建设和发展。

实现智慧城市治理信息化的重大意义是：

① 智慧城市管理代表了现代城市管理的发展方向。随着经济、社会的发展，城市管理必然要从过去那种粗放式管理走向精细化管理；从过去的行政管理转型到依法管理；从过去那种临时性、突击性的"堵漏洞式"的管理转到常态的、经常性的长效管理；从过去那种被动地处理转到主动地去发现问题和解决问题。要达到上述目的，就必须推进智慧城市治理，真正使政府治理城市及处理问题的能力从低效迟钝转向高效廉洁。这样就避免了各部门间推诿扯皮、多头管理等"政府失灵"的问题，进一步强化政府的社会管理和公共服务职能。可以说，数字化管理是建立城市管理长效机制的必经之路。

② 智慧城市治理充分体现了以人为本的先进观念。城市是全体市民的，所以城市管理一定要有基本的立足点，就是要为广大市民服务，尊重广大市民的意愿，使市民反映的城管问题和生活中的诸多不便等"琐事"，通过数字化管理系统这个纽带成为政府案头的大事，激发居民参与城市管理的热情，形成市民与政府良性互动、共管城市的格局，并以此密切党和政府同人民群众的血肉联系，为构建和谐社会打下坚实基础。同时，对于党政部门转变执政理念和执政方式，提高执政能力和执政水平，都将会产生巨大的影响和发挥积极的促进作用。

③ 智慧城市治理可提高管理效率和降低管理成本。智慧城市管理系统涵盖了众多部门的工作内容，可实现各部门信息资源共享，能实现城市管理信息快速传递、分析、决策和处理，可以大大提高工作效率。由于城市管理人员监督范围扩大，可以节约人力、车辆等巡查成本。由于问题定位精确、决策正确、处置准确，能克服多头处理、重复处理等弊端，单项事件处理成本大大降低。这不仅可以提高城市管理效率，同时也建立了一套对各部门工作绩效进行科学考核的评价体系。

3) 智慧民生

智慧民生是智慧城市建设的基本内容。通过智慧城市社会民生综合服务信息化平台和电子政务外网搭建起政府与服务业、城市商业与企业、城市服务业相互之间的信息互联互通数据共享的平台。大力发展城市"市民卡"、电子商务、现代物流和社区信息化。以智慧城市社会民生服务信息化平台，整合市民卡、智慧社区、智慧医疗、智慧教育、智慧养老、智慧旅游、智慧生态环境、智慧商务与物流，以及网络增值服务、连锁经营、专业信息服务、咨询中介等新型服务业内的信息资源，实现信息互联互通数据共享，打造以智慧城市为代表的现代服务业新模式和新业态。

现代服务业是指在工业化比较发达的阶段产生的、主要依托信息技术和现代管理理念发展起来的、信息和知识相对密集的服务业，包括由传统服务业通过技术改造升级和经营模式更新而形成的服务业以及随着信息网络技术的高速发展而产生的新兴服务业。智慧城市现代服务业发展的模式，就是要坚持服务业的市场化、产业化、社会化的方向原则，克服以往那种由"技术孤岛""资源孤岛"形成的"信息孤岛"，实现真正意义上的互联互通，让服务提供商能够高效率、低成本地满足客户的需求。

智慧城市实施社会信息化应以城市"市民卡"运用为前导，以建立城市社会化公共服务体系为基础，实现智慧民生等方面信息的互联互通与数据共享。以共性支撑、横向协同、创新模式、促进民生产业发展为原则，大力推进城市现代服务业的发展。

城市现代服务业的发展应遵循以下原则：

① 共性支撑就是在充分利用和集成社会存量服务资源的基础上，实施基础性、关键性的共性技术支撑。尤其是形成面向业务重组的服务标准和服务交互标准，为服务模式的创新和新业态的形成提供基础环境，占领现代服务业的制高点。

② 横向协同就是要在以往以行业为主导的纵向发展模式的基础上，按照市场化、社会化和产业化的原则，充分利用现代技术和管理手段，通过横向协同突破行业、区域的条块分割，为现代服务业协调发展提供示范。

③ 创新模式就是要在共性支撑的基础上，形成新的实物和非实物交易的商务流程，达到信息流、金融流、实物流和内容流的融合和协同；同时优选重点领域，实施有效益和可持续发展的应用示范工程，充分体现服务业态的创新。

④ 促进民生产业发展，以需求为导向，以服务型企业为主体，政、产、学、研结合，通过服务技术和服务交互的标准化，形成有效的社会第三方服务，建立现代服务业长期发展的研究和开发支撑体制，加快现代服务业产业链的形成。

4）智慧产业

以信息化带动工业化是智慧城市建设的重要内容。通过智慧城市产业信息化平台和电子政务外网搭建起政府与企业间、企业与城市服务业间、企业相互之间的信息互联互通数据共享的平台。以信息化带动工业化，以工业化促进信息化，走出一条科技含量高、经济效益好、资源消耗低、环境污染少、人力资源优势得到充分发挥的新型工业化道路，这是我国工业化和整个国家现代化的战略选择。

工业化和信息化是两个性质完全不同的社会发展过程。所谓工业化，一般以大机器生产方式的确立为基本标志，是由落后的农业国向现代工业国转变的过程。所谓信息化，是指加快信息技术发展及其产业化，提高信息技术在经济和社会各领域的推广应用水平的过程。总体上讲，在现代经济中工业化与信息化的关系是：工业化是信息化的物质基础和主要载体，信息化是工业化的推动"引擎"和提升动力，两者相互融合，相互促进，共同发展。

信息化带动工业化,就是要以智慧城市的建设来带动和推进企业的信息化,整合政府信息化、城市信息化、社会信息化的信息资源。以政府信息化为先导,以社会信息化为基础,走出一条以智慧城市为平台推进整个产业信息化发展的思路和策略。

信息化带动工业化的核心是产业信息化。产业信息化是指利用计算机、网络和通信技术,支持产业及企业的产品研发、生产、销售、服务等诸多环节,实现信息采集、加工和管理的系统化、网络化、集成化,信息流通的高效化和实时化,最终实现全面供应链管理和电子商务。产业信息化的水平直接决定了国民经济以信息化带动工业化的成败和产业及企业竞争力的高低,是我国目前经济发展的战略重点。企业作为国民经济的基本细胞和实现信息化、工业化的载体,其信息化水平既是国民经济信息化的基础,也是信息化带动工业化,走新型工业化和智慧制造发展道路的核心所在。

智慧城市实施产业信息化应以电子商务为龙头,以在一个城市范围内建立电子商务和现代物流体系为基础,以此来促进和带动当地产业的信息化建设和发展。

智慧产业信息化建设要注重以下几个方面:

① 产业应当提高从领导至全体员工的信息化意识,系统地了解信息化建设的知识,从产业发展的战略高度认识信息化的重要性,提高产业信息化建设的内在主动性。

② 产业在信息化建设过程中要结合实际、循序渐进、量力而行。每个产业及企业都有自己的特点,其信息化建设也应该"量体裁衣",不能盲目跟风。

③ 产业信息化建设要引进先进的管理理念,建立与先进的管理思想相一致的企业文化,使其不仅是先进的管理程序和手段,实际上也体现了先进的管理理念和管理思想。

④ 产业发展应当抓紧培养和引进一批既善于经营管理、又懂现代信息技术,还具有先进管理理念的复合型人才;与此同时建立完善用人机制,以便留住产业及企业需要的信息化人才。

1.1.3 智慧城市建设指导思想

1) 智慧城市建设目标

分级分类推进新型智慧城市建设,打通信息壁垒,构建全国信息资源共享体系。用好信息化手段感知社会态势、畅通沟通渠道、辅助科学决策。加强信息基础设施建设,强化信息资源深度整合,打通经济社会发展的信息"大动脉"。以推行电子政务、建设新型智慧城市等为抓手,以数据集中和共享为途径,建设全国一体化的国家大数据中心,推进技术融合、业务融合、数据融合,实现跨层级、跨地域、跨系统、跨部门、跨业务的协同管理和服务。新型智慧城市建设以五大目标和"六个一"核心要素为指导,以民生服务为导向,以创新为路径,大力拓展互联网与经济社会各领域融合的广度和深度,发掘和释放数据资源。实现"十三五"全面建设小康社会和伟大复兴中国梦的奋斗目标,率先创建新型智慧城市标杆市和一批示范市。

新型智慧城市建设以网络中心、数据中心、运管中心、通用功能平台"三中心一平台"四位一体为信息基础设施。基于信息栅格、云计算、物联网、大数据等新一代信息技术创新应用,构建跨省市县、跨领域、跨行业、跨部门的全国信息资源共享体系和建设全国一体化的国家大数据中心,强化信息资源社会化开发利用,实现与城市及社会治理和经济发展全面深度融合。

新型智慧城市建设以为民服务全程全时为目标。构建全面小康社会，清廉的、全面的、高效的、均等化的智慧民生服务体系；实现社保、医疗、健康、养老、教育、就业、公共安全、食品药品安全、社区服务、家庭服务等智慧民生服务信息的互联互通、数据共享、服务协同。

新型智慧城市建设以城市治理高效有序为目标，构建城市治理体系和提升治理能力的现代化。信息是城市治理的重要依据，发挥信息在治理进程中的重要作用，以信息化推进城市治理体系和治理能力的现代化，构建一体化城市治理平台。

新型智慧城市建设以数据开放共融共享为目标。构建政务信息资源共融共享体系和各级政府信息资源共享平台。将法人、人口、经济、地理信息、政务、治理、民生、经济等基础数据进行大数据"总和"，实现信息互联互通和数据共享交换的共融共享。智慧政务大数据具有对数据结构各异的数据进行分类、清洗、抽取、挖掘、分析、汇集、共享、交换的功能。

新型智慧城市建设以经济发展绿色开源为目标。构建生态环境、绿色低碳、海绵城市、循环经济、可持续发展体系；将绿色经济发展与环境保护、绿色低碳、空气质量监测、能耗监测、循环经济和可持续发展结合为一体；实现环境保护、绿色低碳、海绵城市、能源管理、循环经济等信息互联互通和数据共享交换。

新型智慧城市建设以网络空间安全清朗为目标。构建一张天地一体化栅格网，夯实新型智慧城市建设信息基础；实现电子政务外网、公共互联网（包括电信、移动、联通等运营商网络）、无线网、物联网（包括公安视频专网）之间的网络互联和传输信息及数据的互通，以及网络与信息空间的安全清朗。

2) 智慧城市建设核心要素

随着国家治理体系和治理能力现代化的不断推进，随着"创新、协调、绿色、开放、共享"发展理念的全面贯彻，城市被赋予了新的内涵，对智慧城市建设也提出了新的要求。中央网信办在全面调查和摸清全国智慧城市建设情况的基础上，面对智慧城市建设遇到的新挑战和新要求，提出了新型智慧城市的概念，并且牵头组织国家发改委等26个部委联合推动新型智慧城市建设。

新型智慧城市是以为民服务全程全时、城市治理高效有序、数据开放共融共享、经济发展绿色开源、网络空间安全清朗为主要目标，通过体系规划、信息主导、改革创新，推进新一代信息技术与城市现代化深度融合、迭代演进，实现国家与城市协调发展。

新型智慧城市建设的核心要素可以概括为"六个一"系统工程。

一是构建一个开放的体系架构。新型智慧城市是一个复杂巨系统，需要遵循体系建设规律，运用系统工程方法，构建开放的体系架构，通过"强化共用、整合通用、开放应用"的思想，指导各类新型智慧城市的建设和发展。

二是构建共性基础"一张网"。为了实现城市的精确感知、信息系统的互联互通和惠民服务的无处不在，要构建一张天地一体化的城市信息服务栅格网，夯实新型智慧城市建设的基础。

三是建立一个通用功能平台。为有效管理城市基础信息资源，提高系统的使用效率，需要构建一个通用功能平台，实现各类信息资源的调度管理和服务化封装，进而支撑城市管理与公共服务的智慧化。

四是建立一个数据体系。海量数据是新型智慧城市的特有产物，要建立一个开放共享的数据体系,通过对数据的规范整编和融合共用,实现并形成数据的"总和",进而有效提高决策支持数据的生产与运用,进一步提升城市治理的科学性和智能化水平。

五是建立一个高效的运营管理中心。为更好地实现对城市的市政设施、公共安全、生态环境、宏观经济、民生民意等状况的有效掌握和管理,需要构建新型智慧城市统一的运行中心,实现城市资源的汇聚共享和跨部门的协调联动,为城市高效精准管理和安全可靠运行提供支撑。

六是建立一套统一的标准体系。标准化是新型智慧城市规范、有序、健康发展的重要保证,需要通过政府主导,结合各城市特色,分类规划建设内容及核心要素,建立健全涵盖"建设、改革、评价"三方面内容的标准体系。

3) 智慧城市发展蓝图

《"十三五"国家政务信息化工程建设规划》中指出:建设高举中国特色社会主义伟大旗帜,全面贯彻落实党的十八大和十八届三中、四中、五中、六中全会精神,深入学习贯彻习近平总书记系列重要讲话精神,紧紧围绕"五位一体"总体布局和"四个全面"战略布局,坚持把推进国家治理体系和治理能力现代化作为政务信息化工作的总目标,大力加强统筹整合和共享共用,统筹构建一体整合大平台、共享共用大数据、协同联动大系统,推进解决互联互通难、信息共享难、业务协同难的问题,将"大平台、大数据、大系统"作为较长一个时期指导我国政务信息化建设的发展蓝图。构建一体化政务治理体系,促进治理机制协调化和治理手段高效化,形成部门联动的协同治理新局面,为全面建成小康社会奠定坚实基础。

以推行电子政务、建设新型智慧城市等为抓手,以数据集中和共享为途径,建设全国一体化的国家大数据中心,推进技术融合、业务融合、数据融合,实现跨层级、跨地域、跨系统、跨部门、跨业务的协同管理和服务。党中央和国务院以"互联网+政务服务"为主导,自2016年以来密集发布了51号、55号、73号、108号、39号文件,强力推进"智慧政府"的建设,以"智慧政府"全面促进"智慧城市"的建设和发展。将"大平台、大数据、大系统"作为较长一个时期指导我国政务信息化建设的发展蓝图,也是新型智慧城市建设的发展蓝图。

(1) 一体整合大平台

一体整合大平台是构成新型智慧城市政务信息资源和社会信息资源互联互通的共享平台,如图1-1所示。运用"信息栅格"开放的体系架构,采用以"平台为中心"的分级分类的总体结构;以城市级共享信息一级平台为核心,形成与行业级二级平台、业务级三级平台的分级和政府政务、城市社会治理、社会民生、企业经济的分类的数据与信息紧密相连的智慧化信息资源共享体系,为构建全国一体化的国家大数据中心奠定基础。

(2) 共享共用大数据

共享共用大数据是构成新型智慧城市政务大数据和社会大数据采集、存储、应用的共享交换平台,如图1-2所示。运用"信息栅格"开放的体系架构,采用以"数据为中心"的分级分类的总体结构;以城市级大数据八大基础库为核心,形成与行业级二级主题数据库、业务级三级应用数据库的分级和政府政务、城市社会治理、社会民生、企业经济的分类的数据与信息紧密相连的一体化大数据共享交换体系,提升宏观调控、市场监管、社会治理和公共服务的精准性和有效性。

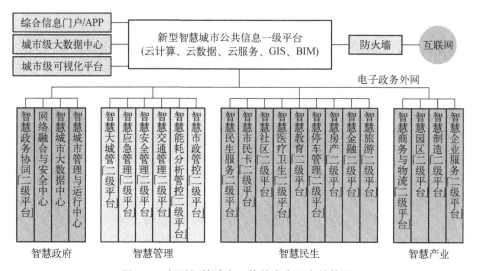

图1-1 新型智慧城市一体整合大平台结构图

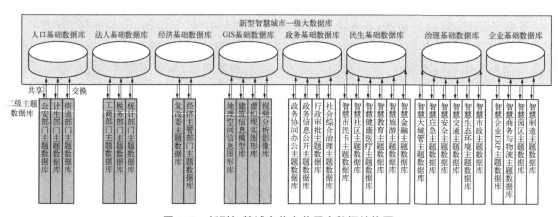

图1-2 新型智慧城市共享共用大数据结构图

(3) 安全可控大网络

安全可控大网络是构成新型智慧城市"天地一张栅格网"的网络融合与安全中心,如图1-3所示。运用"信息栅格"开放的体系架构,采用以"网络为中心"的分级分类的总体结构;以城市级互联网为基础,形成与各级政府电子政务内网和电子政务外网的分级和政府政务、城市社会治理、社会民生、企业经济的分类的数据与信息紧密相连的网络融合与安全可控一体化的大网络体系。

(4) 协同联动大系统

新型智慧城市协同联动大系统建设以跨部门、跨地区协同治理为新型智慧城市系统工程建设的主要形态,建成执政能力、民主法治、综合调控、市场监管、公共服务、公共安全等大平台、大数据、大网络的协同联动的大系统体系,如图1-4所示。形成国家协同治理的新格局,满足跨部门、跨地区综合调控、协同治理、一体服务需要,支撑国家治理创新取得突破性进展。

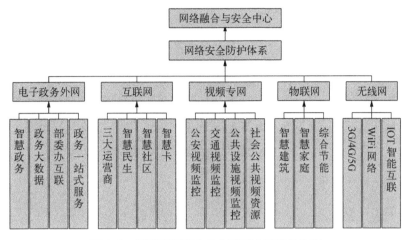

图 1-3　新型智慧城市安全可控大网络结构图

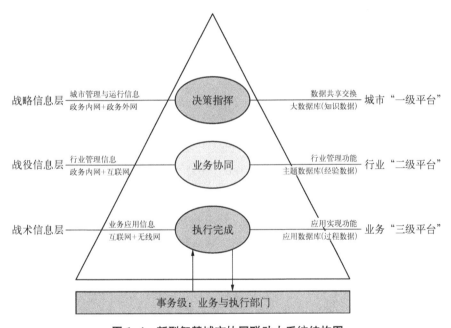

图 1-4　新型智慧城市协同联动大系统结构图

(5)"三中心一平台"信息基础设施

新型智慧城市网络融合与安全中心、大数据资源中心、运营管理中心、信息共享一级平台,即"三中心一平台"是新型智慧城市"六个一"核心要素的具体实现,如图 1-5 所示。"三中心一平台"是打通"信息壁垒"、消除"信息孤岛",避免重复建设的信息基础设施,是解决网络融合与安全、信息互联互通、数据共享交换、业务协同联动的根本方法和措施。

1.1.4　智慧城市评价指标

为贯彻落实《中华人民共和国国民经济和社会发展第十三个五年规划纲要》(以下简称《"十三五"规划纲要》)《国家信息化发展战略纲要》《"十三五"国家信息化规划》和中央

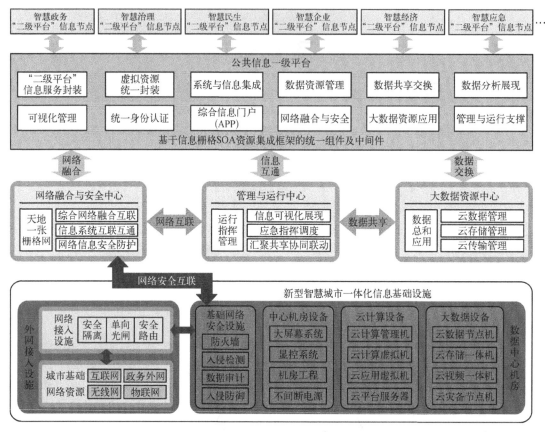

图1-5 新型智慧城市"三中心一平台"信息基础设施结构图

城市工作会议精神,为了明确今后新型智慧城市建设主要任务和工作重点,进一步总结经验,贯彻落实好《"十三五"国家信息化规划》提出优先建设100个新型示范性智慧城市的任务和要求,中央网信办、国家发改委、国家标委会联合制定和发布了《新型智慧城市评价指标》(以下简称《评价指标》)。

新型智慧城市是以创新引领城市发展转型,全面推进新一代信息通信技术与新型城镇化发展战略深度融合,提高城市治理能力现代化水平,实现城市可持续发展的新路径、新模式、新形态,也是落实国家新型城镇化发展战略,提升人民群众幸福感和满意度,促进城市发展方式转型升级的系统工程。

《评价指标》按照"以人为本、惠民便民、绩效导向、客观量化"的原则制定,包括客观指标、主观指标、自选指标三部分,见表1-1所示。

① 客观指标 重点对城市发展现状、发展空间、发展特色进行评价,包括7个一级指标。其中,惠民服务、精准治理、生态宜居3个成效类指标,旨在客观反映智慧城市建设实效;智能设施、信息资源、网络安全、改革创新4个引导性指标,旨在发现极具发展潜力的城市。

② 主观指标 指"市民体验问卷",旨在引导评价工作注重公众满意度和社会参与。

③ 自选指标 指各地方参照客观指标自行制定的指标,旨在反映本地特色。

第1章 智慧城市概论

表1-1 智慧城市评价指标

一级指标及权重	二级指标及权重	二级指标分项及计算方法
惠民服务 L1(37%)	政务服务 L1P1(8%)	1. 以居民身份证号码或法人和其他组织统一社会信用代码为唯一标识的电子证照使用率(L1P1-A1)
		2. 一站式办理率(L1P1-A2)
		3. 网上统一入口率(L1P1-A3)
	交通服务 L1P2(3%)	1. 城市交通运行指数发布情况(L1P2-A1)
		2. 公共汽电车来车信息实时预报率(L1P2-A2)
		3. 公共交通乘车电子支付使用率(L1P2-A3)
	社保服务 L1P3(3%)	1. 社保服务在线办理情况(L1P3-A1)
		2. 街道(乡镇)社区(行政村)社保自助服务开通率(L1P3-A2)
		3. 社保异地业务联网办理情况(L1P3-A3)
	医疗服务 L1P4(3%)	1. 二级以上医疗机构电子病历普及率(L1P4-A1)
		2. 二级以上医疗机构预约诊疗率(L1P4-A2)
		3. 二级以上医疗机构门诊健康档案调阅率(L1P4-A3)
	教育服务 L1P5(3%)	1. 学校多媒体教室普及率(L1P5-A1)
		2. 师生网络学习空间覆盖率(L1P5-A2)
		3. 学校无线网络覆盖率(L1P5-A3)
	就业服务 L1P6(3%)	1. 就业信息服务覆盖人群情况(L1P6-A1)
		2. 就业服务在线办理情况(L1P6-A2)
	城市服务 L1P7(7%)	1. 移动互联网城市服务提供情况(L1P7-A1)
		2. 移动互联网城市服务公众使用情况(L1P7-A2)
		3. 一卡通应用情况(L1P7-A3)
	帮扶服务 L1P8(5%)	1. 困难户电子信息档案建档率(L1P8-A1)
		2. 互联网残疾人无障碍访问情况(L1P8-A2)
	电商服务 L1P9(2%)	1. 网上商品零售占比(L1P9-A1)
		2. 跨境电商交易占比(L1P9-A2)
精准治理 L2(9%)	城市管理 L2P1(4%)	1. 数字化城管情况(L2P1-A1)
		2. 市政管网管线智能化监测管理率(L2P1-A2)
		3. 综合管廊覆盖率(L2P1-A3)
	公共安全 L2P2(5%)	1. 公共安全视频资源采集和覆盖情况(L2P2-A1)
		2. 公共安全视频监控资源联网和共享程度(L2P2-A2)
		3. 公共安全视频图像提升社会管理能力情况(L2P2-A3)

续 表

一级指标及权重	二级指标及权重	二级指标分项及计算方法
生态宜居 L3(8%)	智慧环保 L3P1(4%)	1. 重点污染源在线监测情况(L3P1-A1)
		2. 企业事业单位环境信息公开率(L3P1-A2)
		3. 城市环境问题处置率(L3P1-A3)
	绿色节能 L3P2(4%)	1. 万元GDP能耗降低率(L3P2-A1)
		2. 绿色建筑覆盖率(L3P2-A2)
		3. 重点用能单位在线监测率(L3P2-A3)
智能设施 L4(7%)	宽带网络设施 L4P1(4%)	1. 固定宽带家庭普及率(L4P1-A1)
		2. 光纤到户用户渗透率(L4P1-A2)
		3. 移动宽带用户普及率(L4P1-A3)
	时空信息平台 L4P2(3%)	1. 多尺度地理信息覆盖度和更新情况(L4P2-A1)
		2. 平台在线为部门及公众提供空间信息应用情况(L4P2-A2)
		3. 为用户提供高精度位置服务情况(L4P2-A3)
信息资源 L5(7%)	开放共享 L5P1(4%)	1. 公共信息资源社会开放率(L5P1-A1)
		2. 信息资源部门间共享率(L5P1-A2)
	开发利用 L5P2(3%)	1. 政企合作对基础信息资源的开发情况(L5P2-A1)
网络安全 L6(8%)	网络安全管理 L6P1(4%)	1. 智慧城市网络安全组织协调机制的建立情况(L6P1-A1)
		2. 建立通报机构及机制,对信息进行共享和通报预警,提高防范控制能力情况(L6P1-A2)
		3. 建立完善网络安全应急机制,提高风险应对能力,并对重大网络安全事件进行及时有效的响应和处置(L6P1-A3)
	系统与数据安全 L6P2(4%)	1. 梳理并形成关键信息基础设施名录,并完成相关备案工作情况(L6P2-A1)
		2. 根据风险评估结果和等级保护要求,对关键信息基础设施实施有效的安全防护(L6P2-A2)
		3. 关键信息基础设施监管情况(L6P2-A3)
改革创新 L7(4%)	体制机制 L7P1(4%)	1. 智慧城市统筹机制(L7P1-A1)
		2. 智慧城市管理机制(L7P1-A2)
		3. 智慧城市运营机制(L7P1-A3)
市民体验 L8(20%)	市民体验调查 L8P1(20%)	

1.1.5 智慧城市建设历程与存在问题

1) 智慧城市建设历程

数字地球是时任美国副总统戈尔于 1998 年 1 月在加利福尼亚科学中心开幕典礼上发表题为"数字地球——新世纪人类星球之认识"演说时，提出的一个与 GIS、网络、虚拟现实等高新技术密切相关的概念。我国学者特别是地理学界的专家们认识到"数字地球"战略将是推动我国信息化建设和社会经济、资源环境可持续发展的重要机遇。1999 年 11 月在北京召开首届国际"数字地球"大会，从这之后与"数字城市"相关相似的概念开始出现，如 2000 年时任福建省省长习近平率先提出的建设"数字福建"，至今已有 20 个年头（目前福州市是国家确定的新型智慧城市标杆市）。2008 年我国信息化专家王家耀院士等出版的《中国数字城市建设方案及推进战略研究》对我国 10 年来的数字城市建设作了一个总结。自当年 IBM 提出了"智慧地球"的概念，数字城市在我国进行了近 10 年的建设和发展，随着 2009—2011 年"感知中国"和"智慧城市"概念的提出，这段时间可以算作我国从数字城市到智慧城市的过渡期；我国智慧城市建设的正式启动，可以从住建部 2012 年 7 月第一次提出开展智慧城市示范工程算起，到目前也已经过去了 7 个年头。

我国数字城市到智慧城市的发展已经经历了近 20 个年头，尽管取得了一些消除"信息烟囱"和"信息孤岛"等信息化应用的成果，但是与党中央和国务院在 2006 年 5 月 8 日提出的《2006—2020 年国家信息化发展战略》的目标和要求还是相差甚远。这需要引起我们的思考和反省。

2) 智慧城市建设存在问题

我国新型智慧城市建设经历了数字城市和智慧城市的发展阶段，近 20 年来始终无法避免"信息孤岛"和重复建设的弊端。除了缺乏统一标准、理论体系和方法论、成功案例等原因，智慧城市传统的建设模式也是造成"信息孤岛"和重复建设的重要原因。目前智慧城市建设往往是先建各个独立孤岛式的业务系统（平台），再使用数据共享、系统集成、系统统一搬迁等方法来解决"信息孤岛"和"数据壁垒"。由于各个厂商开发的业务系统在结构、技术、方法、数据标准上都不统一，也没有统一标准可依，造成了智慧城市信息孤岛遍地、数据烟囱林立，建设周期长、建设成本高、系统集成和数据共享效果差，更进一步造成事后再消除"信息孤岛"和避免重复建设的难上加难，甚至成了不可能完成的任务。传统智慧城市"少慢差费"的建设模式不可持续。

必须改变以往智慧城市先建信息孤岛再消除信息孤岛"少慢差费"重复建设的传统模式。我们在粤桂新型智慧城市建设（见本书第 6 章"城市智慧大脑"案例）中提出了先建"三中心一平台"（网络中心、数据中心、运营中心、系统集成平台）信息基础设施，通过统一的信息基础设施，将各个已建、在建、未建的业务系统（平台）统一部署和综合集成在"三中心一平台"上。通过"三中心一平台"为新型智慧城市提供云计算 3S 服务（IaaS、PaaS、SaaS），采用边缘计算和物联网技术提供本地化实时监控和运营操作的建设创新模式。该创新模式可以有效消除信息孤岛，打通数据壁垒和避免重复建设，大大节省建设费用，大大缩短建设周期，是一种实现大数据和人工智能深度融合应用的"多快好省"可持续的建设创新模式。

目前智慧城市建设主要存在以下问题：

① 以往大多数智慧城市建设，将顶层设计作为智慧城市建设的全部规划设计内容和过

程，往往在完成顶层设计以后，就匆忙进行智慧城市建设招投标和工程项目实施。尽管有些智慧城市将建设项目系统工程设计交由 IT 系统集成商或设备供应商进行深化设计，但是这种模式往往导致顶层设计和建设项目成为"两张皮"，顶层设计无法对工程建设实现指导性、规范性和约束性的作用。由于将智慧城市视为一个工程项目来建设，其结果必然导致"信息孤岛"和"信息壁垒"的产生，也就无法避免各个工程项目的重复建设。"智慧孤岛"建设方式所产生的原因和后果，在习近平总书记最近对新型智慧城市建设的重要指示发表前，并没有得到有效的改善。

② 缺乏对智慧城市是一个开放的复杂巨系统工程的了解和认识，认为智慧城市搞一个概念化、目标口号式的高大上"顶层设计"就可以开始建设智慧城市了。在绝大多数的智慧城市顶层设计中缺乏智慧城市顶层设计的方法论，对智慧城市涉及信息互联互通、数据共享交换、业务功能协同的总体框架体系结构闭口不谈。由于缺乏认识论、方法论、系统论的理论指导，必然导致智慧城市的整体系统工程成为一个个"碎片化"的"信息孤岛"。由于在顶层设计中就缺乏智慧城市大平台、大数据和大网络安全这些必须规划的基本要素，因此无法实现智慧城市整体功能需求和评价指标，就是一个必然的结果。但是非常遗憾的是，现在还有许多智慧城市顶层设计单位，没有认识到这个关键性和决定性问题（或者他们根本就不知道如何应用系统工程方法论来规划智慧城市开放复杂巨系统的总体框架体系结构）。

③ 缺乏建设智慧城市开放的复杂巨系统工程的实践经验，特别缺乏复杂巨系统工程项目管理的经验。主要表现在对于各个专项共享平台与城市级（区县级）共享平台之间的信息互联互通、数据共享交换、智能化监控系统，不知如何通过系统将之集成为一体化的巨系统，不具备进行软硬件联合调试、多平台多数据库多系统集成、数据共享交换测试等这类巨大信息系统工程项目管理的经验。把一个开放的复杂巨系统当作一个简单应用系统的项目来管理，最终的结果就是集成不了、共享不了、业务协同不了，导致智慧城市建设项目失败或无法竣工验收，留下"烂尾工程"，即使勉强验收也是"自欺欺人"。这样的情况笔者遇到的非常多，真是令人心痛，浪费了建设投资不算，今后再想消除"信息孤岛"和打通"信息壁垒"更是困难得多。

④ 目前国内有些专家在智慧城市或大数据方面，都是说概念的多、说好处的多、说理论的多，但是在"怎么做"方面讲得少；在如何采集数据、如何管理数据、如何应用数据讲得少；在如何构建分级分类的信息平台结构，如何构建分级分类的大数据结构，如何构建分级分类的大网络安全结构讲得少；总之新型智慧城市系统工程方法论讲得少。如果不能提出智慧城市大平台、大数据、大网络安全具体落地的实施方案，智慧城市就会成为建设在没有信息基础设施上的一个"空中楼阁"。

1.2 智慧城市系统工程方法论

1.2.1 系统工程原理

1) 钱学森对系统工程的论述

系统工程作为一门学科于 20 世纪 50 年代问世，至今已有六十多年的历史。在长达三十多年的时间里,钱学森院士一直是系统工程研究、应用、实践和宣传的开拓者、倡导者、领军者和第一推动者。我国的"两弹一星"和航天事业,就是在钱学森院士系统工程理论的指导下完成的。钱学森院士创造性地提出的"系统工程"是一门组织管理技术的概念和理论体系,其核心就是组织管理系统的规划、研究、设计、制造(建设)、试验(调试)和使用(应用)全生命周期的科学方法,一种具有普遍意义的科学方法论,即:以问题为导向,用系统的观点来考虑问题(尤其是复杂系统的管理问题),用工程的方法来研究和求解问题。

钱学森院士从哲学、系统学到运筹学、控制论(巨系统理论)、信息论再到自动化技术、通信技术、信息化技术,全面系统地诠释了系统工程与基础科学、技术科学、工程技术之间的相互关系、相关融合、相互发展,从实践的角度,科学地说明了系统工程的概念、原理、应用和实践。钱学森院士的系统科学思想和对系统工程理论的贡献,首先体现在他提出了现代科学技术的体系结构。钱学森院士认为从应用实践到基础理论,现代科学技术可以分为四个层次。首先是工程技术基础层次,然后是直接为工程技术作理论基础的技术科学的第二层次,再就是基础科学理论的第三层次,最后通过进一步综合、提炼达到最高的哲学层次。整个科学技术包括自然科学、社会科学、数学科学、系统科学、思维科学和人体科学。钱学森院士系统科学思想也体现在他提出了一个清晰的系统科学结构。作为现代科学技术的系统科学,是由系统工程这类工程技术,系统工程的理论方法所涉及的运筹学、控制论、信息论这类技术科学,以及系统的基础理论系统学等组成的一门新兴科学技术。钱学森院士的系统科学思想还表现在,系统工程是组织管理的技术,也就是把传统的组织管理工程总结成科学技术,并使之定量数值化,成为一套数学理论,成为能够定量处理系统各组成部分联系关系的科学方法。社会实践活动的大型化和复杂化,要求系统思想方法不仅能定性,而且能定量地解决客观事物和社会各种复杂的系统问题。系统工程既可以将相互联系的要素联合为一个统一体,同样也可以把系统工程的对象分解为各个要素,系统工程方法论的核心就是"分解、分级、分类、综合",没有分解就没有综合,这和毛泽东主席"一分为二、合二为一,对立统一、分析综合"和"实事求是"哲学思想如出一辙。毛泽东主席曾论述:"'实事',就是客观存在着的一切事物,'是'就是客观事物的内部联系,即规律性,'求'就是我们去研究,要从实际情况出发,从其中引出其固有的而不是臆造的规律性,即找出周围事变的内部联系,作为我们行动的向导。"钱学森院士的系统思想和系统工程方法论是辩证唯物主义哲学最高层次的表达形式,是运筹学和系统科学定量的表述形式,也是系统工程领域丰富实践经验的表示方式。系统工程定量化的系统方法论,可以应用于智慧城市复杂巨系统工程涉及政务、民生、治理、经济等系统问题的量化分析。

在科学技术的体系结构中系统工程属于工程技术,是这一大类工程技术的总称而不是一个单一的学科,系统工程体现了"各执一词,莫衷一是;分门别类,共居一体"。这是给系统工程的一个确切的描绘,并进而就整个系统科学体系,论述了系统工程在其中所处的地位。各类系统工程作为工程技术的共同点在于它们的实践性,即要强调对各类系统问题的应用,强调改造现有的系统体系结构,创造适合现代社会生活各方面涉及人和自然所需要的新系统,强调系统工程方法论和实践活动的效果。

钱学森院士在其《系统工程与系统科学的体系》一文中指出:"系统需要一个有序的结构,那就是说系统有序结构就是代表着系统的目标。"智慧城市复杂巨系统要遵循系统工程理论和系统工程方法论的基本原理,构建智慧城市复杂巨系统的框架体系结构。智慧城市框架体系结构就是智慧城市定量建设目标的蓝图和具体体现。

钱学森院士在梳理系统工程科学体系结构时指出:"工程技术归纳为两个学科,即系统工程和控制工程。"关于系统工程钱学森院士有一个著名的论断:"系统思想是进行分析和综合的辩证思维工具,在系统工程可以获得丰富的实践内容。"也就是说,系统工程是系统思想在工程实践中的应用和体现,它是直接服务于工程实践的,但又体现了辩证思维,要求对工程问题进行辩证的分析与综合,要体现系统观点。反过来说,系统工程也对系统思想的发展做出贡献,赋予系统思想以丰富的实践内容。这是钱学森院士组织管理中国航天系统工程几十年的切身体会,是他学习和应用辩证唯物主义的切身体会,也是他对系统工程概念的一种诠释。

钱学森院士从20世纪70年代末开始构筑系统科学体系,系统工程的概念就是在这一体系下发展起来的。钱学森系统科学体系可以概括为"三个层次和一个桥梁"框架,如图1-6。最接近社会实践的是工程技术;对工程技术进行概括提炼而得到的、为工程技术直接提供理论指导的是基础科学;再上一个层次,对基础科学进一步概括提炼而得到的是沟通科学技术与哲学的桥梁。钱学森院士最先从自然科学中领悟出这一系统科学体系框架,又在已有的数学科学和社会科学以及新兴的系统科学、思维科学、人体科学、信息科学中得到验证后,才确定下来,作为所有科学技术都适用的体系结构,即"钱学森框架"。

钱学森院士对系统科学体系结构作了这样的描述:"系统科学的工程技术就是系统工程、自动控制等;技术科学层次是运筹学、巨系统理论、控制论、信息论;将要建立的基础科学是系统学,系统科学到马克思主义哲学的桥梁就是系统学。系统科学就是这样一个体系。"

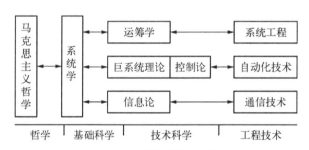

图1-6 系统科学体系结构图

钱学森院士在进行复杂巨系统研究后,又将系统学分为简单巨系统学和复杂巨系统学两个分支,继续修改他的体系结构。钱学森院士给出的现代科学技术体系的矩阵结构,其中的系统科学体系可以表示为表1-2。

表1-2 系统科学体系

编号	科学分类	学科分类
1	哲学总论	辩证唯物主义
2	哲学分论	系统论
3	基础科学	简单巨系统
		复杂巨系统

续　表

编号	科学分类	学科分类
4	技术科学	运筹学
		控制论
		博弈论
		事理学
5	工程技术	系统工程
		自动化技术
		从定性到定量综合集成工程

2）系统工程原理

所谓"系统"是由相互联系、相互作用的许多要素结合而成的具有特定功能的"统一体"。"统一体"又称为"整体"或"总体"；"要素"又称为"元素""部分""局部"，在一定意义上，又称为"分系统"或"子系统"。整体中的某些部分可以被看成是该系统的分系统、子系统，而整个系统又可成为一个更大规模系统中的分系统、子系统。每一个具体的系统都具有特定的结构，发挥一定的功能，表现一定的行为，产生一定的成果。系统整体的功能和行为由构成系统的要素和系统的结构所决定，整体的功能和行为是系统的任何一部分都不具备的。

从系统工程的观点来看，系统的属性主要有：

① 集合性　表明系统是由许多个（两个以上）可以相互区别的要素组成。

② 相关性　系统内部的要素与要素之间、要素与系统之间、系统与整体之间，存在着这样或那样的关联和联系。

③ 层次性　一个大的系统包括多个层次，上下层次之间是包含与被包含、覆盖与被覆盖、集成与被集成的关系。系统可以分为纵向和横向划分层次及类别。

④ 整体性　系统是作为一个整体出现的，是作为一个整体存在于环境之中，与环境发生相互作用的。系统的整体性又称为系统的总体性、全局性。

⑤ 涌现性　系统的涌现性包括系统整体的涌现性和系统层次间的涌现性。系统的各个部分组成一个整体之后，就会产生出整体具有而各个部分原来没有的某些要素、功能、性质，系统的这种属性即为系统整体的涌现性。系统的层次之间也具有涌现性，即：当低层次上升为高层次时，一些新的要素、功能、行为、性质就会涌现出来。

⑥ 目的性　系统工程所研究的对象系统都具有特定的目的。"目的"也可称"目标""指标"。研究一个系统，首先必须明确它作为一个整体或总体所体现的目的与功能。系统总是多目标或多指标的，分解为若干层次或类别，构成一个指标体系。

⑦ 适应性　任何系统都存在于一定的环境之中，在系统与环境之间具有物质的、能量的和信息的交换。系统要获得生存与发展，必须适应外界环境的变化。

在现代社会中，工程属性有广义和狭义之分。就狭义而言，"工程"的定义为：以某种设想的目标为依据，应用有关的科学知识和技术手段，通过组织、管理、建造、生产，将物理的原材料和逻辑的知识转化为具有预期使用价值的人造产品的过程。随着人类文明的发展，人们可以建造和生产出比单一产品更大、更复杂的"系统产品",从广义上讲这些"系统产品"不再是结构或功能单一的物件,而是各种各类单一产品的集合,例如:信息工程、土木工程、交通工程、航天工程、军事工程等,"工程"已经发展为一门独立的学科和专门的技术。

钱学森院士提出的系统分类法是:

① 按照系统规模,可分为小系统、大系统、巨系统。

② 按照系统结构的复杂程度,可分为简单系统和复杂系统。复杂系统又可分为大系统、巨系统、开放的复杂巨系统。

系统工程所研究的系统,是动态的、开放的、具有反馈环节的、非线性的社会系统,是包含实体系统和概念系统的复合系统,其变量可以是连续的也可以是离散的,其工作方式可以是串联的也可以是并联的(一般是串并联复合系统)。开放的复杂巨系统是由多种系统形态和工作方式综合集成的系统。

从系统论而言,系统结构表示为:

① 要素与要素之间、局部与局部之间的关系子集(横向联系);

② 局部与全局的系统整体之间的关系子集(纵向联系);

③ 系统整体与环境之间的关系子集;

④ 其他各种关系子集。

每一个子集都是可以细分的,不但包含同一层次上不同局部、不同要素之间的关系,还包含系统内部不同层次之间的关系。在系统要素给定的情况下,调整这些关系,就可以提高系统的功能。这就是系统工程组织管理工作的作用。系统结构的设计是系统工程的着眼点。系统的涌现性存在于系统的总体集合(总集成)之中。系统的集合由系统要素构成,而核心则是系统总体集合(总集成)。系统工程的工作重点在于总体集合(总集成)中,系统总体集合(总集成)的规划是系统工程的"灵魂"。

系统功能的作用是接收外界的输入,在系统内部进行处理和转换,包括加工、组装、集成、分析等,向外界输出。系统的输入是作为原始的物理的或者逻辑的,如感知信号、数据、信息等;系统的输出是经过处理和转换的产品、功能、成果、服务等。所以系统可以理解为一种处理和转换的装置或机构,它把输入转变为人们所需要的输出。

系统工程旨在提高系统的功能,提高系统处理和转换的效率,即在一定的输入条件下,使得输出得到更多更好的结果。系统工程在系统功能中的作用,关键在于系统功能总集成的工作,主要体现在系统要素之间关系的合理性,即由系统结构来决定。调整系统要素之间的关系,建立合理的系统结构,可以提高和增加系统的功能。系统工程即在全局中进行要素的权衡、取舍、协调、统筹,对整个系统总体功能体系进行合理的结构组织与管理,对系统输入的各种物理和逻辑的资源进行合理的配置与使用。

1.2.2 系统工程方法论

系统工程的学科性质、研究对象、所用方法、实施条件等的知识体系,统称为系统工程方法论。钱学森院士第一项学术性工作就是对国内外系统工程的实践经验和认识进行理论总结,建立系统工程的理论体系,系统地总结了中国航天系统工程的经验,建立了具有中国特色的系统工程理论。钱学森院士系统工程理论体系基本上由以下内容组成:

钱学森院士认为,"凡是构成系统的工程实践都可以叫作系统工程,这是系统工程的第一含义"。系统工程是组织管理的技术,这是系统工程的第二个含义。所有为了改造客观世界的、从系统的角度来设计、建立、运转复杂系统的工程实践,都叫系统工程,其新意在于扩大了系统工程概念的外延;用系统观点规划、设计、建立、运转系统的科学技术也是系统工程。钱学森院士又进一步解释"系统工程"这个词,系统工程是指运用系统这个概念来改造客观世界,其要点有二,一是要使用系统概念,二是服务于实践(目的是改造客观世界)。作为系统科学的概念,系统工程是由"系统"和"工程"两个分概念整合而成的复合概念,工程是主词,系统是限制词。系统工程讲的首先是工程,是改造客观世界的实践。我们称之为工程,就是要强调达到效果,要具体,要有可行的措施。第二种含义是系统工程的技术内涵,是关于可行措施的科学技术。系统工程要解决具体实际问题,是讲科学性的、是讲实干的、是要改造客观世界的,是服务于实践的科学技术,"讲实干"是系统工程这门技术的基本精神。在工程之前加上限制词"系统",意在指明系统工程有别于其他工程的特殊性,也就是"运用系统这个概念"来搞工程实践,要把工程实践看成系统,用系统观点、系统方法认识和解决工程的问题。用钱学森院士的话说,"系统工程技术是从系统的认识出发,设计和实施为一个整体,实质就是强调全局观点、整体观点,强调从全局出发,合理使用局部力量,最终求得全局最佳效果",这就是"系统工程"的概念。

1) 系统工程的科学性质

系统工程属于系统科学体系中的工程技术。钱学森院士指出:"系统科学也是办事的科学,是使组织管理工作科学化,定量化,而不是以往的大约数、估计数的那套工作方法。"钱学森院士曾经依据航天系统工程的特点和经验给出具体的解释:"系统工程是根据控制论原理,运用电子计算机技术,把系统复杂的工程的组织管理工作建立在定量的基础上,使得各个分系统、分系统中的每一个仪器、组件、元件的工作协调一致、同步运转,大大提高效率。"准确地说,系统工程是办事的技术,即办成、办好事情的组织程序和方法。不论这种事情是经济的、科技的、文化的、军事的、政治的、外交的等等,都需要应用系统工程。

2) 系统工程的意义

系统工程的重要意义是什么?钱学森院士总的评价是:"系统工程的建立是由于现代大规模工农业生产和复杂科学技术体系的需要。从认识论的观点看,系统工程是当代人类认识和改造客观世界的一个飞跃。"认识客观世界的飞跃属于科学理论方面的意义,改造客观世界的飞跃属于工程实践方面的意义。钱学森院士从这两个方面作出了进一步的分析,就科学技术发展来看,"系统工程在自然科学、工程技术与社会科学之间构筑了一座伟大的桥梁,系统工程为自然科学、工程技术科技人员同社会科学人员的合作,开辟了广阔的前景"。

钱学森院士在研究现代科学技术体系的过程中始终认为:"系统工程巨大的实际意义,归根结底在于它的广泛的适应性。任何一种社会活动都形成一种系统,复杂系统几乎无所不在。每一类系统的组织建立、经营运转,就成为一项系统工程。"

对此我们可以认为系统工程的重大意义在于:

① 从人类社会的发展来看,系统工程也属于当代的技术革命,而技术革命必然导致产业革命,引起社会的大变化。如互联网＋、大数据、智慧城市等技术革命与系统工程涉及整个社会,所以我们面临的由于技术革命与系统工程相结合而引起的社会变革就是一项伟大的创新。

② 从中国社会的实际需要来看，系统工程是和提高我国的组织管理的水平这样一件事联系在一起的。组织管理水平的提高是实现我国全面建成小康社会和伟大"中国梦"的头等大事。改革开放是一个系统工程，必须坚持全面改革，在各项改革协调配合中推进。全面深化改革是一项复杂的系统工程，需要加强顶层设计和整体谋划，加强各项改革关联性、系统性、可行性研究。实施创新驱动发展战略是一项系统工程，涉及方方面面的工作，需破除各项约束创新驱动发展的观点和体制机制障碍。保障和改善民生是一项系统工程，需要进行长期不懈的努力。如住房问题牵扯面广，是一项复杂艰巨的系统工程；环境治理是一个系统工程，必须作为重大民生实事紧紧抓在手上，等等。

3) 系统工程的方法

钱学森院士说："系统工程就是用现代科技的方法解决很多以前不叫工程技术而是管理人员或调度人员，或经济计划人员用的一些经验上积累起来的一套办法来做一些规划、计划、调度、管理这些事。"系统工程的方法既是系统科学的方法，又是工程科学的方法。钱学森院士强调指出："作为一种现代科技，系统工程是一种定量的技术，它采用的是科学的方法，是定量计算的方法，所以也是数学的方法。为了在实际系统研究成功以前拟定与验证系统的总体方案，需要规划与设计出巨系统或开放的复杂巨系统各分系统、子系统组成部分和元素之间的相互关联性、物理性、逻辑性、适应性等，评估系统在实际的或模拟的外部因素作用下的响应与反馈。"

按照系统工程方法论，通常将与系统有关的客观事物和它们之间的相互关系借助模型的方法表示出来以实现对客观事物的描述。模型是现实系统的一个抽象，是实际系统或过程的代表或描述，是集中反映系统有关实体的信息，是对一切客观事物及其运动形态的特征和变化规律的一种定量抽象。因此，模型是理解、分析、开发或改造客观事物原型的一种手段。在系统工程中，模型是系统开发过程中的一个不可缺少的工具。通过模型来表达和描述系统工程的功能、系统、技术、标准、信息基础设施之间涉及物理和逻辑上的相互关系；通过模型可以更加全面地、直观地、清晰地描述系统工程内部本质活动的规律、行为、性质和原理。系统工程可以看成是由一系列有序的模型构成的系统，这些有序模型通常包括：规划模型、概念模型、逻辑模型、物理模型、实体模型、数据模型和决策模型等。系统工程采用的建模和系统量化的方法就是系统工程的基本方法。

4) 系统工程组织形式

系统工程组织形式是钱学森院士系统工程学说的重要组成部分。钱学森院士将系统工程组织形式创新为"总体设计部"。总体设计部的概念源自苏联航天科技界，钱学森院士把它引进来，吸收中国传统文化重视集体的思想，特别是现代中国的革命集体主义精神，形成了有中国特色的总体设计部的思想。

总体设计部的性质、意义、组建原则、工作方式等，不仅是技术问题，而且是具有理论的重要内容。首先是在技术层面上，总体设计部组织内容的目标就是设计一个型号的产品，组织内容包括这个产品各个阶段的计划和方案的研究，直到产品的实验、定型、生产，总体设计部就是这个型号产品的设计部、系统部、生产部三位一体。总体设计部的具体工作就是把比较笼统的初始研制要求逐步地分解为若干个研制任务的具体工作，再把这些工作的参与者各自完成的工作，最终综合成为一个技术上合理、经济上合算、研制周期短、能协调运转的实际系统，并使这个系统成为它所从属的更大系统的有效组成部分，如图1-7所示。

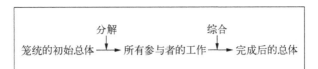

图 1-7　总体设计部工作过程示意图

总体设计部设计的是系统的"总和",是系统的"总体方案",是实现整个系统的"技术途径"。总体设计部一般不承担具体部件的设计,却是整个系统研制工作中必不可少的技术抓总单位。总体设计部把系统作为若干分系统有机结合成的整体来设计,对每个分系统的技术要求都首先从实现整个系统技术协调的观点来考虑;总体设计部对研制过程中分系统与分系统之间的矛盾、分系统与系统之间的矛盾,都首先从总体协调的需要来选择解决方案,然后留给分系统研制单位或总体设计部自身去实施。按照这种原则运行的总体设计部,体现了一种科学方法,适用系统的规划、研究、设计、制造、实验和使用的科协方法,即系统工程的工作组织方法。

系统工程是一类包括许多门工程技术的一大工程技术门类,是一个总称。按照钱学森院士1979年给出的系统工程分类,共有14类部门系统工程,如表1-3所示。它们共同的理论基础是运筹学,有些也会涉及控制论。但是每一门类系统工程都有本专业领域特殊的理论基础。

表 1-3　部门系统工程及其专业理论基础

序号	系统工程的专业	专业的特有学科基础
1	工程系统工程	工程设计
2	科研系统工程	科学学
3	企业系统工程	生产力经济学
4	信息系统工程	信息学、情报学
5	军事系统工程	军事科学
6	经济系统工程	政治经济学
7	环境系统工程	环境科学
8	教育系统工程	教育学
9	社会系统工程	社会学、未来学
10	计量系统工程	计量学
11	标准系统工程	标准学
12	农业系统工程	农事学
13	行政系统工程	行政学
14	法治系统工程	法学

5) 系统工程综合集成方法论

开放的复杂巨系统,尤其是智慧城市开放的复杂巨系统,目前还没有形成从微观到宏观的理论体系,没有从开放的复杂巨系统的功能、系统、技术、标准、信息基础设施之间的相互作用和关联关系出发,构筑相应的系统工程方法论。钱学森院士说:"有些人想得比较简单,硬要把处理简单系统或简单巨系统的方法用来处理开放的复杂巨系统。他们没有看到这些理论方法的局限性和应用范围,生搬硬套,其结果适得其反。例如,运筹学中的对策学(也称博弈论),其就理论框架而言,是研究社会系统的很好工具。但对策论今天达到的水平和取得的成就,远不能处理社会系统的复杂问题。原因在于对策论把人的社会性、复杂性、人的心理和行为的不确定性过于简单化了,以至于把复杂巨系统的问题变成简单巨系统的问题了。"

钱学森院士提出的"系统工程综合集成方法论"的核心是科学理论、经验知识、专家判断力相结合,将专家体系、数据和信息体系、技术体系结合起来,构成一个高度智能化的人机结合系统,把人的思维、思维的方法、思维的结果、人的经验以及各种情报、资料和信息等统统集成起来,从多方面的定性认识上升到定量的知识。在系统总体指导下进行分解,在分解后研究的基础上,再综合集成到整体,实现总集合(总集成)的涌现,达到从全局性、战略性上严密解决问题的目的。综合集成方法论的过程与内容可用图1-8表示。

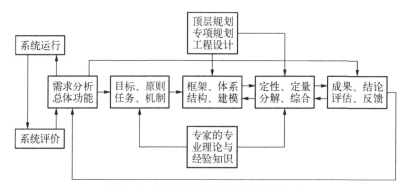

图1-8 综合集成方法论的过程与内容

"系统工程综合集成方法论"具有以下特点:

① 根据开放的复杂巨系统机制复杂和变量众多的特点,把定性研究和定量研究有机地结合起来,从多方面的定性认识上升到定量知识层面。

② 由于系统的复杂性,要把科学理论和经验知识结合起来,把人对客观事物的局部知识集中起来,形成知识体系来解决系统问题。

③ 根据系统思想,把多种学科和专家经验与知识结合起来进行研究,形成技术体系。

④ 根据复杂巨系统的层次结构,把宏观与微观研究、分解与综合分析统一起来,形成数据与信息的整体框架体系结构。

钱学森院士在总结系统工程综合集成方法论特点时,着重指出:"在应用综合集成方法论时,也需要进行系统地分解,在系统总体指导下进行分解,在分解后研究的基础上,再综合集成到整体,实现1+1>2的涌现,达到从整体上严密解决问题的目的。"从这个意义上说钱学森院士的综合集成方法论吸取了还原论和整体论的长处,同时也弥补了各自的局限性,综合集成方法论是还原论与整体论的结合。

6) 智慧城市系统工程方法论应用

方法论是研究问题的一般规律、一般程序,它高于方法,并指导方法的使用。系统工程方法论可以是哲学层面上的思维方式、思维规律,也可以是操作层面上开展系统工程项目的一般程序，它反映系统工程研究和解决问题的基本思路或模式。

通常系统工程方法论是描述一个项目从开始到结束的整个生命周期中的活动秩序，它由重要的活动节点来分隔，分隔点之间的区间称为阶段。一般分为七个阶段：顶层规划（总体方案规划）、专项规划（执行项目详细规划）、工程设计（执行项目施工图设计）、项目实施（生产及建造）、验收（分阶段测试）、运营（使用）、提升（可持续扩展）。

智慧城市建设涉及一个地区、一个城市中的政府、管理、民生、经济各领域、各行业、各业务、各应用的方方面面，通过现代云计算、物联网、大数据、无线通信、自动化、智能化等高新科技，整合城市所涉及的综合管理与公共服务信息与数据资源，包括地理环境、基础设施、自然资源、社会资源、经济资源、教育资源、旅游资源和人文资源等，以数字化的形式进行采集和获取，通过智慧城市大平台和大数据进行统一的存储、优化、管理、展现、应用。实现城市综合管理和公共服务信息的互联互通、数据共享交换、业务功能协同。以2020年全面建成小康社会，绿色低碳智慧型城市，城市可持续发展为目标。

智慧城市的内涵和要素涉及自然、经济、社会、人文、科技、系统、工程等各个学科领域，同时智慧城市建设具有全局性、系统性、长期性、复杂性、先进性、可持续性的特性。因此选择正确的规划、路径、实施的方法论至关重要。

本书作者作为信息化应用研究高级访问学者，长期在新加坡从事信息系统工程理论研究、应用和实践的工作。在2010年给温家宝总理的信中就曾建议，将我国"两弹一星"实施的系统工程方法论，移植和应用到中国特色智慧城市的建设中。就目前来说就是将习近平总书记关于智慧城市的系列理论和钱学森院士《工程控制论》《论系统工程》，以及《系统工程综合集成方法论》中的学说、理论和实践应用到智慧城市的研究、规划、设计、工程、建设、运营的全生命周期中来。

1.2.3 智慧城市复杂巨系统

系统科学原本是为了对付复杂性而兴起的，在20世纪40年代系统科学界实际上是把系统与复杂对象等同看待的。我国学者们认为，我国对复杂性和系统科学的研究，几乎与国外研究是同时起步的，研究思路较清晰，形成了具有一定特色的研究方法论和系统科学体系。老一辈杰出科学家钱学森院士大力倡导系统工程，并于80年代末提出开放的复杂巨系统及其方法论，建立了一个系统科学体系，形成了一个复杂性与系统科学哲学研究的较稳定的共同体，并提出"系统概念是为处理复杂性问题而提出的，没有复杂性就无需系统科学"。钱学森院士构筑的系统科学，最先提出的系统定义就把"复杂"和"系统"两个词捆绑在一起："我们把极其复杂的研制对象称为系统。"他率先提出"巨系统"的概念，一直主张用巨系统概念来认识和处理复杂性；在1987年又进一步提出"复杂巨系统"的概念，他说："只讲巨系统是不够的，系统科学需要研究什么是'复杂'，什么是'复杂系统'。"钱学森院士倡导从定性到定量研究复杂巨系统的系统工程方法论。定性和定量相结合的系统方法，是指由决策部门、系统工程研究部门、数据信息统计部门共同参与的社会系统研究方法，在研究中强调定性与定量相结合。

钱学森院士关于开放的复杂巨系统的研究与方法论的重要观点如下：
① 把复杂巨系统扩展为开放的复杂巨系统，基本完成了系统科学新概念的创造。
② 建立系统学、发展系统科学、研究开放复杂巨系统以马克思主义哲学为指导。

③ 对系统学进一步总结,在吸收有关综合分析方法的基础上,提出综合集成概念,新方法论的构建至此已完全具备。

④ 提出"系统科学涌现出来的一个大领域:开放的复杂巨系统"是宏观层次上基础科学研究的大课题。

⑤ 定性和定量相结合的系统研究方法与综合集成方法融为合一,形成定性与定量相结合的综合集成法这一概念。至此系统工程新方法论的创建也接近完成了。

根据系统工程组成系统的分系统的种类和数量,以及它们之间关联关系的复杂程度,可以将系统分为简单系统和巨系统两类。简单系统是指组成系统的分系统或子系统的数量比较少,它们之间关系自然比较单纯,称为小系统;如果分系统或子系统数量相对较多,则称大系统。若分系统或子系统数量非常大则称为巨系统;如果分系统或子系统种类很多并有层次结构,它们之间关联关系又很复杂,这就是复杂巨系统。如果这个系统又是开放的,即在系统之间存在多维和多领域的物理和逻辑上的关联关系,即称为开放的复杂巨系统。钱学森院士是提出开放的复杂巨系统概念的第一人,并给出了系统的分类,见图1-9。

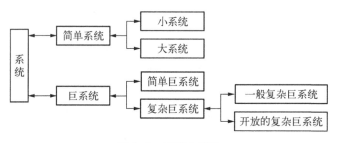

图 1-9 系统分类图

钱学森院士提出的"开放"与"复杂"具有新的、更广的含义。这里的开放性指系统与外界有能量、信息或物质的交换,并具有以下特征:

① 系统与系统中的分系统分别与外界有各种信息交换。

② 系统中的分系统可以通过学习获取知识。

③ 开发的复杂巨系统有多种系统形态、多层次、多重子集、多分系统、多子系统、多要素、多功能的组合、交叉、集合的、动态的、开放的、具有反馈环节的、非线性的,包括实体系统和概念系统的复合性社会系统体系。

钱学森院士针对开放的复杂巨系统进行研究时指出:"有些人把处理简单系统或简单巨系统的方法用来处理开放的复杂巨系统。他们没有看到这些理论方法的局限性和应用范围,不能生搬硬套。"系统工程综合集成方法论就其实质而言,是将专家群体(各种有关的知识专家)、数据和各种信息与现代信息化、网络化、智能化科技结合起来,把各种学科的科学理论和人的经验知识结合起来。这三者本身也构成了一个系统。系统工程综合集成方法论的成功应用,就在于发挥了这个系统的整体优势和综合优势。

系统工程复杂巨系统研究方法,通常将还原论与整体论,分析法与综合法结合在一起。其方法就是在"整体"下把系统分为"部分"。先获得对"部分"的精细描述,再把对"部分"的描述综合起来,形成对系统"整体"的描述。或者说把"整体"的描述建立在对"部分"精细描述的基础上。

综合集成法运用于开放的复杂巨系统,钱学森院士说:"开放的复杂巨系统要运用微观与宏观、局部与整体相结合的方法来研究。"开放的复杂巨系统概念和微观分析与整体规划相结合的从定性到定量综合集成法的要点如下：

① 从定性到定量综合集成法把系统科学理论、专家经验和统计数据三方面有机地整合为一个系统，从而可以获得这个系统的整体涌现性。

② 从定性到定量综合集成法充分利用以电子计算机为核心的信息高新技术，实现人机结合，以人为主的技术路线，具有技术上的先进性、前沿性。

③ 从定性到定量综合集成法还获得思维科学的强有力支持。钱学森院士指出："研究简单系统和简单巨系统，基本上还是靠逻辑思维和科学推理方法，加上适当的经验修正即可。研究复杂巨系统则必须把逻辑思维与形象思维结合起来，把理论分析与实践经验结合起来。"研究简单巨系统主要依靠的仍然是量智，研究复杂巨系统则需要把量智与性智结合起来。对开放的复杂巨系统进行综合集成研究的过程，是量智与性智、逻辑思维与形象思维高度结合的过程。

④ 从定性到定量综合集成法的核心概念是"综合集成"。"综合"与"集成"是近义词，前提都是存在多样而分散的事物，使它们转变为一个统一的存在。一个新的整体，就是综合（综而合一），亦可称为集成（集而成一）。把综合与集成叠置为综合集成这个新词，意在强调它不同于单独讲综合或单独讲集成，而是综合的综合、集成的集成，或综合的集成、集成的综合，内涵上有新的提升。对于复杂巨系统需要更高层次的综合或集成，就是综合集成。综合集成方法重在"集成"，如果没有集成的思想，只有综合，那充其量只是"拼盘"。只有综合起来又加以集成，才会得出一个综合事物的有机整体，或称之为创新。

1.2.4 智慧城市框架体系结构

1) 智慧城市建设需求

智慧城市以为民服务全程全时、城市治理高效有序、数据开放共融共享、经济发展绿色开源、网络空间安全清朗为五大建设目标，通过体系规划、信息主导、改革创新，推进新一代信息技术与城市现代化深度融合、迭代演进，实现国家与城市协调发展。智慧城市建设依据"六个一"核心要素，即：一个开放的体系架构、一套统一标准体系、一张天地栅格网、一个数据体系、一个运营管理中心和一个通用功能平台。

智慧城市建设涉及政府政务、社会民生、城市治理、企业经验的各行各业的方方面面。智慧城市是一个复杂巨系统，需要遵循体系建设规律，运用系统工程方法论，构建开放的体系架构，通过"强化共用、整合通用、开放应用"的思想，指导各类智慧城市的建设和发展。

系统工程方法论、复杂巨系统、框架体系结构是智慧城市"三位一体"顶层设计的起始点和立足点。前面我们重点研究和讨论了"系统工程方法论"和"复杂巨系统"与智慧城市的关系和重要作用及特点，下面我们将重点研究和讨论"框架体系结构"与智慧城市顶层设计的关系以及重要作用。

智慧城市框架体系结构是构成智慧城市开放的复杂巨系统工程的关键和核心技术，是智慧城市顶层设计的重要内容，是确定智慧城市总体技术框架，知识与建设体系，平台与数据结构，平台、数据库、应用系统的组成，各组成部分之间的关系以及系统工程设计与发展的指南和标准。它对智慧城市顶层规划、专项规划、工程设计具有指导性、规范性、约束性的作用。应大力推进智慧城市框架体系结构的创新、创建、开发与应用。

2) 智慧城市框架体系结构建模的步骤

智慧城市框架体系结构(Smart City Architecture,SCA)的理念、思路与策略,就是遵循习近平总书记关于智慧城市建设系列理论体系和钱学森院士系统工程方法论,以"信息栅格"技术为支撑,以创新的智慧城市总体框架、知识与建设体系、"三中心一平台"信息基础设施结构、信息大平台结构、大数据结构、大系统结构为系统工程框架体系结构模型产品。以智慧城市网络融合与安全中心、大网络安全中心、大数据资源中心、管理与运行中心和城市级共享信息一级平台信息基础设施体系结构为基础,以智慧城市现代化科学的综合管理和便捷与有效的民生服务为建设目标,全面促进政府信息化、城市信息化、社会信息化、企业信息化,建设智慧城市信息互联互通和数据共享交换的超级复杂巨系统工程。

通过从数字城市到智慧城市顶层规划和框架体系结构设计,将智慧城市整体功能与局部功能,整体系统与分系统、子系统,大数据与主题数据、应用数据均纳入统一的智慧城市规范的框架体系结构中。从功能、系统、技术标准等不同角度来描述智慧城市开放的复杂巨系统的框架体系结构。

3) 智慧城市总体框架

智慧城市框架体系结构是指智慧城市功能、系统、技术、信息系统、数据库系统组成的框架、体系、结构及相互之间的关系,是指导智慧城市规划与设计和发展的原则。SCA框架体系结构规范地采用总体功能体系、系统体系(大平台结构、大数据结构)、技术体系、标准体系、信息基础设施体系等五体系模型的方法,即通过结构化的图形和文本把功能需求(任务)、系统构成、技术、标准、信息基础设施完整清晰地描述出来。目前全国都在进行智慧城市的顶层设计和工程项目实施,因此,必须进行智慧城市框架体系结构技术理论的研究和实践,大力推广开放的复杂巨系统框架体系结构设计方法,通过智慧城市的实践逐渐成熟和形成系统化结构化、标准化体系,使得智慧城市框架体系结构的设计和水平不断提高。

总体框架描述方法是框架体系结构的核心内容,为了研究总体框架描述方法,有必要首先对体系结构进行了解。框架体系结构是用于提供一种通用的、统一的文档、表格或图形对SCA功能、系统、技术、标准、信息基础设施进行综合的描述。它可以为智慧城市的使用方、研制方和管理方表述系统需求、设计系统体系结构、验证与评估系统提供统一、规范的系统工程方法论。其作用在于架构规范设计人员、技术人员、系统工程项目实施人员、管理人员之间沟通的桥梁,实现功能、系统、技术、标准、信息基础设施五体系的综合,保证所开放的系统可集成、可互操作、可验证、可评估,从而提高系统的一体化水平。

智慧城市总体框架,即是智慧城市总体逻辑模型,该模型表述知识与建设体系,标准体系、平台与数据结构,信息平台、数据库、应用系统的组成,各组成软硬件部分之间的物理与逻辑关系,总体框架对智慧城市顶层规划具有指导性、规范性、统一性、约束性的作用,如图1-10所示。它主要从功能、系统、技术、标准、信息基础设施的核心要素的各个不同的角度描述智慧城市的框架体系结构,从而形成对框架体系结构整体的描述。将五体系各元素通过矩阵模型与框架模型对应起来,关键在于保证SCA所有元素都被很好地组织并且它们之间的关系被很好地展现出来,不管哪个元素先建立,都能保证整个系统的集成和完整性。SCA框架体系结构是一个通用的模型,它明确了该模型设计中要描述的内容,是一种通用的分级分类的方法,能够用于对任何复杂对象的描述。SCA框架体系结构总体框架定义了条理的体系结构设计原则,允许设计人员与建设者对系统进行合理的分解和综合,将系统体系结构分解与综合成定义清晰的总体框架。

SCA 框架体系结构采用模型描述方法,是智慧城市顶层设计的关键和核心内容。框架体系结构用于提供一种通用的、统一的表述智慧城市功能、系统、技术、标准、设施之间物理与逻辑的关联关系的信息方法,为智慧城市的需求、规划、设计、建设、运营、管理提供统一、规范的软硬件产品的集合,其作用在于架构使用人员、建设人员、管理人员之间沟通的桥梁,实现功能、系统、技术、标准、设施五方面的综合。以保证所开发的智慧城市各种实现功能和应用的可集成、可协同、可互操作、可验证、可评估,从而提高共享信息平台和大数据的一体化水平。

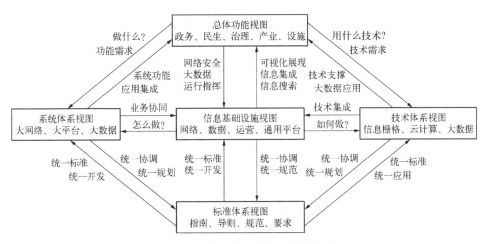

图 1-10 智慧城市总体框架逻辑关系图

4) 智慧城市知识体系

智慧城市知识体系,是智慧城市顶层规划、专项工程规划、工程设计、项目建设、运营服务的先导性工作,是指导智慧城市顶层规划、设计、建设的知识基础。智慧城市知识体系包括标准体系、指标体系、信息体系和运营管理体系,如图 1-11 所示。

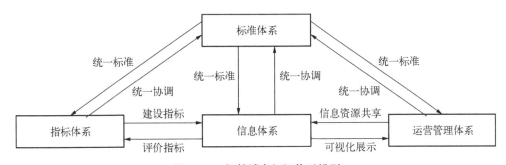

图 1-11 智慧城市知识体系模型

5) 智慧城市建设体系

智慧城市建设体系包括功能体系、系统体系、信息基础设施体系、技术体系和保障体系,如图 1-12。智慧城市建设属信息系统工程的范畴,建设体系应遵循系统工程的理念,应用信息论、控制论、运筹学等理论,以信息化技术应用为基础,采用现代工程的方法研究和管理系统的应用技术。从信息化系统工程的观点出发,在确定智慧城市建设需求分析和可行性研究的基础上,以及在明确了智慧城市建设目标和原则的前提下,通过功能、系统、技术、设施、保障体系,并将各体系始终贯穿于智慧城市建设的全生命周期中。每一个体系都体现具体的目标、内容和成果。

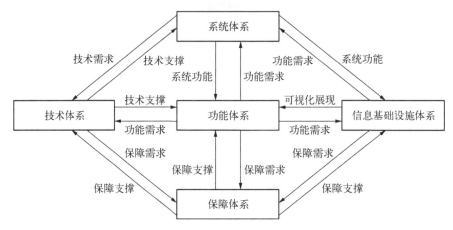

图 1-12 智慧城市建设体系模型

6) 智慧城市功能体系

智慧城市总体功能体系,是指在总体规划之初,定量、清晰和准确地描述出智慧城市的整体功能需求和重点任务,分功能、子功能等要素,以及完成总体功能所需的信息流和数据流。总体功能体系模型应表示总体功能、分项功能、子功能、重点任务、功能关联关系、功能信息流与数据流、功能之间的信息交换与协同,如图 1-13 所示。总体功能体系模型产品的设计,不仅有助于理清现有组织关系,优化运营管理流程,而且能够更准确、定量、清晰地描述各领域、各行业、各业务的功能需求,从而为确定系统需求、结构、组成、功能提供依据。

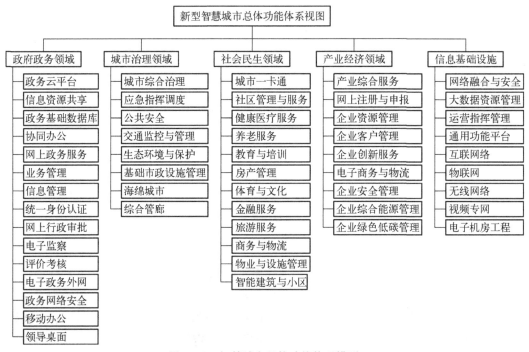

图 1-13 智慧城市总体功能体系模型

智慧城市以为民服务全程全时、城市治理高效有序、数据开放共融共享、经济发展绿色开源、网络空间安全清朗为建设目标,通过智慧城市信息基础设施、智慧政务、智慧民生、智慧治理、智慧产业"五大"重点任务的落地和实施建设,支撑智慧城市"五大"建设目标的实现。同时通过智慧城市"五大"重点任务及各二级平台专项工程的建设,实现智慧城市评价指标的落地和完成。通过智慧城市建设框架体系顶层规划,以信息为主导,改革创新,推进新一代信息技术与城市现代化深度融合、迭代演进,实现智慧城市的协调发展。

7) 智慧城市信息基础设施体系

智慧城市信息基础设施建设遵循智慧城市建设六大核心要素。通过"天地一张栅格网"构成一个"虚拟化的复杂巨系统",实现网络资源、计算资源、存储资源、数据资源、信息资源、平台资源、软件资源、知识资源、专家资源等的全面共享共用,将"信息栅格"技术应用于智慧城市。

智慧城市信息基础设施主要由"网络融合与安全中心""大数据资源中心""运营管理中心"以及"共享信息一级平台",即"三中心一平台"组成,是信息与系统集成基础设施的应用创新,是打通政府、城市社会治理、社会民生、企业经济"信息壁垒"的重要手段,是实现智慧城市信息资源深度整合和数据共享协同的关键性基础设施。智慧城市"三中心一平台"规划与建设目标,应遵循智慧城市"六个一"核心要素,遵循统一专项工程规划、统一标准设计、统一建设实施的原则。"三中心"可以设置于一个物理环境中,在逻辑上则根据功能需求完全分开,"一平台"是实现"三中心"网络互联、信息互通、数据共享、业务协同综合集成的可视化展现与应用的信息环境。

8) 智慧城市大平台结构

智慧城市大平台结构是系统体系的重要组成部分。大平台结构模型产品是指在系统研制之初,应明确大平台及各级信息分平台如何支持总体功能及各级功能的实现,明确具备什么样的系统功能,能提供什么能力和服务,大平台与各级信息平台及应用系统之间应具备什么样的关系等。大平台结构模型是对提供或支持总体功能及各分级功能的系统及其相互关联的一种描述,通常以模型的方式表示。

智慧城市大平台结构模型,还包括大平台业务模型、大平台逻辑模型、大平台接口模型。大平台结构模型可以在总体功能模型产品所需确定的功能需求牵引下,定量描述大平台及各级分平台的功能,清晰明确地表示大平台及各级信息分平台内、外的物理与逻辑的相互关系。使得大平台及各级信息分平台功能,满足总体功能及各级功能的需求,发现大平台的能力差距,减少平台系统的重复建设和避免"信息孤岛"的产生,从而提高大平台建设的效益。

9) 智慧城市大数据结构

智慧城市大数据结构是系统体系的重要组成部分。大数据结构模型产品是指在大数据库系统研制之初,明确大数据及各行业主题数据库如何支持城市级共享信息一级平台功能及各行业级二级平台功能的实现,明确具备什么样的数据共享交换的能力和数据服务,各级数据库系统与各级信息平台及应用系统之间应具备什么样的关系等。大数据结构模型是对提供或支持城市级共享信息一级平台及行业级二级平台功能及其相互关联的一种描述,通常以模型的方式表示。智慧城市大数据结构模型,还包括行业级主题数据库模型、业务级三级平台模型。大数据结构模型可以在大平台结构模型产品所需确定的数据服务需求的牵引下,定量描述大数据库、主题数据库、应用数据库的数据共享、交换、服务的功能,清晰明确地表示大数据库及行业级主题数据库内、外的物理与逻辑的相互关系。使得大数据及行业级主题数据库,满足大平台的数据需求及行业级二级平台的数据需求,发现数据服务的能力差距,减少数据库系统的重复建设和避免"数据孤岛"的产生,从而提高大数据建设的效益。

大数据资源的开发和综合应用已经成为智慧城市规划与建设的核心需求。智慧城市大数据通过对政府政务、城市治理、社会民生、企业经济的管理、服务、生活、生产运行中所产生的海量、重复、无关联的过程数据,经过数据采集、清洗、抽取、汇集、挖掘、分析后,获取的具有经验、知识、智能、价值的数据和信息。智慧城市大数据具有全局性、战略性、决策性的特点。

智慧城市大数据结构采用"信息栅格"开放的体系架构,以"数据为中心"的分级分类的总体结构,以城市级大数据库为核心,形成与行业级主题数据库、业务级应用数据库的分级和政府政务、城市社会治理、社会民生、企业经济的分类的数据与信息紧密相连的智慧化大数据应用的整体。

10) 智慧城市大系统结构

智慧城市总体规划和建设的过程就是建立信息互联互通、数据共享交换、业务功能协同的过程。智慧城市大网络、大平台、大数据是智慧城市信息化建设的一个整体。大数据是大平台的信息源和提供有价值知识数据的支撑;大平台提供大数据的加工、处理、应用、展现与共享的环境;大网络是信息与数据传输的通道和安全保障。智慧城市大数据结构体现了数据、信息、网络相互之间的物理与逻辑互联互通的关系和应用,以及功能协同的关系。智慧城市大数据分级分类结构由城市级大数据库、业务级主题数据库、应用级数据库分级和知识决策类、经验管理类、过程应用类分类数据构成。

1.2.5 智慧城市系统集成

新型智慧城市要打通信息壁垒,消除数据烟囱,避免重复建设,离不开"系统集成",要将系统集成作为新型智慧城市建设的基本理念和原则牢固地确立起来。同时,"信息栅格"框架体系结构开始运用于新型智慧城市"大平台、大数据、大网络、大系统"之间相互衔接与系统集成的实践之中。

智慧城市系统集成要以军事联合作战的框架体系为基础,以"军事信息栅格"为技术总路线。通过统一的接口将底层的信息系统资源进行封装,接入到一体化信息平台之中,实现最基本的接入功能。一体化信息平台支持对接入的系统进行组织和管理功能。通过军事信息系统的集成体系架构,对信息系统资源进行接入、组织和管理。军事信息系统集成平台的主要目的是集成军事所有的信息系统,如:GIS系统、气象系统、监测系统、战略决策与战术指挥系统、战场态势分析系统、数据分析系统。每个系统又包括很多子系统,每个子系统又包括许多不同功能的组件和模块。

信息系统集成的资源十分复杂,真正地实现涵盖任何信息资源的一体化信息平台是一个系统的、长期的任务。对于每个将要集成的信息系统,其自身要有一个规范化的管理机制,而该过程也是一个复杂的过程。

智慧城市信息系统集成与军事信息系统集成采用完全相同的策略和模式。智慧城市是一个开放性复杂巨系统,涉及政府、管理、民生、经济各行各业的方方面面。智慧城市框架体系结构将政府、管理、民生、经济各信息系统分解为城市级一级平台、行业级二级平台、底层业务级三级平台及应用系统,以及与平台结构对应的城市级大数据库、行业级主题数据库、业务级应用数据库。通过智慧城市各级平台及各级数据库统一、规范的接口将底层的信息系统的数据、信息、页面、服务等资源进行封装,通过各级平台和各级数据库汇集到城市级公共信息一级平台和城市级大数据库之中,实现了自下而上的信息采集和数据共享,也实现了最基本的接入功能。城市级公共信息一级平台和城市级大数据库具有对接入的各级平台和各级数据库进行组织和管理的功能。通过智慧城市信息系统的集成架构,对智慧城市信息系统资源进行全面的接入、组织和管理。

1) 军事信息系统集成架构

军事信息系统集成架构如图1-14所示(摘自《军事信息栅格理论与技术》),该架构为不同信息系统标准的管理提供了一个灵活的机制,能够有效地对资源进行组织和管理,同时提供互联互通、共享和协同机制以保证其提供的QoS,简化不同信息资源的接入,以及提高系统的抗毁性和可扩展性等公共问题。军事信息系统集成的架构,采用层次化四层结构,即:资源层、接入层、管理层和应用层,以及整个架构的安全模块。安全模块对应于每个层次都具有相应的安全要求。接入层实际对应于军事信息系统集成中信息系统共享策略中的安全管理模块;资源层对资源接入进行访问控制,并且保障其通信安全;管理层的安全主要是对全局的权限控制和管理,如统一身份认证(CA认证中心);而应用层的安全主要是各个应用对其用户的权限限制。

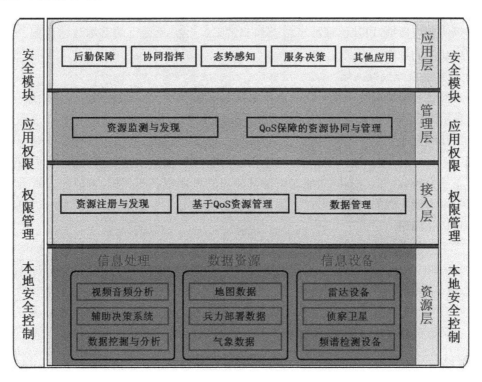

图1-14 军事信息系统集成平台系统架构图

2) 信息系统集成资源层

军事信息系统集成架构能够支持军事信息系统集成中任何信息资源,为其提供一个有效的管理和发现机制。信息系统集成资源层从整体上可以分为三类:数据资源、信息设备资源和信息处理资源。

① 数据资源是信息化处理平台的基础,其中数据主要是静态数据,包括地图数据、气象数据、兵力分布数据以及后勤保障数据等。各种数据的存储方式各不相同,有的数据存储于数据库之中,有的数据以文件目录进行组织。数据库可能包括:mySQL、Postgresql、Oracle 等;文件系统可能是:Fat32、NTTS、EXT2 和 EXT3 等。

② 信息设备资源的功能是提供基本的动态信息,但是与数据资源相比,其主要提供动态的实时信息。其集成的信息设备可能是雷达设备、卫星设备和频谱监测设备。这些设备自身有控制和管理模块,接入一体化信息平台后能够以一种标准的格式提供数据流服务。

③ 信息处理资源实际上是对上述的数据资源和信息设备资源产生的数据进行分析和处理。从本质上来说是数据密集型计算,这些资源能够提供接口调用数据的分析和处理的能力。

智慧城市信息系统集成架构融入智慧城市总体技术框架中(见 1.2.5 智慧城市框架体系结构)。对应军事信息系统集成架构的资源层,智慧城市资源层分别由网络层、设施层、数据资源层构成。网络层实现互联网、政务外网、视频专网、物联网、无线网的互联;设施层实现信息与数据的互联、汇集、分类、清洗、抽取;数据资源层实现多级分时数据、实时数据、多媒体数据,涵盖政府管理、行政管理、民生服务、经济企业的各个领域、各行业、各业务的数据集合,涉及政府行政数据、城市管理数据、民生服务数据、企业经济数据。从政府行政管理数据共享的角度,涉及政府管理与政务、城市监控与管理、社会民生服务、公共服务、商业服务、企业经济等信息与数据,以及保证城市常态和非常态(应急)下运行的基本数据挖掘、分析、汇集、共享、交换的功能。

3) 信息系统集成接入层

军事信息系统集成架构接入层的主要目的是在资源层的资源上部署通用的服务,将底层的信息系统资源进行封装,可以屏蔽底层资源的异构性,从根本上消除信息孤岛造成的信息系统的互联互通互操作的问题。对于资源层中的数据资源,可以通过共享策略中的数据管理服务对其进行封装和组织管理。对于信息设备资源以及信息处理资源,则可以通过资源管理服务来封装。由于不同功能的资源其接口的调用也各不相同,可以通过资源注册与发现服务将本地资源的调用接口以及服务质量相关信息注册到上层的资源发现模块之中,供用户发现和调用。

对应军事信息系统集成架构的接入层,智慧城市接入层主要由共享组件与中间件层构成。共享组件与中间件层起到数据资源层与专业平台应用层之间信息与数据标准化封装的作用,以满足各专业平台应用层的信息与数据的调用和组织管理。共享组件与中间层可以采用统一开发的方式,并根据城市级公共信息一级平台与行业级二级平台、业务级三级平台互联互通和数据共享交换的要求,将统一开发的共享组件与中间件部署在各专业平台接入层中。

共享组件及中间件层(虚拟服务层)主要由两个层次构成:

① 支撑共享组件层和基于 SOA 架构基础中间件层　支撑组件由六个部分组成:数据交换组件、统一认证组件、门户组件、系统管理组件、资源管理组件和分析(OLAP)展现组件。基于 SOA 架构基础中间件包括 MOM、J2EE、LDAP、PORTAL 等基础运行环境。

② 业务组件层　通过智慧城市各行业级二级平台的系统集成,进行各行业业务类的组

织、采集和应用信息资源的综合与集成。采用分布式多源异构的容器封装共享机制,将智慧城市各类数据、信息、页面、服务资源按照各行业业务类型进行整合、组织、封装,从应用的供需角度组织信息资源。建立智慧城市系统集成"四大"封装的业务类目录和业务应用组件调用体系,实现各类封装的业务组件之间(即业务数据、业务信息、业务页面、业务服务的供需之间)的跨平台、跨业务、跨部门、跨应用需求的映射、对接和调用。

4) 信息系统集成管理层

军事信息系统集成架构管理层用于对底层的各种资源进行管理与分类,提供透明的访问资源和有效的发现资源,主要包括以下两个模块:

① 资源监视与发现 该模块采用一种灵活的、可扩展的以及抗摧毁的架构支持对服务元数据进行分类管理,对服务的描述进行标准化;能够根据用户请求将其与目前系统中的资源相匹配,支持多种匹配能力,包括功能匹配和基于 QoS 的服务协同的匹配等功能,匹配后将用户映射到具体的资源上去;同时能够提供面向客户端的语言规范,使得用户能够方便地进行调用和查询。

② QoS 保障的资源协同与管理 该模块能够有效地支持客户端和资源提供者的服务质量的协同。基于 SLA 对 QoS 进行保障,能够提供协同、签署和动态部署 SLA 合同的功能,能够根据用户的请求,协同多个资源来满足用户的要求;该模块还提供用户的语言规范,以方便用户调用该模块完成复杂任务。

对应军事信息系统集成架构的管理层,智慧城市管理层功能主要由共享封装组件与中间件层来完成,实现对底层的各种资源进行管理与分类,以及资源监视与发现和 QoS 保障的资源协同与管理的功能。考虑到军事信息系统集成架构中的接入层和管理层都属于信息系统集成的共性功能,同时也考虑到智慧城市是一个矩阵型多平台和多数据库的框架体系结构,因此将共性封装组件和中间件作为一个共性软件包进行统一开发、统一部署、统一应用,可以大大降低重复开发和重复部署的费用和成本。

5) 信息系统集成应用层

军事信息系统集成架构应用层主要针对各种不同的情况开发的具体应用,它需要提供应用及集成中间件、具体应用及用户接口。应用层是直接面向各级指挥员提供服务。由于底层的基础平台将资源提供的功能进行了封装,因此对于应用的开发只需要关注应用本身的逻辑功能,对于应用本身所需的底层服务,可以直接通过底层基础设施提供的接口获取,这样就在很大程度上避免了重复开发底层的资源浪费。

对应军事信息系统集成架构的应用层而言,智慧城市应用层由平台层(城市级一级平台、行业级二级平台)和应用展现层构成,其实现功能与军事信息系统集成架构中的应用层功能完全一致。智慧城市应用层与军事信息系统集成应用层的不同点是将应用和中间件进行了分离,使得应用专注于任务和功能,而将中间件部署在虚拟层(共享组件、业务组件和中间件层),以便于统一的信息与服务的虚拟封装,以及共性软件程序的统一开发和调用。智慧城市应用层是直接面向城市的各级管理者(市长、区县领导)为其提供信息与服务。底层的业务级三级平台和其应用系统功能已经通过虚拟层进行了数据、信息、页面、服务标准化的封装,因此对于行业级专业平台的开发只需要关注其行业级管理和服务的逻辑功能即可。对于各行业底层的业务应用本身所需的底层服务,可以直接通过底层业务级三级平台和其应用系统基础设施提供的互联互通接口获取,这样在很大程度上避免了重复开发底层的资源浪费。

第2章　智慧城市总体规划

2.1　智慧城市总体规划目标与原则

2.1.1　智慧城市总体规划目标

1) 智慧城市总体规划要求

智慧城市建设以"运营管理中心"信息基础设施建设为起点,以信息基础设施、智慧政务、智慧民生、智慧生态、智慧产业五大重点任务建设和发展为实施主线,突出智慧城市建设的特色和亮点。

一是率先建设城市级"网络融合与安全中心""大数据资源中心""运营管理中心"和"公共信息一级平台"。"运营管理中心"是打通信息壁垒,实现信息互联互通和数据共享交换的信息基础设施。

二是智慧政务,根据智慧城市的特点和现状,以智慧政务大数据规划为重点,以实现智慧政府协同办公平台的网络互联、信息互通,以及人口、法人、经济、政务管理、公共服务等基础数据库的数据共享和交换。建设智慧城市智慧政务大平台,承载、管理与融合智慧城市内涉及行政、政务、民政等管理信息应用系统集成,以实现综合信息资源、数据管理与民生服务高度统一为目标,推动智慧城市政务管理与服务创新,实现"智慧政务"与"智慧服务"的协同,为智慧城市提供更加方便快捷、完善、优质的政务服务和公共服务。

三是智慧民生,智慧城市建设顶层规划,突出以智慧民生为出发点和立足点,以智慧城市、智慧社区、智慧医疗、智慧教育、智慧养老、智慧环境、智慧建筑、智慧停车、智慧商贸、智慧旅游等智慧民生建设为重点。实现城市级的智慧市民卡、智慧健康医疗、智慧教育、智慧安全、智慧交通、智慧应急等行业级信息平台的网络互联、信息互通和数据共享。建设完善的信息惠民和信息消费一体化的智慧民生服务体系。将政务服务、公共服务、商业服务覆盖智慧城市内的社区、园区、家庭和公众。

四是智慧生态,生态环境是智慧城市公众工作和生活的基本条件。以智慧生态、智慧水务、智慧低碳、智慧能源等智慧生态建设为重点,实现与智慧城市级的环境保护、海绵城市、绿色低碳、能耗监测、市政公用事业管理等行业级信息平台的网络互联、信息互通和数据共享。

五是智慧产业,智慧产业是智慧城市经济发展的推动力,需构建智慧城市智慧产业链和生态产业环境,支撑智慧城市智慧企业、智慧产业的可持续发展。以"互联网+大数据+智慧产业"发展为导向,大力发展智慧科技、智慧商贸、智慧物流、智慧园区等智慧产业重要领域为重点,实现智慧城市经济与企业转型创新和科学化可持续发展。

2）智慧城市总体规划要点

智慧城市总体规划是智慧城市建设的总纲领、总目标、总原则、总路线、总框架,是智慧城市实施的思路、方法与应用的指南和标准,涵盖需求分析、可行性研究、体系框架、重点任务、建设方案、计划安排、运营维护和经费预算等,并对智慧城市各实施项目的专项工程规划和工程设计起到指导、规范和约束的作用。

智慧城市顶层规划编制内容,主要回答、体现、描述智慧城市"做什么""怎么做"和"如何做"。通过顶层规划明确智慧城市建设的目标、原则、任务、框架、体系、结构、计划、预算、运维、扩展等内容。

① 智慧城市"做什么"?就是从认识论观点出发,通过对涉及智慧城市五大建设目标和"六个一"核心要素,以及国家三部委联合发布的《智慧城市评价指标》,以智慧城市评价指标的共性要求和本地区信息化应用的现状和发展目标,进行需求调研、需求分析、可行性研究,明确智慧城市的建设目标(指标)和实施任务(成果)等内容。

② 智慧城市"怎么做"?就是应用系统工程方法论的理论,根据智慧城市"做什么"的目标(指标)、实施任务(成果),进一步确定智慧城市系统工程建设的框架、体系、结构、平台、数据、系统、应用;网络融合、信息互联、数据共享、业务协同的框架体系结构。确定智慧城市建设的总体框架体系结构,以及建设重点任务和专项工程。

③ 智慧城市"如何做"?就是应用实践论的理论,通过考察、学习、借鉴具有智慧城市建设的实践、经验、知识的基础上,确定智慧城市建设的组织架构,阶段性实施任务和实施步骤,系统工程项目实施的阶段划分,各实施阶段和项目建设费用的估算、具体系统工程项目实施的方法和措施,实施的保障体系,验收成果的后评估,以及智慧城市建成平台系统的运行维护和建设成功经验及技术应用的推广与发展等。

2.1.2 智慧城市总体规划原则

1）智慧城市总体规划制定原则

智慧城市总体规划应遵循以下总原则:

① 推进国家治理体系和治理能力现代化,信息是国家治理的重要依据,要发挥其在这个进程中的重要作用。要以信息化推进国家治理体系和治理能力现代化。

② 分级分类推进智慧城市建设,打通信息壁垒,构建全国信息资源共享体系。更好地使用信息化手段感知社会态势、畅通沟通渠道、辅助科学决策。

③ 要加强信息基础设施建设,强化信息资源深度整合,打通经济社会发展的信息"大动脉"。

④ 以推行电子政务、建设智慧城市等为抓手,以数据集中和共享为途径,建设全国一体化的国家大数据中心,推进技术融合、业务融合、数据融合,实现跨层级、跨地域、跨系统、跨部门、跨业务的协同管理和服务。

2）遵循智慧城市建设系统工程方法论

智慧城市建设属开放性复杂巨系统,是多种系统形态、多层次、多重子集、多子系统、多要素应用功能的组合、交叉,是集合的、动态的、开放的、具有反馈环节的、非线性的,包括实体系统和概念系统的复合性社会系统体系;需要遵循体系建设规律,运用系统工程方法,构建开放的体系架构;通过"强化共用、整合通用、开放应用"的思想,指导各类智慧城市的建设和发展。智慧城市内涵和要素涉及自然、经济、社会、人文、科技、系统、工程等各个学科领域;同时智慧城市建设具有全局性、系统性、长期性、复杂性、先进性、可持续性的特性,因此选择正确的规划、路径、实施的方法论至关重要。

智慧城市系统工程方法论,就是将我国"两弹一星"实践的系统工程方法论,移植和应用到中国特色智慧城市的建设中;就是将钱学森院士的《工程控制论》《论系统工程》,以及《系统工程综合集成方法论》中的学说、理论和实践应用到智慧城市研究、规划、设计、工程、建设、运营的全生命周期中来。

智慧城市建设系统工程方法论是研究智慧城市建设的一般规律、一般程序,它高于方法,并指导方法的使用。系统工程方法论可以是哲学层面上的思维方式、思维规律,也可以是操作层面上开展系统工程项目的一般程序,它反映系统工程研究和解决问题的基本思路或模式。智慧城市方法论描述了从总体规划开始到项目运行整个生命周期中的活动秩序,它由重要的活动节点来分隔,分隔点之间的区间称为阶段。通常智慧城市建设全生命周期分为七个阶段:顶层规划(总体方案规划)、专项工程规划(执行项目详细规划)、工程设计(执行项目施工图设计)、项目实施(生产及建造)、验收(分阶段测试)、运营(使用)、提升(可持续扩展)。

智慧城市系统工程方法论应用的原则,就是从综合集成的顶层高度来将智慧城市所涉及的政府、管理、民生、经济目标进行分解、分级、分类,基于总集成目标的数据化与信息化进行组织归类和集成管理。以系统工程结构原理,建立基于智慧城市总集成目标的系统结构体系,构建小系统、大系统、巨系统和复杂巨系统之间关系的分层级和分类型的结构体系。智慧城市系统工程方法论体现在智慧城市框架体系结构的顶层规划,包括总体框架,知识与建设体系,战略级、战役级、战术级信息与数据的体系架构,信息平台结构和数据库结构等方面,是构建智慧城市要素与要素、要素与局部、局部与全局之间的数据与信息的总集合(总集成)的框架体系结构。

3) 以"信息栅格"技术应用为基本原则

"信息栅格"被称为第三代互联网技术,是当今全球网络化、信息化研究和应用的方向。中央网信办在智慧城市"六个一"核心要素中提出:"要构建一张天地一体化的城市信息服务栅格网。""信息栅格"是构建在互联网上的一组新兴技术,它将高速互联网、高速计算机、大型数据库、传感器、远程设备等融为一体,提供更多的资源、功能和交互性,"信息栅格"让人们更透明地使用网络、计算、存储等信息资源。

智慧城市"信息栅格"技术框架,基于 SOA 的资源集成框架,以"资源共享策略"和"资源集成架构"为核心。"信息栅格"包含多个组织、信息平台、应用系统及资源的动态集合,是提供灵活、安全、协同的资源共享的一种框架。"信息栅格"技术框架与传统分布式技术框架的根本区别在于资源与节点的关系。"信息栅格"技术框架是将资源与节点分离,而传统的分布式技术框架是将资源与节点绑定在一起。利用"信息栅格"技术框架可以通过以资源为中心来实现更广泛的资源组织和管理,这在传统分布式技术框架中是很难做到的。

智慧城市"信息栅格"的各种元素高度分散在城市的各个行业、业务和应用中,它依托现有的互联网和专用网络基础的各种链路,实现系统中各个单元(节点)的互联,为系统的协同工作提供通路与带宽的保证,同时制定"信息栅格"各元素之间的信息交互标准规范,确保它们之间以相互能够理解的方式交互信息。网络的互联及信息互通的规范是互操作的基础。

智慧城市"信息栅格"提供了统一的运行平台、接口标准以及交互流程。实现了不同系统之间的信息互联互通，使得节点之间可以自动完成互操作，保证了整个"信息栅格"系统内部信息的一致性、整体性和完整性。

智慧城市"信息栅格"技术应用体现了分级分类集成的特点，改变了以往树形、集中式、分发式的信息共享方式，取而代之的是按级分布、网状互联、按需索取式的信息共享模式。在智慧城市"信息栅格"中不再强调集中式的信息中心，取而代之的是多中心（网络、数据、运行"运营管理中心"）和分布在城市中具有不同行业的多级专业信息中心（二级平台）。这些专业信息中心（二级平台）的访问接口是统一的，所提供的信息也都是经过严格规范的。一方面，传感器、过程数据、应用信息可以把不同种类的信息汇集到专业信息中心（二级平台）；另一方面，任何一个栅格节点上的用户都可以按照需求自动访问不同的专业信息中心（二级平台），并将各种来源的信息自动综合为针对某一目标或任务的虚拟化应用与服务。除了按需获取信息以外，还可以按需预定信息。

采用"信息栅格"技术可以实现智慧城市范围内所有信息系统的大集成。集成的范围越大，网络的范围也就越宽，加之信息流量在网络上能够很好地分布，故集成的规模可以任意扩展。同时"信息栅格"采用了动态集成技术，可以任意增加和删除节点，因而集成具有相当大的灵活性。智慧城市"信息栅格"所采用的分级分类集成的信息共享机制，克服了传统信息共享机制的不足和弱点。

4）构建基于 SOA 资源集成的开放体系架构

框架体系结构技术是构成智慧城市开放性复杂巨系统工程的关键和核心技术。它是智慧城市顶层规划的重要内容，是确定智慧城市总体框架，知识与建设体系，平台与数据结构，平台、数据库、应用系统的组成，各组成部分之间的关系以及系统工程设计与发展的指南和标准，它对智慧城市顶层规划、专项工程规划、工程设计和系统工程项目实施，具有指导性和规范及约束的作用。制定智慧城市总体框架、知识与建设体系、平台与数据库结构及相关领域的发展规划，就要大力推进智慧城市框架体系结构的开发与应用。

智慧城市框架体系结构理念、思路与策略，就是以"信息栅格"技术为支撑，以智慧城市网络融合与安全中心、大数据资源中心、运营管理中心和一、二级平台建设为总体框架，以智慧城市现代化科学的综合管理和便捷有效的民生服务为目标，大力促进政府信息化、城市信息化、社会信息化、企业信息化。建立起智慧城市基础数据管理与存储中心、各级信息平台及各级数据库的智慧城市顶层规划模式。结合智慧城市规划、交通、道路、地下管网、环境、绿化、经济、人口、街道、社区、企业、金融、旅游、商业等各种数据形成一体化统一的云计算与云数据中心，建设智慧城市级的信息互联互通和数据共享交换的超级信息化系统，建立起智慧城市综合社会治理和公共服务要素的城市级一级平台、二级平台专项工程和应用级三级平台及应用系统，如智慧政务、智慧大城管、智慧社区、智慧应急、智慧民生、智慧产业等。

智慧城市基于 SOA 的资源集成架构融于智慧城市框架体系结构之中。智慧城市框架体系结构应满足分级分类，即多平台、多数据库和多重应用的开放性复杂巨系统规划的要求。特别体现智慧城市整个框架体系结构规划中的网络互联、信息互通、数据共享、业务协同，同时遵循"信息栅格"统一规划、统一标准、统一开发、统一部署、统一应用的原则，将消除"信息孤岛"，打通信息壁垒和避免重复建设作为智慧城市项目实施的根本要求。

智慧城市基于 SOA 的资源集成具有以下特点：

① 采用分级分类结构模式　智慧城市资源集成架构，采用分级集成的模式，从满足整体需求出发，根据系统建设的规划原则和技术路线，以 SOA 面向应用、面向服务、面向数据的系统架构设计方法作指导，重点是共享组件与中间层和平台层的设计创新。协同集成架构将以系统业务服务为核心，形成智慧城市系统集成架构中各层级之间的信息互联互通、各类型数据之间的共享交换、各行业业务之间共融共用的协同。

② 统一框架结构易于扩展和部署　智慧城市资源集成架构采用统一组件结构，简化了应用服务的结构，避免了因为存在异构的应用服务可能引起的不易集成。采用统一的组件结构封装底层的应用服务，便于将来增加新的应用。采用统一开发的标准接口，易于高层应用服务通过标准接口调用底层应用服务，降低重复开发成本，保证新应用的兼容性和集成性。

③ 统一大数据易于利用　智慧城市资源集成架构基于公共信息一级平台和大数据库体系，以及二级平台专项工程及主题数据库的"信息栅格"节点式集成模式，为决策提供一体化的信息与数据的支撑，满足智慧城市社会与城市综合治理和民生服务的需求。

2.1.3　智慧城市新技术应用

智慧城市以"信息栅格"技术为核心应用，基于"信息栅格"开放的体系架构决定了智慧城市网络、数据、信息的基础设施、各级信息平台和各级数据库系统的技术应用，支撑智慧城市一级平台、二级平台专项工程、三级平台（含应用系统）、一级大数据、二级业务主题数据库、三级应用数据库的顶层规划、专项工程规划、工程设计的先进性、安全性、经济性和可靠性。

智慧城市新技术应用，以智慧城市信息体系与功能体系决定各级信息平台和各级数据库系统的构成和应用。统一智慧城市标准体系，全面指导、规范和约束智慧城市信息基础设施、分级分类信息平台。分级分类数据库系统的组成、技术应用和网络与信息安全等。智慧城市新技术应用，应选择成熟、实用、主流的技术，以目前国际上先进的"信息栅格"技术、云计算技术、大数据技术、物联网技术、移动通信技术、自动化技术、人工智能技术、地理空间信息(GIS)和建筑信息模型(BIM)可视化技术等构成智慧城市新技术应用体系。

1)"信息栅格"技术应用

21世纪由于互联网科技的高速发展，人们面临的是一个信息爆炸的时代，各种信息成指数地快速增长，而现时的互联网上的信息服务器只能分别独立地面对用户，相互之间不能进行信息交流和融合，就好像一个个孤立的小岛。信息的特点与物质和能量不同，信息不会因为使用量和用户的增加而被消耗，因此如果将信息当成物质和能量一样使用，把信息局限在一个个孤岛范围里，就会造成极大的浪费。"信息栅格"(Information Grid, IG)是20世纪90年代中期发展起来的下一代互联网科技。"信息栅格"技术的核心就是能对现有互联网进行良好应用和管理，消除"信息孤岛"。"信息栅格"将分散在不同地理位置上的资源虚拟为一个空前的、强大的、复杂的、巨大的"单一系统"，以实现网络、计算、存储、数据、信息、平台、软件、知识和专家等资源的互联互通和全面的共享，从而大大提高资源的利用率，使得用户获得前所未有的互联网应用能力。

第一代互联网实现了计算机硬件的连通；第二代互联网实现了网页的互联；而第三代互联网的栅格则试图实现网上所有资源全面的互联互通，其主要特点是不仅包括计算机和网页，而且包括各种信息资源。被称为第三代互联网的"信息栅格"技术是当今全球研究和应用的热点。

"信息栅格"已成为人类社会至今为止最强的互联网的应用"工具",它支持各种信息平台、数据库系统、应用功能、应用软件和程序系统综合集成为"单一"平台和技术设施。包括支持信息系统综合集成的网络平台、数据平台、信息平台、共性基础设施、基础共性软件等。"信息栅格"是在信息技术和互联网技术迅速发展的背景下,基于网络化技术推进国家信息化、国防信息化、城市信息化建设的新概念、新模式、新科技、新举措。

"信息栅格"技术应用的特点就是利用现有的网络基础设施、协议规范、互联网技术和数据库技术,为用户提供一体化的智能信息集成平台。在这个平台上,信息的处理是分布式、协作式和智能化的,用户可以通过单一入口访问所有信息。"信息栅格"追求的最终目标是能够做到让用户按需获取信息和服务。"信息栅格"的核心技术是:如何描述信息、存储信息、发布信息和查找信息;如何将异构平台、不同格式、不同语义的信息进行规范和转换,从而实现信息无障碍交换;如何将信息栅格环境中众多的服务功能,按照用户的需求进行有机集成,形成自动完成的工作流程,向用户提供一步到位的服务。要利用"信息栅格"技术运行手段和策略来整合现有资源,解决信息平台及数据库系统建设中资源共享与协同工作难、信息壁垒、重复建设和资源浪费严重的问题,实现信息平台及数据库系统之间相关信息与数据的共享、交换、协同。

"信息栅格"是一种信息基础设施,它包含所有与信息和数据相关的网络及通信设施、计算机设备、感知传感器、数据存储器和各种信息平台及数据库系统。"信息栅格"技术应用的技术特征主要体现在网络自动融合、分布式、按需获取信息、实现机器之间的互操作等方面。在"信息栅格"技术的支撑下,智慧城市可以开发出各种分级分类的信息平台和数据库系统,如智慧城市公共信息一级平台、行业级二级平台、业务级三级平台,一级大数据库、二级主题数据库、三级应用数据库等。"信息栅格"一体化综合资源集成 SOA 开放的体系架构是智慧城市"信息栅格"技术应用的核心。"信息栅格"开放的体系架构将分布于智慧城市"信息栅格"的各个节点,集成为一个统一的互联、互通、共享、协同的复杂巨系统。

2) 云计算技术应用

智慧城市云计算技术应用,将智慧城市一级平台和二级平台专项工程的软硬件统一部署在云平台上;将智慧城市一级平台和二级平台专项工程的软硬件设备虚拟化、集群化、大数据化;通过云平台一级、二级平台软硬件资源的网络池化、服务器池化、数据存储池化的统一平台集成为一个相互关联、完整和协调的信息基础设施运行与管理的大系统。

智慧城市采用云处理技术应用,将一级、二级平台数据存储与处理资源池化,既可以在一套硬件资源中虚拟出多套操作系统,达到硬件资源的充分利用;也可以将多台硬件设备虚拟成为一台存储或处理性能更加强大的平台。云处理虚拟化包括:桌面虚拟化以及服务器虚拟化云计算技术应用。

智慧城市云存储技术应用,包括一级平台大数据库、二级平台城市基础设施监控与管理主题数据库、城市地下管线监控与管理主题数据库、城市社会民生服务主题数据库、城市基础设施可视化应用主题数据库。实现了集中云存储与分布式各应用系统数据库的结合,通过 GIS+BIM3D 方式可快速查询和调用智慧城市一级平台、二级平台专项工程和各应用系统数据的存储、优化、共享、应用,以及以网络浏览器方式快速连接和接管各业务及监控系统的浏览、查询和互操作界面。

3) 大数据技术应用

智慧城市大数据技术应用，建立了多种形式的数据库系统，如一级平台大数据库。二级平台专项工程主题数据库及各三级应用系统数据库等。各级数据库应实现数据的共享和交换。智慧城市大数据库通过电子政务外网，实现与智慧城市各主题数据库的数据共享和交换。智慧城市业务级主题数据库与各应用系统数据库可通过互联网、无线网、智能化物联网实现数据的共享和交换。

智慧城市统一平台采用大数据技术应用，将各应用系统监控、管理、服务运行过程所产生的过程数据进行分类，对分散及重复的数据进行筛选、清洗、抽取、汇总，建立过程数据与管理信息间的逻辑关联并存入业务级二级主题数据库。对主题数据库再经过进一步的挖掘和分析，进而形成智慧城市监控与管理有价值的知识数据，并存入一级平台大数据库。智慧城市监控与管理知识数据应用于智慧城市的业务协同和决策管理。

4) 物联网技术应用

智慧城市物联网技术应用，建立以物联网平台为核心的基础设施监控智能化感知物联网络，实现与互联网、城市无线网、业务办公网、工业以太网、各类监控感知网（现场总线）的互联互通。通过分布的智慧城市三级应用系统监控与管理系统，实现对各类基础设施感知传感信息的采集和传输、监控节能过限报警与突发事故的应急处置的协同指挥调度。

智慧城市物联网技术应用，通过射频识别（RFID）、红外感应器、全球定位系统、激光扫描器等信息传感设备，按照统一的通信标准协议，实现对各类基础设施的智能化识别、定位、跟踪、监控和管理。各类地下管网应部署具有感知能力的流量、压力等智能传感器，监测管网管道内气液体的压力、流量、流速、温度等各种运行参数，以及过压、过温、过流、泄漏等报警信号。通过智能化物联网获取和传输地下管网运行的实时信息。

5) 无线通信技术应用

智慧城市无线通信技术应用，建立了多种形式的无线网络、互联网、电信网、物联网、控制网、感知网之间的互联互通。结合智慧城市无线网络，可提供智慧城市基础设施监控系统内嵌感知传感器、智能终端等设备监控信息的无线通信服务。无线通信技术应用包括 4G/5G、蓝牙、Wi-Fi、GPS、LTE 以及 WiMax 等，使智能传感器、智能终端、智能控制器具有无线通信的能力，实现对智慧城市基础设施中各类智能设备的可移动、可遥控、可集群管控。

6) 自动化技术应用

自动化技术，是指在人类的生产、生活和管理的一切过程中，通过采用一定的技术装置和策略，使得仅用较少的人工干预甚至做到没有人工干预，就能使系统达到预期目的的过程，从而减少和减轻人的体力和脑力劳动，提高了工作效率、效益和效果。由此可见，自动化涉及人类活动的几乎所有领域。

7) 人工智能技术应用

人工智能（Artificial Intelligence，AI）是研究、开发用于模拟、延伸和扩展人的智能的知识、方法、技术及应用系统的一门新兴技术科学。人工智能是计算机科学的一个分支，可生产出一种新的能以类似于人类智能的方式做出反应的智能机器，该领域的研究包括机器人、语言识别、图像识别、自然语言处理、机器深度学习和专家系统等。人工智能从诞生以来，其理论和技术日益成熟，应用领域也不断扩大，可以设想，未来人工智能带来的科技产品，将会是人类智慧的"容器"。人工智能可以实现人的意识、思维信息过程的模拟。

8）地理空间信息（GIS）技术应用

智慧城市 GIS 技术应用,将相互关联又彼此独立的基础设施监控与管理应用系统、现场监测管理控制器、功能模块、装置(部件)进行组合和集成。采用 GIS 技术可实现对智慧城市基础设施监控与管理数据及信息的获取、存储、显示、编辑、处理、分析、输出和应用等功能。

智慧城市 GIS 技术应用,是一个基于数据库管理系统（DBMS）的分析和管理空间对象的信息系统,以地理空间数据为操作对象,以三维图形方式展现和标绘智慧城市基础设施监控与管理的数据和信息。

智慧城市 GIS 技术应用,以地理空间数据库为基础,在计算机软硬件的支持下,运用系统工程和信息科学的理论,科学管理和综合分析具有空间内涵的地理数据。实现统一时空基准、二三维一体化、室外室内一体化、地上地下一体化、静态与动态信息一体化、时空多媒体信息一体化等功能,以提供智慧城市基础设施监控、管理、决策等所需信息的可视化和技术的支撑。

9）建筑信息模型（BIM）技术应用

BIM 是基于三维模型的一种信息可视化共享展示技术,以智慧城市监控与管理相关数据和信息作为模型分析展现的基础进行模型的建立,模拟监控与管理所具有的真实数据与信息。其允许智慧城市基础设施在设计、建设、维护的不同阶段信息在 BIM 中插入、提取、更新、修改、展示,支持和反映各自职责范围内信息的可视化展示和查询。在智慧城市基础设施建设的设计、建设、维护、改建的整个建设过程中作为服务对象,BIM 需具备模型信息的完整性、关联性、一致性,满足信息数据互换的要求,具有可视化、协调性、模拟性、优化性和可展示的特点。

智慧城市基础设施的设计、建设、维护、改建应用 BIM 技术,可提升和优化工程质量、成本以及工期。管线 BIM 的实施应以基础设施设计和建设阶段的 BIM 可视化设计为前提。在智慧城市地下管线设计阶段,二维图纸无法充分表达管道立体的情况,即可利用三维 BIM 设计对规模大、功能复杂、项目净高要求高、管网结构复杂的情况进行三维模型的设计,解决与管道结构专业的配合问题,对设计后的图纸进行防碰撞校验和各专业管线配合检查,碰撞信息可反馈给设计及时做出调整,从而避免由管道管线碰撞而引起的拆装、返工及浪费。智慧城市基础设施监控系统运行时,基于 BIM 的信息可视化展示功能,应考虑采用实现 BIM 动态规模一体化的应用。通过三维动态模型可直观显示地下管线内气液体监控、检测及视频图像,显示管网监控点位置、数据和状态。

2.2 智慧城市框架体系规划标准

根据 GB/T 36333—2018《智慧城市 顶层设计指南》国家标准,智慧城市架构设计包括：业务架构、数据架构、应用架构、基础设施架构、安全体系、标准体系、产业体系等内容和要求。

2.2.1 智慧城市业务架构规划标准

宜考虑智慧城市的战略定位和目标、经济与产业发展、自然和人文条件等因素,制定出符合本地区特色的业务架构。

依据智慧城市建设的业务需求,分析业务提供方、业务服务对象、业务服务渠道等多方面因素,梳理、构建形成智慧城市的业务架构。

业务架构一般为多级结构,宜从城市功能、政府职能、行业领域划分等维度进行层层细化与分解。

2.2.2 智慧城市数据架构规划标准

依据智慧城市数据共享交换现状和需求分析,结合业务架构,识别出业务流程中所依赖的数据、数据提供方、数据需求方、对数据的操作、安全和隐私保护要求等。

在分析智慧城市数据资源、相关角色、IT支撑平台和工具、政策法规和监督机制等数据共享环境和城市数据共享目标基础上,开展智慧城市数据架构的设计。

数据架构设计的内容包括但不限于:

① 数据资源框架　对来自不同应用领域、不同形态的数据进行整理、分类和分层;

② 数据服务　包括数据采集、预处理、存储、管理、共享交换、建模、分析挖掘、可视化等服务;

③ 数据治理　包括数据治理的战略、相关组织架构、数据治理域和数据治理过程等。

2.2.3 智慧城市应用架构规划标准

依据现有应用系统建设现状和需求分析,结合城市业务架构及数据架构要求等,对应用系统功能模块、系统接口进行规划和设计。

应用系统功能模块的设计应明确各应用系统的建设目标、建设内容、系统主要功能等,应明确需要新建或改建的系统,识别可重用或者共用的系统及系统模块,提出统筹建设要求。

应用系统接口的设计应明确系统、节点、数据交互关系。

2.2.4 智慧城市基础设施架构规划标准

依据智慧城市基础设施建设现状,结合应用架构的设计,识别可重用或者共用的基础设施,提出新建或改建的基础设施,依据"集约建设、资源共享、适度超前"的原则,设计开放、面向服务的基础设施架构。

根据GB/T 34678—2017,针对以下四种基础设施进行设计:

① 物联感知层基础设施　包括地下、地面、空中等全空间的泛在感知设备;

② 网络通信层基础设施　包括城市公共基础网络、政务网络及其他专用网络等网络;

③ 计算与存储层基础设施　包括城市公共计算与存储服务中心等;

④ 数据与服务融合层基础设施　包括城市数据资源、应用支撑服务、系统接口等方面的基础设施。

2.2.5 智慧城市安全体系规划标准

依据智慧城市信息安全相关标准规范,结合国家政策文件中有关网络和信息安全治理要求,从规则、技术、管理等维度进行综合设计。

结合城市信息通信基础设施的规划,设计网络和信息安全的部署结构。

安全体系设计内容包括但不限于:

① 规则方面　提出应遵循的及建议完善的安全技术、安全管理相关规章制度与标准规范；

② 技术方面　可依据 GB/T 34678—2017 第 7 章规定的 ICT 技术参考模型，明确应采取安全防护保障的对象，及针对各对象需要采取的技术措施；

③ 管理方面　可对从事智慧城市安全管理的组织机构、管理制度及管理措施等方面提出相应的管理要求。

2.2.6　智慧城市标准体系规划标准

从智慧城市总体基础性标准、支撑技术与平台标准、基础设施标准、建设与宜居标准、管理与服务标准、产业与经济标准、安全与保障标准等维度开展本地区标准体系的规划与设计工作。

结合本地区特点，注重实践经验的固化，在遵循、实施现有国家行业及地方标准基础上，规划、设计可支撑当地智慧城市建设与发展的标准。

2.2.7　智慧城市产业体系规划标准

围绕智慧城市建设目标，结合新技术、新产业、新业态、新模式的发展趋势，基于城市产业基础，提出城市智慧产业发展目标，规划产业体系。

宜通过定位城市的细分产业领域，从基础设施服务商、信息技术服务商、系统集成商、公共服务平台企业、专业领域创新应用商、行业智慧化解决方案商等角度梳理、提出重点发展培育的领域方向。

宜从创业服务、数据开放平台、创新资源链接、新技术研发应用等角度设计支撑产业生态的智慧产业创新体系。

2.3　智慧城市架构规划

2.3.1　智慧城市总体架构规划

智慧城市总体框架以智慧城市"六个一"，以及构建一个"开放的框架体系结构"为核心要素。要充分认识到智慧城市是一个复杂巨系统，需要遵循体系建设规律，运用系统工程方法论，构建开放的框架体系，通过"强化共用、整合通用、开放应用"的思想，指导智慧城市的建设和发展。

智慧城市总体框架顶层规划，就是以信息技术为支撑，以智慧城市"运营管理中心"和二级平台专项工程建设为中心，以智慧城市现代化的、科学的综合管理和便捷有效的民生服务为目标，大力促进智慧城市政府智慧政务、智慧城市社会治理化、智慧民生、智慧企业经济的发展。结合智慧城市在新城区的规划、安全、交通、道路、海绵城市、综合管廊、环境、绿化、经济、人口、街道、社区、企业、金融、旅游、商业等各种数据形成一体化统一的网络融合与安全中心、大数据资源中心、运营管理中心，建设智慧城市信息互联互通和数据共享交换的公共信息一级平台，建立起智慧城市综合社会治理和公共民生服务要素的数字化与智能化二级平台专项工程。

智慧城市总体框架如图 2-1 所示。

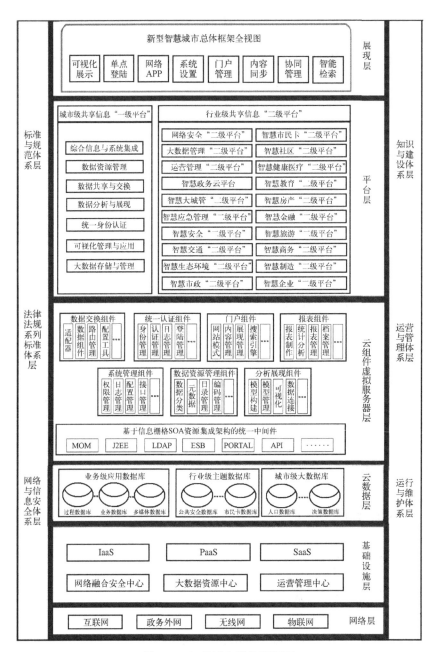

图 2-1 智慧城市总体框架图

智慧城市采用面向资源集成的技术架构(SOA),使用广泛接受的标准(如 XML 和 SOAP)和松耦合设计模式。基于 SOA 的技术架构和开放标准将有利于整合来自相关系统的信息资源,并对将来与新建第三方系统平台。应用和信息资源进行整合提供手段,构建易于扩展和可伸缩的弹性系统。

智慧城市总体框架的构成有以下十个方面:

1) 网络层

包括互联网、电子政务外网、无线网络、物联网。

2）基础设施层

包括云平台、云数据、应用软件、信息与数据机房、基础设施、其他设备等。

3）云数据层

包括应用数据库、主题数据库、大数据库。

4）云组件虚拟服务器层

主要由两个层次构成，包括支撑云组件层和基于 SOA 架构基础中间件层。云支撑组件由七个部分组成：数据交换组件、统一认证组件、门户组件、报表组件、系统管理组件、资源管理组件和分析（OLAP）展现组件。

① 数据交换组件　提供了数据适配器、数据组件、路由管理、配置工具等应用支撑服务。

② 统一认证组件　提供了身份管理、认证管理、日志管理、登录管理等支撑服务。

③ 门户组件　提供门户网站模板、内容管理、展现组件、协同办公等应用支撑服务。

④ 报表组件　提供了报表定制、统计分析、展现管理、报表管理应用支撑服务。

⑤ 系统管理组件　提供了权限管理、日志管理、配置管理、接口管理等系统管理的应用支撑服务。

⑥ 资源管理组件　提供了数据分类、目录管理、标准管理、编码管理、元数据等应用支撑服务。

⑦ 分析（OLAP）展现组件　提供模型管理、模型构建、展现组件、数据连接等应用支撑服务。

⑧ 基于 SOA 资源集成架构的中间件　包括 MOM、J2EE、LDAP、ESB、PORTAL 等基础运行支撑环境。

5）平台

由城市级一级平台、二级平台专项工程、应用级三级系统组成。

6）展现层

提供了智慧城市统一平台应用门户（含 APP），为用户进行信息查询和信息互动提供统一的入口和展示。

7）标准与规范体系层

标准与规范层包含了系统的标准规范体系内容。

8）法律法规系列标准体系层

法律法规系列标准体系贯彻于整个体系架构，是整个项目建设的基础，并指导其他平台系统的建设。

9）运营及管理维护体系层

智慧城市"一级平台"的两个支柱之一，贯穿于整个体系架构各层的建设过程中，并指导其他平台系统的建设。

10）网络与信息安全体系层

智慧城市总体框架的安全规范，并指导其他平台系统的建设。

2.3.2　智慧城市业务架构规划

智慧城市的建设遵循习近平总书记关于"分级分类推进新型政府城市建设，打通信息壁垒，构建全国信息资源共享体系"的指示和要求，通过分级分类的大平台、大数据、大网络的总体结构支撑智慧政府、智慧治理、智慧民生、智慧产业的可持续建设和发展。智慧城市一体化整合业务平台在智慧城市治理与服务运行中的作用至关重要,即,须通过智慧城市各级信息平台的互联、集成、共享、应用,实现科学和合理的深度综合开发和高效集成应用智慧城市信息资源。

1) 城市级一级业务平台

城市级一级业务架构或称城市级公共信息平台,是智慧城市最顶层的信息交互和数据共享的平台,由政府信息、城市治理信息、社会民生信息、企业经济信息的各行业级二级架构组成。能够实现城市级一级业务架构与各行业级二级业务架构和三级业务架构之间的信息互联互通和数据共享,促进智慧城市信息资源的开发与利用。避免在一个城市范围内政府各部门之间,政府与社会、企业、公众之间形成"信息孤岛",造成网络融合、信息交互、数据共享、业务协同各方面的障碍和瓶颈以及信息资源的浪费。

2) 行业级二级业务平台

行业级二级业务平台架构,分别由政府信息化、城市治理信息化、社会民生信息化、企业经济信息化各业务信息平台及应用级应用平台(系统)组成。各行业级二级业务架构平台通过信息、系统、网络集成和通信协议接口,实现与城市级一级业务架构的信息互联互通和数据共享交换。行业级二级业务架构平台同时实现对应用级三级业务架构(系统)的信息与数据的汇集、存储、交互、优化、发布、浏览、显示、操作、查询、下载、打印等功能。

3) 应用级三级业务平台

应用级三级业务平台(系统)架构是各行业级二级业务平台架构信息管理、应用和功能的底层平台,提供所属各应用系统在执行任务和实现功能过程中所需的信息和数据。应用级三级业务架构(系统),以实现确定的应用功能,将相互关联又彼此独立的子系统、功能模块、装置(部件)进行组合和集成,按一定秩序和内部联系集成为一个可应用的功能系统。

智慧城市业务架构图已由图 1-1 给出。

智慧城市运用"信息栅格"开放的体系架构,采用"以平台为中心"的分级分类的总体结构,以城市级一级业务架构平台为核心,形成与行业级二级业务架构平台、应用级三级业务架构平台的分级和政府政务、城市社会治理、社会民生、企业经济的分类的数据与信息紧密相连的智慧化信息应用的整体,全面提升智慧城市高效、互联、共享、协同管理与服务的能力。智慧城市大平台的分级分类架构体系,可以有效消除"信息孤岛",打通信息壁垒和避免重复建设,大大减低投资成本和缩短智慧城市建设周期。智慧城市三级业务平台架构,完美体现了智慧城市信息化与智能化建设的蓝图。

2.3.3 智慧城市数据架构规划

智慧城市大数据资源的开发和综合应用已经成为智慧城市规划与建设的核心需求。智慧城市大数据通过对政府政务、城市治理、社会民生、企业经济的管理、服务、生活、生产运行中所产生的海量、重复、无关联的过程数据,经过数据采集、清洗、抽取、汇集、挖掘、分析后,而获取的具有经验、知识、智能、价值的数据和信息。智慧城市大数据具有全局性、战略性、决策性的特点。

智慧城市共享交换大数据平台已由图 1-2 给出。形成政务数据共享交换和数据服务体系,实现政务数据资源的高效采集、有效整合,政务数据共享开放及社会大数据融合应用取得突破性进展,形成以数据为支撑的治理能力,提升宏观调控、市场监管、社会治理和公共服务的精准性和有效性。智慧城市共享交换大数据运用"信息栅格"开放的体系架构,以"智慧城市大数据资源共享交换平台"为中心的分级分类的总体结构,以城市级一级大数据为核心,形成与行业级二级主题数据库、应用级三级数据库的分级和政府政务、城市社会治理、社会民生、企业经济的政务数据资源与社会数据资源的分类数据与信息紧密相连的一体化大数据开发应用的整体。

1) 城市级一级大数据库

智慧城市一级大数据由知识类数据构成,知识类数据也可称为概念数据。城市级大数据库由人口基础数据库、法人基础数据库、宏观经济基础数据库、地理信息基础数据库、电子政务基础数据库、智慧民生基础数据库、智慧治理基础数据库、智慧企业经济基础数据库八大基础数据库构成;并汇集各相应行业级二级业务平台主题数据库数据资源,将与智慧城市综合管理与公共服务具有全局性、战略性、决策性相关联的数据,经数据挖掘和智能分析后汇集到城市级一级业务平台大数据库中。支撑智慧城市决策管理和优化服务的数据也可称为城市级大数据库之知识类数据。

2) 行业级二级主题数据库

智慧城市行业级二级主题数据库由经验类数据构成,经验类数据也可称为逻辑数据。其从应用系统数据库中,将与本行业二级业务平台管理和服务有关联的数据,经数据清洗、抽取和加工后汇集到行业级主题数据库中。由于其支撑行业管理与服务,是建立相互之间逻辑关系的数据,故又被称为行业级主题数据库的经验类数据。

3) 应用级三级业务数据库

智慧城市应用级三级数据库由过程类数据构成,过程类数据也可称为物理数据,由在管理、服务、生活、生产现场应用系统运行和控制、生产等过程所产生的大量分散、重复和无关联性的,由内部模式描述的操作处理的位串、字符和字组成。过程类数据是用于生产和运营加工的对象。

2.3.4 智慧城市网络架构规划

建设智慧城市安全可控大网络要遵循新型智慧城市"六个一"核心要素中的关于"构建共性基础一张网。实现城市的精确感知、信息系统的互联互通和惠民服务的无处不在,要构建一张天地一体化的城市信息服务栅格网,夯实新型智慧城市建设基础"的要求。实现电子政务外网、公共互联网(包括电信、移动、联通等运营商网络)、新型智慧城市辖区内无线网、物联网(包括公安视频专网)之间的网络互联和传输信息及数据的互通,以及网络与信息的安全保障。新型智慧城市"网络融合与安全中心"的建立,是实现政府各部门之间办公协同,以及政府与社会、企业、公众之间信息的互通和数据资源共享的网络融合与统一集中的安全防护体系。凡不需要在电子政务涉密内网上运行的业务系统和政务公开信息及数据,以及社会民生的行业应用都应通过"网络融合与安全中心"进行互联、交换、共享,同时对互联网公众提供政务和公共信息的发布、展示和应用服务。

智慧城市安全可控大网络结构如图 1-3 所示。

1) 网络融合

智慧城市安全可控大网络能够实现对不同厂家、不同类型的传输、业务应用设备进行统一管理,在内外网之间构建单向传输光闸物理隔离,通过统一网管平台实现业务管理、安全管理、路由管理、配置管理、物联网管理、流量管理、故障管理、运维管理,实现网络融合与自动化监测和高度的网络互联与集成,提供高质量业务分级的 QoS 保障。承载综合网络语音、数据、视频、多媒体、无线(3G/4G/5G/Wi-Fi)等网络的互联和网络传输数据与信息的互通。

2) 网络安全

智慧城市安全可控大网络满足《政务云安全要求》的规范和要求,按照国家第三级等级保护的要求进行建设。其采用万兆自免疫防火墙、单方向传输光网闸物理隔离、万兆入侵检测(IDS)、安全扫描、互联网接入口检测、账号集中管理与安全审计、数据库审计、数据库运维管理、数字证书及统一身份认证、智能安全管控(SOC)、虚拟化 Web 应用防护(WAF)、大数据安全综合管理、万兆防病毒网关等,构建全方位立体化、多手段多技术的信息与网络安全防护体系。

2.3.5 智慧城市系统集成架构规划

智慧城市规划和建设的过程就是建立信息互联互通、数据共享交换、业务功能协同的过程。智慧城市大数据、大平台、大网络、大系统是智慧城市信息化建设的一个整体。大数据是大平台的信息源和提供有价值知识数据的支撑;大平台提供大数据的加工、处理、应用、展现与共享的环境;大网络是信息与数据传输的通道和安全保障;大系统是信息互联互通和数据共享交换的基础设施。智慧城市大系统结构体现了数据、信息、网络相互之间的物理与逻辑互联互通的关系和应用及功能协同的关系。

智慧城市系统集成,以跨部门、跨地区协同治理大系统协同联动为智慧城市建设的主要形态,要建成执政能力、民主法治、综合调控、市场监管、公共服务、公共安全等大数据共享的大系统工程,形成协同治理新格局,满足跨部门、跨地区综合调控、协同治理、一体服务需要。协同联动大系统分级分类结构,由城市级信息共享一级业务平台、行业级二级业务平台、应用级三级平台、城市级大数据库、行业级主题数据库、应用级数据库,以及互联网、无线网、政务外网、政务内网共同构成。

智慧城市协同联动大系统结构图已由图 1-4 给出。

2.3.6 智慧城市应用架构规划

智慧城市应用架构采用统一组件(封装)结构,简化了应用的结构,避免了因为存在不同的应用结构所可能引起的不易集成。采用统一组件结构,使得将来容易增加新的应用。统一开发新应用,可以降低开发成本,保证应用的兼容性和集成性。

智慧城市应用架构的规划强调标准化、平台化、组件化。总体业务结构主要反映系统的业务功能结构,描述一级业务平台与二级业务平台中主要业务系统平台间的相互作用关系。智慧城市总体业务结构共分为三大部分:智慧城市公共信息应用门户、智慧城市一级业务平台业务应用和智慧城市行业级二级业务平台架构业务应用,如图 2-2 所示。

1) 智慧城市城区级应用门户

智慧城市城区级应用门户提供了信息发布和信息交换等功能,并将管理平台业务应用系统集中到管理网站中。

2）智慧城市一级业务应用

智慧城市信息采集共享一级业务平台业务应用包含信息与系统集成、统一数据管理、统一认证、数据交换分析、管理和数据加工等。这些业务应用构成了用户进行具体业务操作的应用支持。

3）智慧城市二级业务应用

智慧城市二级业务平台业务应用由数据的来源系统和未来可能进行数据交换的系统构成，包括城市综合管理平台、应急指挥平台和电子政务应用平台等。

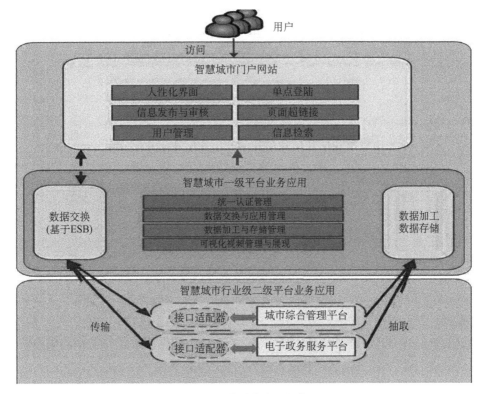

图 2-2　智慧城市应用架构图

2.3.7　智慧城市逻辑架构规划

智慧城市总体逻辑架构描述应用系统的组成结构，反映了满足应用系统业务和系统需要的软件系统结构，明确了应用系统的基本构成及功能，如图 2-3 所示。

1）总体逻辑架构

① 数据库系统　智慧城市一级业务平台数据资源主要来源于行业级二级业务平台业务应用系统和其他业务系统的数据交换，包括数据整理数据库、业务数据库、数据交换数据库等。

② 数据交换平台　数据交换平台基于 EBS 技术提供了与智慧城市行业级二级业务平台及其他相关应用系统间数据交换的接口管理和交换实现。

③ 智慧城市一级平台业务应用　智慧城市一级平台业务应用进行相应的业务操作和业务管理，并进行数据分析和数据抽取。

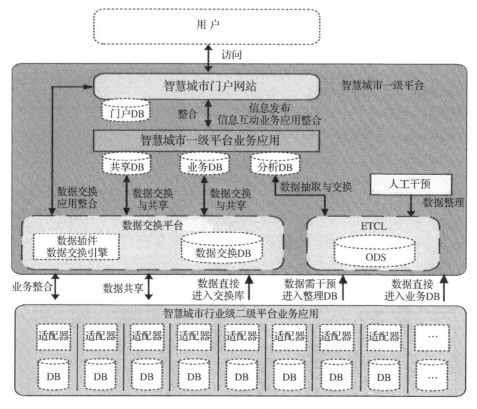

图 2-3 智慧城市逻辑架构图

④ 总体逻辑架构优势 智慧城市一级平台采用基于浏览器门户、应用服务器和数据库的三层架构。该种架构目前已经成为业界开发应用系统的主流模式。在这种架构模式下,整个系统的资源分配、业务逻辑组件的部署和动态加载、数据库操作等工作均集中于中间层的应用服务器上,能够实现系统的快速部署,降低管理成本。

2) 总体逻辑架构特点

在面向服务的体系结构中,总体逻辑架构提供了实现的透明性,并将基础设施和现实发生的改变所带来的影响降到最低限度。通过提供针对基于完全不同的应用系统构建的现有信息与数据资源的服务规范,集成变得更加易于管理。

2.3.8 智慧城市接口架构规划

智慧城市总体架构是基于 SOA 资源集成的规划思路,各系统内部通过 ESB 总线实现信息集成整合,系统接口关系从总体上可以分为智慧城市信息共享一级业务平台和智慧城市行业级二级业务平台及业务应用系统之间和相关系统之间的交换,如图 2-4 所示。

智慧城市平台系统可以分为公共信息应用门户、数据抽取和数据管理、智慧城市一级业务平台业务应用、基于 ESB 的基础服务中间件、基础应用支撑、交换数据库和共享数据库、业务数据库和多媒体数据库、智慧城市二级业务平台业务应用系统等几大逻辑系统部分。各逻辑系统部分均通过接口调用基于 ESB 的基础服务中间件的相关接口与其他系统进行相应的业务交互和信息交换,因此平台系统的总体接口即为基于 ESB 的基础服务中间件所开放的公共接口,该公共接口是构成智慧城市一级业务平台的总体接口。可以采用多种形式的接口标准,支持基于栅格技术应用的服务封装接口等。

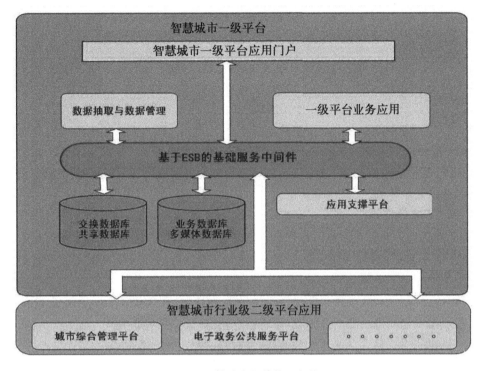

图 2-4　智慧城市总体接口架构图

2.3.9　智慧城市基础设施架构规划

智慧城市信息基础设施建设遵循新型智慧城市建设六大核心要素,将"信息栅格"技术应用于智慧城市,如图 1-5 所示。通过"天地一张栅格网"构成一个"虚拟化的复杂巨系统",实现网络资源、计算资源、存储资源、数据资源、信息资源、平台资源、软件资源、知识资源、专家资源等的全面共享共用。智慧城市信息基础设施主要由"网络融合与安全中心""大数据资源中心""运营管理中心",以及"信息共享一级业务平台"组成,即信息基础设施是信息与系统集成基础设施的应用创新。

智慧城市"三中心一平台"信息基础设施架构,以国务院印发的《政务信息系统整合共享实施方案》(国办发〔2017〕39 号)文件中"五个统一"为总体原则;以"统一工程规划"为核心建设内容,建设"大平台、大数据、大网络、大系统"。形成覆盖整个地区、统筹利用、统一接入的一体整合大平台;建立物理分散、逻辑集中、资源共享、政企互联的政务信息资源与社会数据资源的共享共用大数据;形成万物互联、人机交互、天地一体安全可控大网络;构建深度应用、上下联动、纵横协管的协同联动大系统。统筹规划构建一体整合信息共享一级业务平台;共享共用大数据资源中心;安全可靠网络融合与安全中心;协同联动运营管理中心的信息基础设施。全面推进智慧城市,解决互联互通难、信息共享难、业务协同难的问题,将"大平台、大数据、大网络、大系统"建设作为较长一个时期指导智慧城市建设的发展蓝图。

2.4 智慧城市体系规划

2.4.1 智慧城市安全体系规划

智慧城市安全体系,依据 GB/T 34678—2017《智慧城市 技术参考模型》中规定的 ICT 技术参考模型,遵循 GB/T 22239—2008《信息安全技术 信息系统安全等级保护基本要求》,以及国家电子政务外网管理中心发布的相关标准(含征求意见稿),包括《政务云平台功能规范》《政务云安全要求》《政务云平台互联实施指南》《国家电子政务工程项目应用软件第三方验收测试规范》《国家电子政务外网安全等级保护基本要求》等涉及"网络与信息安全"的标准规范,明确应采取安全防护标准的对象,及针对各对象需要采取的技术措施。

智慧城市安全体系,包括以下要素:

1) 树立正确的网络安全观

当今的网络安全,有几个主要特点。一是网络安全是整体的而不是割裂的。在信息时代,网络安全对国家安全牵一发而动全身,同许多其他方面的安全都有着密切关系。二是网络安全是动态的而不是静态的。信息技术变化越来越快,过去分散独立的网络变得高度关联、相互依赖,网络安全的威胁来源和攻击手段不断变化,那种依靠装几个安全设备和安全软件就想永保安全的想法已不合时宜,需要树立动态、综合的防护理念。三是网络安全是开放的而不是封闭的。只有立足开放环境,加强对外交流、合作、互动、博弈,吸收先进技术,网络安全水平才会不断提高。四是网络安全是相对的而不是绝对的。没有绝对安全,要立足基本国情保安全,避免不计成本追求绝对安全,那样不仅会背上沉重负担,甚至可能顾此失彼。五是网络安全是共同的而不是孤立的。网络安全为人民,网络安全靠人民,维护网络安全是全社会共同的责任,需要政府、企业、社会组织、广大网民共同参与,共筑网络安全防线。

2) 信息基础设施安全保障

金融、能源、电力、通信、交通等领域的关键信息基础设施是经济社会运行的神经中枢,是网络安全的重中之重,也是可能遭到重点攻击的目标。"物理隔离"防线可被跨网入侵,电力调配指令可被恶意篡改,金融交易信息可被窃取,这些都是重大风险隐患。不出问题则已,一出就可能导致交通中断、金融紊乱、电力瘫痪等问题,具有很大的破坏性和杀伤力。我们必须深入研究,采取有效措施,切实做好国家关键信息基础设施安全防护。

3) 全天候全方位感知网络安全监控

知己知彼,才能百战不殆。必须意识到安全风险是最大的风险。网络安全风险具有很强的隐蔽性,一个技术漏洞、安全风险可能隐藏几年都发现不了,结果是"谁进来了不知道、是敌是友不知道、干了什么不知道",长期"潜伏"在里面,一旦有事就发作了。维护网络安全,首先要知道风险在哪里,是什么样的风险,什么时候发生风险,正所谓"聪者听于无声,明者见于未形"。感知网络安全态势是最基本最基础的工作。要全面加强网络安全检查,摸清家底,认清风险,找出漏洞,通报结果,督促整改。要建立统一高效的网络安全风险报告机制、情报共享机制、研判处置机制,准确把握网络安全风险发生的规律、动向、趋势。要建立政府和企业网络安全信息共享机制,把企业掌握的大量网络安全信息用起来,龙头企业要带头参加这个机制。在数据开放、信息共享方面要加强论证,发挥 1+1 大于 2 的效应,以综合运用各方面掌握的数据资源,加强大数据挖掘分析,更好地感知网络安全态势,做好风险防范。

4) 增强网络安全防御能力和威慑能力

网络安全的本质在对抗,对抗的本质在攻防两端能力的较量。要落实网络安全责任制,制定网络安全标准,明确保护对象、保护层级、保护措施。哪些方面要重兵把守、严防死守;哪些方面由地方政府保障、适度防范;哪些方面由市场力量防护,都要有本清清楚楚的账。人家用的是飞机大炮,我们这里还用大刀长矛,那是不行的,攻防力量要对等,要以技术对技术,以技术管技术,做到魔高一尺、道高一丈。

2.4.2 智慧城市标准体系规划

智慧城市建设总体设计是智慧城市建设的起始点,是智慧城市建设思路、策略和实施行动的总路线。智慧城市总体设计引用文件和系列标准则是智慧城市总体设计的"顶",是智慧城市科学化、集约化、可持续建设的基础。没有智慧城市系列标准体系的指导、规范和约束,就不可能编制一个科学的、可行的和可持续发展的《智慧城市总体设计方案》。

智慧城市建设是一个复杂巨系统工程,所涵盖的范围之大、体系之复杂、系统类型之多、应用及功能之广,不是一般管理信息系统(MIS)可以比拟的。建立智慧城市标准体系的目的,就是从标准的角度确定智慧城市管理与服务的信息架构、分类与集成,以及信息平台及应用系统的信息属性、边界、接口和应用。以往一些智慧城市建设失败的教训,就是由于没有通过智慧城市标准体系来指导和规范智慧城市总体设计及应用系统的设计,没有从智慧城市信息互联互通和数据共享交换这一根本原则的顶层高度来考虑,更不具备从信息集成、系统集成、软件集成、应用集成等实际需求出发的基本认识,而忽略了智慧城市标准体系规划这项基本而重要的工作所造成的。

如果没有科学的和全面的智慧城市标准体系规划,将会导致智慧城市各领域、各行业、各业务、各应用信息平台及应用系统在整个信息体系中的逻辑位置和相互之间信息需求的不明确,信息平台与应用系统的边界不清晰,各信息平台与应用系统在系统及信息集成时的通信接口方式不确定。这也是为什么一些智慧城市建立了那么多的"信息孤岛",业务应用功能重复叠加,不但影响了信息资源的合理利用,也造成了智慧城市建设成本大大增加,以及城市可用信息资源的浪费。

智慧城市标准体系可采用深圳市地方团体标准《智慧城市系列标准》。《智慧城市系列标准》由四级四类标准构成,这四类标准之间存在相互之间的关联性、信息与数据接口的一致性、技术应用的统一性、应用与功能的协同性。

第一级:指导类标准,由"指南"等组成,对智慧城市行业信息化建设和总体设计具有指导性的作用。

第二级:规范类标准,由"实施规范""规划导则"等组成,对智慧城市行业或业务平台规划与设计具有规范性和约束性的作用。

第三级:应用类标准,由"设计规范""应用导则"等组成,对智慧城市业务信息化应用系统的工程设计具有规范性和约束性的作用。

第四级:技术类标准,由"技术标准""技术要求"等组成,是对智慧城市应用系统的产品选型提供标准化和技术要求的规范。

2.4.3　智慧城市信息与数据体系规划

随着智慧城市信息化的深入推进,信息资源规划在智慧城市运行中的作用日益重要,信息资源的深度开发和综合利用已经成为智慧城市建设的核心内容。信息管理的过程已经经历了传统管理时期、技术管理时期、信息资源管理时期,现在正逐渐向网络信息资源管理即大数据的阶段演进。这种演进和发展对信息管理工作模式和服务模式势必造成巨大的变化。对智慧城市信息资源进行统筹规划,有利于搭建大数据的应用环境,促进信息资源的深度开发和高效应用。

信息体系建立了政府各部门、各行业、各业务、各应用之间信息互联互通、数据共享、业务协同的长效机制,打破部门壁垒造成的信息孤岛,为智慧城市大平台和大数据建设提供了基础。制定信息管理准则,为现有政府各部门、各行业业务应用系统数据及未来共享大数据提供元数据管理、数据质量管理、主数据管理、数据生命周期管理、数据安全管理等。

信息体系的建设是智慧城市建设规划的重要内容。为了避免在智慧城市建设中"信息孤岛"的产生,必须建立信息资源管理基础标准。信息资源规划过程就是开始建立数据标准的过程,从而为整合信息资源,实现应用系统集成奠定坚实的基础;同时信息体系规划也是智慧城市云计算和大数据中心建设的基础。信息资源规划成果主要包括信息模型(功能模型、数据模型、架构模型)和数据标准体系(概念数据模型、逻辑数据模型、数据元素、信息分类编码、用户视图),可以在实施云计算中心之前勾画云计算模式下城市信息化蓝图,并建立确保云计算提供的软件系统之间能够集成化、标准化和一体化的数据标准体系,提供信息平台与数据系统之间相应关系的模型,很好补齐当前智慧城市建设缺乏解决"信息孤岛"手段的"短板"。

信息体系框架可以根据智慧城市一级、二级业务平台,三级应用系统与大数据库、主题数据库、应用数据库架构,来组织信息资源支撑智慧城市决策、协同、应用的信息体系。以此可以将信息资源分为战略信息、战术信息、业务应用信息,对应与信息互联互通数据共享"分级集成"。实质上就是通过一、二级平台和三级应用平台(系统)实现在决策、管理、应用不同层级"横向"系统的信息集成与数据共享交换。

对所涉及的所有管理与服务信息进行分级分类、汇总和集成,是智慧城市规划与建设的重要内容和要求。智慧城市建设的实质是建成一个支撑现代城市运营、管理、服务的超大型信息系统。涉及范围涵盖政府信息化、城市信息化、社会信息化、企业信息化各领域的信息平台、行业管理平台、业务应用系统等各种类型的信息和数据。涉及的这些不同的领域和行业主要是:政府职能、城市治理、社会服务、企业经济。从公共信息互联互通数据共享的角度,信息分类涉及政府管理与政务、城市监控与管理、社会政务服务、公共服务、商业服务、企业管理、生产、市场、财务、人事等信息;从城市治理与公共服务的需求出发,信息与数据流向有纵向、横向,甚至斜向。要实现这些错综复杂、功能各异的信息系统分类、汇总和集成,首先必须制定相应的信息分类原则和方法。

2.4.4　智慧城市管理与运行体系规划

城市是一个复杂的组织,具有各种复杂的功能和业务需求,这些需求涉及政府、城市治理、社会民生、企业经济的方方面面。城市需要一个有序且有效的城市治理与公共服务体系,实现城市复杂功能和业务之间跨领域、跨部门、跨业务平台的协同。智慧城市将通过城市治理与公共服务体系有效提高城市日常运营效率,及时处理突发事件。

管理与公共服务是智慧城市建设的重要内容。为了满足智慧城市现代化管理和公共服务的需求,智慧城市管理与公共服务体系涉及功能、任务、职责、工作相关联的所有政府部门、政府有关机构,根据其职责分工确定各分管行业在城市治理与公共服务中的角色,梳理城市治理运行的业务及信息,构建统一的数据库和应用平台,进一步规划和完善城市治理与公共服务信息系统建设,最终实现整个城市的管理与运行数字化、信息化和智能化。

管理与公共服务要以智慧城市电子政务二级业务平台与上一级政府已经建立的信息基础设施、数据库、数据交换平台、应用支撑平台、视频监控系统、公共视频会议系统信息互联、数据共享、业务协同为基础,要在智慧城市总体设计框架下以实现智慧城市管理与公共服务为目标。因此,必然要考虑设计科学合理的管理和公共服务的流程,这些流程在覆盖性、有效性、时效性以及安全性上都需要进行细致的分析和论证。

智慧城市建设对城市治理与公共服务体系以城市治理创新和社会民生为出发点和立足点。智慧城市通过管理体制创新和服务模式转变来提升城市综合服务能力。智慧城市管理与公共服务体系,实质是通过对现有管理与公共服务流程的梳理和优化,以适应智慧城市治理与公共服务复杂功能和业务之间跨领域、跨部门、跨业务平台协同的新需求。智慧城市管理创新就是应用现代技术手段建立统一的城市综合管理平台,充分利用信息资源,实现科学、严格、精细和长效管理的新型城市现代化管理模式。目前智慧城市管理已经从前几年的"数字城管"扩大到一个城市综合管理"大城管"的概念,"大城管"涵盖了城市的市政管理、市容管理、公共安全管理、交通管理、公共及基础设施管理、水电煤气供暖管理、"常态"下事件的处理和"非常态"下事故的应急处置与指挥等。实行智慧城市管理后,城市的每一个管理要素和设施都将有自己的数字身份编码,并被纳入整个数字化城市综合管理平台数据库中。智慧城市综合管理平台通过监控、信息集成、呼叫中心等数字化技术应用手段,在第一时间内将城市治理下的"常态"和"非常态"各类信息传送到城市综合监督与管理中心,从而实现对城市运行的实时监控和科学化与现代化的管理。

智慧城市管理创新以建设公共信息综合监控与管理信息中心为基础,重点实现城市在市政、城管、交通、公共安全、环境、节能、基础设施等方面信息的互联互通与数据共享。以在一个城市范围内建立数字化与智能化的城市综合管理体系为目标,大力推进城市信息化的建设和发展。

智慧城市服务创新以智慧城市智慧社区建设为前导,以建立城市公共服务平台为基础,整合智慧社区、智慧医疗、智慧教育、智慧房产、智慧商务、智慧金融、智慧旅游,以及网络增值服务、现代物流、连锁经营、专业信息服务、咨询中介等新型服务业的信息资源,实现信息互联互通、数据共享,打造以智慧城市为代表的现代服务业新模式和新业态。

2.4.5 智慧城市产业体系规划

智慧产业体系,以智慧建设目标和"互联网+"的产业发展为基础,结合新技术、新产业、新业态、新模式的发展趋势,基于城市产业基础,提出城市智慧产业发展目标,规划产业生态体系。在智慧民生产业、智慧服务产业、智慧园区产业等涉及"互联网+智慧产业",采用结合智慧城市建设的创新性、融合性、引领性、集聚性、信息化、互联化和现代化的建设模式。

智慧产业体系,以生态优先为前提,科学处理保护与开发的关系,以科技创新为原则,运用全球领先的生态规划、低碳环保、智慧园区、智慧建筑等关键科技,以"互联网＋"电子商务和"互联网＋"高端物流产业发展为导向,以国际化的规划视野和前瞻性的发展理念,高起点规划、高标准建设智慧产业园区。

智慧产业体系,以建立智慧产业基础数据库为基础,实现与智慧产业各新型产业业务主题数据库中的管理数据、企业生产数据、经验数据的汇集、共享、交换,为智慧产业大数据提供应用环境。智慧产业基础数据库提供数据挖掘、分析、应用、展现与共享的环境。智慧城市智慧产业基础数据库由智慧民生产业主题数据库、智慧服务产业主题数据库、智慧商务与物流产业主题数据库和智慧园区产业主题数据库组成。智慧产业大数据资源的开发和综合应用已经成为智慧城市总体设计与建设的核心需求。智慧产业基础数据库通过将企业经济的管理、生产、制造、商务、物流运行中所产生的海量、重复、无关联的过程数据,进行数据采集、清洗、抽取、汇集、挖掘、分析后获取的具有经验、知识、智能、价值的数据和信息,来全面支撑智慧产业大数据应用。

智慧产业体系构成之一是以智慧民生为智慧城市建设目标的细分产业领域。智慧民生产业是智慧产业的新应用,引导传统民生服务企业与智慧城市涉及智慧市民卡、智慧社区、智慧医疗健康、智慧养老、智慧旅游、智慧电子商务与物流等企业的资源整合,支撑民生服务链协同转型和生产制造企业面向个性化,根据民生消费需求深化电子商务应用。支持设备制造企业利用电子商务平台开展民生服务,支持中小微企业扩大民生服务和电子商务在市场化和现代化服务方面的应用。

智慧产业体系构成之二是以智慧服务为智慧城市建设目标的细分产业领域。智慧服务产业是智慧产业的新应用,构建智慧城市政务服务、公共服务、商业服务的信息与数据共享互通的体系;发挥互联网信息集聚优势,聚合各类服务信息资源,整合骨干服务型企业和政府服务机构搭建面向社会综合服务平台和综合服务大数据基础数据库;整合电子商务、现代物流、仓储、运输和配送信息,开展综合服务全程监测、预警,提高综合服务安全、环保和诚信水平,统筹优化社会综合服务资源的配置。

2.4.6 智慧城市架构与体系规划特点

智慧城市框架体系结构顶层规划涉及一个城市中的政府、管理、民生、经济的各领域、各行业、各业务、各应用的方方面面。通过现代云计算、物联网、大数据、无线通信、自动化、智能化等高新科技,整合城市所涉及的综合管理与公共服务信息与数据资源,包括地理环境、基础设施、自然资源、社会资源、经济资源、教育资源、旅游资源和人文资源等。以数字化的形式进行采集和获取,通过智慧城市大平台和大数据进行统一的存储、优化、管理、展现、应用。实现城市综合管理和公共服务信息的互联互通、数据共享交换、业务功能协同。智慧城市内涵和要素涉及自然、经济、社会、人文、科技、系统、工程等各个学科领域,同时智慧城市建设具有全局性、长期性、可行性、先进性、可持续性、动态性、开放性、稳定性的特性。智慧城市框架体系结构对于智慧城市建设具有重要意义,起到关键、必要的作用。

1) 智慧城市规划与建设的蓝图

智慧城市框架体系结构是智慧城市规划和建设的有效办法,在智慧城市总体设计阶段,通过框架体系结构可以有效地指导、规范、约束智慧城市所涉及各行业、各业务、各要素之间的网络互联、信息互通、数据共享和业务协同,全局系统化地满足智慧城市的需求、功能、任务,从而为智慧城市信息平台和应用系统的重点工程与工程设计奠定一个坚实的基础。同时,框架体系结构是认识已建现有信息系统的最佳途径,对于已建系统相关被集成的数据、信息、应用,通过框架体系结构,可以从各自功能需求的角度对现有系统进行全面充分的认识和选择正确集成的策略。框架体系结构是指导智慧城市平台系统进行演化的最佳手段,通过框架体系结构可以有效地对平台与数据系统的演化进行规划,使得智慧城市平台与数据系统在随时间和技术进步而演进的同时,其总体性能满足可持续发展的需求。因此框架体系结构在智慧城市建设过程中,既起到了指导新平台系统规划与设计蓝图的作用,又提供了对已有平台与数据系统可集成的策略与方法的作用。

2) 智慧城市信息互联与数据共享

智慧城市规划与建设的核心是网络互联、信息互通、数据共享、业务协同。智慧城市是一个开放性复杂巨系统工程,信息化的程度越来越高、功能结构日趋复杂、新信息平台和新应用系统不断涌现,解决平台与数据系统间的互联互通互操作是至关重要的问题。智慧城市互联互通互操作要求所有新建平台与数据系统要实现数据与信息的无障碍流动。通过框架体系结构产品提供的统一、一致的体系建设"蓝图",可以明确平台与数据系统之间的物理和逻辑的关系。智慧城市框架体系结构是根据智慧城市建设的理念、思路、策略构造出来的,描述了网络层、基础设施层、数据资源层、共享组件层、平台层、应用层之间相互关联和集成应用之间的关系,提供框架体系结构之间统一的互联互通标准和通信接口规范,为实现平台系统之间的互联互通和业务功能的协同提供了根本的保障。因此,框架体系结构作为智慧城市建设总体设计,依据任务需求,统筹和明确智慧城市整个框架、体系、结构之间的分级、分类、互联的关系,从而确保智慧城市涉及政府、管理、民生、经济的网络互联、信息互通、数据共享、业务协同。

3) 智慧城市避免重复建设的重要措施

如果智慧城市总体设计缺乏框架体系结构的设计,将会造成智慧城市信息系统大多处于各自为政的"信息孤岛"的状态。各独立的信息系统都追求系统的完备性,这就难免在建设过程中造成重复建设,造成大量资源的浪费;而且各系统之间的业务信息无法互联互通,系统标准化程度很低。为了彻底解决智慧城市信息系统标准化程度低、业务功能和数据资源严重重复、缺乏有效协同的机制等问题,应以智慧城市框架体系结构顶层规划为手段,提供框架体系结构描述业务主要的任务、系统所需功能、系统之间的物理与逻辑关系,以及各专业信息平台及业务系统所采取的技术标准,如信息类型、信息流动、用户类型、访问方式类型等,明确专业平台及业务系统中诸要素之间的关系,理顺业务共性和个性化的流程,掌握好"共性"与"个性"之间的逻辑关系。系统之间存在着非常重要的"共性"的关联关系,要在基于"共性"的基础上,解决好各自系统"个性"的问题,这就需要把信息平台和应用系统的业务与功能进行梳理。平台是"共性"的、基本的,可以通过统一开发、部署来建设,而"个性"的应用则要依据各实际的业务与功能需求,从最迫切需要解决的问题入手,定制、开发各自的业务应用系统,从而避免"共性"与"个性"的重复与叠加,以及系统之间无法互联互通的弊端。通过智慧城市框架体系结构的总体设计,可以有效避免平台与系统之间的重复建设。框架体系结构对智慧城市各专业信息平台和业务应用系统的建设进行统一规划设计、统一标准、统一开发、统一部署,可实现系统建设的完备性,又可避免重复投资带来的资源浪费。

2.5 智慧城市总体规划编制指南

2.5.1 智慧城市总体规划阶段与步骤

智慧城市总体规划包括顶层规划、专项规划、工程设计三个阶段。三个阶段相互衔接，前一个阶段是下一个阶段的规范和要求；下一个阶段是上一个阶段的深化和持续，从而构成智慧城市总体规划体系。

新型智慧城市总体规划要处理好顶层规划与专项规划和工程设计的关系。要在顶层规划的框架体系结构的规范下，搞好规划与设计上下左右、方方面面的衔接。要把握好顶层规划与专项规划和工程设计之间的主次关系及各自阶段规划与设计的重点。要把新型智慧城市关系全局的框架体系结构的规划与设计放在突出的位置。确保新型智慧城市总体规划的顶层规划、专项规划、工程设计三个阶段的相互衔接、相互促进、相得益彰。

智慧城市顶层规划内容包括智慧城市建设目标、原则、内容、任务、框架、体系、平台、系统等。通过顶层规划具体内容的描述和相互之间的关联性，自上而下地建立起相互间的框架模型和系统集成的体系架构。顶层规划满足智慧城市纲领性和路线性的建设目标、原则、网络、平台、总体框架、工程实施计划等。

智慧城市专项规划遵循顶层规划在目标、原则、内容、任务、框架、体系、平台、系统上的完整性、一致性和可实施性。专项规划编制的重点是行业级二级平台的总体结构、技术应用、实现功能、信息互联互通与数据共享交换、网络与信息安全，以及应用系统工程设计的规范和要求。

在专项规划的基础上，进行应用系统工程设计。工程设计提供系统工程建设所需系统结构原理图、管线施工平面图和系统设备配置设计等，满足工程实施要求。

2.5.2 智慧城市顶层规划

智慧城市顶层规划是制定本城市、本地区智慧城市建设的总纲领、总路线、总目标、总原则、总框架。顶层规划是智慧城市建设的蓝图和标准，对后续的专项规划和工程设计起到指导性、规范性和约束性的作用。

智慧城市顶层规划包括三个步骤，即需求分析、可行性研究、顶层规划方案。

顶层规划需求分析包括：建设目标、知识体系、建设体系、实施计划、组织结构、技术应用、实现成果等要素的需求分析，提供《智慧城市需求分析报告》。

顶层规划可行性研究包括：技术可行性、操作可行性、经济可行性、效益与风险评估等内容的研究和评估，提供《智慧城市建设可行性分析研究报告》。

顶层规划方案编制包括：智慧城市建设目标、原则、内容、任务、框架、体系、平台、系统等内容的规范和总体要求。

顶层规划方案编制的重点是智慧城市建设指标和成果评估体系、总体业务架构、总体逻辑架构、总体接口架构、知识和建设体系、大平台体系、大数据体系、信息资源共享体系、工程实施组织体系等。

顶层规划应为总体规划后续的专项规划和工程设计提供指导、规范和约束，实现顶层规划、专项规划、工程设计的衔接性、一致性和整体性。

2.5.3 智慧城市专项规划

智慧城市专项规划是顶层规划的延伸和深化,应遵循和对接《顶层规划方案》在目标、原则、内容、任务、框架、体系、平台、系统上的完整性、一致性和可实施性的原则。专项规划编制的内容主要是,各专项业务二级平台的建设目标、建设原则、应用分类、技术分类、信息平台规划、应用系统工程设计规范要求等。

智慧城市专项规划的重点是专项业务信息平台的总体结构、平台支撑系统、平台技术应用、平台实现功能、平台信息互联互通与数据共享交换、平台网络及信息安全等。专项规划提交规划成果包括专项业务二级平台建设目标、建设原则、应用分类、技术分类、信息平台规划、应用系统工程设计规范要求等,以及专项信息平台系统结构图、平台功能结构图、数据与信息结构图、数据与信息流向图等。

2.5.4 智慧城市工程设计

智慧城市工程设计是专项规划的延伸和深化,工程设计应在对接《智慧城市专项规划》的基础上,进行专项工程设计的工作。专项工程设计的深度,应满足本专项系统工程建设所有要素的实施要求,并以满足行业管理和业务服务的功能需求为工程设计目标。工程设计将业务级三级平台相互关联又彼此独立的应用系统、功能模块、装置(部件)进行组合和集成,按一定秩序和内部联系集成为一个可应用的功能系统。

智慧城市工程设计以实现应用系统、信息、功能、应用的功能需求为目标。应用系统工程设计的重点是以系统集成为核心,强调系统工程设计的先进性、合理性、经济性、可靠性、可扩展性和可实施性。工程设计提交成果包括技术应用和实现功能技术方案,网络综合和各应用系统的结构原理图、系统工程施工图、软硬件配置及工程量清单、系统集成商及设备选型推荐一览表等。

2.5.5 智慧城市系统工程项目实施

智慧城市系统工程项目实施包括编制项目实施方案、实施项目管理、实施系统工程建设近中远期阶段划分、近中远期阶段建设内容及实施步骤、时间进度计划、近中远期阶段建设系统工程预算等内容。

智慧城市系统工程项目实施应在各专项工程设计所提供的技术文件、施工图纸、软硬件及工程量清单的基础上,组织招投标选定信息化工程顾问单位和系统工程集成商。项目实施的重点是以系统工程项目实施为核心,制定项目实施组织机构、项目管理、系统集成、工程验收及成果评估、系统工程维护保养及运营服务等工作内容、任务、时间进度、资金保障和项目实施流程及工程执行程序等。

2.6 智慧城市区块链集成创新与深度融合应用

2.6.1 区块链基本概念

区块链最早的描述性文献是中本聪所撰写的文章 *Bitcoin:A Peer-to Peer Electronic*

Cach System,该文献重点在于讨论比特币系统,实际上并没有明确提出区块链的定义和概念,其文中指出,区块链是用于记录比特币交易账目历史的数据结构。另外,Wikipedia上给出的定义中,将区块链类比为一种分布式数据库技术,通过维护数据块的链式结构,可以维持持续增长的、不可篡改的数据记录。区块链技术最早的应用出现在比特币项目中。作为比特币背后的分布式记账平台,在无集中式管理的情况下,比特币网络稳定运行了八年时间,支持了海量的交易记录,并且从未出现严重的漏洞,这些都与区块链技术结构是分不开的。

从狭义上来理解,区块链是一种按照时间顺序将数据区块以顺序相连的方式组合成的一种链式的数据结构,并以密码学方式保证的不可篡改和不可伪造的分布式账本。从广义上来理解,区块链技术是利用块链式数据结构来验证与存储数据,利用分布式节点共识算法来生成和更新数据,利用密码学的方式保证数据传输和访问的安全,利用由自动化脚本代码组成的智能合约来编程和操作数据的一种全新的分布式基础架构与计算范式。

区块链技术的传统应用包括以下三个基本功能:

① 交易(transaction) 一次对账本的操作,导致账本状态的一次改变,如添加一条转账记录;

② 区块(block) 记录一段时间内发生的所有交易和状态结果,是对当前账本状态的一次共识;

③ 链(chain) 由区块按照发生顺序串联而成,是整个账本状态变化的日志记录。如果把区块链作为一个状态,则每次交易就是试图改变一次状态,而每次共识生成的区块,就是参与者对于区块中交易导致状态改变的结果进行确认。

区块链技术要点包括分布式数据存储、点对点传输(P2P)、共识机制、加密算法等计算机技术的新型应用模式。区块链本质上是一个去中心化的数据库系统。区块链传统的应用是作为比特币的底层技术,是一串使用密码学方法相关联产生的数据块,每一个数据块中包含了一批次比特币网络交易的信息,用于验证其信息的有效性(防伪)和生成下一个区块。

区块链的核心技术优势就是去中心化、分布式数据存储、点对点网络互联与访问、加密算法和数据加密、分布式共识等技术应用。区块链技术应用也存着安全风险,频频发生的安全事件为业界敲响警钟。目前区块链技术主要应用于金融领域和比特币,且应用场景单一,有一定的局限性;同时区块链应用系统与第三方系统的集成和技术融合也存在一定的壁垒。因此要推动区块链底层技术服务和新型智慧城市建设相结合,探索区块链与新型智慧城市、物联网、云计算、大数据和人工智能的集成创新和深度融合应用。实现区块链技术在政务、治理、民生、经济的全领域、全社会、全行业可持续深度融合应用的战略思维。

区块链归纳起来主要有以下核心技术应用:

1) 点对点分布式技术(P2P)

点对点技术(peer-to-peer,简称 P2P)又称对等互联网络技术,它依赖网络中参与者的计算能力和带宽,而不是把依赖都聚集在较少的几台服务器上。P2P 技术优势很明显。点对点网络分布特性通过在多节点上复制数据,也增加了防故障的可靠性,并且在纯 P2P 网络中,节点不需要依靠一个中心索引服务器来发现数据。在后一种情况下,系统也不会出现单点崩溃。

2) 非对称加密技术(加密算法)

非对称加密(公钥加密)在加密和解密两个过程中使用了不同的密钥。在这种加密技术中,每位用户都拥有一对钥匙:公钥和私钥。在加密过程中使用公钥,在解密过程中使用私钥。公钥是可以向全网公开的,而私钥需要用户自己保存,这样就解决了对称加密中密钥需要分享所带来的安全隐患。非对称加密与对称加密相比,其安全性更好。对称加密的通信双方使用相同的密钥,如果一方的密钥遭泄露,那么整个通信就会被破解;而非对称加密使用一对密钥,一个用来加密,一个用来解密,而且公钥是公开的,私钥是自己保存的,不需要像对称加密那样在通信之前先同步密钥。

3) 哈希算法(信息与数据转换)

哈希算法又叫散列算法,是将任意长度的二进制值映射为较短的固定长度的二进制值,这个小的二进制值称为哈希值。它的原理其实很简单,就是把一段交易信息转换成一个固定长度的字符串。

4) 共识机制(中间件封装技术)

由于加密货币多数采用去中心化的区块链设计,节点是各处分散且平行的,所以必须设计一套制度,来维护系统的运作顺序与公平性,统一区块链的版本,并奖励提供资源维护区块链的使用者,以及惩罚恶意的危害者。这样的制度,必须依赖某种方式来证明,是由谁取得了一个区块链的打包权(或称记账权),并且可以获取打包这一个区块的奖励;又或者是谁意图进行危害,就会获得一定的惩罚,这就是共识机制。

2.6.2 分布式架构与集中式架构

信息系统架构分为物理架构与逻辑架构两种,物理架构是指不考虑系统各部分的实际工作与功能结构,只抽象地考察其硬件系统的空间分布情况;逻辑架构(或称为虚拟化)是指信息系统各种功能子系统的综合集成体。按照信息系统硬件在空间上的拓扑结构,其物理架构一般分为集中式架构与分布式架构两大类,如图2-5所示。

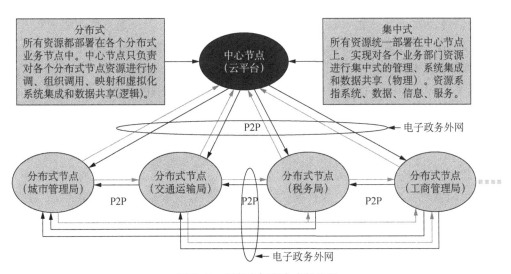

图2-5 分布式与集中式架构图

1) 集中式架构

集中式架构是指物理资源在空间上集中配置。早期单机系统是最典型的集中式结构,它将软件、数据与主要外部设备集中在一套计算机系统之中。由分布在不同地点的多个用户通过终端共享资源的多用户系统,也属于集中式架构。集中式架构的优点是资源集中,便于管理,资源利用率较高。但是随着系统规模的扩大,以及系统的日趋复杂,集中式架构的维护与管理越来越困难,也不利于用户发挥在信息系统建设过程中的积极性与主动性。此外,资源过于集中会造成系统的脆弱性,一旦主机出现故障,就会使整个系统瘫痪。在大型信息系统(如智慧城市、大数据)建设中,一般很少使用集中式架构。

2) 分布式架构

随着数据库技术与网络技术的发展,分布式架构的信息系统开始产生。分布式系统是指通过计算机网络把不同地点的计算机硬件、软件、数据等资源联系在一起,实现不同地点的资源共享。各地的计算机系统既可以在网络系统的统一管理下工作,也可以脱离网络环境利用本地资源独立运作。由于适应了新一代信息技术发展与应用的趋势,即信息化系统组织架构朝着扁平化、网络化方向发展,分布式架构已经成为信息系统的主流模式。分布式架构的主要特征是:可以根据应用需求来配置资源,提高信息系统对用户需求与外部环境变化的应变能力,系统扩展方便,安全性好,某个分布式节点所出现的故障不会导致整个系统的停止运作。然而由于资源分散,且又分属于各个子系统,分布式系统需采用统一的分布式节点之间的共识机制,如"信息栅格"采用基于SOA分布式资源集成架构,统一分布式资源的注册、监测、发现、协调、调用、协同。分布式架构又可分为一般分布式与客户机/服务器模式。

(1) 一般分布式系统

服务器只提供软件与数据的文件服务,各计算机系统根据规定的权限存取服务器上的数据文件与程序文件。

(2) 客户机/服务器模式

网络上的计算机分为客户机与服务器两大类。服务器包括文件服务器、数据库服务器、打印服务器等;网络节点上的其他计算机系统则称为客户机。用户通过客户机向服务器提出服务请求,服务器根据请求向用户提供经过加工的信息。

3) 信息系统的逻辑架构

信息系统的逻辑结构包含其功能综合体和概念性框架。由于信息系统种类繁多,规模不一,功能上存在较大差异,其逻辑结构也不尽相同。例如一个工厂的管理信息系统,从管理职能角度划分,包括供应、生产、销售、人事、财务等主要功能的信息管理子系统。一个完整的信息系统支持组织的各种功能子系统,使得每个子系统可以完成事务处理、操作管理、管理控制与战略规划等各个层次的功能。在每个子系统中可以有自己的专用文件,同时可以共用系统数据库中的数据,通过接口文件实现子系统之间的联系。与此相类似,每个子系统有各自的专用程序,也可以调用服务于各种功能的公共程序,以及系统模型库中的模型。

4) 信息系统结构的综合集成

从不同的侧面,人们可对信息系统进行不同的分解。在信息系统研制的过程中,最常见的方法是将信息系统按职能划分成一个个功能子系统,然后逐个研制和开发。显然,即使每个子系统的性能均很好,也并不能确保整个系统的优良性能,切不可忽视对整个系统的全盘考虑,尤其是对各个子系统之间的相互关系应做充分的考虑。因此,在信息系统开发中,应强调各子系统之间的协调一致性和整体性。要达到这个目的,就必须在构造信息系统时注意对各种子系统进行统一规划,并对各子系统进行综合集成。

(1) 横向集成

将同一管理层次的各种功能综合在一起,使业务处理一体化。

(2) 纵向集成

把某种功能的各个管理层次的业务组织在一起,这种综合沟通了上下级之间的联系。

(3) 纵横综合

主要是从信息模型和处理模型两个方面来进行综合,做到信息集中共享,程序尽量模块化,注意提取通用部分,建立系统公用数据库和统一的信息处理系统。

5) SOA 分布式架构

SOA 面向服务的分布式架构,可以根据需求通过网络对松散耦合的粗粒度应用组件进行分布式部署、组合和使用。服务层是 SOA 的基础,可以直接被应用调用,从而有效控制系统中与软件代理交互的人为依赖性。SOA 是一种粗粒度、松耦合服务架构,服务之间通过简单、精确定义接口进行通讯,不涉及底层编程接口和通讯模型。SOA 可以看作是 B/S 模型、XML(标准通用标记语言的子集)/Web Service 技术之后的自然延伸。SOA 将能够帮助软件工程师们站在一个新的高度理解企业级架构中的各种组件的开发、部署形式,它将帮助企业系统架构者更迅速、更可靠、更具重用性地架构整个业务系统。较之以往,以 SOA 架构的系统能够更加从容地面对大型信息系统业务的急剧变化。

6) "信息栅格"分布式架构

"信息栅格"基于 SOA 分布式资源集成架构,采用分层结构模式,从满足信息系统整体的需求,根据信息系统建设的设计原则和技术路线,采用 SOA 面向应用、面向服务、面向数据、面向分布式系统集成的体系架构设计方法作指导,重点是底层技术通用服务的共享组件与中间层和平台层的数据、信息、页面、服务"四大"封装的创新设计。协同和联动系统集成的体系架构将以系统业务服务为核心,形成大型信息系统或复杂巨系统分布式集成架构中各层级聚合点、分布式节点之间的信息互联互通、数据共享交换、业务功能协同、系统集成调用。

"信息栅格"基于 SOA 分布式资源集成架构是信息系统集成的关键。资源(包括数据、信息、页面、服务)共享与系统集成实际上是指资源共享的接口,即定义如何将资源以一种通用接口的方式接入到一体化信息系统平台上来。资源共享接口是信息系统集成的重要部分。"信息栅格"与传统的分布式系统不同,其将资源与节点分离,可以以资源为依据对之进行有效管理。而如何将资源与节点分离成为"信息栅格"技术的关键。"信息栅格"技术制定一系列相应的通用服务,通过这些服务完成资源封装的功能,这些服务包括资源封装、资源注册、资源监测、资源发现、资源调用、资源管理、安全管理等功能模块。这些模块正是"信息栅格"基于 SOA 分布式资源集成架构的核心技术和基础。

2.6.3 区块链技术集成创新

区块链的技术核心是分布式架构、点对点通信(P2P)、去中心化。区块链技术集成创新的实施路径,就是加快区块链和人工智能、大数据、物联网等前沿信息技术集成创新的深度融合应用,将区块链底层技术服务和新型智慧城市建设相结合,落实在智慧城市各个行业级领域,如信息基础设施、智慧交通、能源电力等的推广应用,提升城市管理的智能化、精准化水平。推动区块链分布式数据共享模式,实现政务数据跨部门、跨区域共同维护和利用,促进业务协同办理,深化"最多跑一次"改革,为人民群众带来更好的政务服务体验。区块链技术集成创新发展和深度融合应用的趋势必然是新一代信息技术战略性发展的方向。

1) 区块链与信息栅格技术集成创新

"信息栅格"(Information Grid, IG)技术是第三代互联网的核心技术,它具有完整的理论体系、知识体系、技术体系和应用体系。21世纪由于互联网科技的高速发展,人们面临的是一个信息爆炸的时代,各种信息呈指数快速增长,而现时的互联网上的信息服务器只能分别独立地面对用户,相互之间不能进行信息交流和融合,就好像一个个孤立的小岛。信息的特点与物质和能量不同,信息不会因为使用量和用户的增加而被消耗,因此如果将信息当成物质和能量一样使用,把信息局限在一个个孤岛范围里,就会造成极大的浪费。"信息栅格"是20世纪90年代中期发展起来的下一代互联网科技。"信息栅格"技术的核心就是对现有互联网进行分布式节点化的应用和管理,消除"信息孤岛"。"信息栅格"将分散在不同地理位置上的资源虚拟为一个空前的、强大的、复杂的、巨大的"单一系统",以实现网络、计算、存储、数据、信息、平台、软件、知识和专家等资源的互联互通和全面共享,从而大大提高资源的利用率,使得用户获得前所未有的互联网应用能力。

"信息栅格"已成为人类社会至今为止最强的互联网应用"工具",它支持各种信息平台、数据库系统、应用功能、应用软件和程序系统综合集成为"单一"平台和技术设施,包括支持信息系统综合集成的网络平台、数据平台、信息平台、安全防护平台、共性基础设施、基础共性软件等。"信息栅格"是在信息技术和互联网技术迅速发展的背景下,基于网络化技术推进国家信息化、国防信息化、城市信息化建设的新概念、新模式、新科技和新举措。

"信息栅格"技术框架,基于SOA分布式的资源集成框架,以"资源共享策略"和"资源集成架构"为核心。"信息栅格"是包含多个组织、分布式节点、信息平台、应用系统及资源的动态集合,提供灵活、安全、协同的资源共享的一种框架。"信息栅格"技术框架与传统分布式技术框架的根本区别在于资源与节点的关系。"信息栅格"技术框架是将资源与节点分离,也就是实现了分布式节点与底层技术服务的逻辑分离,以满足"信息栅格"全网全域内任意资源快捷与便捷地调用、映射、交换、集成、共享。传统的分布式技术框架是将资源与节点在逻辑上绑定在一起,从而增加了分布式点对点(P2P)资源访问和调用的难度。利用"信息栅格"技术框架可以将分布式资源实现更广泛、更有效地组织、调用和管理,这在传统分布式技术框架中是很难做到的。

"信息栅格"是一种信息基础设施,它包含所有与信息和数据相关的网络及通信设施、计算机设备、感知传感器、数据存储器和各种信息平台及数据库系统。"信息栅格"技术应用的特征主要体现在网络自动融合、分布式(P2P)、按需获取信息、实现机器之间的互操作等方面。"信息栅格"一体化综合资源集成SOA开放的体系架构是其技术应用的核心。"信息栅格"开放的体系架构将分布于互联网、物联网上"信息栅格"的各个信息节点,集成为一个统一的互联、互通、共享、协同的复杂巨系统。

"信息栅格"与"区块链"在分布式节点(P2P)、去中心化、分布式数据库、共识机制、加密算法等技术特征上具有同一性和一致性。从技术的角度"信息栅格"和"区块链"就像一对

"孪生兄弟"。"信息栅格"更强调系统集成、资源共享、业务协同、按需获取信息;"区块链"则注重在金融行业的应用、分布式数据库(分布式记账)、数据安全、加密算法等。如果从技术应用的角度来看,"信息栅格"和"区块链"就是一个家族,"父子情深"。区块链与信息栅格技术集成创新具有广阔的发展前景。

2) 区块链与信息栅格集成的优势

(1) 增强区块链系统集成能力

区块链与信息栅格技术集成创新系统的优势主要是:应用"信息栅格"在互联网和物联网各种链路的互联互通的机制,实现区块链各个分布式节点之间(P2P)的互联互通,为区块链的系统集成应用和协同工作提供通路与带宽的保证。同时通过制定基于"信息栅格"各节点之间的信息交互标准规范,确保点对点(P2P,或称端到端)之间以相互能够理解的方式交互信息。网络的互联及信息互通的规范是信息互操作的基础,"信息栅格"为"区块链"提供了统一的开放式平台、接口标准以及交互流程,实现了不同节点应用系统之间的信息互联互通,使得区块链各分布式节点之间可以自动完成系统集成的互操作,同时保证了整个"区块链"各个节点内部信息的一致性、整体性、完整性和安全性。

(2) 增强区块链节点资源共享能力

区块链与信息栅格集成创新节点资源共享的优势主要包括多传感器数据融合,异构数据库、分布式数据库(包括结构化数据库、非结构化数据库和多媒体数据库)的数据共享交换,以及应用程序的共享共用三个方面。多传感器数据融合包括两个层次:一个是指"区块链"节点内的传感器之间的实时集成;另一个是指不同"区块链"节点传感器之间的实时集成,在同一个"信息栅格"开放式平台下的传感器数据集成可以通过 API 接口定义来实现。各节点"异构数据库共享交换"根据数据库多源性、异构性、空间分布性、时间动态性和数据量巨大的特点,提供数据存储标准、元数据标准、数据集(数据封装)的交换标准,数据存储与管理、远程数据传输的策略。"应用程序共享共用"根据信息平台和应用系统具有共性需求的封装组件及中间件、平台支撑模块、平台接口模块、应用数据挖掘分析和协同操作等软件程序,在"区块链格"中共享已开发、已拥有和已运行的共性软件程序,使得"区块链"中其他节点信息平台和应用系统都可以通过远程共享共同使用或下载安装这些软件程序。

(3) 增强区块链分布式资源处理能力

区块链与信息栅格集成创新分布式资源处理的优势主要体现在有效的资源注册、资源发现、节点资源组织与协同;处理各种应用请求,为执行远程应用和各种活动提供有力的区块链底层技术服务支持。"面向服务"是区块链底层技术服务集成创新的关键,它把一切分布式节点资源(数据、信息、页面、应用)均表达为节点服务,这些节点服务通过协同实现分布式节点自治、自处理、自适应、自学习,最终发布到统一的"区块链云平台"开放式、分布式节点集成服务平台上。服务请求者通过访问服务、接口服务、业务流程服务、资源管理服务等与一体化分布式节点集成服务平台实现交互。一个分布式节点资源服务可以包含一个或多个接口,每个接口上定义一系列因消息程序或封装组件的调用、映射、交换、共享而产生的操作,不仅包括接口地址发现、动态服务创建、生命周期管理、消息通知、可管理性、规则地址命名、可升级性,还包括地址授权和并发控制。为了实现节点资源服务提供者与服务请求者之间的交互,"区块链云平台"开放式资源服务平台还提供安全防护、服务质量(QoS)等功能。

(4) 实现区块链自适应信息传输能力

区块链与信息栅格集成创新自适应信息处理的优势是采取了"信息栅格"的传输机制，使得"区块链"具备信息传输的自适应性。在"信息栅格"环境中，不再需要把数据全部下载到本地节点才能使用，而是针对不同用户应用的需要，采用相应的传输策略。常用的传输包括并行传输、容错传输、第三方控制传输、分布传输和汇集传输。这些传输策略可以保证在互联网或物联网环境中可靠地传输数据以及实现大量数据的高速移动、分块传输和复制、可重启、断点续传等。栅格文件传输协议（GridFTP）是保证信息节点中不同传输方式的兼容性，提供安全、高效的数据传输功能的通用数据传输协议，该协议通过对 FTP 协议的栅格化扩展，侧重于在异构的存储系统之上提供统一的访问接口，以及解决大量数据传输的性能和可靠性问题。

（5）实现区块链即插即用按需服务能力

区块链与信息栅格集成创新即插即用按需服务的优势主要体现在能够集成所有的信息系统（如新型智慧城市级一级平台、行业级二级平台和业务级三级平台），以及各种各类应用系统（如监测监控系统、决策指挥系统、可视化系统、数据分析系统等），而每个独立的信息节点又包括很多应用系统（或子系统），使得"区块链"通过信息节点和应用系统的共性策略以及统一的技术服务接口将底层的各种应用程序资源进行封装。"区块链"用户对各种底层技术服务的使用是完全透明的，对资源的访问、数据的存储、作业的提交就像使用本地节点资源接入一样方便、快捷、高效。因此只要符合"区块链"底层技术服务的标准和权限，任何区块链用户都可以方便地接入各个节点和应用系统，按需提取自己所需的信息与服务。

（6）实现区块链去中心化信息集成能力

区块链与信息栅格集成创新去中心化信息集成的优势是改变了以往树形、集中式、分发式的信息共享方式，取而代之的是网状、分布式、按需索取式的信息共享模式。"信息栅格"为满足去中心化信息集成应用，采用信息节点和资源分离的分布式技术，改变了传统分布式技术将节点和资源绑定在一起的做法。其通过各个节点的信息、数据、页面（URL）、服务的封装组件（中间件），实现了信息栅格全域内的需求调用、映射、交换、集成、共享。区块链与信息栅格技术集成创新，不再强调集中式的信息中心，取而代之的是无中心或多中心和分布在各个信息节点中具有不同应用的信息系统。这些信息节点或信息系统的访问接口是统一的，所提供统一封装的信息、数据、页面（URL）、服务等组件和中间件也都是经过严格规范的。一方面，传感器、过程数据、应用信息可以把不同种类的信息汇集到各自信息节点中；另一方面，任何一个信息节点上的用户都可以按照需求点对点（P2P）地自动访问不同信息节点的底层技术服务，包括信息、数据、页面（URL）、应用等，并将各个节点来源的底层技术服务自动集成为针对某一目标和任务的虚拟化应用与服务。除了按需获取信息以外，还可以按需预定信息。"区块链"所采用的去中心化信息集成的共享机制，克服了传统集中式信息共享机制的弱点。

（7）提高区块链综合安全防护能力

区块链与信息栅格集成创新综合安全防护的优势是其区别于一般传统安全防护的模式，在区块链无中心或多中心以网络为中心的条件下，具有顽强抗毁的能力，信息和网络安全渗透于"区块链"的各个信息节点、平台、应用系统和各组成部分、信息流程的各个环节。信息获取与感知、传输与分发、分析与处理、开发与利用都存在着激烈的对抗，这些激烈的对抗始终都是围绕"区块链"信息节点的安全防护系统展开的。因此，安全防护能力既提高信息节点及应用系统的运行效率、精度和反应能力，同时又面临着电子干扰与破坏的威胁。安全防护能力一旦遭到破坏,整个"区块链"系统将失去原有的功能甚至完全瘫痪。为此区块链与信息栅格综合安全防护技术的集成创新,必然会增强区块链安全防护能力;能够采用有效措施,使之具备良好的抗毁性、抗干扰性和保密性能。

2.6.4 区块链＋新型智慧城市深度融合应用

区块链(Blockchain)技术的集成创新在新的技术革新和产业变革中起着重要作用。把区块链作为核心技术自主创新的重要突破口,明确主攻方向,加大投入力度,着力攻克一批关键核心技术,积极推动区块链技术和产业创新发展。区块链技术应用已延伸到数字金融、物联网、智能制造、供应链管理、数字资产交易等多个领域。目前,全球主要国家都在加快布局区块链技术发展。我国在区块链领域拥有良好基础,要加快推动区块链技术和产业创新发展,积极推进区块链和经济社会融合发展。

1) 区块链＋新型智慧城市深度融合应用意义

① 区块链技术集成创新和深度融合应用能够充分发挥区块链在智慧城市数据共享、优化业务流程、降低运营成本、提升协同效率、建设可信体系等方面的作用。在智慧城市社会治理和公共服务中,区块链有广泛的应用空间,将有力推动社会治理数字化、智能化、精细化、法治化水平。随着大数据、云计算、5G技术的广泛应用,人与人的联系拓展到人与物、物与物的万物互联,数据已成为数字时代的基础要素。区块链将为智慧城市多个领域的管理者和服务者提供可靠数据和决策信息。

② 区块链能够提升智慧城市社会治理智能化水平。区块链中的共识机制、智能合约,能够打造透明可信任、高效低成本的应用场景,构建实时互联、数据共享、联动协同的智能化机制,从而优化政务服务、城市管理、应急保障的流程,提升治理效能。依托区块链分布式架构建立跨地区、跨层级、跨部门的监管机制,有助于降低监管成本,打通不同行业、地域监管机构间的信息壁垒。

③ 区块链能够助推智慧城市社会治理精细化。数字时代,社会治理须透过海量数据发现真问题,区块链能有效集成经济、文化、社会、生态等方面的基础信息,并通过大数据进行深度挖掘和交互分析,将看似无关联的事件有序关联起来,从而提升实时监测、动态分析、精准预警、精准处置的能力。深度分析单位时间物资、资本的集中流向,可以对经济社会发展的热点领域提前预判,为推进供给侧结构性改革、防范化解重大风险等提供决策参考。

④ 区块链能够推动智慧城市社会治理法治化。在司法、执法等领域,区块链技术与实际工作具有深度融合的广阔空间。运用区块链电子存证,可解决电子数据"取证难、示证难、认证难、存证难"等问题。将区块链技术与执行工作深度融合,把区块链智能合约嵌入裁判文书,后台即可自动生成未履行报告、执行申请书、提取当事人信息、自动执行立案、生成执行通知书等,完成执行立案程序并导入执行系统,有助于破解执行难。区块链还有助于更好厘清开放共享的边界,明确数据产生、使用、流转、存储等环节和主体的权利义务,实现数据开放、隐私保护和数据安全之间的平衡,进而促进科技与社会治理的深度融合。

2) 探索和推动区块链＋新型智慧城市深度融合应用

新型智慧城市区块链深度融合应用采用面向资源管理的区块链技术、"信息栅格"技术和云计算 IaaS、SaaS、PaaS 3S服务的总体架构,使用广泛接受的标准和松耦合设计模式。新型智慧城市区块链云平台基于区块链的技术和"信息栅格"架构,以区块链和人工智能、大数据、物联网等前沿信息技术的深度融合为技术总路线,推动集成创新和融合应用。

要探索"区块链+"在民生领域的运用,积极推动区块链技术在教育、就业、养老、精准脱贫、医疗健康、商品防伪、食品安全、公益、社会救助等领域的应用,为人民群众提供更加智能、更加便捷、更加优质的公共服务。

要推动区块链底层技术服务和新型智慧城市建设相结合,探索在信息基础设施、智慧交通、能源电力等领域的推广应用,提升城市管理的智能化、精准化水平。

要探索利用区块链数据共享模式,实现政务数据跨部门、跨区域共同维护和利用,促进业务协同办理,深化"最多跑一次"改革,为人民群众带来更好的政务服务体验。

采用云计算、大数据、互联网、物联网、边缘计算、人工智能技术集成应用,整合来自智慧城市各行业级平台的信息资源,并对将来与新建第三方系统平台、应用和信息资源节点进行系统集成提供手段,构建易于节点扩展和可伸缩的弹性系统。

2.6.5 新型智慧城市区块链总体架构

新型智慧城市区块链总体架构由区块链分布式节点设施层、区块链底层技术服务层、区块链云平台层和智慧城市虚拟化应用层构成,如图 2-6 所示。

图 2-6 新型智慧城市区块链总体架构图

1) 区块链分布式节点设施层

智慧城市区块链总体架构分布式节点设施层分别由网络融合与安全物理平台和区块链分布式节点物理平台构成。网络融合与安全物理平台是由互联网络、5G 无线网、物联网络、电子政务外网的软硬件组成,提供区块链各分布式节点(P2P)之间,以及各分布式节点与区块链云平台之间的通信和带宽的网络基础设施。区块链分布式节点物理平台由节点内部的网络、数据、信息、安全的软硬件设施设备组成,提供各分布式节点内部的底层技术服务。

2) 区块链底层技术服务层

智慧城市区块链总体架构底层技术服务层由分布式节点资源平台和分布式节点接入平台构成。分布式节点资源平台由分布式数据库系统、分布式业务应用系统、分布式密钥系统和分布式共识系统组成,提供分布式节点各自的数据、信息、安全、服务等资源。分布式节点接入平台由节点数据封装、节点信息封装、节点页面封装和节点服务封装组成,其对分布式节点资源进行分类组装,并进一步采用容器技术对数据类、信息类、页面类、服务类进行组态(俗称"打包"),形成区块链底层技术服务的组件(或称"构件"),包括:业务组件、通用组件、安全组件和中间件组件,为区块链云平台上层功能需求时提供调用、映射、交换、集成、共享等底层技术服务。

3) 区块链云平台层

智慧城市区块链总体架构云平台层根据新型智慧城市应用需求结合区块链底层技术服务,提供区块链各分布式节点之间的信息互通、数据共享、业务协同、服务调用等底层服务功能;同时集成创新构建新型智慧城市虚拟网络中心、虚拟数据中心、虚拟运营管理中心和信息共享集成平台,实现对区块链各分布式节点进行有效管理和集成应用。通过区块链云平台可实现与新型智慧城市政务服务、城市治理、社会民生、企业经济等领域第三方已建、在建和未建的行业级业务平台及应用系统的集成和深度融合应用,以及区块链和人工智能、大数据、物联网等前沿信息技术的深度融合;通过集成创新和融合应用,更加注重在社会民生涉及医疗健康、养老、教育、就业、食品药品安全、社会救助等领域的广泛应用,提供更加智能、更加便捷、更加优质的公共服务。

4) 新型智慧城市虚拟化应用层

智慧城市区块链总体架构虚拟化应用层通过区块链底层技术服务和新型智慧城市的结合,以及区块链云平台的服务支撑,将智慧城市分散在不同地理位置上的分布式节点资源虚拟为一个空前强大、复杂巨大的"单一系统",以实现新型智慧城市网络、计算、存储、数据、信息、平台、软件、知识和专家等资源的互联互通和全面的共享融合应用,提供新型智慧城市公共服务 APP、政务服务网站、可视化集成展现、大数据分析展现、决策与预测信息、城市治理综合态势场景、应急指挥调度救援、人工智能深度学习等功能集成应用;为人民群众提供更加智能、更加便捷、更加优质的公共服务;为城市综合治理提供智能化、精准化的超能力;为政务服务提供协同办理,"最多跑一次",给群众带来更好的政务服务体验。

2.6.6 新型智慧城市区块链云平台技术结构

新型智慧城市区块链云平台总体架构技术路线,基于新型智慧城市总体框架所表述的知识与建设体系、标准体系、平台与数据结构,信息平台、数据库、应用系统的组成,以及各组成软硬件部分之间的物理与逻辑关系。区块链总体技术结构对新型智慧城市顶层规划具有指导性、规范性、统一性和约束性的作用。

新型智慧城市区块链云平台总体技术结构(图 2-7)的理念、思路与策略,以"区块链"和"信息栅格"技术为支撑,以新型智慧城市网络融合与安全中心、大数据资源中心、运营管理

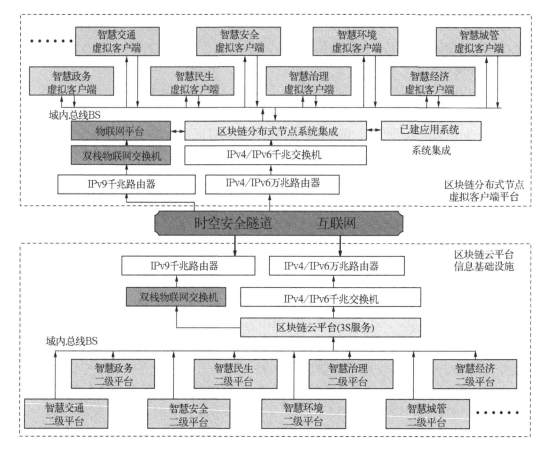

图 2-7 新型智慧城市区块链云平台技术结构图

中心和一、二级平台("三中心一平台")区块链信息基础设施为总体框架,以智慧城市现代化科学的综合管理和便捷与有效的民生服务为目标,大力促进政府信息化、城市信息化、社会信息化、企业信息化,建立起智慧城市基础数据管理与存储中心和各级信息平台(信息节点)及各级数据库(分布式数据库)的新型智慧城市顶层规划模式。结合智慧城市规划、交通、道路、地下管网、环境、绿化、经济、人口、街道、社区、企业、金融、旅游、商业等各种信息与数据形成一体化的、统一的(物理的)、虚拟化的(逻辑的)、去中心化的(P2P)云计算与云数据体系。建设智慧城市级的信息互联互通和数据共享交换的复杂巨系统,建立起智慧城市综合社会治理和公共服务的城市级一级平台、行业级二级平台和业务级三级平台及应用系统,如:智慧政务、智慧大城管、智慧社区、智慧应急、智慧民生、智慧产业等。

新型智慧城市区块链云平台总体技术结构基于"信息栅格"SOA 的资源集成架构融于新型智慧城市框架体系结构之中。新型智慧城市框架体系结构应满足区块链分级分类,即多平台、多数据库和多重应用(即无中心)开发的复杂巨系统规划的要求。特别体现智慧城市整个框架体系结构规划中的网络互联、信息互通、数据共享、业务协同,遵循"信息栅格"统一规划、统一标准、统一开发、统一部署、统一应用的原则,将消除"信息孤岛",打通信息壁垒和避免重复建设作为智慧城市项目实施的根本要求。

新型智慧城市区块链云平台总体技术结构采用了分布式节点(P2P)结构模式,从新型智慧城市整体的智慧政务、智慧民生、智慧治理、智慧经济、智慧网络安全五大领域的需求出发。须确定新型智慧城市区块链的总体架构和总体技术结构,以及各信息节点(P2P)采用面向对象、面向服务、面向应用和统一底层技术服务的组件式结构。

1) 新型智慧城市区块链云平台统一技术结构

统一区块链 SOA 资源集成架构和新型智慧城市区块链云平台总体技术结构,易于扩展和部署。

统一区块链各个信息节点的数据、信息、页面、服务封装,实现跨平台、跨系统、跨业务的系统集成。

统一可视化数据、信息、页面、服务的调用、交换、管理、共享、分析和展现。

统一新型智慧城市区块链云平台、身份认证、服务 APP 和应用门户。

统一新型智慧城市区块链各分布式节点的数据、信息、处置、预案、指挥、调度、救援等的业务应用。

统一采用区块链系统化、结构化、标准化、平台化、组件化的技术应用。

2) 新型智慧城市区块链云平台统一技术路线特点

为了实现新型智慧城市区块链大数据整合,消除"信息孤岛",避免重复建设,在新型智慧城市区块链云平台上,分别建立城市级平台、业务级平台和应用级系统,实现新型智慧城市区块链各分布式节点的网络融合、信息互联、数据共享和业务协同。

新型智慧城市区块链云平台总体技术结构分别由城市级平台、业务级平台及应用级系统构成。城市级及业务级平台采用共性的技术路线,可有效消除"信息孤岛"和避免重复建设。

新型智慧城市区块链云平台基本设置应包括:门户网站、数据库系统、网络中心、基础网络、服务器组、应用软件、网络安全、系统与数据通信协议接口等。

新型智慧城市区块链云平台 Web 技术体系和采用开放的 TCP/IP 网络通信协议,标准规范的信息与数据的接口和通信协议,实现各级平台与第三方三级应用系统间的互联互通和数据共享交换,以及基于云计算的浏览器/服务器(B/S)和边缘计算客户机/服务器(C/S)相结合的计算机系统结构模式。

用户通过统一的浏览器方式访问新型智慧城市区块链云平台各级信息平台(信息节点),实现对新型智慧城市区块链云平台及业务级平台(信息节点)的信息、图片、视音频进行显示、操作、查询、下载和打印。

新型智慧城市区块链云平台二级平台(信息节点)功能,实现对业务级平台信息及数据的汇集、存储、交互、优化、发布、浏览、显示、操作、查询、下载、打印等功能,重点实现基础设施监控与管理、综合管网监控与管理,以及社区社会民生综合服务等。新型智慧城市区块链云平台是实现新型智慧城市综合管理和公共服务等应用系统间(P2P)的信息互联互通、数据共享交换、服务应用功能协同的技术支撑。

新型智慧城市区块链云平台大数据库系统分别由城市级大数据库、业务级主题数据库和应用级数据库构成,采用云存储方式,实现各级数据库系统之间的数据交换、数据共享、数据业务支撑、数据分析与展现、统一身份认证等。各业务级主题数据库在物理上相互独立,在逻辑上则形成一体化的共享大数据库系统。

2.6.7 新型智慧城市区块链底层技术服务结构

区块链与新型智慧城市的集成创新和深度融合应用,关键是区块链底层技术服务的集成创新。区块链底层技术服务应能够支撑新型智慧城市与区块链各个分布式节点的集成应用。其核心技术是通过区块链各分布式节点将节点底层资源,包括数据、信息、页面、服务资源进行统一的封装。采用容器封装技术屏蔽各个分布式节点底层资源的异构性,从根本上消除"节点孤岛"造成的各分布式节点之间互联互通和互操作的难题。对于区块链分布式各节点资源中的数据、信息、页面、服务资源,采用基于信息栅格 SOA 系统集成架构统一封装的策略和技术,将各分布式节点资源封装为业务组件、通用组件、安全组件和中间件组件的共享策略及数据管理服务调用的方法,使得区块链底层技术服务的各类组件满足上层需求应用的组织管理和组件的调用、映射、交换、集成与共享。对于信息设备资源以及信息处理资源,则可以通过资源管理服务来进行封装。由于不同功能的资源其接口的调用也各不相同,可以通过资源注册与发现服务将本地资源的调用接口以及服务质量相关信息注册到上层资源发现模块之中,供用户发现和调用。

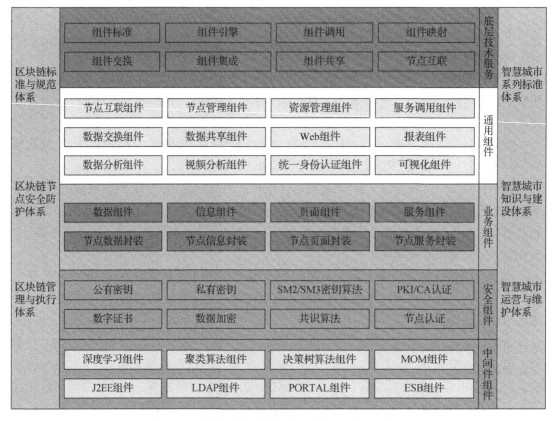

图 2-8 新型智慧城市区块链底层技术服务结构图

新型智慧城市区块链底层技术服务主要由通用组件、业务组件、安全组件和中间件组件构成,为满足区块链云平台信息与数据的调用、映射、交换、集成、共享和组件组织管理、组件标准化及组件应用提供引擎和接口,如图 2-8 所示。通用组件、业务组件、安全组件和中间件组件采用统一的标准和规范进行开发和组态。根据新型智慧城市区块链云平台与各分布式节点(P2P)互联互通和数据共享交换的要求,将统一开发的各类组件部署在区块链底层技术服务的接入层中。新型智慧城市区块链底层技术服务层主要由分布式节点接入平台的通用组件、业务组件、安全组件和中间件组件,以及分布式节点资源平台组成。

1) 通用组件

基于 SOA 系统集成架构,根据新型智慧城市区块链云平台所需的通用功能,采用系统化、结构化、标准化的方式,构建新型智慧城市区块链云平台各业务二级平台(信息节点)通用的数据交换组件、统一认证组件、门户组件、报表组件、数据分析组件、视频分析组件、机器学习组件、系统管理组件、资源管理组件和可视化组件等通用组件层。共享组装结构是异构平台互操作的标准和通信平台。通用组件结构是"即插即用"的支撑结构。通过一定的环境条件和交互规则,通用组件结构允许一组组件形成一个封闭的"构件",可以独立地与第三方平台或其他异构的系统进行交互、调用和协同,因此将通用组件结构及其内含的"构件"也可以视为一组独立的构件组合体或通用组件层。通用组件通过不断地迭代和合成,可以为一个框架体系结构复杂的大系统或巨系统提供跨平台、跨业务、跨部门的应用调用和系统集成,同时避免各业务平台软件及服务程序的重复开发与建设。

2) 业务组件

业务组件层应满足新型智慧城市跨平台、跨业务、跨部门可视化集成的调用与场景展现,通过新型智慧城市各行业级二级平台(信息节点)的系统集成,进行新型智慧城市各业务类应用服务的组织、采集和应用信息资源分类、综合与集成。采用分布式(节点与资源分离)多源异构的容器封装共享机制,将新型智慧城市各类数据、信息、页面、服务资源按照智慧城市管理与服务各业务应用类型进行分类、集合、组织、封装,从应用的供需角度组织数据、信息、页面和服务资源。建立新型智慧城市系统集成"四大"封装的业务类目录和业务应用组件调用体系,实现各类封装的业务组件之间(即业务数据、业务信息、业务页面、业务服务的供需之间)的跨平台、跨业务、跨部门、跨应用需求的调用、映射、交换、集成和共享。

3) 安全组件

区块链采用 P2P 技术、密码学和共识算法等技术,具有数据不可篡改、系统集体维护、信息公开透明等特性。区块链提供一种在不可信环境中,进行信息与价值传递交换的机制。区块链的价值是信任,所以可信是区块链的核心价值,是构建未来区块链价值的基石。区块链信任的核心是密码算法,密码算法的核心是算法本身和密钥的生命周期管理。密钥的生命周期包括:密钥的生成(随机数的质量)、存储、使用、找回等。虽然区块链协议设计非常严谨,但作为用户身份凭证的私钥安全却成为整个区块链系统的安全短板。通过窃取或删除私钥,就可轻易地攻击数字资产权益,给持有人带来巨大的损失。这样的恶性事件已经不止一次地出现,足以给人们敲响警钟。

区块链安全机制采用与信息栅格安全保障体系集成创新的方式。安全组件实现对区块链云平台和分布式节点实施双重安全防护。对于区块链云平台的安全采用公有密钥的方式,集成分布式节点安全认证、PKI/CA 认证,为每个区块链分布式节点发放数字认证,确保区块链每个分布式节点是通过安全注册和认证的,区块链云平台与分布式节点之间的互联是可信任、可靠的。对于区块链分布式节点的安全采用私有密钥的方式,集成 SM2/SM3 密钥算法、共识算法、数据加密。通过私钥对访问者进行安全认证。确保在点对点(P2P)获取分布式节点资源时是安全的、可信任的、可靠的和数据不可篡改的。

4) 中间件组件

中间件是一种独立的系统软件或服务程序,分布式信息节点应用软件借助这种软件在不同的技术之间共享资源。中间件位于客户机/服务器的操作系统之上,管理计算机资源和网络,是连接分布式节点(P2P)之间独立的应用程序或独立系统的软件。相连接的分布式节点的业务平台或应用系统具有不同的接口,但通过中间件相互之间仍能交换信息。执行中间件的一个关键途径是信息传递。通过中间件,应用程序可以工作于去中心化的多节点或 OS 环境。新型智慧城市区块链云平台基于 SOA 系统集成架构的基础中间件层包括 MOM、J2EE、LDAP、PORTAL、ESB 等。

2.6.8 新型智慧城市区块链分布式节点结构

新型智慧城市区块链分布式节点结构将区块链分布式 P2P 结构和信息栅格资源管理技术结合在一起。该结构既可以实现分布式节点之间的互联和信息交换,又可以通过新型智慧城市区块链云平台实现对分布式节点的资源管理。区块链资源管理是区块链云平台的核心功能,其对区块链各分布式节点进行统一的组织、调度和管理,通过各分布式节点底层技术服务对各类资源进行封装和提供统一提交作业的引擎和接口。特别对于一些综合任务和多目标需要协调多个分布式节点的资源协同时,则需要通过区块链云平台的资源管理将综合任务和多目标有效合理地分配到分布式节点的业务平台及应用系统上进行运行,如图 2-9 所示。各个分布式节点底层技术服务封装的是大量的元数据(类)信息,这些元数据(类)描述了节点资源的语义、功能、调用。如何对这些信息进行有效的组织和管理,是分布式节点底层技术服务的基础,该功能通过信息栅格的资源发现来实现。信息栅格系统集成中的资源发现与一般系统信息服务不同,除了具有信息获取和发布的基本功能之外,更重要的是可保证信息是当前需要的、可用的、可信任的。

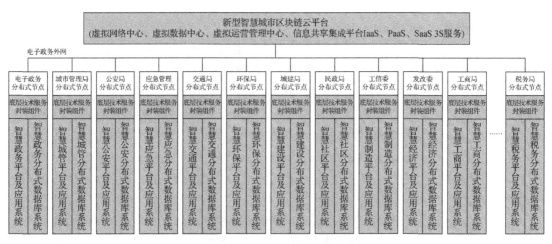

图 2-9　新型智慧城市区块链分布式节点结构图

上述新型智慧城市区块链分布式节点结构,是一个典型的"去中心化""去集中化"的分布式结构。传统的智慧城市或数字政府将政府各业务系统和应用功能集中部署在一个软硬件环境中进行集中式的应用和管理;而新型智慧城市采用区块链分布式结构,将政府各业务系统和应用功能部署在政府各部门(分布式节点)中进行分布式的"自治"应用和管理。区块链"自治化"的特点有助于政府摒弃传统的"管理—规制"的模式,而遵循"治理—服务"理念。所谓政府各部门运行与管理的"自治化"是指所有参与到区块链分布式结构中的政府各部门节点均遵循同一"共识机制",不受外部的干预,自由地、自主地进行各部门(节点)之间的信息与数据交换、共享和应用,自发地、共同地维护政府各部门业务系统的信息与数据的可用性、可靠性和安全性。因此政府各部门分布式节点的"自治化"也可称为"共治化",即政府各个部门并非是完全分散的独立的"个体"存在,而是通过"共识机制"形成逻辑上虚拟化的统一性、协同性、一致性的一个有机整体。不同的政府部门分布式节点(或称为"组织域")可以通过电子政务外网实现其相互之间的互联和收集其他部门节点的信息和数据,同时又可以通过区块链云平台来调度、组织和管理各个分布式节点的资源,在逻辑上形成虚拟化的一个整体。由于是基于区块链分布式(P2P)的结构,因而不存在系统瓶颈,并提高了系统的可扩展性、可靠性及安全性。新型智慧城市区块链分布式节点(P2P,去中心化)结构与信息栅格资源管理技术的结合方式,可以方便对分布式节点访问权限的管理。各个政府部门分布式节点将本节点资源注册到区块链云平台的全局资源管理与服务之中并定期更新,当客户端需要通过资源发现服务搜索相应的信息和数据时,先从区块链云平台的全局资源管理搜索相关信息和数据,如果没有搜索到相关信息和数据,则通过P2P方式访问任何一个分布式节点底层技术服务来获取。区块链云平台则负责维护所有政府部门分布式节点底层技术服务封装组件。

新型智慧城市区块链分布式节点结构具有下列特点:

① 实现对分布式节点资源的管理。满足信息系统集成中的安全性要求,而且有效地减小了网络数据流量。

② 基于P2P结构的区块链云平台提供全局信息和数据服务,可以有效消除系统瓶颈,同时提高系统的可扩展性和安全性。

③ 提高分布式节点资源管理的一致性和统一性,基于P2P结构,减少了整个系统的层次结构,提高了对分布式节点访问的有效性。

④ 方便对各个分布式节点底层技术服务的组织和调用。各个分布式节点底层技术服务首先可以组织节点内部资源,然后再统一汇总到区块链云平台全局资源管理中,可有效减少全局信息服务的负担。

2.6.9 新型智慧城市区块链云平台实现功能

新型智慧城市区块链云平台是城市级平台与各业务级平台及应用系统与信息集成的统一平台,是新型智慧城市统一的核心信息枢纽。城市级区块链云平台位于整个新型智慧城市统一信息化应用的最顶层,各个业务级平台(信息节点)与城市级区块链云平台相连接形成一个星型结构的分布式系统体系,各业务应用系统与业务级二级平台(信息节点)相连接,从而形成一个以城市级平台为核心的"雪花"型的点对点的结构。城市级区块链云平台作为新型智慧城市统一信息与数据的中心节点,承担业务级二级平台及应用系统节点的系统集成、数据交换、数据共享、数据支撑、数据分析与展现、身份统一认证、可视化管理等重要功能。新型智慧城市区块链云平台由以下业务支撑系统组成:

1) 综合信息集成系统

综合信息集成门户网站定位为新型智慧城市区块链云平台级APP。其功能是将城市级平台和各业务级平台相关的应用系统的管理和服务信息,通过系统与信息集成和Web页面的方式连接到"门户网站"上来。网络注册用户(实名制)可以通过网络浏览器方式,实现对整个新型智慧城市区块链云平台管理与综合服务信息进行浏览、可视化展现、查询和下载。城市级平台综合信息门户网站是全面提供新型智慧城市区块链云平台管理与服务的人机交互界面。

2) 数据资源管理系统

数据资源管理系统实现信息资源规划相关标准的管理、元数据管理、数据交换管理等功能,是实现新型智慧城市区块链云平台数据共享的前提和保证。数据资源管理系统是对信息资源规划提供辅助作用,并方便普通用户使用规划成果、维护规划的成果、数据的工具平台。其提供用户直接浏览和查询的界面,并将该成果进一步规范化管理,将数据元目录、信息编码分类,信息交换标准等进一步落实,以指导支持一级平台的大数据建设,以及新型智慧城市区块链云平台管理与民生服务三级平台的建设。

新型智慧城市区块链云平台数据资源管理系统实现以下功能:

① 元数据管理功能;
② 编码管理功能;
③ 数据交换管理功能。

3) 数据共享交换系统

数据共享交换系统是实现和保障新型智慧城市区块链云平台共享分布式数据库之间(信息节点),以及城市级平台与业务级平台(P2P)之间数据交换与共享的功能,能够在应用系统之间实现数据共享和交换。数据交换与业务级平台利用面向服务的要求进行构建,以WS和XML为信息交换语言,基于统一的信息交换接口标准和数据交换协议进行数据封装、信息封装、页面封装、服务封装,利用消息传递机制实现信息的沟通,实现基础数据、业务数据的数据交换以及控制指令的传递,从而实现新型智慧城市区块链云平台与各业务级平台及应用系统的数据、信息、页面、服务的集成。

4) 数据分析与展现系统

新型智慧城市区块链云平台的数据加工存储分析与展现系统主要由数据仓库(DW)和数据清洗转换装载(ETL)以及前端展现部分组成。通过ODS库(主题数据库),将新型智慧城市区块链云平台涉及已建、在建和未建的各个应用系统(视为信息节点)中的数据、信息、页面、服务,按照要求集中抽取到业务级主题数据库中;然后再进一步挖掘到新型智慧城市区块链云平台大数据库系统中,为数据挖掘、数据分析、决策支持等提供高质量的数据来源,为新型智慧城市区块链云平台"管理桌面"和各级业务领导及部门提供可视化信息展现,为领导管理决策提供支撑和服务。数据加工存储分析功能主要是对从数据源采集的数据进行清洗、整理、加载和存储,构建新型智慧城市各业务级主题数据库;针对不同的分析主题进行分析应用,以辅助新型智慧城市区块链云平台管理决策。数据加工管理过程包含ETCL,即数据抽取(Extract)、转换(Transform)、清洗(Clear)和加载(Load),数据集成实现过程,是将数据由应用数据库到主题数据库系统,再向城市级平台的ODS加载的主要过程,是新型智慧城市区块链云平台建设大数据库知识数据过程中,数据整合、挖掘、分析的核心技术与主要手段。

5) 统一身份认证系统

统一身份认证系统采用数字身份认证方式,符合国际PKI标准的网上身份认证系统规范要求。数字证书相当于网上的身份证,它以数字签名的方式通过第三方权威认证有效地进行网上身份认证,帮助各个实体识别对方身份和表明自身的身份,具有真实性和防抵赖功能。

6) 可视化管理系统

新型智慧城市区块链云平台可视化应用包括地理空间信息 3D 图形(GIS)、建筑信息模型 3D 图形(BIM)、虚拟现实(VR),以及视频分析(VA)的可视化技术应用集成。各业务级平台及应用系统的数据和信息,通过可视化集成展现,形成数据和信息可视化的集成、共享、展现的场景综合应用。

7) 共享大数据库系统

共享大数据库系统分别由城市级大数据库、业务级主题数据库(信息节点)、应用级数据库(P2P)构成,具有大数据管理的环境和能力。采用城市级、业务级、应用级多级数据云存储结构,数据存储采用集中数据存储和网络化分布式数据存储相结合的云存储模式。新型智慧城市区块链云平台共享大数据库采用集中数据云存储的方式,业务级和应用级数据存储数据库可采用网络化分布式数据云存储方式。各级数据存储数据库具有数据存储、管理、优化、复制、防灾备份、安全、传输等功能。云存储数据库采用海量数据存储与压缩技术、数据仓库技术、网络化分布式数据云存储技术、数据融合与集成技术、数据与信息可视化技术、多对一的远程复制技术、数据加密和安全传输技术、数据挖掘与分析技术、数据共享交换技术、元数据管理技术等。新型智慧城市区块链云平台监控与管理数据存储,采用分布式数据库与集中的云数据管理和云数据防灾备份。各级信息节点分布式数据存储系统在物理上相互独立、互不干扰,逻辑上形成一体化的共享数据云存储仓库。

2.6.10 新型智慧城市区块链深度融合应用特点

新型智慧城市系统集成基于区块链与信息栅格集成创新的 SOA 的系统集成架构融于新型智慧城市框架体系结构之中。新型智慧城市区块链基于 SOA 的系统集成架构借鉴了智慧城市信息栅格信息系统集成框架体系结构(SCIG,详见参考文献[5]),率先提出了新型智慧城市区块链总体架构(图 2-6)、新型智慧城市区块链云平台总体技术结构(图 2-7)和新型智慧城市区块链底层技术服务结构(图 2-8),以满足新型智慧城市框架体系结构矩阵型多平台多数据库和多重应用的去中心化和开放性复杂巨系统框架体系结构的要求。特别注重新型智慧城市整个框架体系结构规划设计中的网络互联、信息互通、数据共享、业务协同,同时强调了统一规划、统一标准、统一开发、统一封装、统一组件、统一部署、统一应用的原则,将消除"信息孤岛"和避免重复建设作为新型智慧城市项目实施的根本要求。新型智慧城市系统集成具有以下特点:

1) 采用分布式节点结构模式

新型智慧城市区块链系统集成架构,采用分布式节点集成的模式,从满足整体需求出发,根据系统建设的设计原则和技术路线,采用区块链面向应用、面向服务、面向数据、面向系统集成的分布式节点体系架构设计方法作指导,重点是各个信息节点通用组件、业务组件、安全组件、中间件组件和分布式节点接入层的数据、信息、页面、服务"四大"封装的创新设计。协同和联动各个节点资源和系统集成的体系架构将以系统业务服务为核心,形成新型智慧城市系统集成架构中各层级之间的信息互联互通、数据共享交换、业务功能协同与系统统一调用。

2) 统一框架分布式结构易于扩展和部署

新型智慧城市区块链系统集成架构采用分布式和统一规范的通用组件、业务组件、安全组件、中间件组件的系统化、结构化、标准化,简化了应用服务的结构,避免了因为存在异构的信息节点底层技术服务所可能引起不易集成的困难。采用统一的组件封装结构,封装底层的数据、信息、页面、应用,使得将来易于增加新的节点和应用。采用统一开发的容器封装技术的标准化结构模型和组件引擎及调用接口(API),易于区块链各个信息节点通过标准组件引擎和接口调用底层技术服务的数据、信息、页面和应用,降低重复开发成本,保证新节点增加和应用的兼容性与集成性。

3) 分布式数据易于利用

新型智慧城市区块链系统集成架构基于新型智慧城市一级区块链云平台及大数据库、业务级二级平台及主题数据库(信息节点)的分布式数据库的模式,为相关决策提供一体化、分布式的信息与数据的支撑,满足新型智慧城市全面社会管理和公共服务信息互联互通、数据共享交换、业务协同联动的需求。

2.7 智慧城市"运营管理中心"专项规划

2.7.1 智慧城市"运营管理中心"建设需要

随着国家治理体系和治理能力现代化的不断推进,随着"创新、协调、绿色、开放、共享"发展理念的全面贯彻,城市被赋予了新的内涵,对智慧城市建设提出了新的要求。中央网信办在全面调查和摸清全国智慧城市建设情况的基础上,面对智慧城市建设遇到的新挑战和新要求,提出了智慧城市的概念,并且牵头组织国家发改委等26个部委联合推动智慧城市建设。

智慧城市以为民服务全程全时、城市治理高效有序、数据开放共融共享、经济发展绿色开源、网络空间安全清朗为主要目标,通过体系规划、信息主导、改革创新,推进新一代信息技术与城市现代化深度融合、迭代演进,实现国家与城市协调发展。

推进国家治理体系和治理能力现代化,信息是国家治理的重要依据,要发挥其在这个进程中的重要作用。要以信息化推进国家治理体系和治理能力现代化,统筹发展电子政务,构建一体化在线服务平台,分级分类推进智慧城市建设,打通信息壁垒,构建全国信息资源共享体系,更好地用信息化手段感知社会态势、畅通沟通渠道、辅助科学决策。

实现全国、省、地市、区县之间的信息互联互通和数据共享交换。智慧城市要从构建全国信息与数据资源共享体系的全局、高度、整体,来实现信息的互联互通、数据的共享交换、业务的协同联动。建设智慧城市"运营管理中心",就是落实智慧城市建设与国家治理体系和社会治理能力现代化深度融合的大思路、大谋略、大智慧,充分体现了智慧城市可持续发展的总目标和总要求。

2.7.2 智慧城市"运营管理中心"建设内容

智慧城市"运营管理中心"建设内容,由"运营管理中心""网络融合与安全中心""大数资源中心"以及"公共信息一级平台",简称"运营管理中心"(SC3C1P)一体化组成。"运营管理中心"是智慧城市的心脏和大脑,没有"运营管理中心",所谓"智慧城市"将无从谈起。"运营管理中心"是实现网络互联、信息互通、数据共享、业务协同,消除"信息孤岛"、打通信息壁垒和避免重复建设所必须和根本的基础设施,是智慧城市规划与建设必须首要解决的问题。

智慧城市"运营管理中心"建设基于中央网信办提出的"构建一张天地一体化的城市信息服务栅格网"的要求。"运营管理中心"创新地将网络中心(NC)、数据中心(DC)、运营管理中心(MC),基于"一级平台"(FIP)集成为一体。通过互联网与电子政务外网的融合构成一个智慧城市"虚拟化的超级复杂巨系统"。实现网络资源、计算资源、存储资源、数据资源、信息资源、平台资源、软件资源、知识资源、专家资源等的全面共享。将"信息栅格"技术应用于智慧城市"运营管理中心"是信息与系统集成基础设施的应用创新。

中央网信办提出以"方法、网络、数据、运行、平台、标准"六大核心要素,基于"运营管理中心"信息基础设施顶层规划、专项规划,进行智慧城市"运营管理中心"的规划、工程设计、建设、运营的指导和方法论。

智慧城市"运营管理中心"是为更好地对智慧城市的综合态势、基础设施、公共安全、交通运输、生态环境、宏观经济、民生民意等状况进行有效掌握和管理。通过智慧城市"运营管理中心",实现智慧城市综合资源的汇聚共享和跨部门的协调联动,为城市高效精准治理和安全可靠运行,提供大平台、大数据、大系统、大网络"最后一公里"的可视化分析展现的技术与环境支撑。

智慧城市"运营管理中心"以建设"网络融合与安全中心"为核心内容,构建共性基础"一张网"。为了实现城市的精确感知、信息系统的互联互通和惠民服务的无处不在,构建一张天地一体化的城市信息服务栅格网,夯实智慧城市建设的基础。

智慧城市"运营管理中心"以建设"大数据资源中心"为核心内容,建立一个应用数据、经验数据、知识数据的大数据体系。海量数据是智慧城市的特有产物,要建立一个开放共享的数据体系,通过对数据规范整编和融合共用,实现并形成数据的"总和",进而有效提高决策支持数据的生产与运用,进一步提升城市治理的科学性和智能化水平。

智慧城市"运营管理中心"以建设"公共信息一级平台"为核心内容,建立一个通用功能平台,实现各类信息资源的调度管理和服务化封装,进而支撑城市管理与公共服务的智慧化。

智慧城市"运营管理中心"规划及工程设计与建设原则,依照智慧城市六大核心要素和采用"信息栅格"技术,遵循统一专项规划、统一标准工程设计、统一建设实施的原则。各级"三中心"统一在省、地市、区县采用分布式进行部署,在逻辑上则根据功能需求统一在各级"一平台"上,实现各级"三中心"的网络互联、信息互通、数据共享、业务协同、安全保障及"一平台"综合系统集成的可视化展现和大平台、大数据、大系统集成应用的物理与逻辑的运营管理环境。

2.7.3 智慧城市"运营管理中心"技术应用

"运营管理中心"技术应用涉及框架、体系、平台、系统上的完整性、一致性和可实施性的原则。技术应用内容主要是,将"运营管理中心"与"网络融合与安全中心""大数据资源中心""公共信息一级平台"的功能分类和技术应用等集成为一体。智慧城市运营管理中心采用"信息栅格"技术应用,其重点是"运营管理中心"的总体结构、支撑系统、技术应用、实现功能、信息互联互通与数据共享交换、网络及信息安全等。

智慧城市"运营管理中心"项目技术应用原理,采用"信息栅格"技术框架,并遵循以下的技术路线:

① 以网络、数据、平台、系统为技术框架的组成要素;
② 以网络互联、信息互通、数据共享、业务协同为总体技术路线;
③ 以基于 SOA 的资源与服务集成为框架;
④ 以"运营管理中心"为信息基础设施;
⑤ 以网状、分布式、按需索取式为信息共享模式;
⑥ 以"应用程序共享共用"为软件开发原则;
⑦ 以消除"信息孤岛"和避免重复建设为实施原则。

2.7.4 智慧城市"运营管理中心"组成

智慧城市"运营管理中心"的组成特点是"资源共享策略",通过统一的接口将底层的数据资源进行服务封装和应用 Web 页面超链接及中间件技术,接入到一体化集成平台之中。以"信息栅格"技术路线在智慧城市中的实践和应用,以实现网络、数据、平台"三位一体"的融合、共享、集成为目标。其目的是整合智慧城市所有的网络、数据、信息平台及应用系统的资源,包括各行业级二级平台、各业务级三级平台和各应用系统。智慧城市资源的整合与共享是一个十分复杂的巨系统工程,"运营管理中心"可以说真正实现了涵盖信息及数据物理与逻辑资源的分析、展现、应用的一体化。"运营管理中心"项目建设的是一个复杂的巨系统工程,对每个被综合集成的网络、数据、信息平台,必须采用统一的接口标准和统一的规范化的框架体系结构。"运营管理中心"正是遵循这些原则而规划、设计和实施的。

1) 网络融合与安全中心

"网络融合与安全中心"是智慧城市建设的核心,是实现政府各部门之间办公协同,以及政府与社会、企业、公众之间信息的互通和数据资源共享的网络传输平台,凡不需要在电子政务涉密内网上运行的业务系统和政务公开信息及数据均应接入网络融合与安全中心;"网络融合与安全中心"同时对互联网公众提供政务和公共信息发布、展示和应用服务。

"网络融合与安全中心"能够实现不同厂家、不同类型的传输、业务应用设备的统一管理,在内外网之间构建单向传输光闸物理隔离,通过统一网管平台实现网络配置、网络融合、自动化监测和高度的网络互联与集成,提供高质量业务分级的 QoS 保障。承载综合网络语音、数据、视频、多媒体、无线(3G/4G/Wi-Fi)等网络的互联和网络传输数据与信息的互通。

"网络融合与安全中心"具有以下功能:

① 实现与国家、省、市部门电子政务外网的互联互通;
② 实现与政府各级部门和业务单位纵向和横向间网络互联与信息互通;
③ 实现对智慧城市"大数据资源中心"的数据交换、网络管理、光闸物理隔离、安全与认证、外网门户、政务资源目录、存储与备份、呼叫中心提供网络支撑和网络应用服务;
④ 网络融合与安全中心通过安全防护,建立公共互联网、电子政务外网、无线网络、智能化物联网、公安视频专网之间的网络融合与互联,以及信息互通;

⑤ 网络资源管理平台应实现对不同品牌、不同类型的网络资源的实时监控,包括有线/无线网络设备、安全设备、主机、虚拟化、存储设备、数据库、应用服务、机房环境等,支持多种数据采集方式,将所有资源的实时信息纳入同一个运行管理系统中,实现集中、统一管理,支持自动巡检;

⑥ 网络资源管理平台应满足多种部署架构,满足分域、分级、高可用的管理要求,支持集中、分布、分级等管理架构,满足客户不同的应用场景,支持大规模节点,提供高可用解决方案。

2) 大数据资源中心

智慧城市"大数据资源中心"采用云存储技术,实现集中综合大数据库与分布式各业务及监控系统专业数据库相结合,以便通过GIS+BIM3D方式快速查询和调用"智慧城市"业务级二级平台主题数据库和各应用系统业务数据的存储、优化、共享、应用,以及以网络浏览器方式快速连接和接管各业务及监控系统的浏览、查询和互操作界面。

智慧城市"大数据资源中心"云存储基于智慧城市框架体系结构的业务、管理、服务等应用分解为应用服务、流程逻辑、消息传递三个层次,将业务流程逻辑从应用中剥离开来,使业务流程管理人员可以专注于业务流程自身的优化组合。基于流程的集成支持,跨平台、跨系统、跨组织结构的流程自定义,提供简单、易用的图形化流程定义工具;监控流程,查询流程状态,支持工作流超时催办;工作流引擎要支持顺序流程、分支、并发、选择、循环等多种控制逻辑;人工任务和自动任务等。

智慧城市"大数据资源中心"云存储包括:云存储远程管理、基础设施管理、基础设施资源自动管理、云视频存储、云存储中心设备内容备份与冗余防灾管理系统等,以及计算单元集成机柜和虚拟连接模块(包括万兆LAN、SAN模块,万兆光纤接口16个以上)。通过"网络融合与安全中心"将分布在智慧城市辖区内各种各类网络中不同信息节点的数据集成到一起。智慧城市"大数据资源中心"的生成,涵盖政府管理、行政管理、民生服务、经济企业的各领域、各行业、各业务的数据集合,涉及政府行政数据、城市管理数据、民生服务数据和企业经济数据。从政府行政管理数据共享的角度,涉及政府管理与政务、城市监控与管理、社会民生服务、公共服务、商业服务、企业经济等信息与数据,以及保证城市常态和非常态(应急)下运行的基本数据包括:法人、人口、企业、财政、统计、资源、安全、交通、能耗、市政、生产、市场、商务、物流、医疗、卫生、教育、房产、社区等数据的共享。从城市管理和公共服务的需求出发,信息与数据流向有纵向或横向。智慧城市"大数据资源中心"具有对这些错综复杂、结构各异的数据进行分类、清洗、抽取、挖掘、分析、汇集、共享、交换的功能。智慧城市大数据为"运营管理中心"提供信息与数据的展现、查询、调用和应用。为智慧城市各级行政主管部门领导在制定战略决策,编制行政文件和行业计划,进行资源分配等工作时提供信息与数据支撑。

"大数据资源中心"具有以下功能:

① 海量数据存储和处理的整机柜云处理一体机平台。数据存储一体机为海量数据处理提供智慧城市海量数据管理功能,它能满足智慧城市多业务级平台大数据资源存储和海量数据处理能力,提供存储、检索和挖掘功能,响应快速、高可靠、易扩展,可以满足移动通信数据处理、城市级视频监控等领域内的广泛应用。

② 支持混合数据库架构模式;关系数据库与分布式处理平台分别处理不同类型;支持

多类型业务数据的查询、统计、分析;支持深度数据挖掘和商业智能分析业务;移除/增加硬件节点后,仍能均匀地向各处理节点分发任务数据;并发多个查询任务,均能正常下发执行,且正常返回结果;并发多个查询任务耗时差别均匀。能够根据各台硬件处理节点负载状况均衡分配查询任务;多次查询条件、数据范围相同情况下,100%返回相同正确结果;软硬件平台能够保障长时间连续 7×24 小时无故障运行;所有周期任务均能正常执行,且执行结果无误;平台系统无单点故障,任意节点宕机,系统仍可继续正常进行数据处理和应用查询,且不影响结果准确性;系统支持灵活的扩展后端节点规模数量;处理性能、安全可靠性随节点规模增加呈线性上升;支持 Web 访问;支持 WebServices 接口;提供 Web 界面对分布式系统进行监控;支持查看、下载索引文件和元数据文件。

③ 大数据云存储一体机单机内含多台管理节点,包括 2U 标准机架式,双路 Intel E5 6 核处理器,128GB 缓存,2×1Gb 数据接口,2×10Gb 数据接口,2×500G SATA 7200RPM 企业盘,1+1 冗余电源,1×机架角轨套件,内嵌控制器管理软件,负责数据的管理、维护、计算资源分配、负载均衡、在线扩展等。

④ 大数据云存储一体机单机内含多台处理节点:2U 标准机架式,双路高性能 64 位处理器,128GB 缓存(DDR4),2×10Gb 数据接口,1+1 冗余电源,内置 48TB(12×4TB)共 12 个 3.5"SAS/SATA 存储容量,2×机架角轨套件,内嵌存储节点管理软件,负责存储节点数据管理、高速存储处理,高可用,高可靠。

⑤ 采用分布式云存储架构,支持存储系统在线 PB 级 Scale-out 扩展,其性能随存储节点数量增加线性扩展,支持任意 1 个磁盘或节点失效而不影响系统的使用以及数据的完整性。

⑥ 支持 Windows、Linux 等操作系统中挂接为一个海量磁盘,用户使用和操作本地文件系统相同:

——能够在主元数据服务器故障情况下自动切换至备用元数据服务器;

——元数据日志本地持久化,可根据元数据日志恢复元数据;

——支持元数据日志异机备份,可根据备份日志恢复元数据;

——块数据默认为 1:1 备份,系统可任意损坏一个存储节点,数据完整可靠,服务不间断,数据不丢失;

——系统整体吞吐量随系统规模增加呈线性增长;

——能够在不停止服务的情况下进行扩容或收缩规模,在线增加或减少存储节点;

——支持 FTP 服务访问;

——支持 NFS 访问方式;

——可支持 CIFS 访问方式;

——存储节点可兼作服务节点,对外提供数据访问服务;

——负载自动均衡,根据空间利用情况进行负载均衡;

——并发访问时流量自动分担至不同的存储节点;

——自动监控设备的运行状态。

3) 运营管理中心

智慧城市"运营管理中心"以智慧城市"六个一"核心要素中关于"建立一个高效的运营管理中心。为更好地对城市的市政设施、公共安全、生态环境、宏观经济、民生民意等状况进行有效掌握和管理,需要构建智慧城市统一的运行中心,实现城市资源汇聚共享和跨部门的协调联动,为城市高效精准管理和安全可靠运行提供支撑"的要求。以智慧城市综合资源的汇聚共享和跨部门的协调联动,以及高效精准管理与安全可靠运行为核心要素,实现智慧城市网络、数据、信息的集成与应用的展现、监控、管理、运营、服务的功能。智慧城市"运营管理中心"与智慧城市"网络融合与安全中心"和智慧城市"大数据资源中心"实现网络互联、信息互通、数据共享、业务协同,实现信息资源共享和智慧城市管理与运行的指挥及调度。

智慧城市"运营管理中心"具有大数据应用、大屏幕显示、综合通信调度和综合信息集成的功能,可以全面掌握智慧城市、各片区、智慧园区、智慧社区以及网格化的城市基础设施、服务站点、管理与执法人员、问题处理信息、评价信息等内容,支持智慧城市日常情况下和非常态应急情况下的管理与运行指挥调度,并通过大屏幕可视化(GIS+BIM+VR+VA)实时显示管理与运行所涉及的要素信息,如:基础设施、市政地下管网、智慧城市大城管、智慧城市民生服务的状况、监测和控制的状态、信息和数据等。

"运营管理中心"具有以下特点:

① 通过智慧城市大数据资源中心的数据共享,将涉及智慧城市管理与运行相关联的数据,根据常态和非常态下对数据调用和展示的要求,显示在可视化(GIS+BIM+VR+VA)相应图层上。

② 显示大屏幕管控的功能,通过大屏幕展现智慧城市管理与运行情况下统一指挥和调度,展现智慧城市常态及非常态下管理与运行信息、基础设施运行监控信息、重点关注信息监测数据、社会民生服务信息等。

③ 实时集成综合通信的能力,通过有线通信系统、无线通信系统、卫星通信系统、多媒体通信系统等系统集成,实现将 VoIP、语音、数据、视频、图形、邮件、短信、传真等各种通信方式整合为一个"单一"的通信功能的应用。

④ 运营管理中心具有指挥调度集成的能力,采用 Web 技术,以及 B/S 和 C/S 相结合的计算机结构模式。远程用户可以通过互联网访问信息系统集成,以浏览器方式显示、控制、查询、下载、打印信息集成系统相关的信息、影像、数据等。

⑤ 智慧城市运营管理中心具有可视化的展示功能,主要由首页及相关二、三级页面组成。智慧城市管理与运行展示信息与数据主要分为九大模块,分别是首页、国内外新闻、重要资源监测、社会经济动态、突发公共事件、城市监控、重点项目、办公系统及重大活动等内容。

4) 可视化集成平台

智慧城市"可视化集成平台"以智慧城市各类信息资源的调度管理和服务化封装,支撑智慧城市管理与公共服务的智慧化功能为核心要素,采用"信息栅格"技术,构建智慧城市一体化的展现、管理、运行、通信、指挥、调度、操控的通用功能平台,即公共信息的"一级平台"。"一级平台"建设的目的,就是为了实现智慧城市涉及政府政务信息、城市管理信息、社会民生信息、企业经济信息各业务级二级平台、应用级三级平台和应用系统(包括智慧政府、智慧管理、智慧民生、智慧产业)之间建立信息互联互通、数据共享交换、业务功能协同,促进智慧城市全社会信息资源的开发与利用。避免在一个城市范围内政府各部门之间,政府与社会、企业、公众之间形成一个个的"信息孤岛",造成在网络融合、信息交互、数据共享、功能协同时的障碍和壁垒,以及在资源上重复配置的浪费。

"可视化集成平台"具有以下功能:

① 信息平台及应用系统大集成功能　"可视化集成平台"可以实现智慧城市"网络融合与安全中心""大数据资源中心""运营管理中心",以及"公共信息一级平台",即"运营管理中心"的大平台、大数据、大系统、大集成、大应用。

② 结构化 Web 集成技术应用功能　"可视化集成平台"通过对智慧城市各个行业二级平台和其应用系统结构化、系统化和标准化的 Web 页面超链接,实现了智慧城市信息平台及应用系统 Web 页面的全集成,从而实现了智慧城市各个行业数据与信息的大集成、大数据、大应用。

③ 系统集成无限扩展与信息互联功能　"可视化集成平台"应采用 B/S 软件架构、"信息栅格"和"互联网+"Web 集成技术综合应用,打通智慧城市各个信息平台及其应用系统的各级业务、功能、操作、设置页面,可以无限扩展和增加第三方信息平台及应用系统、子系统的综合系统集成,可以实现智慧城市已建、在建、未建信息系统 100% 的数据与信息集成。

④ 实现数据与信息的"三融五跨"功能　"可视化集成平台"应采用"信息栅格"技术,采用"四级界面"可视化分析展现结构化体系,实现对各信息平台的业务、功能、操作、设置等页面进行系统化和标准化的服务封装,建设全国一体化的国家大数据中心,推进技术融合、业务融合、数据融合,跨层级、跨地域、跨系统、跨部门、跨业务的协同和服务。

⑤ "线上与线下"大数据应用模式功能　"可视化集成平台"应具有对智慧城市涉及的重点目标和核心要素的数据抓取、采集、清洗、抽取、汇集、挖掘、关联分析、人工智能等一体化的全数据链服务的能力。"可视化集成平台"对被集成的信息平台采用 Web 页面超链接的方式,实现各信息平台 Web 页面的服务封装和业务需求的调用,形成 Web 页面数据采集的统一性和标准化。打通了智慧城市各领域、各行业、各业务、各应用的信息平台、业务系统和应用页面。为智慧城市不同行业、不同应用场景、重点目标和核心要素所需要的数据与信息,提供了各信息平台 Web 页面"线上"(在线)真实使用场景的实时信息与智慧城市各基础数据库、行业级主题数据库、各业务级应用数据库等"线下"(离线)的历史数据,并将其融为一体。实现"线上与线下"全数据链闭环反馈自适应的大数据应用模式。

⑥ 全数据链人工智能应用功能　"可视化集成平台"通过智慧城市各信息平台及应用系统的页面全集成,采用全数据链闭环反馈自适应模式,对智慧城市的重点目标、核心要素、突发事件等的"线上与线下"的位置、状态、数据、关联、分析等数据与信息进行全面的深度挖掘分析和人工智能应用。实现智慧城市重点目标、核心要素、元数据集等关联信息互联、数据共享、业务协同。当发生突发事件时,可根据相关预案和人工智能分析,实现跨领域、跨平台、跨系统、跨业务等关联真实使用场景的可视化联合分析展现。

⑦ 快速信息与关联页面的查询功能　"可视化集成平台"采用结构化、系统化、标准化可视化界面,应满足在 1~2 s 内迅速查询到智慧城市各级业务、功能、操作、设置的信息和页面(千万数量级)的要求。

2.7.5　智慧城市"运营管理中心"可视化展现功能

智慧城市可视化集成平台是智慧城市建设全生命周期的"最后一公里"。智慧城市可视化集成平台是"运营管理中心"建设的主要内容。其内容包括政府政务及综合行业各信息平台及应用系统的集成,实现智慧城市各行各业的技术融合、业务融合、数据融合,跨层级、跨地域、跨系统、跨部门、跨业务的信息互联互通、数据共享交换、业务协同联动。"可视化集成平台"实现智慧城市综合信息与大数据的可视化分析展现;"运营管理中心"所关注的重点目标和核心要素的位置、状态、数据、关联、分析等的可视化分析展现;以及智慧城市综合态势变化的预测与评估等。通过智慧城市"可视化集成平台"能够以更加精细、精准和动态的方式来运营管理智慧城市所涉及的政府政务、综合治理、社会民生、企业经济,提高社会资源的充分利用、提高生产力水平和民众的感受度,有力推进低碳、节能、环保等,改善人与自然间的关系。

智慧城市"可视化集成平台"具有以下特点:

① 可视化大场景展现智慧城市的多目标、多要素、多事项、多种类的常态和非常态数据及信息的位置信息、状态信息、数据信息、关联信息、分析信息等;提供智慧政务、智慧民生、智慧治理、智慧经济(企业)各行业级二级平台的 Web 超链接页面的信息展现、信息集成、数据分析、业务应用,以及监控系统的设置、控制、操作等功能,提高政务服务协同办公的能力。

② 通过大数据各行业各业务的综合分析模型,预测事情、事件、事态的演变趋势,评估预测可实施的措施与办法,辅助领导智慧决策。

③ 通过智慧城市大数据资源中心的数据共享,将涉及智慧城市管理与运行相关联的数据,根据常态和非常态下对数据调用和展示的要求,显示在各级(省、地市、区县)可视化用户界面(UI)和 GIS+BIM 图层上。

④ 显示大屏幕管控功能,通过大屏幕展示各级(省、地市、区县)智慧城市管理与运行情况,并统一指挥和调度。

⑤ 展现各级智慧城市常态及非常态下管理与运行信息、基础设施运行监控信息、重点关注信息监测数据、社会民生服务信息等。

智慧城市"运营管理中心"可视化展示功能主要由以下界面组成:

(1) 总览界面

全国各级(省、地市、区县)智慧城市的导览和各级智慧城市运行态势可视化的综合分析展示。

(2) 一级界面

本级智慧城市关键要素及重要目标的监测、监控、监管,"网络融合与安全中心""大数据资源中心""公共信息一级平台"以及各行业级二级平台运行态势可视化的监控和管理。

(3) 二级界面

本级智慧城市各行业业务应用三级平台关键要素及重要目标的监测、监控、监管,以及各行业级业务应用三级平台运行态势可视化的监控和管理。

(4) 三级界面

本级智慧城市业务应用三级平台各信息点、监控点位置信息、状态信息、数据展示、关联信息、分析信息的可视化展现,以及监控点的运行参数设置,操作模式的增加、删除、修改,监控点的启停、调节、控制的操作等。

2.7.6 智慧城市"领导桌面"可视化展现功能

1) 新闻栏目

显示本地区新闻及国内、国际新闻内容。本地区新闻来源于本地区新闻办,国内、国际新闻可以通过系统管理员从后台添加。

2）重大活动

重大活动栏目以图片或新闻列表的方式显示最新重大活动内容动态。该栏目为非固定栏目，栏目内容可由管理员在后台进行管理。

3）综合态势展示

在 GIS 场景地图上对本地区各种资源的分布、人口、经济情况的目标数据和要素数据，生态环境、公共安全、道路交通、基础设施、民生民意、企业经济的综合态势分析展现。

4）重点项目

重点项目栏目在首页显示本地区的重点项目信息，包括项目名称、开展进度、负责人、实施单位、存在的问题及解决办法等。点击此栏目名称，可进入重点项目二级页面。

5）重要资源监测

① 每日要报用于简要说明每日经济运行重要数据和形势，给领导提供综合分析报告，使领导每天都能够在第一时间掌握辖区内关键状态形势。

② 每日监测以数据分析图表方式显示煤、燃气、水、电、成品油等重要资源每日整时的实时监测数据。

6）监测预警

对智慧城市重点目标和核心要素可能出现的变化和趋势作一个警示性信息分析展现。为可能发生的事情、事件、事态做好准备以赢得时间和条件。预警级别划分为 5 个级别，分别称为五级预警、四级预警、三级预警、二级预警和一级预警，并依次用红色、橙色、黄色、蓝色和绿色来加以表示。

7）大数据综合分析

对智慧城市重点目标和核心要素进行大数据分析等。通过深度挖掘、智能分析和人工智能应用进行多视角、多维度的在线关联大数据分析，利用趋势图、关系图、对比图、结构图等形式全面真实地反映重点目标和核心要素的变化趋势，为政府及各相关部门领导提供宝贵的决策和预测依据。

8）经济动态

① 生产总值　以数据分析图表显示季度内的生产总值，包括第一产业、第二产业、第三产业、互联网产业、网络与大数据产业的产值。

② 生产总值走势图　使用走势图显示近几年的生产总值变化趋势。

③ 经济指标目录　以数据分析图表显示经济指标的目录，点击每个指标可以进入二级页面查看详细的分析结果。经济指标目录包括地区生产总值分析、商业销售分析、企业经济效益、主要工业产品产量、工程进展情况、固定资产投资、房地产开发、商业、物价、社会治安、财政、人民生活、劳动工资、经济主要经济指标对比、经济指标变动情况分析等。

④ 所辖地区的生产总值及排名　以数据分析图表显示各地区生产总值及排名情况。

9）社会动态

① 以数据分析图表显示人口统计指标目录，包括常住人口、流动人口、暂住人口、失业人口、入学人口等。

② 以数据分析图表显示人口出生率、死亡率及自然增长率现状。

③ 以数据分析图表显示社会舆情分析。
④ 以数据分析图表显示社区监控状态。

10) 突发事件

① 自然灾害　以数据分析图表显示本地区及国内外自然灾害相关的信息。通过按时间和地区排序,将本地自然灾害事故信息显示在列表最上面;其次是国内自然灾害事故;最后是国际自然灾害事故。

② 安全生产　以数据分析图表显示本地区及国内外安全生产相关的信息。通过按时间和地区排序,将本地区的安全生产事故信息显示在列表最上面;其次是国内安全生产事故;最后是国际安全生产事故等。

③ 社会安全　以数据分析图表显示本地区及国内外社会安全相关的信息。通过按时间和地区排序,将本地区的社会安全事故信息显示在列表最上面;其次是国内社会安全事故;最后是国际社会安全事故等。

④ 公共卫生　以数据分析图表显示本地区及国内外公共卫生相关的信息。通过按时间和地区排序,将本地区的公共卫生事故信息显示在列表最上面;其次是国内公共卫生事故;最后是国际公共卫生事故。

11) 城市监控

显示来自公安局、交通局、卫生局、供电局、环保局、煤炭局及其他专业部门的视频监控图像。点击视频监控栏目或在导航栏中选择"城市监控",可进入视频监控栏目专题显示页面和相关信息。

12) 每周治安播报

以数据分析图表显示治安播报内容。点击"更多"按钮可以进入二级页面查看更多的治安播报信息。

13) 重点目标可视化分析展现

智慧城市重点目标可视化分析展示,分别由综合态势、监测预警、突发事件、民生民意、城市治理、要素监测、企业经济八大重点目标构成的比较、分析、统计可视化图表。通过智慧城市可视化大数据"一级界面"可以链接到本级智慧城市各核心要素数据及元数据集的比较、分析、统计的"二级界面"的分析展现。

14) 业务平台链接

以地理空间信息GIS图层连接方式提供链接集成到所有智慧城市业务级二级平台,包括智慧大城市、智慧环境、智慧安全、智慧交通、智慧应急、智慧设施、智慧市民卡、智慧社区、智慧医疗、智慧教育等。

15) 协同办公系统

以菜单导航方式连接智慧政务"互联网+政务服务"平台,展现办公自动化、公文管理、绩效考核管理等办公系统业务系统。

第3章 智慧城市大数据

3.1 智慧城市大数据建设目标

3.1.1 智慧城市大数据基本概念

大数据是以容量大、类型多、存取速度快、应用价值高为主要特征的数据集合,正快速发展为对数量巨大、来源分散、格式多样的数据进行采集、存储、处理和关联分析,从中发现新知识、创造新价值、提升新能力的新一代信息技术和服务业态。

信息技术与经济社会的交汇融合引发了数据迅猛增长,数据已成为国家基础性战略资源,大数据正日益对全球生产、流通、分配、消费活动以及经济运行机制、社会生活方式和国家治理能力产生重要影响。目前,我国在大数据发展和应用方面已具备基础,拥有市场优势和发展潜力。

智慧城市管理与服务涵盖政府政务、城市管理、社会民生、企业经济,涉及智慧城市各领域、各行业、各业务、各应用自下而上的感知、过程、音频、视频、图片、地理位置的巨大数据。数据管理和应用在经历传统"数据孤岛"模式后,已经发展到目前的"大数据"阶段。随着大数据的演进和发展,大数据的管理和应用模式也发生了巨大的变化。智慧城市大数据体系规划在智慧城市管理与服务运行中的作用显得至关重要,数据资源的开发和综合应用已经成为智慧城市建设的核心内容。为了科学和合理地深度开发和高效应用大数据资源,须要制定智慧城市大数据规划,以指导、规范和约束智慧城市大数据体系的规划、建设和发展。

大数据的概念可分为广义和狭义,广义的大数据系指:"无法用现有的软件工具提取、存储、搜索、共享、分析和处理的海量的、复杂的数据集合。"狭义的大数据系指:"对于海量和复杂数据经过采集、抽取、挖掘、分析后,而获取的具有经验、知识、智能、价值的数据和信息。"

智慧城市大数据规划是智慧城市建设的重要内容。制定智慧城市大数据规划,就是为了避免在智慧城市建设中产生"数据孤岛"和"信息孤岛"。为此必须建立大数据资源管理的基础标准。大数据资源规划过程就是建立数据标准的过程,从而为整合数据与信息资源,实现智慧城市的大数据、大平台、大网络、大智慧奠定坚实的基础。大数据、大平台、大网络是智慧城市信息化建设的一个整体。大平台是大数据共享与应用的基础和环境。大网络是大数据传输的通道和安全保障。智慧城市顶层规划应体现"三大体系"之间的物理与逻辑关系和应用及功能的协同关系。大数据资源规划包括数据模型(功能模型、数据模型、架构模型等)和数据标准体系(知识数据、经验数据、过程数据、数据元素、数据分类、数据可视化等)。建立支撑智慧城市大数据、大平台、大网络之间标准化、集成化和一体化相互融合的、互联的、共享的、安全的标准体系。智慧城市大数据规划完美体现大数据建设的蓝图。

大数据是提升智慧城市发展和政府治理能力的新途径。通过智慧城市大数据应用揭示传统技术方式难以展现的关联关系，推动智慧城市数据的开发共享应用，促进智慧城市大数据融合和社会资源的整合，极大提升智慧城市整体数据分析能力，为有效处理复杂城市和社会问题提供新的手段。建立"用数据说话、用数据决策、用数据管理、用数据创新"的管理机制，实现基于数据的科学决策，全面推动智慧城市管理理念和民生服务的大进步，加快建设与社会主义市场经济体制和中国特色社会主义事业发展相适应的法治城市、创新城市、廉洁城市和服务城市，逐步实现智慧城市政府、管理、民生、产业的现代化、信息化和智慧化。

智慧城市大数据规划应用数据采集、数据抽取、深度挖掘、智能分析和信息集成技术，充分开发和利用智慧城市数据和信息资源，实现大数据、大平台、大网络、大智慧，全面发挥大数据在智慧城市综合管理与综合服务方面的作用和能力。智慧城市大数据规划满足政府政务、城市管理、社会民生、企业经济各领域、各行业、各业务、各应用的各级各类数据库的规划、设计、建设和应用。大数据规划涵盖智慧城市的顶层规划、专项规划、工程设计、技术应用、系统集成、工程建设、运营服务等，充分有效整合政务管理、城市管理、民生服务、企业经济自下而上的数据和信息资源，全面支撑智慧城市管理与服务的高效运行。

智慧城市大数据规划以建立统一的大数据体系，以大数据、大平台、大网络的充分融合为目标，实现智慧城市大数据的共享交换与信息的互联互通，消除"数据孤岛"和"信息孤岛"。统一构建智慧城市大数据体系，建立数据采集、抽取、挖掘、分析以及各级各类数据库建设的标准规范。以智慧城市一级平台为城市级信息互联互通与数据共享交换的核心，形成城市级的数据与信息紧密结合的一体化应用的整体。全面提升智慧城市高效、互联、共享、协同管理与服务的能力。

智慧城市大数据规划以大数据体系规划为基础，通过城市级大数据库、行业级主题数据库、业务级数据库分级；过程数据、经验数据、知识数据分类构建智慧城市大数据体系。支持制定大数据标准、数据结构、元数据、数据集、数据解析、交换格式等。提供智慧城市企业标准联盟内数据标准化及各级各类数据自治域之间，以及数据自治域与相应各级信息平台之间数据共享交换的方法论。统一各专项标准数据自治域和标准化数据的应用。

智慧城市大数据规划在大数据应用分类、大数据技术分类、大数据体系规划、城市级大数据库规范、行业级主题数据库规范、业务级应用数据库规范，以及大数据资源中心设计中，应遵循《智慧城市系列标准》先导性标准中的《智慧城市建设指南》《智慧城市信息互联互通与数据共享交换规范》的有关规范和要求。

3.1.2 智慧城市大数据总体要求

通过智慧城市大数据整合各类智慧城市各级信息平台和信息应用系统。依托现有信息平台资源，在地市级以上（含地市级）政府集中构建统一的互联网政务数据服务平台和信息惠民服务平台，在基层街道、社区统一应用，并逐步向社会基层特别是农村、社区延伸。避免新建孤立的信息平台和信息系统，构建形成统一的互联网政务数据服务平台。国家信息惠民试点城市实现基础信息集中采集、多方利用，实现公共服务和社会信息服务的全人群覆盖、全天候受理和"一站式"办理。

通过智慧城市大数据整合分散的数据资源。充分利用现有政府和社会数据中心资源，运用云计算技术，整合规模小、效率低、能耗高的分散数据中心，构建形成布局合理、规模适度、保障有力、绿色集约的政务数据中心体系。统筹发挥各部门已建数据中心的作用,促进区域性大数据基础设施的整合和数据资源的汇聚应用。

通过智慧城市大数据完善国家基础信息资源体系。加快完善国家人口基础信息库、法人单位信息资源库、自然资源和空间地理基础信息库等基础信息资源。依托现有相关信息平台及应用系统,逐步完善健康、社保、就业、能源、信用、统计、质量、国土、农业、城乡建设、企业登记监管等重要领域信息资源。实现跨部门共享的国家人口基础信息库、法人单位信息资源库、自然资源和空间地理基础信息库等国家基础信息资源体系基本建成,实现与各领域信息资源和数据的汇聚整合和关联应用。

通过智慧城市大数据加强互联网信息采集利用。加强顶层设计,树立国际视野,充分利用已有资源,加强互联网信息采集、保存和分析能力建设,制定完善互联网信息保存相关法律法规,构建互联网信息保存和信息服务体系。

智慧城市大数据建设,以规范智慧城市所涉及的数据分类、汇集、管理和集成为目标,建立智慧城市大数据体系中各级数据库之间的物理与逻辑关系、数据协同与数据共享的机制,构建智慧城市大数据、大平台、大网络之间相互融合的一体化体系。

智慧城市大数据建设,以支撑智慧城市综合管理与运行为目标,建立基于智慧城市综合管理与服务一级平台的城市级大数据库。城市级大数据库实现与各行业主题数据库的数据共享和数据交换,采用云数据存储的模式。智慧城市大数据建设,以支撑智慧城市行业管理与业务协同为目标,建立基于智慧城市行业管理与服务二级平台的行业级主题数据库。行业级主题数据库实现与城市级大数据库的数据共享和数据交换,采用集中数据存储和网络化分布式数据存储相结合的模式。

智慧城市大数据建设,以智慧城市大数据安全为目标,各级数据库具有数据存储、管理、优化、复制、防灾备份、安全、传输等功能,采用数据复制等多种数据保护技术、多对一的远程复制技术、数据加密和安全传输技术。

3.1.3 以信息互联与数据共享为目标

城市级的信息互联互通与数据共享交换是智慧城市大数据建设的根本任务。须满足智慧城市数据整合和信息集成的需要,以实现分层分类数据体系和三级信息平台体系之间信息互联与数据共享的目标;制定智慧城市大数据标准、数据结构、元数据、数据集、数据解析、交换格式等;提供智慧城市企业标准联盟内数据标准化及各级各类数据自治域之间,以及数据自治域与相应各级信息平台之间数据共享交换的方法论;制定智慧城市各级信息平台和数据库体系统一的信息互联互通与数据共享交换的规范,实现智慧城市大数据的综合应用。智慧城市各级数据库系统应在物理上相互独立、互不干扰,在逻辑上应视为一体化的共享数据体系。

大数据资源的统一表示,是实现一体化信息互联与数据共享的基础。即各类数据的收集、传输、处理、存储、管理和分发的一体化。信息支持一体化,要求对各级各类数据库系统,进行一体化的数据采集、数据处理、数据存储与管理、数据分类分发以及数据传输。一体化的数据采集与处理可以提供更为全面、准确的应用数据;一体化的数据存储和管理为一体化的数据分发提供了必要条件;一体化的数据分类分发是一体化数据支持的核心,是指在要求的时限内将各种应用数据可靠准确地分类分发到需要它们的合法的数据用户;而一体化的数据传输,则为一体化数据分发的实现提供硬件基础,为同一信息分发任务提供了广泛的多路由传输手段。在这种情况下,采取对数据资源进行统一表示,才能实现各类数据的收集、传输、处理、存储、管理和分发的一体化。另外,统一表示的数据资源使用户之间进行信息交互时,不必进行数据格式的转换,从而保证了数据传递的及时性和准确性。

在智慧城市中,只有标准化了的数据信息才能被各类信息系统识别,从而实现信息系统的交互操作。为此,在信息建模和信息标准化方面,必须强制性地建立标准数据模型和定义数据格式。目前,对数据资源实行统一表示的常用手段,是为数据库系统建立相应的"数据字典"。数据字典类似于常用的各种名词字典,其主要功能就是统一数据元素表示的名称和属性的规范。它可将各种不同格式的数据"编译"成为统一表示的数据。数据字典是一个信息管理系统,它集中了各种数据标准化的规范和协议,包括数据处理、数据传输、数据建模、数据安全和人机接口等一系列的标准,专门用来对系统内的数据元素进行标准化和格式化。在智慧城市信息共享平台内,凡是不符合数据字典标准的数据,将首先通过数据字典转换成标准数据,然后再在系统内进行其他的数据处理。

3.1.4 以综合治理与民生服务大数据应用为目标

智慧城市大数据建设,从智慧城市管理和运行的需求出发,根据城市管理和公共服务的内容和功能,通过城市级一级平台和城市级大数据库,支撑智慧城市管理与服务。智慧城市大数据,支撑城市"常态"下管理和"非常态"下的应急处理。城市级大数据通过深度挖掘和智能分析,提供城市管理的决策信息和突发事件的实施预案。智慧城市大数据,支撑城市政务服务、公共服务、商业服务等,提供城市级公共服务全局性、决策性、集成性的知识数据,实现智慧城市惠民服务信息互联和业务功能的协同。

智慧城市应以综合治理和民生服务数据资源应用为目标。推进政务数据资源、社会数据资源、互联网数据资源的共享应用。全面推进重点领域大数据高效采集、有效整合、安全利用,深化政府数据和社会数据关联分析、融合利用,提高宏观调控、市场监管、社会治理和公共服务精准性和有效性。建立智慧城市重点任务和关键行业数据资源目录体系,统筹布局区域、行业数据中心,建立智慧城市大数据资源专项基础设施,构建统一高效、互联互通、安全可靠的智慧城市数据资源体系。

3.1.5 以支撑行业管理与服务大数据应用为目标

智慧城市应以统筹行业管理与服务大数据资源应用为目标,全面建成人口、法人、自然资源、宏观经济、地理空间、政务、治理、民生等基础资源数据库,整合各类政府信息共享平台、信息系统和数据中心资源,依托智慧城市行业级信息共享平台数据与信息资源,集中构建智慧城市统一的基于电子政务外网的政务数据服务平台和基于互联网的信息惠民服务平台。

建立智慧城市行业管理与服务大数据资源中心,统筹利用政府和社会数据资源,推动宏观调控决策支持、市场监督管理、社会信用、风险预警大数据应用,建设社会治理和公共服务大数据应用体系。

智慧城市大数据从行业管理和服务的需求出发,根据城市各行业管理和服务的内容和功能,通过智慧城市各行业二级平台和主题大数据,支撑城市行业管理与服务。根据智慧城市各领域各行业管理和服务的业务范围,可以分为四类,即:政府管理与服务类、城市管理与服务类、社会管理与民生服务类、企业经济管理与服务类。智慧城市大数据建设,通过政府管理与服务类、城市管理与服务类、社会管理与民生服务类、企业经济管理与服务类各行业级二级平台和行业级主题数据库,提供各行业综合管理和公共服务的数据和信息支撑。智慧城市大数据将隶属各领域各行业管理与服务业务级应用数据库的过程数据抽取和加工汇集并归属于上述行业级二级平台和主题数据库中。

3.2 智慧城市大数据建设原则

3.2.1 智慧城市大数据建设总体原则

智慧城市大数据建设的实质是数据整合与共享,通过编制统一的数据资源规划和制定统一数据标准,构建应用级、主题级、仓库级数据整合与共享的环境。智慧城市大数据建设,应以实现政府政务、城市管理、社会民生、企业经济各领域、各行业、各业务、各应用数据资源的整合与共享为原则。

智慧城市大数据以民生服务大数据应用为原则,结合新型城镇化发展、信息惠民工程实施和智慧城市建设,以优化提升民生服务、激发社会活力、促进大数据应用市场化服务为重点,引导鼓励企业和社会机构开展创新应用研究,深入发掘公共服务数据,在城乡建设、人居环境、健康医疗、社会救助、养老服务、劳动就业、社会保障、质量安全、文化教育、交通旅游、消费维权、城乡服务等领域开展大数据应用示范,推动传统公共服务数据与互联网、移动互联网、可穿戴设备等数据的汇聚整合,开发各类便民应用,优化公共资源配置,提升公共服务水平。智慧城市大数据建设,应以统一大数据管理与应用、统一大数据标准、统一大数据资源规划、统一大数据开发与建设为原则,以智慧城市智慧民生大数据、大平台、大网络一体化规划与建设为原则,建立医疗健康大数据、社会保障大数据、教育文化大数据、交通旅游大数据。

(1) 医疗健康大数据

构建电子健康档案、电子病历数据库,建设覆盖公共卫生、医疗服务、医疗保障、药品供应、计划生育和综合管理业务的医疗健康管理和服务大数据应用体系。探索预约挂号、分级诊疗、远程医疗、检查检验结果共享、防治结合、医养结合、健康咨询等服务,优化形成规范、共享、互信的诊疗流程。鼓励和规范有关企事业单位开展医疗健康大数据创新应用研究,构建综合健康服务应用。

(2) 社会保障大数据

建设由城市延伸到农村的统一社会救助、社会福利、社会保障大数据平台,加强与相关部门的数据对接和信息共享,支撑大数据在劳动用工和社保基金监管、医疗保险对医疗服务行为监控、劳动保障监察、内控稽核以及人力资源社会保障相关政策制定和执行效果跟踪评价等方面的应用。利用大数据创新服务模式,为社会公众提供更为个性化、更具针对性的服务。

(3) 教育文化大数据

完善教育管理公共服务平台,推动教育基础数据的伴随式收集和全国互通共享。建立各阶段适龄入学人口基础数据库、学生基础数据库和终身电子学籍档案,实现学生学籍档案在不同教育阶段的纵向贯通。推动形成覆盖全国、协同服务、全网互通的教育资源云服务体系。探索发挥大数据对变革教育方式、促进教育公平、提升教育质量的支撑作用。加强数字图书馆、档案馆、博物馆、美术馆和文化馆等公益设施建设,构建文化传播大数据综合服务平台,传播中国文化,为社会提供文化服务。

(4)交通旅游大数据

探索开展交通、公安、气象、安监、地震、测绘等跨部门、跨地域数据融合和协同创新。建立综合交通服务大数据平台,共同利用大数据提升协同管理和公共服务能力,积极吸引社会优质资源,利用交通大数据开展出行信息服务、交通诱导等增值服务。建立旅游投诉及评价全媒体交互中心,实现对旅游城市、重点景区游客流量的监控、预警和及时分流疏导,为规范市场秩序、方便游客出行、提升旅游服务水平、促进旅游消费和旅游产业转型升级提供有力支撑。

3.2.2 统一大数据管理与应用原则

通过对智慧城市政府政务、城市管理、社会民生、企业经济数据与信息资源的梳理,构建智慧城市综合管理与公共服务统一的数据管理与数据应用体系。智慧城市综合管理与公共服务统一的数据管理体系,建立在城市级大数据库、行业级主题数据库、业务级应用数据库的基础上。智慧城市综合管理与公共服务统一的数据应用体系,建立在城市级一级平台、行业级二级平台、业务级三级平台(系统)的基础上。智慧城市智慧管理与公共服务统一的数据管理体系,通过智慧城市城市级大数据、行业级主题数据库、业务级应用数据库,实现智慧城市大数据的共享交换。通过智慧城市城市级一级平台、行业级二级平台、业务级三级平台(系统),实现智慧城市的信息互联互通和应用集成。

3.2.3 统一大数据标准

建立统一的大数据标准体系。推进大数据产业标准体系建设,加快建立政府部门、事业单位等公共机构的数据标准和统计标准体系,推进数据采集、政府数据开放、指标口径、分类目录、交换接口、访问接口、数据质量、数据交易、技术产品、安全保密等关键共性标准的制定和实施。建立大数据市场交易标准体系,开展标准验证和应用试点示范,建立标准符合性评估体系,充分发挥标准在大数据规划和建设中的指导性、规范性和约束性的作用。基于智慧城市智慧管理与公共服务统一的数据管理与应用体系,建立智慧城市大数据标准体系。大数据标准体系包括:数据元素标准、数据分类编码标准、用户视图标准、概念数据库标准、逻辑数据库标准等。

通过智慧城市大数据标准体系,实现对政府行政、城市管理、民生服务、企业经济涉及各级数据库、各级信息平台、综合网络融合的指导、规范和约束的作用,促进全社会数据和信息资源的综合开发和充分利用。通过智慧城市大数据标准体系,建立智慧城市范围内政府各部门之间、政府与社会、企业、民众之间数据与信息的关联、共享、交换体系,提高城市级数据共享与交换的能力,避免在城市级形成"数据孤岛"和数据源不统一及重复采集的弊端。

智慧城市大数据库标准体系,以标准化数据自治域和标准数据服务为核心。其中,数据自治域数据标准包括数据元素、数据模型、过程数据、经验数据、知识数据、数据库结构、信息分类编码、指标体系、维度表等;数据交换共享标准包括元数据标准和数据应用标准等。

(1) 数据元素标准(Data Elements)

数据元素是最小的不可再分的信息单位。数据元素标准是数据元素命名的原则,以简明的词组来描述一个数据元素的意义和用途。制定数据元素标准是建立坚实的数据结构基础的关键。

(2) 数据分类编码标准(Information Classifying and Coding)

根据数据内容的属性和特征,将数据元素按照一定的原则和方法进行区分和归类,并建立起一定的分类系统和排列顺序,以便管理和使用数据。根据智慧城市大数据库分层规划的原则,采用层级分类法,将智慧城市大数据分为过程数据类、经验数据类、知识数据类三个层级的数据分类编码方式。

(3) 用户视图标准(User View)

用户根据最终需求展示内容数据元素的集合,它反映了最终用户对数据实体的看法。用户视图体现了多个主题库经验数据而形成知识数据的可视化展现。用户视图标准规定了各类可视化用户视图所含数据元素或数据项的结构规范和要求。

(4) 概念数据库标准(Conceptual Database)

最终用户对概念数据(知识数据)的体现,是对用户信息应用需求的综合概括,即概念数据(知识数据)是行业级主题数据库经验数据进一步深度挖潜与智能分析后,所产生的高层次的数据和信息。

(5) 逻辑数据库标准(Logical Database)

依据某个主题而制定的规范化数据元素集合的规范,即逻辑数据库标准,逻辑数据库标准是概念数据库标准的子集。

3.2.4 统一大数据体系结构

智慧城市大数据应采用统一的规划,智慧城市大数据规划涉及大数据体系、大数据应用分类、大数据技术分类、各级数据库规范等。大数据体系规划,包括智慧城市数据库构成、各级数据库结构、技术应用、实现功能、共享交换、数据安全等。大数据应用分类规划,包括数据采集与传输、数据导入与处理、数据抽取与加工、数据挖掘与智能分析等。大数据技术分类规划,包括数据资源管理、数据交换与共享、数据存储、数据分析展现、可视化应用、数据安全管理等。智慧城市大数据各级数据库规范,包括城市级大数据库、行业级主题数据库、业务级应用数据库。

3.2.5 统一大数据开发和部署

智慧城市大数据开发与部署涉及统一的数据资源管理、数据交换与共享、数据存储、数据分析展现、可视化应用、数据安全管理等。大数据资源管理采用统一开发与部署,大数据资源管理平台包括元数据采集系统、元数据服务系统、元数据网关系统、元数据查询系统、编码管理系统、数据交换管理系统等。大数据交换与共享采用统一开发与建设,大数据交换与共享平台包括管理层、数据层、数据适配层、基础构件层、数据交换层、应用集成层以及应用层。

智慧城市大数据存储采用统一开发与建设,大数据存储包括数据仓库(DW)和数据清洗转换装载(ETL)。大数据分析展现采用统一开发与建设,大数据分析展现包括业务数据源、数据处理(ETL)、数据抽取、转换、清洗、装载,数据挖掘(DM)、智能分析(OLAP)可视化展示等。大数据可视化管理采用统一开发与建设,大数据可视化数据包括地理空间信息系统(GIS)、建筑信息模型(BIM),以及视频图像系统。

智慧城市大数据安全采用统一开发与部署,大数据安全数据包括网络安全系统、信息安全系统、网络和大数据安全支撑体系建设。涉及国家安全稳定的领域采用安全可靠的产品和服务,实现关键部门的关键设备安全可靠,完善网络安全保密防护。大数据安全保障体系建设要明确数据采集、传输、存储、使用、开放等各环节保障网络安全的范围边界、责任主体和具体要求,建设完善金融、能源、交通、电信、统计、广电、公共安全、公共事业等重要数据资源和信息系统的安全保密防护体系、网络安全信息共享和重大风险识别大数据体系。通过对网络安全威胁特征、方法、模式的追踪、分析,实现对网络安全威胁新技术、新方法的及时识别与有效防护。资源整合与信息共享,建立网络安全信息共享机制,推动政府、行业、企业间的网络风险信息共享,通过大数据分析,对网络安全重大事件进行预警、研判和应对指挥。

3.3 智慧城市大数据应用分类

智慧城市大数据应用分类涉及智慧城市综合管理与服务信息的采集、传输、处理、抽取、加工、挖掘、分析的全过程。智慧城市大数据应用分类以现代数据资源管理的理论和方法,对智慧城市各级各类数据资源和应用流程进行组织、规划、协调和管理,以实现对智慧城市大数据资源的科学管理和合理有效的利用。大数据应用分类以数据采集与传送、数据导入与处理、数据抽取与加工、数据挖掘与智能分析的数据处理的全过程应用为导向,规范大数据科学管理和数据应用的要求和方法。通过大数据应用分类,构建智慧城市一体化的大数据应用体系。大数据应用分类涵盖城市级大数据库、行业级主题数据库、业务级应用数据库。智慧城市各级数据库应遵循大数据应用分类的规定和要求。

智慧城市大数据应用分类应统筹考虑、整体规划,结合智慧城市行业级二级平台分阶段建设,同步实施相应行业级主题数据库的开发与建设。大数据应用分类,应遵循各级各类数据库建设"共性"的规范和要求,统一制定智慧城市大数据各级各类数据库的实施方案,以避免重复开发、部署和建设。大数据应用分类应满足社会化的建设模式和运营及管理模式,充分发挥市场作用,积极利用社会各方资源,合力推进智慧城市大数据开发、建设和应用。

3.3.1 大数据采集与传输

大数据采集与传输是智慧城市大数据应用的重要内容。数据采集是形成应用数据库过程数据的主要方法,数据传输是过程数据汇集的重要方式。数据采集与传输通过生产现场各类感知传感器,采集位置、位移、速度、温度、湿度、照度、压力、流量、液位、状态等模拟或数字的非电量或电量的连续信号,通过现场工业控制总线传输到生产操作与管理计算机中进行处理和反馈控制。

通过生产计算机将采集的大量分散、连续、重复和规律性的感知信号(包括数值的和非数值的)的原始数据进行整理、计算、筛选、编辑等,根据计算后得到的优化调节控制数值触发相应的生产程序,并自动将反馈调节控制指令,传输到生产现场控制器以调节控制生产过程。生产计算机通过对生产过程的原始数据进行属性录入、属性编辑、同属性数据筛选和删除、属性和采集日志信息的浏览等,提供通用数据导入组件、元数据定义等。

3.3.2 大数据导入与处理

大数据导入与处理是智慧城市大数据应用的重要内容。数据导入是将生产计算机中经计算和编辑后的生产指令和数据导入相应的业务级应用数据库中。通过生产计算机将采集的感知信号进行处理,产生过程数据并存入业务级应用数据库中,形成大数据的物理数据。通常物理数据可以是结构化的数据,也可以是非结构化的数据。

大数据处理是将导入到业务级应用数据库的生产指令和物理数据,进行检索、加工、清洗、变换和存储,形成过程数据。过程数据是对生产过程事实、程序或指令的一种表达形式。数据处理是系统工程和自动控制的基本环节。数据处理贯穿于社会生产和社会生活的各个领域。数据处理可由人工或计算机自动化装置进行处理。过程数据的形式可以是数字、文字、图形或声音等。数据经过解释并赋予一定意义之后,成为生产管理信息。

3.3.3 大数据抽取与加工

大数据抽取与加工是智慧城市大数据应用的重要内容。数据抽取是将业务级应用数据库中的控制和变化的过程数据抽取到行业级主题数据库中。数据加工是将业务级应用数据库过程数据经数据抽取、数据转换、数据清理、数据整合、数据加载、数据审计、数据更新检测、数据质量控制、数据异常处理、调度与日志监控等进行加工,形成行业管理和服务的经验数据,并存入行业级主题数据库中。

业务级应用数据库支持多种数据源的抽取,如FTP、MQ、HTTP、Oracle、DB2等。支持CVS、XML、Excel、ASN.1等多种文件格式的抽取,并可以根据需要扩展自定义的文件夹接口格式,支持不同格式、参数、编码、分隔符、Tag的异构文件的解析。

行业级主题数据库中的经验数据支撑行业级管理和服务。行业级主题数据库经验数据通过行业级二级平台,实现智慧城市各行业二级平台之间的信息互联互通和行业级主题数据库之间的数据共享和交换。行业级主题数据库抽取的各业务应用的过程数据进行统一的数据清洗(数据预处理),通过数据空缺值、拼写错误、内嵌数据、重复数据、属性依赖冲突等应用,充分保证数据的有效性和一致性。行业级主题数据库数据校验支持文件校验和消息校验,保障数据和外部源数据的一致性,数据校验支持选择性的校验数据。

3.3.4 大数据挖掘与智能分析

大数据挖掘与智能分析是智慧城市大数据应用的重要内容。数据挖掘是利用各种分析方法和分析工具,建立在智能分析处理(OLAP)的数据环境基础上,将智慧城市各行业级主题数据库中的海量数据建立数据模型和建立数据间逻辑关系的过程。大数据库应满足数据挖掘和智能分析的数据环境。经数据挖掘和智能分析的各行业级主题数据库的经验数据,进一步形成智慧城市综合管理与服务数据模型和具有全局性、决策性、集成性逻辑关系的知识数据。

通过智慧城市大数据库知识数据,建立智慧城市智慧管理与服务各种决策分析模型、数据应用分析模型等,提升智慧城市管理与服务的能力,实现政府政务、城市管理、社会民生、企业经济四大领域大数据的互联、管理、交换、优化、展现与共享。通过城市级大数据库知识数据,建立智慧城市政府各部门之间、政府与社会、企业、民众之间管理与服务数据的关联、共享、交换体系,提高城市级数据共享与交换的能力,避免在城市级形成"数据孤岛"和数据源不统一及重复采集的弊端。

3.4 智慧城市大数据技术应用

智慧城市大数据技术决定了智慧城市大数据的共享交换和应用协同。大数据技术包括数据资源管理、数据交换与共享、数据存储、数据分析展现、可视化应用、数据安全管理等。

3.4.1 大数据资源管理技术应用

大数据资源管理平台是对信息资源规划提供辅助作用,并方便普通用户使用规划和维护规划的成果、数据的工具平台。大数据资源管理技术应用包括元数据采集、元数据服务、元数据网关、元数据查询、编码管理、数据交换管理等。

大数据资源管理平台基于智慧城市大数据体系,提供用户直接游览、查询的界面,以及数据元目录、信息编码分类、信息交换标准等,以规范支持智慧城市大数据库建设。大数据资源管理平台主要功能包括:元数据管理、编码管理、数据交换管理。

通常大数据资源管理平台部署在智慧城市一级平台和行业级二级平台上。大数据资源管理平台支持关系数据库、MPP 数据库、Hadoop 库、实时数据库、多媒体数据库等多种目标和主题数据源的应用。大数据资源管理平台遵循统一标准的数据接口层规范、数据分类编码规范、数据模型规范、数据字典规范、元数据规范以及视频多媒体数据规范,保障主题应用数据的统一性和一致性。

大数据资源管理平台在数据处理过程中提供动态负载均衡的调度功能,通过数据分析的负载情况和能力动态进行请求资源的分配,实现大规模数据的处理,弹性地适应各种应用场合,确保数据处理高效稳定地运行。

3.4.2 大数据交换与共享技术应用

大数据交换与共享技术应用,基于统一的信息交换接口标准和数据交换协议进行数据封装,利用消息传递机制实现信息的沟通,实现基础数据、业务数据的数据交换以及控制指令的传递,实现智慧城市大数据资源的共享。智慧城市大数据交换与共享应用服务平台由 7 个层次组成,即管理层、数据层、数据适配层、基础构件层、数据交换层、应用集成层以及应用层。

大数据交换与共享以服务为中心,数据和资源作为可共享的服务,可为各行业级二级平台提供数据共享服务。无须关心业务级应用数据的复杂组织和数据环境,各行业级二级平台对数据的需求通过对数据交换与共享服务平台的请求实现。大数据交换与共享服务平台,通过控制用户对数据的访问权限,保证数据共享的安全性。数据服务的提供者、服务代理以及服务使用者构成了智慧城市大数据服务共享交换体系。在此共享体系下可以最大限度地挖掘和发挥大数据的作用,使分布的各行业、各业务、各应用数据更有效地为政府政务、城市管理、社会民生、企业经济提供大数据服务。

大数据交换与共享服务平台支持各类主流数据库（Oracle、DB2、MYSQL 等）结构化资源编目，支持音频、视频、PDF、办公文件等非结构化资源目录，以及网站、URL、Web 服务等多种资源的编目之间的数据交换和共享服务。数据交换与共享服务平台，部署在智慧城市一级平台和行业级二级平台上。

3.4.3　大数据存储技术应用

大数据存储技术应用，将智慧城市业务级应用数据库中的数据按照一定的要求，汇集到规范数据库中；然后再进一步抽取到行业级主题数据库中形成经验数据，经验数据为智慧城市大数据挖掘、智能分析、决策支持等提供高质量的数据来源。

大数据存储技术应用，建立一体化的数据存储环境，将分析决策所需的大量数据从传统的操作性环境中分离出来，将分散的难于访问的操作数据转换成集中统一的、随时可用的数据。大数据存储技术应用为不同来源的数据提供一致性的数据视图，将不同介质、不同组织方式的数据集成转换成为统一的分析型数据环境。大数据库中的数据量是巨大的，通过高效和智能的数据分析工具才能发挥大数据应用的作用。

大数据存储技术应用实现让更多的管理者方便、有效和准确地使用大数据库中高质量知识数据的决策支持作用。大数据存储技术应用提供数据库备份服务，实现数据库的备份、恢复与优化，以保证数据库的安全运行。当数据库出现故障时，系统能够确保关键数据的恢复重建。

3.4.4　大数据挖掘与分析展现技术应用

大数据挖掘与分析展现技术应用，主要是对行业级主题数据库中的经验数据源进行数据处理（ETL），数据抽取、转换、清洗、装载，数据挖掘（DM），智能分析（OLAP）和可视化展示等。大数据挖掘与分析可针对不同的分析主题进行智能分析（OLAP）。智能分析是智慧城市知识数据的实现过程，是城市级大数据整合与应用的核心技术与主要手段。大数据采用模型化方式，所有的数据模型、数据处理过程、元数据、数据质量检查都以模型的形式呈现，以便于解决技术实现与业务描述分离。模型可分为业务模型和技术模型。大数据分析部署于行业级主题数据库和城市级大数据库。数据智能分析是面向主题的，面向整个智慧城市综合管理与服务的主题，而不针对个别应用。

元数据是描述数据的数据，不同的异构系统和产品的元数据信息应采用统一的标准化管理，元数据的描述、定义、获取、表示形式等多项内容采用统一的标准，以保障数据的统一性和一致性。大数据挖掘与分析环境基于元数据，元数据是数据处理环境的重要部分。在数据分析中，通过元数据可以最有效地利用大数据库的优势。通过数据分析，可形成体现主题的趋势分析、趋势预测、聚类分析等高级分析数据与信息模型。数据挖掘与分析展现技术应用，应根据不同的需求展现不同的数据可视化展示模型。

3.4.5　大数据人工智能（AI）技术应用

大数据人工智能（AI）技术应用已经成为大数据深度挖掘的入口，国际行业巨头纷纷在大数据智能分析、语音识别、视觉分析、信息智能应用等领域拓展大数据深度挖掘学习版图，代表性的有谷歌的深度学习框架 TensorFlow，Facebook 的人工智能计算服务器 BigSur，越来越"聪明"的 IBM 人工智能 Watson，微软的"深度残差学习"，中国科大讯飞的语音识别云、云创大数据"深度学习机"等。

1) 人工智能"机器深度学习"的概念

简单地说，人工智能深度挖掘也可称为"机器深度学习"，是通过构建深层神经网络(DNN)模拟人类大脑的工作原理。深层神经网络由一个输入层，数个隐层，以及一个输出层构成。每层有若干个神经元，每个神经元模拟人类神经细胞，而节点之间的连接模拟神经细胞之间的连接。可以将人工智能"机器深度学习"理解为大脑的"构建"，虽然潜力无限，但是门槛不可谓不高。

首先，人工智能深度学习网络模型复杂，计算量大。以 DNN 为例，它需要模拟人脑的计算能力，而人脑包含 100 多亿个神经细胞，这要求 DNN 中神经元多，神经元间连接数量也相当惊人，如此庞大的计算量需要高性能的硬件以及与之配套的软件系统提供支撑。

其次，DNN 需要大量数据才能训练出高准确率的模型。为了达到理想的学习效果，DNN 需要利用海量训练数据，进行反复多次实验，从而选择合理的选择优化方式，训练出高准确率的模型。因此，深度学习对训练数据提出了较高要求。

再者，对于不少"机器深度学习"研究者而言，部署困难成为一个大问题。很多时候，即使购入了高精尖的深度学习机器设备，但由于难以部署，高价买回的设备只能搁置。因此，"机器深度学习"成为一个效果很好但门槛极高的现实问题。云创大数据发布的 DeepRack 人工智能"深度学习机"，可以切实帮助解决"机器深度学习"应用中遇到的障碍与困境。

2) 人工智能"机器深度学习"应用

智慧城市各类信息系统不断收集和产生大量的数据，使得大数据资源中心计算能力成为实现大数据应用的关键。利用"深度学习机"的深度神经网络，深度挖掘和侦测大数据资源中心可识别的元素，从而可以进行图像和视频分类、机器学习、语音识别、自然语言处理、音频识别等应用，使得各信息系统运行过程所产生的实时与历史数据能够有效地处理数据集，并对其保存建立安全数据库，实现人工智能。

南京云创大数据"深度学习机"利用大数据处理系统（cProc 云处理系统，一种处理海量数据的高效分布式软硬件集合的云计算平台）可以从 TB 乃至 PB 级的行业级数据中挖掘出有用的信息，并对这些海量信息进行快捷、高效的处理。平台可支持 100GBps 以上量级的数据流实时索引，秒级响应客户请求，秒级完成数据处理、查询和分析工作。平台可以对人口数据进行实时索引，对数据进行分析、清理、分割，不仅在入库和检索时具有非常高的性能优势，还可以支持数据深度挖掘和商业智能分析等业务。

（1）大数据智能云处理

云创大数据 cProc 云处理系统在高效率并行分布式软件的支撑下，可以实时完成大数据处理和分析工作，如行业数据处理、公共服务信息查询和数据统计分析等。数据处理不会出现数据堆积现象，各类分析和查询工作基本都在秒级完成，具有前所未有的高效性。查询具有高准确性，支持并发查询，所有查询请求都能正常下发执行且都能正常返回结果。查询条件相同情况下，每次查询结果相同。

云创大数据 cProc 云处理系统采用分布式处理的方式，性能与节点数成正比，通过增加节点的方式，可将性能提升，以达到满足需求的处理要求。支持百亿条记录秒级响应，支持对万亿条记录级的数据查询进行秒级处理,支持千人同时在线查询。云创大数据 cProc 系统提供专用 API、Web 访问和 WebServices 接口,满足进行对外数据交互操作的需求。提供 Web 界面对分布式运算系统进行监控,支持查看、下载索引文件和元数据文件。所有接口经过严格测试。

（2）海量视频智能云平台

云创大数据可实现多级查看和处理视频的随需接入、视觉影像智能识别、分析、处理、存储等功能。云创大数据的 cVideo 视频云平台,利用综合调度技术和云端转码技术完美地满足超大规模城市视频监控、海量视频数据存储及远距离视频监控的要求。同时,cVideo 还研发了智能图像识别算法,采用大规模分布式云处理,运用于智慧城市地铁系统时对视频数据达到了识别和认知水平。

① 海量视频数据实时处理　基于分布式的架构,cVideo 以集群的形式共同对外提供服务,将海量实时视频数据的压力均匀分散到每个处理节点上,实现负载均衡,保证每个节点都处于高效地运转状态,减少 IO 和传输操作,进一步确保实时性的要求。

② 云端转码技术　cVideo 可根据用户客户端的监控需求动态地调整视频分辨率,从而在满足用户需求的同时降低对网络带宽的消耗,因而支持更高的系统规模。对于摄像头采集的高清视频信号,cVideo 将在 cProc 云计算平台上采用高效实时转码技术,将采集到的各路高清视频信号转换为符合监控客户端需求的信号,并实时转发,这样可以有效地减小监控端处的解码压力,使得监控更为流畅,并能有效地支持诸如 IPAD、手机等移动终端的监控需求。

③ 智能内容识别　cVideo 的智能图像检索采用先进的图像处理技术并结合模式识别对已有的海量视频进行事件检索,实现了对事件发生视频的切片回放、运动帧提取和对象跟踪。目前 cVideo 可以对烟、火、运动物体、遗留物、车辆统计和特定行为等情况下的识别达到很高的识别度。

（3）大数据智能云存储

智慧城市大数据主要分为结构化、半结构化和非结构化数据,结构化数据以及半结构化数据存储在大数据处理系统的大数据库中;而各类非结构化数据存储在分布式云存储系统中。云创大数据的 cStor 云存储系统应用分布式的存储机制,在城市地铁应用中将数据分散存储在多台独立的存储服务器上。它采用包括卷管理服务器、元数据管理服务器(MasterServer)、主数据存储节点服务器(ChunkServer)和挂接访问客户端以及管理监控中心服务器的结构构成虚拟统一的海量存储空间。

支持高并发、带宽饱和利用。cStor 云存储系统将控制流和数据流分离,数据访问时多个存储服务器同时对外提供服务,实现高并发访问。自动均衡负载,将不同客户端的访问负载均衡到不同的存储服务器上。系统性能随节点规模的增加呈线性增长。系统的规模越大,云存储系统的优势越明显,没有性能瓶颈;可实现系统容量从 TB 级向 PB 级平滑扩展;也可以摘下任意节点,系统自动缩小规模而不丢失数据,并自动将摘下的节点上的数据备份到其他节点上,保证整个系统数据的冗余数。

云创大数据提供可视化管理控制界面,一键式安装,智能化自适应管理,简单方便的监控界面,无须学习即可使用。

3.4.6 大数据可视化技术应用

智慧城市可视化技术应用,采用地理空间信息可视化技术(GIS),以城市地理信息为基础,通过建筑信息模型技术(BIM)、虚拟现实(VR)、图像分析(VA)建立智慧城市管理与服务基于地理信息可视化图层的应用。智慧城市通过采用建筑信息模型可视化技术(BIM),以城市建筑信息模型为基础,建立智慧城市管理和服务与建筑及社区设施管理(FM)相结合的建筑信息模型应用。智慧城市通过采用图像可视化技术,以城市公共视频监控影像为基础,建立智慧城市管理与服务与公共视频监控影像相结合的可视化应用。

3.4.7 大数据安全技术应用

加强大数据环境下的网络安全问题研究和基于大数据的网络安全技术研究,落实信息安全等级保护、风险评估等网络安全制度,建立健全大数据安全保障体系,建立大数据安全评估体系。加强关键信息基础设施安全防护,做好大数据平台及服务商的可靠性及安全性评测、应用安全评测、监测预警和风险评估。明确数据采集、传输、存储、使用、开放等各环节保障网络安全的范围边界、责任主体和具体要求,切实加强对涉及国家利益、公共安全、商业秘密、个人隐私、军工科研生产等信息的保护。

强化大数据安全支撑,采用安全可信产品和服务,提升基础设施关键设备安全可靠水平。建设国家网络安全信息汇聚共享和关联分析平台,促进网络安全相关数据融合和资源合理分配,提升重大网络安全事件应急处理能力。深化网络安全防护体系和态势感知能力建设,增强网络空间安全防护和安全事件识别能力。开展安全监测和预警通报工作,加强大数据环境下防攻击、防泄露、防窃取的监测、预警、控制和应急处置能力建设。大数据网络与数据及信息安全包括互联网络安全、政务外网安全、监控系统安全、数据库安全和信息系统安全。智慧城市大数据库安全规范重点采用存储实时监控、入侵防御、漏洞检测、虚拟补丁等新技术应用。

智慧城市大数据网络与数据及信息安全规范以国标 GB 17859-1999《计算机信息系统安全保护等级划分准则》中规定的要求为依据,按信息系统等级保护的要求分别制定了互联网络安全规范、政务外网安全规范、监控系统安全规范、数据库安全规范、信息系统安全规范。大数据网络与数据及信息系统安全保护,建立统一的密码和密钥管理体系、网络信任体系、生物识别身份认证体系(优先推荐采用掌静脉、指纹方式)和安全管理体系,分级、分层、分域保障网络与信息安全。大数据涉及监控系统安全规范的重点,是监控信息、运行状态、非法操作的安全控制,以防止并实时记录外部及内部的违规或非法操作与控制的审计信息。通过"控制通讯网关",可以实时监测智能化物联网络(专网)上和监控系统中发生的各类与安全有关的事件,并能对严重的外部和内部的违规访问和非法操作进行控制和阻断。

智慧城市大数据资源中心通过数据加密来保障涉及用户隐私等关键敏感数据的安全性。数据加密主要是指将数据信息通过加密算法转换为不可识别的密文信息的过程,如果需要获取信息的明文信息,也可以将其解密成明文。大数据资源中心主机服务器和各种应用服务器应给予专门的保护,防止未授权用户的非法访问。

1) 数据与信息安全管理

① 能够通过良好的登录活动记录和报告用户和网络活动的周期检查,防止未被授权使

用系统的用户进入系统。

② 能够按照用户、组模式对操作系统的访问进行控制,防止已授权或未授权的用户存取相互的重要信息。不同部门或类型的用户只能访问相应的文件或应用,可以采取授权方式限定用户对主机的访问范围。

③ 能够防止恶意用户占用过多系统资源(CPU、内存、文件系统等),从而防止因无系统资源导致系统对其他用户的不可用的事件发生。

④ 能够对主机的安全事件进行详细的记录,并根据需要随时进行查阅。

⑤ 应提供完善的漏洞扫描手段,及时发现系统的安全隐患,并据此提供必要的解决方案。

⑥ 周期性进行操作系统备份,能够在系统崩溃后快速修复系统文件。

⑦ 主机应当具备主机级入侵防护功能,通过主机操作行为检测、黑白名单等,达到防范零日攻击、恶意操作、主机入侵、主机木马病毒等的目的。

⑧ 定期对主机进行补丁操作、漏洞扫描,并及时修补发现的漏洞。

2) 数据网络安全管理

① 通过防火墙等措施对进入内部网络的数据包进行扫描过滤,能够根据用户、IP 地址、访问类型等方式进行访问规则限制,对常见的入侵行为进行判断并阻止。

② 应提供地址翻译功能,屏蔽网络内部细节,防止外部黑客利用 IP 探测技术发现内部网络结构和服务器真实地址,从而实现有针对性的攻击。

③ 能够对网络通信进行监控,及时发现任何来自网络内部或外部的黑客入侵或可疑的访问行为,并做到及时报警与阻断。

④ 应做到对各子网间或远程用户传输中的数据进行安全保护,利用加密等方式保证数据不被非法截获,并提供用户身份认证、授权等功能。

3) 数据传输安全管理

① 网络层需要认证报文的来源,防止攻击者利用伪装地址来发送报文;网络层需要保证数据报文的完整性,确保报文在网络中传输时没有发生变化。

② 网络层需要确保报文的内容在传输过程中未被读取,确保未授权方不能读取报文的内容。

③ 网络层确保认证报文没有重复,避免攻击者通过重发截获的认证报文来干扰正常的通信,从而导致事务多次执行,使依赖于被复制报文的上层应用发生混乱情况。

3.5 智慧城市大数据体系规划

3.5.1 智慧城市大数据体系架构

智慧城市大数据体系,由智慧城市大数据体系、大平台体系、大网络体系共同构成。大数据体系提供城市级数据的共享交换,大平台体系提供城市级信息的互联互通,大网络体系提供城市级数据与信息的传输通道,保障网络与信息安全。

智慧城市大数据体系、大平台体系、大网络体系是智慧城市信息互联互通与数据共享交换、保障网络与信息安全、消除"信息孤岛"的重要信息化基础设施。大数据体系、大平台体系、大网络体系是智慧城市信息化建设的整体。大平台体系是大数据体系数据展现与应用的基础和环境,大网络体系是大数据体系数据传输的通道和安全保障。智慧城市顶层规划应体现"三大体系"之间的物理与逻辑关系和应用及功能的协同关系。

智慧城市大数据体系由城市级大数据库、行业级主题数据库、业务级应用数据库组成,实现智慧城市各级数据库之间的数据共享交换。智慧城市大数据体系应采用集中和分布式数据存储和应用的云数据库架构,使用开放性数据标准,执行智慧城市系列标准中《智慧城市信息互联互通与数据共享交换规范》涉及的数据共享交换的规范和要求。

智慧城市大平台体系由城市级一级平台、行业级二级平台、业务级三级平台(系统)组成,实现智慧城市各级平台之间的信息互联互通。

智慧城市大网络体系由城市级互联网、无线通信网、电子政务外网、公共安全视频专网、智能小区及智慧建筑物联网等组成,实现智慧城市各类网络之间的融合和传输数据与信息的安全。

智慧城市大数据、大平台、大网络体系架构如图3-1所示。

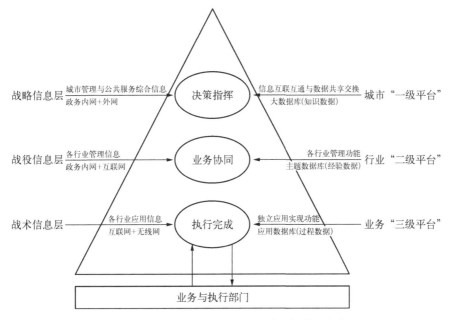

图3-1 智慧城市大数据、大平台、大网络体系架构图

3.5.2 智慧城市城市级大数据库

1)城市级大数据库概述

智慧城市城市级大数据库规范是建立一体化的数据存储和应用的环境,将海量和复杂数据经过数据集合、深度挖掘、智能分析后,获取具有经验的、知识的、智能的、价值的、全局的、战略的、决策的数据和信息的集成。城市级大数据库可以为不同来源的数据提供统一的数据视图,将不同介质、不同组织方式的数据集成转换成为一致的分析型数据应用环境。

智慧城市城市级大数据库可以通过对城市级各行业级主题数据库经验数据的挖掘和智能分析,形成支撑智慧城市综合管理与公共服务决策指挥的知识数据。城市级大数据库具有面向主题的、集成的、稳定的、不同时间的数据集合的能力,用于对政务管理、城市管理、社会民生、企业经济决策过程的数据与信息的应用。城市级大数据库具有数据资源管理、数据交换与共享、数据存储、数据分析展现、可视化应用以及数据安全管理功能。

2) 城市级大数据库结构

智慧城市城市级大数据库采用基于 SOA 模型管理数据的组件结构,大数据库结构遵循面向主题、面向服务、面向模式的云架构的设计规范。城市级大数据库由数据即服务(DaaS)、数据资源管理、数据交换与共享、数据存储、数据分析展现、可视化应用和数据安全管理支撑系统构成。城市级大数据库采用统一的组件结构,简化应用,实现对行业级主题数据库经验数据的挖掘、分析和集成;也便于新增数据的开发应用,降低开发成本,保证数据应用的兼容性、集成性和可扩展性。

城市级大数据库结构应符合标准化、平台化、组件化的规范与要求。大数据库业务结构支撑智慧城市综合管理与公共服务体系的数据应用结构,智慧城市大数据库与行业级主题数据库之间具有数据共享和交换的能力。

3) 城市级大数据库技术应用

智慧城市城市级大数据库技术应用的核心是对智慧城市综合管理与公共服务数据及信息资源的整合,即信息互联互通和数据共享交换,以及可视化管理。城市级大数据库应结合智慧城市大平台、大网络,实现云计算、物联网、大数据、无线互联网技术集成应用和数据及信息应用创新。

城市级大数据库技术应用,整合智慧城市综合管理与公共服务各种要素信息与系统集成,利用可视化、网格化的管理模式,面向数据应用集中管理,为智慧城市综合管理与公共服务提供数据应用集成、功能集成的综合数据服务环境。

城市级大数据库主要体现以下技术的整合和综合应用:

① 基于 SOA 组件的云架构;
② 数据资源管理;
③ 数据交换与共享;
④ 数据存储;
⑤ 数据分析展现;
⑥ 数据可视化应用;
⑦ 数据安全管理。

4) 城市级大数据库实现功能

智慧城市城市级大数据库,实现政府行政、城市管理、民生服务、企业经济四大领域综合数据的互联、管理、交换、优化、展现与共享,促进全社会数据资源的综合开发和充分利用。通过城市级大数据库,建立智慧城市范围内政府各部门之间,政府与社会、企业、民众之间数据的关联、共享、交换的体系,提高城市级数据共享与交换的能力,避免在智慧城市内形成"数据孤岛"和数据源不统一及重复采集的弊端。

智慧城市城市级大数据库通过对行业级主题数据库经验数据的挖掘和智能分析,形成城市级知识数据。城市级知识数据具有支撑智慧城市全局的决策管理及应急指挥和政府各部门之间的业务协同的能力。城市级大数据库具有数据管理、数据挖掘、智能分析、可视化展现等功能。

3.5.3 智慧城市行业级主题数据库

1) 行业级主题数据库概述

智慧城市行业级主题数据库规范是建立面向行业主题数据存储和应用的环境,将行业各业务级过程数据经过数据抽取、数据处理、数据加工后,获取具有经验的、主题的、管理的、服务的数据和信息的集成。行业级主题数据库可以为不同来源的数据提供统一的数据视图,将不同介质、不同组织方式的数据集成转换成为一致的分析型数据应用环境。

行业级主题数据库通过对业务级各应用数据库过程数据的抽取和加工,形成支撑行业管理与服务,以及功能协同的经验数据。行业级主题数据库具有面向主题的、集成的、稳定的、不同时间的数据集合的能力,用于对政务管理、城市管理、社会民生、企业经济各行业管理与服务应用的数据和信息支撑。行业级主题数据库由数据资源管理、数据交换与共享、数据存储、数据分析展现、可视化应用、数据安全管理等支撑系统组成。

2) 行业级主题数据库结构

智慧城市行业级主题数据库采用基于SOA模型管理数据的组件结构,主题数据库结构遵循面向主题、面向服务、面向模式的云架构的设计规范。行业级主题数据库由数据即服务(DaaS)、数据资源管理、数据交换与共享、数据存储、数据分析展现、可视化应用以及数据安全管理支撑系统构成。行业级主题数据库采用统一的组件结构,简化应用。实现对业务级应用数据库过程数据的抽取与加工;便于新增数据应用的开发,降低开发成本,保证数据应用的兼容性、集成性和可扩展性。

行业级主题数据库结构符合标准化、平台化、组件化的规范和要求。主题数据库业务结构支撑智慧城市行业管理与服务体系的数据应用结构,智慧城市行业级主题数据库与业务级过程数据库之间具有数据共享交换的能力。

3) 行业级主题数据库技术应用

智慧城市行业级主题数据库技术应用的核心是对智慧城市行业管理与服务数据及信息资源的整合,即信息互联互通和数据共享交换,以及可视化管理。行业级主题数据库结合智慧城市行业级二级平台、互联网和电子政务外网,实现云计算、物联网、大数据、无线互联网技术的应用集成和数据及信息应用创新。行业级主题数据库技术应用,通过整合智慧城市行业管理与服务各种要素信息与系统集成,利用可视化、网格化的管理模式,面向数据应用集中管理,为智慧城市行业管理与服务提供数据应用集成、功能集成的综合数据服务环境。

行业级主题数据库主要体现以下技术的整合和综合应用:

① 基于SOA组件的云架构;
② 数据资源管理;
③ 数据交换与共享;
④ 数据存储;
⑤ 数据分析展现;
⑥ 数据可视化应用;
⑦ 数据安全管理。

4) 行业级主题数据库实现功能

智慧城市行业级主题数据库由政府、城管、应急、安全、交通、节能、设施、市民卡、民生、社区、卫生、教育、房产、金融、旅游、建筑、住宅、商务、企业等行业级主题数据库组成,促进智慧城市各行业数据资源的综合开发和充分利用。行业级主题数据库配置于智慧城市各行业级二级平台,具有政府信息、城市管理信息、民生服务信息、企业经济信息四大领域各行业级数据的互联,具有数据管理、交换、挖掘、分析、展现与共享的功能。

行业级主题数据库通过对业务级应用数据库过程数据的抽取和加工,形成行业级经验数据。行业级经验数据具有应用于本行业管理和行业内业务协同的功能。行业级主题数据库具有数据抽取、数据处理、数据管理、数据交换、数据存储、数据加工、可视化应用、数据安全管理等功能。

3.5.4 智慧城市业务级应用数据库

1) 业务级应用数据库概述

智慧城市业务级应用数据库是智慧城市企业级底层的基础应用数据库,以实现确定的应用功能,将相互关联又彼此独立的生产和监控系统、功能模块、装置(部件)进行组合和集成,将生产过程中产生的分散和重复的原始数据,按一定秩序和内部联系集成为一个可应用的数据环境。业务级应用数据库将各生产和监控系统在生产过程和任务执行中产生的数据进行分类,并对分散及重复数据进行筛选和汇总,形成过程数据。过程数据应用于生产监控和运行管理的过程控制、管理和功能协同。

业务级应用数据库为智慧城市各行业级二级平台提供行业内业务管理和功能协同的数据源,并提供各业务应用系统过程数据的关联、调用、共享与交换。业务级应用数据库由数据采集系统、数据清洗系统、数据处理系统、可视化应用、数据安全管理等应用系统组成。

2) 业务级应用数据库结构

业务级应用数据库应采用虚拟化云计算技术,由关系型数据库和监控实时数据库构成。应用数据库采用与应用系统相结合的设计规范,采用可视化视图方式快速查询和调用各应用系统数据和信息资源。业务级应用数据库由综合数据库、地理空间数据库(GIS)、建筑信息模型(BIM)构件库、过程数据库、设备管理库等组成。

业务级应用数据库以虚拟存储的方式提供云数据快速查询和调用。云数据支持 SAN 架构的存储单元选项,提供基于云存储的数据库备份与恢复。基于云存储的半结构化数据处理与分析,利用双网卡和虚拟化网络方式实现管理与业务域的隔离。业务级应用数据库存储资源以网络存储方式提供,实现自动化的资源分配和回收、存储资源的冗余存储,多媒体信息、半结构化数据和业务数据的分别优化存储,以提高访问效率。

3) 业务级应用数据库技术应用

智慧城市业务级应用数据库基于业务流程的集成技术,将业务应用与监控应用分解为应用服务、流程逻辑与消息传递三个层次,将业务流程逻辑从应用中剥离开来,实现业务过程数据的优化组合。业务级应用数据库采用数据远程管理技术,全面地提高虚拟数据存储的灵活性和可管理性。通过安装集成的云数据库基础设施远程管理控制软件包,客户即可对数据库硬件进行全面的性能监控和远程操控。

业务级应用数据库采用先进的云数据基础设施管理技术,支持用户以完全相同的方法连续分析和优化物理与虚拟数据资源,可加快复杂云数据库系统的部署,简化日常运营,同时前瞻性地管理数据库系统容量和供电系统。

4）业务级应用数据库实现功能

智慧城市业务级应用数据库能够将生产现场所采集的位置、位移、温度、压力、流量、状态等模拟或数字的非电量或电量信号，自动传送到生产计算机进行加工处理。业务级应用数据库具有将生产现场系统运行和控制过程所产生的大量分散、重复和规律性的指令操作处理的位串、字符和字的原始数据加工处理为生产过程数据的功能。

业务级应用数据库具备标准化和自动化功能，针对云数据基础设施（包括物理和虚拟资源）提供标准化的方法和工具，实现云数据基础设施重新配置的自动化，帮助客户在更短的时间内为业务数据的应用提供所需的数据资源。业务级应用数据库具有云数据远程管理、基础设施管理、基础设施资源自动管理、云数据设备内容备份与冗灾管理的功能。业务级应用数据库具有保护和恢复关键数据的应用环境，它能够实现虚拟服务器环境的自动灾难恢复以及存储环境的协调复制。

3.6 智慧城市大数据资源中心

智慧城市大数据资源中心建设在统一大数据体系规划的指导、规范和约束下进行设计。业务级应用数据库、行业级主题数据库、城市级大数据库的工程设计和建设应与业务级三级平台（系统）、行业级二级平台、城市级一级平台同步进行。

3.6.1 大数据资源中心设计

智慧城市大数据资源中心设计应遵循统一大数据管理与应用、统一大数据标准、统一大数据体系、统一大数据开发与建设的原则。大数据资源中心设计应遵循各级数据库之间数据共享交换的规范与要求，避免各级数据库的重复建设，消除"数据孤岛"和"信息孤岛"。智慧城市各级数据库之间的数据互联传输设计应遵循智慧城市大网络安全规范和要求。业务级应用数据库与行业级主题数据库之间的数据互联传输，可以采用互联网、物联网与无线网；行业级主题数据库与城市级大数据库之间的数据互联传输，应采用电子政务外网，以保障数据传输和信息通信的安全。

智慧城市大数据资源中心设计应满足政务管理、城市管理、社会民生、企业经济各领域、各行业对大数据应用和服务的需求。大数据资源中心应支持关系数据库、MPP 数据库、Hadoop 库、实时数据库、多媒体数据库等多种目标或主题数据源的应用。大数据资源中心设计应满足政务管理、城市管理、社会民生、企业经济各领域、各行业、各业务、各应用对大数据共享交换的需求。各级数据库应支持 FTP、MQ、HTTP、Oracle、DB2 等各种数据库类型的数据互联标准。

智慧城市大数据资源中心设计遵循《智慧城市信息互联与数据共享交换规范》的数据接口层规范、数据分类编码规范、数据模型规范、数据字典规范、元数据规范以及视频多媒体数据规范，保障各级数据库数据的统一性、一致性、互联性与共享性。大数据资源中心需对采集到的数据进行校验和质量稽核，确保采集到的数据和外部源数据的统一性，数据校验应支持选择性的校验数据。数据校验支持文件校验和消息校验，其中文件校验支持文件级校验和记录级校验，消息校验支持消息条数校验和消息体校验。智慧城市大数据资源中心设计应支持 CVS、XML、Excel、ASN.1 等多种文件格式的数据抽取，并可以根据需要扩展自定义的文件夹接口格式,支持不同格式、参数、编码、分隔符、Tag 的异构文件解析。

智慧城市大数据资源中心设计应支撑业务级应用数据库过程数据的统一清洗,以数据组件的形式对清洗、转换、比对、拆分等数据处理过程进行封装,提供数据组件的注册、发布、撤销、查询等整合组件管理功能,充分保证数据的有效性和一致性。大数据资源中心设计应支持基于预定义维度的数据查询,支持简单查询、组合查询、模糊查询等,以及多表关联查询,包括 DDL、DML、事务处理、SQL99 & SQL2003、OLAPextention 等。大数据资源中心设计应满足各级数据库中心数据处理过程中动态负载均衡的调度能力,可通过分析数据库的负载情况和能力动态进行资源分配的请求,实现大规模数据的处理,弹性地适应各种数据应用场合,确保数据处理高效稳定地运行。

智慧城市大数据资源中心设计应支持大数据标准、数据结构、元数据、数据集、数据解析、交换格式等,提供智慧城市企业标准联盟内数据标准化及各级各类数据自治域之间,以及数据自治域与相应各级信息平台之间数据共享交换的方法论,统一《智慧城市系列标准》各专项标准数据自治域和标准化数据的应用。

3.6.2 大数据资源中心机房设计

智慧城市大数据资源中心机房建设应根据各级数据库和各级信息平台部署的实际需求,确定各级数据库中心机房的设计。城市级大数据库和各行业级主题数据库应统一部署在云架构的智慧城市大数据资源中心机房内。业务级应用数据库可以与业务级应用系统部署在生产运行同一监控管理机房内。智慧城市大数据资源中心机房的建设应统筹规划,合理部署。数据机房设计应遵循国家有关数据机房、电子信息系统机房的设计规范和要求,建设智慧机房和绿色机房。

智慧城市数据机房设计应遵循国家《电子信息系统机房设计规范》。城市级大数据资源中心机房和行业级主题数据库中心机房应满足 A 级机房标准设计要求,业务级应用数据库可根据实际需要,采用 B 级或 C 级机房标准设计要求。智慧城市数据机房设计内容包括机房位置及设备布置、机房环境、建筑与结构、空气调节、供配电、环境及安全监控、消防、综合布线、电磁屏蔽、给排水等。

1) 大数据机房位置及设备布置设计要求

数据机房位置的选择,应充分考虑电力供应、设备运输、通信设施、管线敷设、雷电感应、结构负荷等设计要素。应优先考虑各级数据中心机房与各级信息平台选择在同一机房内。

2) 大数据机房环境设计

数据机房内的温湿度应满足电子信息设备的使用要求。A 级、B 级数据机房内的空气含尘浓度每升空气中大于或等于 0.5 μm 的尘粒数少于 18 000 粒。

3) 大数据机房建筑与结构设计

数据机房净高度应大于 2.6 m,建筑平面和空间布局具有灵活性,满足电子信息系统机房的工艺要求。面积大于 100 m^2 的机房,安全出口不应少于两个,且分散布置。

4) 大数据机房空气调节设计

A 级机房应设置独立的空调系统,配置水冷式机房空调主机及专用空调末端。建议采用下送风、上回风方式,采用新风系统高压输入洁净的新鲜空气,精确控制机房空间的温湿度,机房环境温度范围为 21~25℃,环境湿度范围为 40%~60%。应采用综合能耗管理系统,建设绿色机房。

5) 大数据机房供配电设计

数据机房供配电应采用多回路公共动力供电、不间断电源供电、发电机组供电的组合供电方式。供配电系统应为电子信息系统扩展预留备用容量以及配电线缆敷设空间和路由。

6) 大数据机房照明设计

数据机房应采用高效节能荧光灯,避免照明电源产生干扰而影响观测视觉。机房内照明高度应在离地面 0.8 m 处,照度不应低于 500 lx,应急照明应大于 50 lx。

7) 大数据机房防雷与接地设计要求

数据机房应采用多种接地形式,即:防雷保护地、弱电设备接地、等电位接地、供配电设备接地和安全保护接地,各种形式的接地应满足《建筑物电子信息系统防雷技术规范》的有关规定和要求。机房内钢管、线槽、机柜、机架、设备外壳等电气设备均应可靠接地,应使用压接方式。

8) 大数据机房静电防护设计要求

数据机房抗静电电压应大于 1 kV。要求对抗静电活动地板进行可靠的接地处理,保证电子信息系统设备及人员的安全要求。

9) 大数据机房环境设计要求

数据机房环境和设备监控系统应采用分布式物联网结构,具备对空调设备、漏水检测、供配电设备、给排水设备、照明设备等监控其运行状态、显示、记录、控制、报警、分析、提示等功能。环境监控系统应易于扩展和维护。

10) 大数据机房安全监控设计要求

数据机房安全监控系统应采用分布式物联网结构,具备对入侵报警、视频监控、门禁控制、室内外防雷等监控其运行状态、显示、记录、控制、报警、分析、提示等功能。安全监控系统应易于扩展和维护。

11) 大数据机房消防设计要求

数据机房消防设计应遵循《火灾自动报警系统设计规范》。消防系统应采用分布式物联网结构,应设置洁净气体灭火系统,提供消防系统的运行状态、显示、记录、控制、报警、分析、提示等功能。消防系统应易于扩展和维护。

12) 大数据机房综合布线设计要求

数据机房综合布线系统设计应遵循《综合布线系统工程设计规范》的要求。承担信息业务的传输介质应采用光缆和六类及以上等级的线缆,且通信线路应采用冗余配置。在配线架、机柜、机架之间设置配线列头柜。

13) 大数据机房电磁屏蔽设计要求

对涉及国家秘密的信息有保密要求的电子信息系统区域,应设置电磁屏蔽装置或采取防止电磁泄漏的防护措施。

14) 大数据机房给排水设计要求

安装自动喷水灭火系统、空调系统和加湿器的数据机房房间及地面应设置挡水和排水设施。

15) 大数据机房电子设备机柜设计要求

电子设备机柜应满足 IP 等级要求,即防尘、防水、防异物进入。根据机柜负荷满足通风散热和外壳防护及电磁兼容的要求。机柜配置电源插座,机柜安装符合互换性和标准化的要求,便于配布线、调试和维护。

第4章 智慧城市大数据开发与应用

4.1 智慧城市大数据资源管理

4.1.1 大数据资源管理概述

智慧城市大数据资源管理，实现信息资源规划相关标准的管理、元数据管理、数据交换管理等功能，是顺利建设智慧城市的前提和保证。数据资源管理平台是对信息资源规划提供辅助作用，并方便普通用户使用规划成果，维护规划的成果、数据的工具平台。该平台基于智慧城市总体规划设计的成果，提供用户直接游览、查询的界面，并将该成果进一步规范化管理，将数据元目录、信息编码分类、信息交换标准等进一步落实以指导、支持智慧城市一级平台的建设以及智慧城市信息化建设。

智慧城市大数据资源管理应具有以下功能：
① 元数据管理功能；
② 编码管理功能；
③ 数据交换管理功能。

智慧城市大数据资源管理平台由元数据采集子系统、元数据服务器子系统、元数据网关子系统、元数据查询子系统、编码管理子系统和数据交换管理子系统组成。

智慧城市大数据资源管理平台总体架构如图4-1所示。

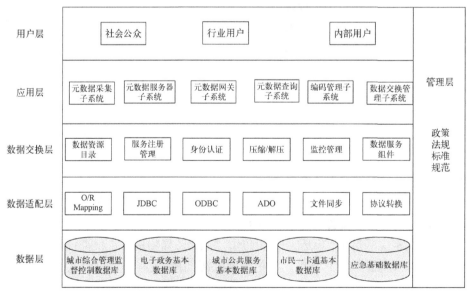

图4-1 数据资源管理结构图

4.1.2 元数据采集

元数据采集,实现元数据的自动和人工采集,包括元数据转换和元数据著录模块。

1) 元数据转换

元数据转换是从数据库、文件等多种数据源中自动抽取数据特征信息,形成符合本项目地理信息元数据标准和元数据内容及代码规范的元数据记录。该系统作为桌面应用系统,还应当提供非标准元数据到标准元数据(本项目元数据标准)的转换工具。元数据转换模块的主要功能包括:

(1) 元数据信息抽取

根据项目确定的元数据标准,按照既定的策略,从矢量以及影像数据中提取各元数据项信息,进行元数据实体和元数据元素的赋值。

(2) 元数据存储

提取形成的元数据记录存储于本地文件或数据库系统中。

(3) 元数据标准检查

支持元数据完整性和标准一致性检查。元数据完整性检查的主要目的是保证所有必填的元数据实体和元数据元素已经赋值;标准一致性检查的主要目的是保证已经赋值的元数据实体和元数据元素的取值符合基础信息库元数据标准的要求。

(4) 元数据输出

提供基于 XML 格式的元数据文档输出。

2) 元数据著录

元数据著录主要用于元数据的编目,完成元数据标准文档的逻辑分析和处理、元数据标准文档的管理、元数据内容录入、元数据内容保存、元数据完整性检查、系统配置处理等操作。该系统作为 C/S 模式的客户端应用,提供元数据内容的著录工具。

(1) 元数据标准文档逻辑分析和处理

元数据标准文档逻辑分析和处理功能是指元数据著录模块应该能够对注册到系统中的元数据标准文档进行逻辑分析,从而确定元数据内容的具体结构,获得元素之间的制约关系、值域等处理逻辑。

注册的元数据内容标准文档具有特定的格式,使用 XML 格式的文档。元数据著录模块在分析和处理元数据内容标准文档后会生成基于该标准的元数据内容编辑模板,用于元数据著录。编辑器的标准逻辑分析功能通过元数据标准的 XML 描述,因此编辑器可以很好地适应标准的不断更新和升级。

(2) 元数据标准文档的管理

元数据著录模块支持多种标准的元数据的编辑和输出。由于信息资源可以根据需要从不同的层次和角度进行描述,在描述相同的信息资源时可以遵循不同的元数据专用标准,采集符合不同元数据专用标准的元数据。依据不同的元数据标准所采集的信息资源元数据内容也不相同。

元数据著录模块提供对不同元数据标准的管理,可以在编辑器中注册、注销、查看元数据标准(使用 DTD 或 XMLSchema)。因此,该元数据著录功能可以实现多个元数据标准的注册管理,支持多种标准、多种版本的元数据标准的注册和标准更新。除了元数据著录功能预置的元数据标准外,用户也可以根据自己的实际需要引入本部门的元数据内容标准。

(3) 元数据内容录入

本功能用于元数据内容的录入处理,根据元数据内容标准,帮助和引导元数据编辑人员建立符合要求的元数据。

元数据著录模块以元数据标准(DTD 或 XMLSchema 编码方式)定义的处理逻辑为依据,动态地完成编辑元数据所需的处理,包括元素内容编辑组件动态生成、元素关系自动关联和元素值域检查等。编辑组件动态生成功能根据元数据标准定义的元数据元素的数据类型和取值方式动态地确定界面编辑组件的形式,使界面具有友好性;元素关系自动关联保证了元素之间的约束关系能够被编辑器自动处理,减少由于编辑人员对标准的理解错误而产生元数据结构错误的可能;元素值域检查可对用户输入的数据的有效性进行判断,以确保元数据内容的正确性。使用元数据著录功能录入元数据内容时,能够直接对元数据元素进行复制、替换、删除、剪切、粘贴和查找。

(4) 元数据内容保存

元数据编辑人员在录入元数据的过程中可能随时需要将已经录入的元数据内容保存起来,即使整篇元数据内容还未录入完成。这便于元数据内容的备份,方便用户随时完成元数据内容录入。元数据著录功能为用户提供 XML 文档保存输出格式,便于以后进行元数据的管理、转换、扩展与交换。

(5) 元数据完整性检查

为保证元数据的完整性,还提供了元数据完整性检查功能。利用该功能,可以在输出文档之前对各个元数据元素的组织关系、元素内容的完整性加以检查,发现编辑过程中可能遗留的问题,并提示用户加以修正。通过完整性检查的元数据将严格符合相应元数据内容标准的规定。

(6) 系统配置处理

系统配置处理包括一般配置和元数据标准配置两方面内容。一般配置用于完成系统环境参数设置;元数据标准配置主要用于引入元数据标准文档,使得元数据著录功能可以支持多个元数据标准。

4.1.3 元数据服务器

按照基础信息库目录服务标准,以服务的形式提供元数据查询检索功能。该系统是参考《信息与文献 信息检索(Z39.50)应用服务定义与协议规范》实现的分布式服务器软件系统,基本功能包括:

1) 服务参数配置管理

提供服务参数配置功能,包括最大结果数量、查询超时参数设置等。

2) 元数据库管理

元数据库是存储和管理元数据的一种特定数据库。元数据库管理模块需要具有较高效率的数据索引,并支持 XML 格式的元数据存储,提供元数据库的建立和删除,元数据库索引的建立和删除,以及元数据的导入、导出等维护管理功能。元数据库管理模块是一个 C/S 模式的应用,由具有 XML 存储管理功能的关系型数据库管理系统作为服务器端,通过具有元数据库管理操作功能的客户端应用实现元数据库管理的各项功能,其主要功能包括：

(1) 元数据库创建

元数据库管理模块是将元数据记录存储在关系数据库中,为用户提供建立元数据库的功能。同时,该模块需要支持多个元数据标准及其元数据记录的存储。

(2) 元数据库管理

元数据库管理模块主要是管理元数据,支持元数据信息的网络发布,这要求该模块具有较高效率的数据索引。针对这一要求,模块应采用具有较高效率的静态索引算法对元数据记录进行索引。通过定义数据库的可索引域,将数据库索引至不同的元素子段,较好地适应查全率和查准率的要求。

元数据库管理具有元数据库建立、导入、导出、删除与备份功能,并且具备支持元数据记录的标准一致性和内容正确性验证功能。

(3) 元数据库配置管理

可同时管理多个待发布的元数据库,包括元数据库地址信息配置等多项功能。

3) 目录服务

提供符合基础信息库目录服务标准的元数据目录服务,具体功能包括元数据查询、查询结果提取、数据编目信息查询等。

4.1.4 元数据网关

1) 抽取策略管理

具有可定义需要抽取的核心元数据项、自动抽取更新日期、核心元数据库存储地址信息配置等功能。各分中心存储的元数据中必须包含"元数据更新日期"选项,以支持增量元数据更新注册。

2) 核心元数据抽取

通过部署在主中心的元数据网关子系统,访问部署在各中心的元数据服务器子系统,按照核心元数据标准的要求,抽取核心元数据记录到主中心。

3) 核心元数据更新

将抽取完成的核心元数据存储到主中心核心元数据库中,同时记录核心元数据记录的来源以及提供核心元数据记录的元数据服务器地址信息,以便通过核心元数据检索详细元数据信息。

4) 目录服务代理

提供符合基础信息库目录服务标准的目录服务代理,代理用户对多个目录服务的查询,并将查询结果集成后提供给用户。

4.1.5 元数据查询

元数据查询提供信息资源的发现、定位功能及数据编目展示。主要模块包括:

1) 元数据查询

元数据查询主要包括单条件查询、多条件组合查询、空间辅助查询与目录(分类)查询。

① 单条件查询　指单项检索条件的模糊检索。

② 多条件组合查询　指多项检索条件的复合检索。

③ 空间辅助查询　指在普通文本检索条件基础上添加空间要素约束,如数据空间位置等。

④ 目录(分类)查询　是基于目录的查询方式。用户以目录的形式浏览数据,通过层层深入目录,最终定位数据。

单条件查询、多条件组合查询和空间辅助查询主要针对对查询检索条件和参数比较熟悉的用户;目录查询主要针对对某一特定分类的数据感兴趣的用户。

2) 结果显示

元数据查询子系统的结果显示包括摘要信息分页显示和详细元数据显示。

(1) 摘要信息分页显示

摘要信息分页显示是元数据查询的最先的查询结果显示方式。查询结果按照分页的方式显示符合条件的数据集的摘要信息,同时提供查看各数据集详细元数据信息的功能。

(2) 详细元数据显示

在摘要信息分页显示的基础上,用户可以选择查看某项查询结果的详细元数据全文。

3) 数据编目信息显示

可以根据服务目标,进行基于用户视图的目录构建。如基于专业分类的目录、基于资源形态的目录、基于字母顺序的目录、基于时间序列的目录等。

4.1.6　数据编码管理

编码管理子系统对智慧城市中常用的数据字典、分类编码等关键性的信息进行统一浏览、维护以及更新,提供一级平台信息编码的编辑功能,实现数据库数据字典的动态管理。

1) 系统功能

系统功能主要包括:

① 数据字典增加,即增加数据字典,每个字典具有名称和关键字;

② 数据字典删除,即删除数据库中不用的数据字典;

③ 数据字典代码规则定义;

④ 数据字典代码添加,即增加一个字典代码,字典代码包括代码和代码描述信息;

⑤ 数据字典代码描述修改,即选择一个数据字典项,修改字典项的描述信息;

⑥ 数据字典代码删除,即选择一个数据字典项,进行字典项删除;

⑦ 数据字典导入;

⑧ 数据字典内容的导出。

系统实现的编码管理主要针对两方面,一方面是公共信息数据库编码,另一方面是地理信息数据编码。

2) 公共信息数据库编码

公共信息数据库编码方案需要针对城市地理空间数据的内容和特点,适当参考国内外相关分类编码标准规范,本着科学性、系统性、可延性、兼容性和综合实用性的分类原则,对公共信息数据进行分类框架设计和编码方案制定。

针对上述原则和参考方案,公共信息数据库编码可以参考如下分类与编码标准框架体系表(见表4-1),根据建设过程中的需求及时补充和完善。

表 4-1 公共信息数据分类与编码标准框架体系表

一级	二级	三级
公共基础数据	影像数据	正射影像数据 高分辨率遥感影像数据 航空影像数据 数字高程数据
公共基础数据	公共基础数据	道路数据 行政区划和最小地理单元数据 地名数据 地址数据 测量控制数据
公共基础数据	带有专业性的公共基础数据	水体数据 地籍数据 建构筑物数据
专业共享数据	资源环境类	土地利用数据 地质矿产数据 历年水雨情数据 土壤普查数据 种质资源分布数据 森林资源普查数据 湖泊资源调查数据 历年气温数据 湿度数据 气压数据 降水数据 风向风速数据 日照数据 地温数据 城市环境背景值数据
专业共享数据	公共设施类	市区外公路建设数据 二级以上道路数据 市区公交线路与长途线路数据 市区内的道路数据 城市重点建筑物的施工资料 规划审批建筑图数据 城市污水管线数据 城市自来水管线数据 管线图数据 水利工程属性数据 人防工程数据 警报点数据 疏散点数据 重要经济目标数据 重点单位定位图和结构图数据 水源图数据 地下水管线数据

续 表

一级	二级	三级
专业共享数据	城市管理类	河流各断面水质情况数据 全市污染点源分布 大气污染监测点的相关数据 饮用水质量调查数据 大气质量数据资料 重大危险源普查数据 全市旅游资源分布数据 城市电网数据 电杆分布数据 城市通信电缆与光纤的分布数据 产权产籍以及房产档案管理数据
	社会经济类	全市人口分布数据 农业投资情况相关数据 养老、失业、工伤、医疗、就业数据 城市人口与法人数据 宏观经济统计数据 税务数据
	自然灾害类	历年灾害气象与损失数据 历史地震数据 大气污染数据 水体污染数据 重点污染源分布数据 历年火灾损失数据 突发性疫病数据 农业生物灾害损失数据 森林火灾损失数据 历年水灾损失数据
专业数据	国土	国土专业数据
	规划	规划专业数据
	水利	水利专业数据
	消防	消防专业数据
	公安	公安专业数据
	房管	房管专业数据
	……	……

3) 地理信息数据编码设计

地理信息数据编码主要指地形要素编码,由地形要素分类码和地形要素特征码构成,其中地形要素分类码为4位数字,地形要素特征码为2位数字。

(1) 地形要素分类码

主要考虑与《基础地理信息要素分类与代码》(GB/T 13923—2006)基本协调一致的

分类码体系,同时与《1∶500 1∶1000 1∶2000 地形图图式》(GB/T 7929—1995)兼容。在现行1∶500、1∶1000和1∶2000地形图要素与代码基础上,统一采用6位数字编码,结构如下:

主编码(4位+1位)+类型码(1位)xxxx+x+x

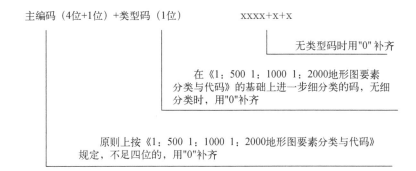

分类编码的前四位码基本参照国标代码,在其基础上增加了一些必要的要素编码,增加的方法是插入到相应的位置。

(2)地形要素特征码

地形要素分类码主要体现了地物的分类特性,而为了反映构成某类地物的图形要素,可用地形要素特征码来表示。地形要素特征码采用2位编码,由图形实体分类码(1位)和实体特征码(1位)组成,反映地物的图形特征,如表4-2。

地物特征要素编码如下式所示:

地形要素特征码＝图形实体分类码＋实体特征码

表4-2 公共信息数据分类与编码标准框架体系表

要素 \ 分类 特征码 \ 实体码		0	1	2	3	4	5
点	0	独立地物点	附属点				其他
线	1	不依比例尺线	主结构线	辅结构线	示意线	构面线	其他
面	2	一般面	复合面				其他
注记	9	所有注记					

4.1.7 数据交换管理

数据交换管理是进行数据交换和采集的主要手段,在不同部门之间实现空间以及非空间数据的分布式交换,支持网络数据更新入库,提供更新数据的检查和审核机制,提供统一的应用系统开发接口。数据交换管理子系统包括数据浏览、下载、上传、预定和审核的功能。

1) 数据浏览

数据下载之前要通过"图层分类""元数据检索",浏览需要下载的数据,找到后便可进行数据下载,如图4-2所示。

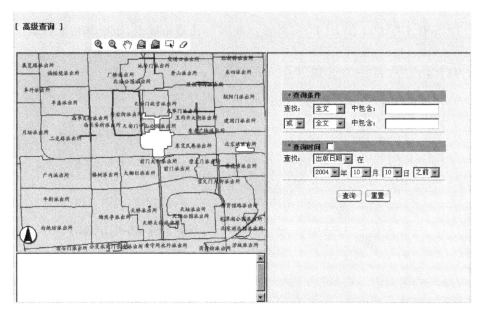

图 4-2 数据浏览界面

2）数据下载

可以下载为本地的数据格式。当用户要进行数据下载时，首先进入元数据检索页面，进行数据检索。目前提供的数据检索方式有两种：目录检索和条件检索。

递交数据下载请求后，服务器生成下载文件，弹出页面通知用户下载。实现流程如图 4-3 所示。

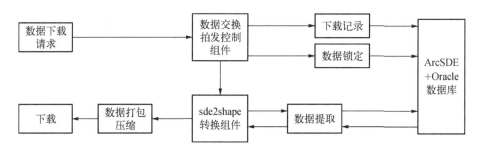

图 4-3 数据下载流程图

3）数据上传

将编辑的数据上传到数据库。包含数据普通上传、数据更新上传、查询待审批的数据、查询审批通过的数据、查询已入库的数据和不合格的数据等功能。

（1）数据普通上传

用户首先选择上传文件格式（目前只要求是 shape 文件），然后浏览并选择对应文件的压缩文件，要求必须是 ZIP 文件，在"图层描述"中输入相关说明，点击确定，通过使用上传组件将用户上传的 ZIP 文件保存到 Windows 服务器的临时目录下，同时根据上传的顺序依次加上编号成为 T1.zip、T2.zip……，临时目录也可以从系统配置表中读取。如果用户上传成功，此时用户所填写的表单的内容被插入到数据库的表中。

(2) 数据更新上传

用户对下载的数据进行更新后重新上传到数据库的操作。更新上传中选择图层通过下拉框选择,其他操作步骤同普通上传。

(3) 查询待审批的数据

用户可以选择上传文件格式和上传日期查询待审批的上传数据。在查询结果列表中显示序号、上传方式、图层描述、区域描述、数据格式、比例尺、上传文件名称与上传时间,并可以进行页面的跳转和分页显示。对于用户上传还未被审批的数据,用户有权进行删除操作。

(4) 查询审批通过的数据

用户可以选择上传文件格式、上传日期、图层描述查询审批通过的上传数据。在查询结果列表中依次显示序号、上传方式、图层描述、数据格式、比例尺、上传文件名称、上传时间、审核人、审核日期及审核评语,并可以进行页面的跳转和分页显示。

(5) 查询已入库的数据

查询条件的设置、查询结果的表头项以及查询结果的翻页功能与"查询审批通过的数据"相同。

(6) 查询不合格数据

查询条件的设置、查询结果的表头项以及查询结果的翻页功能与"查询审批通过的数据"相同。

5) 数据预定

用户首先在数据预定单里填写对预定数据的要求,并提交给数据管理员进行审核。用户在可预定数据列表中进行选择,系统显示数据的相关描述信息,确定信息无误后即可预定,如图4-4。提交预定成功后,会显示在已预定数据列表中。对于已预定的数据,用户也可以点击右边的取消而取消对该数据的预定。对于已预定的数据,如果数据被更新,用户会被告知该数据已更新,并询问是否需要下载。如果需要下载,需要用户提交下载请求,然后生成下载文件,通知用户下载(与"数据下载"过程类似)。

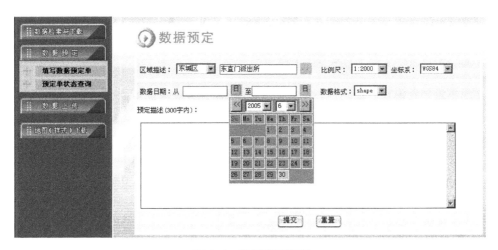

图 4-4 数据预定界面

6) 交换审核

具有审核权限的用户对上传的数据和数据预定订单进行审核,如图4-5、图4-6所示。

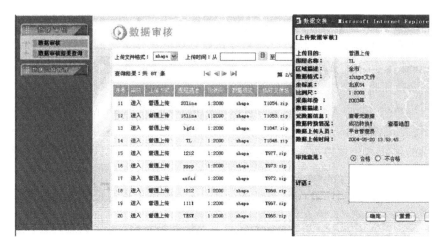

图 4-5 数据审核界面

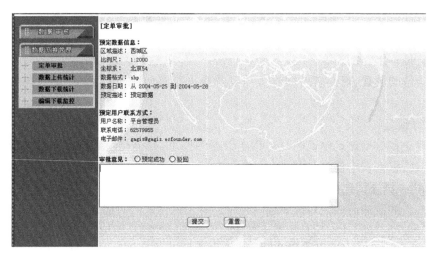

图 4-6 订单的审核

4.2 智慧城市大数据交换与共享

数据交换与共享是实现和保障智慧城市各行业主题数据库之间共享数据库,以及智慧城市与"二级平台"间数据交换与共享的功能,也能够实现其他第三方应用系统之间的共享和交换。数据交换与共享平台应利用面向服务的思想进行构建,以 XML 为信息交换语言,基于统一的信息交换接口标准和数据交换协议进行数据封装,利用消息传递机制实现信息的沟通,实现基础数据、业务数据的交换以及控制指令的传递,从而实现智慧城市"一级平台"与各级行业级平台间的系统集成和业务协同。

4.2.1 大数据交换与共享概述

智慧城市中数据的交换与共享应用服务框架由 7 个层次组成,即管理层、数据层、数据适配层、基础构件层、数据交换层、应用集成层以及应用层。框架包括数据共享的相应政策法规、数据的生产和建库、数据交换与共享平台的建设,以及城市中的各类应用。整个框架是以服务为中心,数据和资源作为可共享的服务,为更多系统所重用,如图4-7所示。

对应用系统来说,不再关心底层数据复杂的组织以及实现环境,对数据的需求通过对服务平台的请求实现。同时,对服务平台而言,通过控制用户对数据的访问权限,保证了分发的安全性。可以看出,数据服务的提供者、服务代理以及服务使用者构成了智慧城市服务框架的3类角色。在此共享框架下可以最大限度地挖掘和发挥数据的效用,使分散的各部门数据更有效地为政府、企业和公众服务,这也符合智慧城市总体目标。

图4-7 数据交换与共享架构图

1) 管理层

管理层包括共享相应的政策法规、标准规范。目前在我国,一些城市或者一些部委在推进城市信息化,进行"智慧城市"建设时,组织开展了专项研究,在建立健全包括地理空间数据在内的数据共享和交换制度上做了一定的工作,并在此基础上,加速制定促进空间和非空间信息共享的政策法规。总体来讲,需要在国家科学数据共享相关政策指导下,根据自身情况制定数据分发服务政策。尤其是数据的获取、平台建设和应用系统涉及多个部门,需要加大各部门间的协调力度,并在工程应用中参考相应的国内外技术标准、规范。

2) 数据层

数据层的任务是建立起支撑智慧城市运行的综合数据库,包括数据的获取、建库与更新,其与其他城市基础空间数据、城市社会经济数据一起,构成了智慧城市的基础数据。城市测绘部门和数据生产企业对数据进行采集、处理,在城市信息资源中心以及数据生产单位对数据进行集中管理、统一分发,构成支撑智慧城市的数据中心。

3) 数据适配层

数据适配层支持与多种数据库（如 Oracle、Sybase、MSSQL、DB2 等）无缝对接，以及可重用的接口适配器支持配置管理。同时支持多种通信传输方式如 HTTPs、异步可靠事件方式（JMS、Web 服务等），并提供穿防火墙的数据库、文件同步机制。

4) 基础构件层

采用面向服务的设计思想，在需求分析抽象的基础上，按软件复用的技术思想，将业务逻辑的公共和可复用部分从业务应用系统中抽取出来，按照平台的接口与协议框架，进行软件功能构件的服务化设计；对数据交换共享、行业应用中的基础功能模块，进行服务接口设计与封装，形成独立于应用系统和数据、服务于不同目的的可共享构件资源集合，实现对各应用系统的集成与整合；然后根据智慧城市应用的具体要求，将服务构件灵活组装搭建成不同应用。

5) 数据交换层

数据交换层构建在数据层之上，包括应用服务接口和资源目录，即对应用系统提供数据服务接口，并对数据服务进行描述、注册和发布。应用系统在服务平台中发现服务，通过绑定数据服务接口实现对数据层中数据的调用。按照相关的标准对服务进行封装，更有利于数据服务的共享和互操作。实际上，服务平台层扮演着两类角色，一类是服务的提供者，一类是服务的代理。作为服务的提供者，解析并响应应用系统对数据的请求；作为服务的代理，对服务提供者的数据服务注册，并对应用系统提供对数据服务的描述以及调用方法。智慧城市大数据共享的关键就是共享服务平台的建设。

6) 应用集成层

应用集成层目的之一是在数据、流程、应用等各层面上整合全部应用系统。但是，已有业务系统和新建业务系统中很多并非采用的 J2EE 架构，那么在对这些系统进行集成时就会出现一些问题。如果平台不能很好地为不同技术架构的应用系统提供集成支持的话，这些非 J2EE 架构的业务系统还需要另外专门建设的基于非 J2EE 的集成平台，这样，又形成了不同架构平台间的"新信息孤岛"。

应用集成通过基于 BEPL 的流程实现对流程的建模、调度、监控，并实现新流程的开发以及流程集成的支持；同时支持基于 SOA 方式的应用及适配器的集成。

7) 应用层

如前所述，数据交换与共享平台可以支撑城市众多应用需求，包括城市综合管理系统、城市应急系统、城市市民卡系统以及国土、房产、水利、环境等传统部门数据应用，也包括交通、应急、公众服务等潜在应用。建立起如城市违章建筑查处、城市规划管理、城市数字绿化带、城市应急响应等一系列应用系统，最终建立智慧城市中的辅助决策支持系统，能够全面提升政府建设规划、行政管理的能力。在没有数据交换与共享平台支撑的情况下，每一个部门的应用都需要单独购买数据、处理数据、建库。现在各应用系统只需要根据部门权限，调用数据交换与共享平台的数据服务接口，便可获取关于城市建设现状、土地利用现状、城市环境等的数据。需要指出的是，应用部门可以通过共享服务平台访问其他部门数据，同时也可以通过共享服务平台将其私有的数据以服务方式发布，提供给其他部门使用。

4.2.2 数据交换与共享基础构件

数据交换与共享基础构件主要分为数据交换服务构件和应用服务构件两大部分。

1) 数据交换服务构件

数据交换服务主要是为了在不同网段之间交换数据而开辟的服务,其主要作用是对上层功能屏蔽网络的差异,统一管理数据流动,便于在统一的信息传输平台上构建上层的功能和应用。数据交换服务提供平台系统内、平台系统间的数据交换工作,对所有支撑平台构成的平台体系及平台内部建立统一的数据交换机制和妥善的管理流程,在保证数据信息的安全性、可用性、实时性的同时,达到数据交换的可监控、可管理、可统计的要求。

数据交换服务包括建立高效的数据检索和数据提供机制两个方面。

数据检索是基于元数据或数据内容的检索,使用户得到"有什么样的数据、在什么地方、如何获取"等信息。

数据服务提供对数据存储和数据库中数据集的访问机制。数据提供机制是提供有效的、面向用户的基础地理数据服务功能,包括数据的检索、浏览、订阅、加工、包装、提交等主要内容。

(1) 基础地理信息数据服务

基础地理信息数据是关于空间要素的地理位置信息、相互关系信息以及属性信息,它包括城市基础地图和用于反映地形、交通、水系、境界、房屋和人口等信息的其他资料,表示城市的基本面貌,并作为其他专题数据的背景或控制。基础地理信息数据可以为所有专题子系统提供统一的空间定位基础,以及提供统一的空间地理单元划分基础,如图 4-8 所示。

基础地理信息数据服务主要提供包括 1:400、1:100 万、1:25 万几种比例尺数字线划数据、地名注记数据、数字栅格地图数据、数字正射影像数据、数字高程模型等。

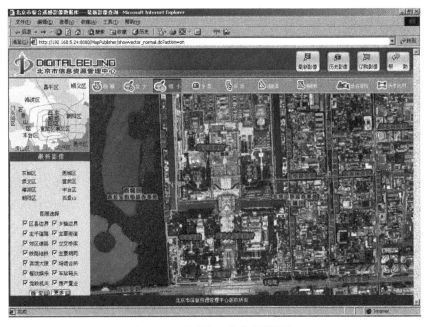

图 4-8 基础地理信息数据服务

(2) 遥感影像数据服务

遥感影像数据服务主要提供遥感数据产品，见图 4-9。包括航片、EOS/MODIS、NOAA/AVHRR、SPOT、LANDSATTM/ETM ＋、ZY、IKONOS、QUICKBIRD、ENVISAT、RADARSAT 等。

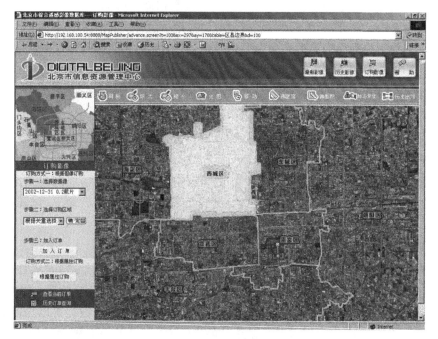

图 4-9　遥感影像数据服务

(3) 社会经济数据网格服务

社会经济数据网格服务主要提供按行政区等级划分的人口、国民生产总值、基础设施状况等社会经济统计数据，以及按照公里网格划分的人口、国民生产总值、基础设施状况等社会经济统计数据。其大部分为统计信息和普查信息，是其他专业部门添加的专题应用的数据。这些数据包括自然资源数据（土壤、植被、水资源、矿产资源）、能源数据、生态环境数据、公用设施数据、人口统计数据等社会经济数据。这些数据存储在分散的空间信息资源网络的节点上。它们可以相互融合和集成，为各级组织和部门的应用和决策提供支持，为各学科研究提供所需专题信息。

(4) 元数据服务

元数据是用以描述数据内容、质量、状况及其他有关特征的背景信息，人们通过它可方便地实现对原始数据的访问、查询、调用和管理以及更新维护。城市基础信息元数据是管理和共享城市基础数据的重要手段。

元数据服务主要提供存储数据的数据源、数据分层、产品归属、空间参考系、数据质量（数据精度、数据评价）、数据更新等信息。

(5) 数据转换服务

数据转换服务包括数据格式转换服务、坐标转换服务和坐标变换服务。服务实例进行转换变换的数据来自用户或者其他服务实例，如数据供应服务实例。

数据格式转换服务负责不同数据格式之间的转换，包括服务提供商提供私有格式和标准格式之间的转换、不同服务提供商私有格式之间的转换等。参与转换的源数据格式和目标数据格式由服务实例的性能决定。

坐标转换服务把一个坐标系统转换到另一个坐标系统，两个坐标系统使用同一个大地基准，坐标转换中使用的参数值不变。参与转换的数据格式以及转换的源坐标系统和目标坐标系统由服务实例的性能决定。

坐标变换服务把基于一种大地基准的一个坐标系变换到基于另一种大地基准的坐标系。坐标变换的坐标参数值从试验中推算出来，可能有多种不同的估计值。源大地基准和目标大地基准由坐标变换服务实例的性能决定。

2) 应用服务构件

数据交换与共享平台可以向外提供一系列 SOA 服务，具体数据服务包括：基础地理信息数据服务、遥感影像数据服务、社会经济数据网格服务、元数据服务等；应用服务包括：定位服务、路径分析服务、缓冲区分析服务、叠加分析服务、专题图服务、地址匹配与比对服务以及其他非空间的应用服务。平台还提供了丰富的 API 接口供应用系统直接使用，以支持各节点的异构环境和操作系统平台，并支持 Portal(B/S)接口集成。

服务消费者和服务提供者通过数据交换与共享平台来实现服务的交易，从而形成了信息服务的市场空间。智慧城市的各个信息体通过信息服务平台互相连接，并交换信息和服务。因此，信息和服务在各个信息体之间的交换，就形成了信息流和服务流，实质形成了信息价值链，从而实现对信息资源乃至城市各种资源的利用发挥调节作用。

(1) 地址比对与匹配服务

地址比对/匹配服务是将地址的文字描述(地址串)转化为地理描述(地理坐标)，主要通过将地址串同标准地址库比较来完成，从而实现地理数据的快速定位。

(2) 地址串预处理

地址串预处理是指对待匹配的地址串，进行初步的分隔操作，其中涉及"忽略字符"和"分隔字符"两个概念。

① 忽略字符　地址串中出现的忽略字符在预处理过程中将会被删掉。同时地址串在忽略字符所在处被"空格"分隔开。

② 分隔字符　地址串在分隔字符的结尾会被"空格"分隔开。

忽略字符串和分隔字符串可以在配置文件中设置，其设置会影响系统的匹配效率和匹配结果。

(3) 路径分析服务

用户指定起始点和结束点，可以提供一条满足最快、最短，或者其他用户喜好的方式的用户路径，导航服务可认为是路径分析服务的增强方式，如图 4-10 所示。支撑此服务的是导航数据库中的交通路网数据和公交数据。

(4) 定位服务

基于全球定位系统的移动端自身可以计算位置信息，以服务方式出现主要是基于通信网络的定位方式，这一服务由定位服务器提供。定位服务器可以是 GMLC(Gateway Mobile Location Center，由 GSM 和 UMTS 定义)或者 MPC(Mobile Positioning Center，由美国国家标准协会定义)。

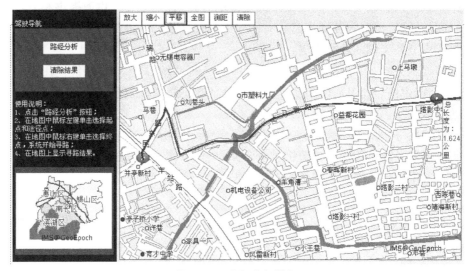

图 4-10　路径分析服务

（5）缓冲区分析服务

分析与指定空间对象距离在特定范围内的地理数据状况，提供点、线以及矩形的缓冲区查询，便于某点范围内和沿线要素分布范围内专题要素的查询，并形成所关心要素的统计表，如图 4-11 所示。

主要提供以下三种缓冲区分析服务：

① 基于点要素的缓冲区，通常是以点为圆心、以一定距离为半径的圆；

② 基于线要素的缓冲区，通常是以线为中心轴线，距中心轴线一定距离的平行条带多边形；

③ 基于面要素多边形边界的缓冲区，向外或向内扩展一定距离以生成新的多边形。

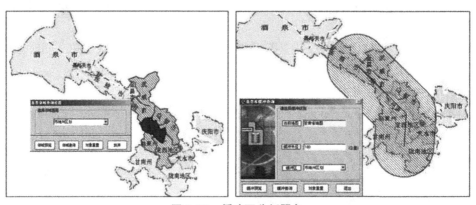

图 4-11　缓冲区分析服务

（6）叠加分析服务

叠加分析服务计算两组地理要素叠加后形成的新的地理要素。两组要素叠加时，在要素几何数据相交处打断形成新的地理要素。

（7）地图表现服务

地图表现服务将地理信息数据以图形、图像方式表现出来。地理信息数据显示可选的样式由服务实例性能决定,如符号样式等。特定服务实例提供特定的显示样式,用户可以从服务实例提供的样式中选择和配置。服务实例提供用户选择和配置的操作接口。特定的服务实例采用特定的技术显示要素,如直接用图像显示、基于 SVG 显示或采用其他绘图技术显示等。如对 POI 数据、AOI(Area of Interesting,感兴趣区)数据、交通数据的查询结果进行可视化,并能在终端显示。

(8) 地图标绘服务

地图标绘服务根据行动态势的变化在地图上用专业符号标出其动态变化和发展趋势。态势标绘中的符号可以生动地表现环境态势,人员、单位的部署和机动情况,因此应用广泛。

① 面向对象的符号体系 符号是指挥的基本语言,是标图系统的核心。系统配置多种类型的符号库,不仅能够标绘传统的态势图和指挥,也能够标绘多姿多彩的效果图、场景图和动画推演图。系统符号不仅能够表示对象的存在位置,同时也能够表示对象的工作状态、属性配置、效能区域、过程记录和链接处理。

② 标准符号 配置地图标号规定所要求的符号库,如图 4-12 所示。

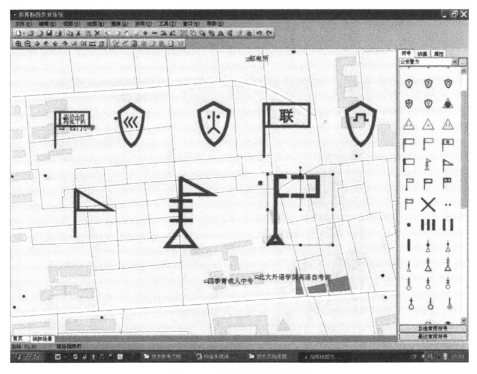

图 4-12 规定要求的符号库

③ 可识别性高的象形符号 象形符号可识别性高,对现场情况和装备工作状态表达细致,如图 4-13 所示。

④ 高精度仿真符号 高精度仿真符号适合场所的设备、建筑等,根据其设计图纸制作,精度高,效果真实,如图 4-14 所示。

⑤ 矢量化照片符号 矢量化照片符号是从照片中截取对象,并进行矢量化后生成的符号,制作快速,效果真实,如图 4-15 所示。

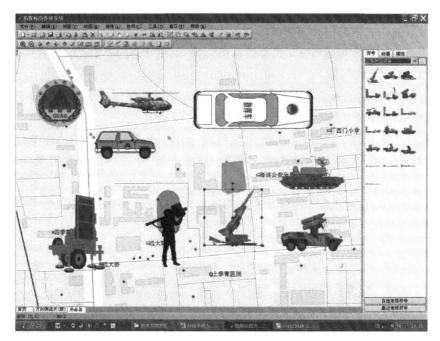

图 4-13 可识别性高的象形符号

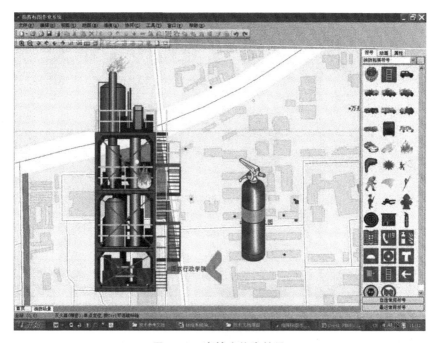

图 4-14 高精度仿真符号

⑥ 线符的自动计算 任何线面符号,只要在图上标定其位置和地理参数,其总距离、累积长度、分段长度、面积、方向角等各种地理量算参数已经隐含存在。系统不需要单独计算,即可直接从图上的线符上标出这些地理参数。

⑦ 符号的多状态显示特性 与传统的几何符号不同,系统中的符号是对象化的,即用

第4章 智慧城市大数据开发与应用

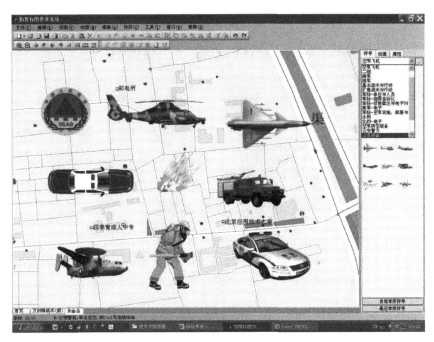

图 4-15　矢量化照片符号

符号的多状态显示特性来表达客观对象的各种视觉状态,如各种视角状态、各种工作状态、各种配置状态等,如图 4-16 所示。就指挥和态势表达而言,这是精确指挥、精确行动的必要能力。

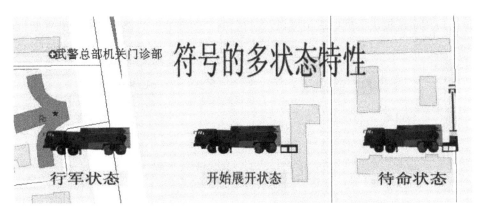

图 4-16　系统的多状态显示特性

⑧ 符号的文字属性扩展　符号除了多个可见状态之外,还可以配置多个文字描述属性,这些文字内嵌于符号之中,成为符号的一部分,如图 4-17 所示。符号代表的对象,具有一个或多个文字属性,这些文字被嵌入在符号的恰当位置,成为符号的可更改的一部分,以提供更详细的对象信息。

⑨ 专题图服务　各种专题数据涵盖了社会经济建设、日常生活各相关信息系统的各类专业信息,如城市规划管理数据、土地管理数据、房地产管理数据等,它反映的是城市某一方面的专门内容。它在基础空间数据信息的基础上,直接或间接地叠加所需的各种专业数据

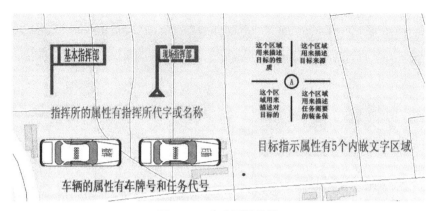

图 4-17　文字属性特性

和属性信息，形成了城市各专业子系统，为各组织管理部门的决策和应用以及各学科的研究提供了分析研究的手段。同时，专题数据还包括同一专题的不同历史时期的数据，这些数据组成了专业部门的本地空间大数据库。这些专题数据可以提供建立决策支持系统所需要的信息资源。

4.2.3　信息资源目录结构

目录服务系统的基本功能包括目录内容编目、注册、发布、查询与维护，如图 4-18 所示。编目提供公共资源核心元数据和交换服务资源核心元数据的编辑功能；注册是指政务信息资源目录提供者向政务信息资源目录管理者注册公共资源核心元数据和交换服务信息资源核心元数据；发布是指管理者通过目录服务器，把政务资源核心元数据库的内容发布到一站式系统中；查询为应用系统提供标准的调用接口，支持公共资源核心元数据和交换服务资源核心元数据查询。

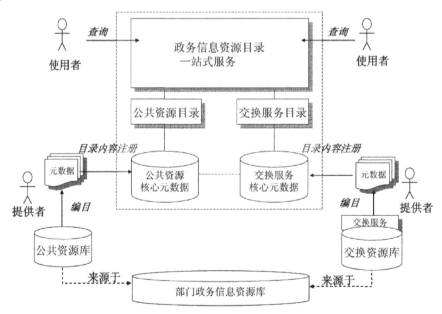

图 4-18　政务信息资源目录一站式服务

1) 建立分级、多节点的数据与目录服务体系

智慧城市中的数据具有天然的分布性,各数据资源节点是分布的,应用也是分布的。共享服务平台提供的是一个逻辑统一的视图,其支撑是分级、多节点的数据与目录服务体系。具体说来,在一个城市内,可以初步建立城市数据分级、多节点共享体系,形成分布式数据管理、集中式服务发布,最终建成一个跨部门、分布式、可运行的数据服务与应用系统。

2) 数据中心节点和分节点的功能与特点

提供数据与目录服务的是数据中心节点和分节点,有如下特点:

(1) 数据中心节点

智慧城市跨部门的数据交换、共享的核心,通常其职能由城市的信息(资源)管理中心完成。一方面中心节点管理着城市中绝大部分数据,可以在城市层面进行统一规划,开发数据服务器,提供支撑不同委办局应用系统的服务接口,实现服务的共享和互操作。另一方面在中心节点建立城市数据资源的总目录,对中心节点与分节点的数据资源进行统一的导航、检索和定位,这样必须确保整个中心节点的目录是不断更新的。中心节点作为智慧城市最重要的数据服务的提供者和服务代理,是应用层与数据层中最重要的纽带,其建设的好坏也决定着整个数据共享体系的成败。

(2) 数据分节点

由提供数据服务的政府各部门的信息资源管理中心组成。各分节点管理着大量的业务数据,部分数据可以对外共享。这部分数据可通过数据服务接口方式为其他部门使用。分节点的资源目录提供各节点数据的元数据信息,以及注册的数据服务信息,分节点的数据目录需要与中心节点实现同步。分节点从功能上亦有数据服务的提供者和服务代理两类角色的作用。

数据中心节点对城市数据进行有效统一的管理,为服务的使用者,即应用系统提供了绝大部分数据访问服务。各数据分节点是中心节点有益的补充,提供专业领域数据的服务。用户访问的入口可以是中心节点或分节点的资源目录,但对用户提供一个统一访问的一站式资源总目录更为理想,通过中心节点和分节点资源目录注册同步实现。这样,应用系统只需通过对中心节点资源总目录的查询,就可以对中心节点和分节点中数据服务定位。应用系统所需的服务可能部署在中心节点,也可能在分节点,应用系统视其服务质量而选择。

4.2.4 共享交换体系

1) 共享交换建设要求

共享交换体系建设是推动智慧城市大数据资源共享服务一体化建设的重要工程技术手段。完成系统建设后的智慧城市大数据交换与共享平台,将提供数据共享交换服务、交换服务组件配置管理、平台运行管理、日志统计分析等服务,并基于强大的可扩展性、自适应性、对异构系统的兼容性,支撑城市各类信息资源的共享交换和各应用系统之间的互联互通,促进市级政府各项业务协同协作。

2) 实现与政府各委办局之间数据共享交换对接

依照智慧城市信息化的实际情况,充分利用智慧城市建立数据交换平台提供的前置机、WebService接口,实现与政府各局委办两级平台的无缝对接。

3) 提供四类节点接入方式

根据智慧城市各级政府实际业务环境,提供前置交换节点、目录管理节点、部门平台节点和应用系统节点四种接入方式,便于对各类共享交换服务进行有效推广和应用。

4) 数据交换接口设计

数据交换与共享平台提供数据库、文件系统等多种输入、输出接口方式:

① 数据库级输入接口　平台支持各类主流关系型数据库的接口,包括 ORACLE、SQLSERVER、SYBASE、DB2 等,可以通过数据库适配器直接访问各个业务系统的数据库,从而实现数据同步和数据通信的目的。

② 文件级输入接口　平台支撑各类主流文件类型接口,包括 Excel、TXT、DOC、PDF 等,可以通过文件自动上传服务以及文件解析服务直接完成上传文件的交换,同时根据目标节点需求完成文件格式向多种数据库格式的转换工作。

③ 协议级交换输入接口　平台支持主流的协议接口,如 HTTP、nap、SOCKET、SOAP 等协议接口,向业务系统发送请求或接收响应。

④ Web 服务输出接口　对于平台本身提供的 Web 服务,或其他各单位提供的 Web 服务,应用方可直接调用其接口。

⑤ 非 Web 服务输出接口　对于非 Web 服务的行业应用系统接口,共享交换平台可提供统一、方便的接口技术,实现应用系统与共享交换平台的结合。

⑥ GIS 服务接口　提供全区 GIS 数据的存储区域,并完成相关应用系统调用 GIS 数据的接口。

⑦ 交换服务适配器模板服务接口　数据交换平台建设完成后,将在以上各类通用接口的基础上,提供数据交换服务适配器模板,用户可根据模板形成特殊数据交换服务适配器组件的开发和使用。

5) 交换服务可视化应用

针对目前市场上主流数据交换平台在实际应用环境中出现的各类易用性、实用性问题,应积极开展交换服务最后一公里的开发建设。通过提供可视化的交换服务配置功能,用户可通过可视化操作界面完成对各本地多类型数据库结构的自动读取、数据自动采集、交换共享工作,用户无须进行底层编码和复杂的产品应用配置工作即可直观、简便地完成本地数据的平台接入工作。

4.2.5　数据交换功能

数据交换平台的建设是推动智慧城市大数据资源共享服务一体化建设的重要工程技术手段。具体体现在:一方面,市民卡、电子政务内网信息、城市综合管理监督控制、城市公共服务等四大数据存储中心需要通过交换平台,从相关委办局获取或更新信息;另一方面,分散在各委办局之间的资源的共享和交换也需要交换平台的支持。

智慧城市环境中分布、异构应用之间存在互操作的问题,解决该问题必须采用 WebService 的概念模型,即服务提供者、服务请求者和服务注册中心。同样,数据的共享也应该采用该概念模型,因为数据也应该看作是信息服务的一种。

1) 数据共享与交换平台中的角色划分

① 数据提供者　既可以是作为信息主节点的信息资源中心的核心框架数据,又可以是子节点即各职能部门的扩展框架数据,比如规划、土地、房产、地籍等职能部门的数据。值得一提的是,我们将职能部门的数据划分为私有数据、付费保密数据和共享免费数据,因此职

能部门在数据管理中心注册的是后两者的元数据信息。当然,私人拥有的数据也可以在该平台的注册中心注册。

② 数据请求者　按照社会角色将数据请求者划分为政府职能部门、企业和公众;按照通过内网和外网访问机理的差别,可以将数据请求者划分为信息门户网站和部门专题应用。

③ 数据注册中心　实际上就是数据交换共享平台的核心。首先,数据交换共享平台提供注册网站界面,或是以 WebService 形式存在的数据注册服务,数据提供者可以在注册界面提交自有数据详细的元数据,并设定数据共享的级别和相应权限;数据交换共享平台中的数据注册中心存储所有注册数据集的元数据,同时平台中的数据集分类管理器负责按照不同的分类法则(领域、数据格式类型等)建立分类目录;平台还提供数据查询网站界面和封装好的数据查询的 WebService,满足不同类型的数据请求者。

数据交换平台建设的关键是建立一系列遵循 WebService 规范的数据服务,对于智慧城市的现有系统和在建系统以及以后新增加的系统,通过在数据交换节点上配置数据交换适配器,可以方便地将其封装成标准的接口(如 WebService 服务),包括数据目录服务、元数据服务器。主要功能是数据访问服务,提供一系列基于标准规范、传输协议和通用数据格式的数据接口和数据转换组件,从而能够接入交换平台并提供一致的访问行为和接口,提供支撑各种应用的各种空间和非空间数据的访问,为数据的共享、交换和互操作提供支持。

整个数据共享和交换的底层实现和存储机制对各应用节点是透明的。该结构属于松耦合,很容易进行层次化的结构扩展。

数据交换平台提供数据交换过程的系统配置、安全监控告警和异常处理等功能,主要完成接口、管理配置、监控管理等功能。

2) WebService 规范

WebServices 是自包含的、模块化的应用程序,它可以在网络(通常为 Web)中被描述、发布、查找以及调用。

WebServices 是基于网络的、分布式的模块化组件,它执行特定的任务,遵守具体的技术规范,这些规范使得 WebService 能与其他兼容的组件进行互操作。

所谓 Web 服务,它是指由企业发布的完成其特别商务需求的在线应用服务,其他公司或应用软件能够通过 Internet 来访问并使用这项应用服务。

Web 服务的一个主要思想,就是未来的应用将由一组应用了网络的服务组合而成。只要两个等同的服务使用统一标准和中性的方法在网络上宣传自己,那么从理论上说,一个应用程序就可以根据价格或者性能的标准,从两个彼此竞争的服务之中选出一个。除此之外,一些服务允许在机器之间复制,因而可以通过把有用的服务复制到本地储存库,来提高允许运行在特定的计算机(群)上的应用程序的性能。

WebServices 体系结构是面向对象分析与设计(OOAD)的一种合理发展,同时也是电子政务解决方案中,面向体系结构、设计、实现与部署而采用的组件化的合理发展。这两种方式在复杂的大型系统中经受住了考验。和面向对象系统一样,封装、消息传递、动态绑定、服务描述和查询也是 WebServices 中的基本概念;而 WebServices 另外一个基本概念就是:所有东西都是服务,这些服务发布一个 API 供网络中的其他服务使用,封装了实现细节。

WebServices 以技术的形式规范了 WebServices 体系中的各类关键技术,包括服务的描述、发布、发现以及消息的传输等。

① XML 和 HTTP　WebServices 最基本的协议。HTTP 是一个在 Internet 上广泛使用的协议,为 WebServices 部件通过 Internet 交互奠定了协议基础,并具有穿透防火墙的良好特性。XML 是一种元语言,可以用来定义和描述结构化数据,它是 WebServices 得以实现的语言基础。WebServices 的其他协议规范都是以 XML 形式来描述和表达的。XML 语言具有的自描述性、可扩展性、可校验性、层次结构、丰富的链接定义等特点使得 XML 适合在 Internet 的多点数据交换环境下使用,成为一种优秀的商务信息交换技术。特别是 XMLSchemas 标准的提出更是为 Web 服务的广泛使用奠定了基础。应用集成采用基于 XML 的配置技术,确保各种业务都可定制、可配置。其对于大多数表现多样、要求各异的相似系统,采取配置的方式以实现多样化的表现形式,并支持模板技术。

② SOAP(Simple Object Access Protocol)　SOAP 协议最先由 Microsoft 公司提交给 W3C 组织,并于 2000 年 4 月通过 1.0 版本。它是 SOA 架构实现的线缆级协议,定义了服务请求者和服务提供者之间的消息传输规范。SOAP 用 XML 来格式化消息,用 HTTP 来承载消息。SOAP 包括三部分:定义了描述消息和如何处理消息的框架的封包(SOAP 封包),表达应用程序定义的数据类型实例的编码规则(SOAP 编码规则),以及描述远程过程调用和应答的协定(SOAPRPC 表示)。

③ WSDL(Web Service Description Language)　WSDL 由 Microsoft,IBM,Ariba 三家公司在 2000 年 9 月推出。它是 Microsoft 公司的 SDL(Services Description Language)、IBM 公司的 NASSL(Network-Accessible Services Specification Language)合并后被 W3C 接纳所形成的标准。WSDL 为服务提供者提供以 XML 格式描述 WebServices 请求的标准格式,将网络服务描述为能够进行消息交换的通信端点的集合,以表达 WebServices 能做什么,它的位置在哪里,如何调用它等。

④ UDDI(Universal Discovery Description Integration)　UDDI 规范由 Microsoft、IBM、Ariba 三家公司在 2000 年 7 月提出。它是在 Microsoft 提出的 DISCO(Discovery of Web Services)和 IBM 的 ADS(Advertisement and Discovery of Services)的基础上发展而来的。UDDI 是 Web Services 的信息注册规范,以便被需要该服务的用户发现和使用它。UDDI 规范描述了 Web Services 的概念,同时也定义了一种编程接口。通过 UDDI 提供的标准接口,企业可以发布自己的 Web Services 供其他企业查询、调用;也可以查询特定服务的描述信息,并动态绑定到该服务上。通过 UDDI,Web Services 可以真正实现信息的"一次注册,到处访问"。

3) 服务注册中心

服务注册中心提供对按照 WebServices 规范封装的基础构件的注册、管理以及发布功能。在典型情况下,服务提供者提供可通过网络访问的软件模块。服务提供者定义 Web Services 的服务描述,并把它发布到服务请求者或服务注册中心。服务请求者使用查找操作从本地或服务注册中心搜索服务描述,然后使用服务描述与服务提供者进行绑定,并调用相应的 WebServices 实现,同它交互,如图 4-19 所示。

服务注册中心遵循 UDDI 规范,在逻辑功能实现上主要具有下述功能:

① WebServices 的注册功能　WebServiecs 注册功能模块除了提供对资源节点 WebServices 接口的注册、添加功能外,同时还提供 WebSevrices 接口的修改、删除等管理功能。

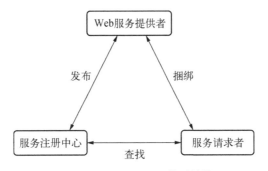

图 4-19 WebServices 体系结构

② 用户进行信息资源的查询检索功能　信息查询模块为用户提供多种方式的信息检索服务，用户可以在服务注册中心查找到对应操作服务的 WebServices 相关信息。

③ 服务注册中心的系统维护管理功能　对整个系统参数进行配置，包括注册模块的参数配置、信息查询模块的参数配置以及 WebServices 的静态和动态方式的选配等。

4) 数据交换与共享

数据交换与共享平台利用消息传递机制实现信息的沟通，采用成熟的商业软件 BEA WebLogic JMS Server 消息中间件，实现基础数据、业务数据的交换以及控制指令的传递，数据支持以 XML 格式在交换节点之间采用端对端(P2P)对等的方式直接交换，数据路由可根据数据内容自动分发，包括节点地址信息、业务数据信息等，为跨地域、跨部门、跨应用系统不同数据库之间的互联互通提供包含提取、转换、传输和加载等操作的数据集成服务。消息中间件是一种由消息传送机制和消息队列模式组成的中间件技术，通过以消息(一个消息就是由应用发送到另一个应用的请求或某种类型的通知)的形式收发应用程序数据来连接运行于不同系统上的应用程序，从而使得应用程序可利用高效可靠的消息传递机制进行平台无关的数据交流，并基于数据通信来进行分布式系统的集成。一个功能完善的消息中间件系统所提供的服务不仅仅包含消息的传送，还包括数据翻译服务、安全性、向多个应用程序广播数据、错误恢复、网络中的资源定位、路径选择开销、消息及请求的优先级设置等等。通常它还提供丰富的可视化部署管理工具，有一个简单而直接的 API 编程接口。如图 4-20 所示。

消息中间件属于中间件的一类，拥有中间件的主要特点，但是自身的工作机制又具有特殊性，包括以下几个方面：

① 存储和转发通信　消息中间件能使应用程序向那些没有正在运行或不可达的应用程序发送请求。它提供存储中介来暂存消息，并能确保一旦网络连通或者接受方应用程序开始处理消息就能被发送。

② 防御通信　应用程序间的通信中的任何失败，都有可能导致严重问题。通过向消息中间件发送请求，应用程序将被保护起来以防止在网络失败时造成通信损失，能够容忍正常的需求波峰和波谷，可伸缩性强。

③ 并发执行　在 RFC 等紧密耦合机制中，请求者在向多个不同的接收方发送请求前必须等待接收方逐一返回响应。通常，开发人员通过同时发出多个同步调用(线程机制)来实现，但是这需要很复杂的编程技术。使用消息中间件，不需要特殊的编程技术(开

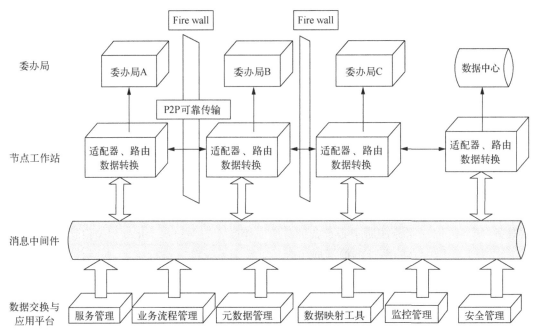

图 4-20 数据交换与共享结构图

发成本和复杂性已经包含在其中),应用程序可以将请求以消息的形式发出,然后立刻转向其他工作。这一通信类型通常叫作"雇佣和遗忘"(fire-and-forget),很难用那些需要发送线程等待响应的通信技术实现。这样,应用程序可以向许多不同的接受方发送请求而不必等待响应,可等待接受方平行地处理请求,当所有的响应消息都到达时,或无论什么时候只要方便,就可进行消息处理。

④ 灵活的多种通信方式 在复杂的应用场合中,通信程序之间不仅可以是一对一的关系,还可以进行一对多和多对一方式,甚至是上述多种方式的组合。利用消息中间件,应用程序可根据自身需要选择通信方式,多种通信方式的构造并不增加应用程序的复杂性。

⑤ 应用程序与网络复杂性相隔离 利用消息中间件,程序不直接与其他程序通话,不涉及网络通信的复杂性。程序将消息放入目的地或从消息存放的目的地中取出消息来进行通信,与此关联的全部活动,比如维护消息队列、维护程序和队列之间的关系、处理网络的重新启动和在网络中移动消息等都是消息中间件的任务。

⑥ 安全性支持 XML 包装的消息是易于阅读的文本信息,如果这些数据是敏感的数据,其安全性就尤其重要。消息队列使用访问控制、身份认证和加密来获得安全性。访问控制用于限制用户对消息队列对象的访问,并通过为对象指派安全描述符来实现。安全描述符列出被授权或拒绝访问对象的用户和组,以及指派给那些用户和组的特定权限。身份认证通过建立 CA(Certification Authentic)认证中心来实现。加密使用公钥(不对称)和密钥(对称)两者来实现,消息队列应用程序使用密钥来加密消息队列计算机之间发送的消息。

⑦ 通信日志 在系统中,公文流转日志是一项很重要的功能,它不仅对于系统的维护、诊断和故障恢复有积极的意义,还可以用来进行统计、查询与分析。在业务逻辑上,它往往也是商业过程中重要的组成部分,具有重要的法律意义。在分布式的网络应用中,因为大多数的通信机制并不保留任何通信记录,日志的实现有很大的难度,通常需要手工编写代码进

行维护。这样的后果一是工作量大,二是大家各行其是,缺乏统一的标准。但是在消息中间件环境下,通信的日志功能是可选的功能,当选定时,消息中间件会自动地将每一个消息都做一个备份。

⑧ **数据交换** 与共享平台通过消息中间件来保证数据交换和 Web 服务调用的可靠性,整个消息通信机制包括以下三个部分,如图 4-21 所示。

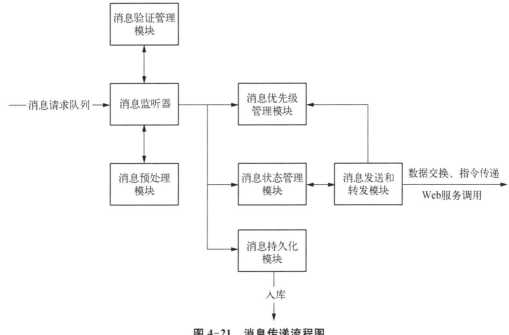

图 4-21 消息传递流程图

——消息解析:消息解析模块负责从消息中间件传来的消息对象中解析出 SOAP 消息及目标 Web 服务的信息,同时也负责将 Web 服务响应信息(SOAP 消息)封装为消息。

——Web 服务引擎:该模块的功能是根据消息解析模块传入的目标 Web 服务的信息动态构造 Web 服务调用的引擎,该服务引擎类似于远程方法提供的本地接口,由不同的 Web 服务提供商提供具体的实现。

——Web 服务调用:在得到 Web 服务引擎后,根据 SOAP 消息调用相应的 Web 服务提供的方法,得到的执行结果返回给消息解析模块。

5) 数据加密与解密

考虑到部分政务信息对保密性的高要求,数据交换平台提供加解密功能就非常重要。加、解密算法一般分为对称和非对称两种。对称算法使用相同的密钥来加密和解密数据,即对称密钥密码算法所用的加密密钥和解密密钥通常是相同的,即使不同也可以很容易地由其中的任意一个推导出另一个。在此算法中,加、解密双方所用的密钥都要保守秘密。非对称算法则使用到两个密钥,即公开密钥和私有密钥,分别用于对数据的加密和解密。如果用公开密钥对数据进行加密,只有用对应的私有密钥才能进行解密;如果用私有密钥对数据进行加密,则只有用对应的公开密钥才能解密。

智慧城市大数据交换与共享平台使用非对称算法进行加、解密。与此同时系统还具有数据合法性验证功能,能够对交换平台与应用系统之间以及交换系统之间的两类合法性进行验证,确保数据可信交换。

6) 平台服务监控

平台服务监控主要对各个部门之间、平台和部门之间进行数据交换的流程运行状态进行监控。

监控系统是由以下四个相互独立的部分组成:

(1) 监控服务器

监控服务器是监控软件的主体,它为用户访问提供了一个统一接口,通过该接口用户可以获取其所关心的服务状态信息以及流程执行信息。从整个监控系统的角度来说,监控服务器根据用户应用对服务状态数据进行请求,收集监控代理传递来的状态数据,对数据进行分析、处理和记录,生成详细监测报告。对系统的错误,及时生成警告信息返回给用户,并对系统进行相应的控制。

(2) 服务注册库

服务注册库记录服务的静态信息,包括服务地址等,使得监控服务器能够准确快速地定位各个服务实例,并与其相对应的监控代理通信。监控代理是部署在应用服务器上的应用程序,它能实时获取服务运行状态数据,并将数据存储在数据区。当监控服务器发来监控请求时,监控代理提取数据区的数据,并将该数据打包传递给监控服务器。

(3) 客户端

客户端是工作在用户主机上的应用程序,是用户提交任务的窗口,也是获取监控数据,发送监控请求的窗口,如图 4-22 所示。

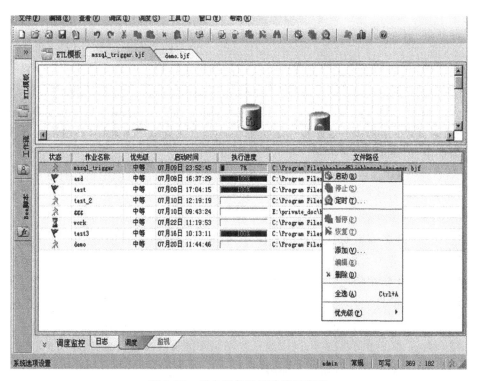

图 4-22 平台服务监控功能示意图

监控部分完成整个流程执行过程中的动态监控,其主要有以下几个功能:

① 对服务实例运行状态的实时监测;

② 对服务组装流程的实时监测,提供流程状态检测工具;

③ 基于服务监测数据的异常处理办法,包括对运行状态的调整和审计,对替换服务的检索、评估和选择。

(4) 提供面向用户的信息反馈窗口

监控部分采用如下关键技术:

① 采用代理技术,实现服务实例状态数据的实时、自主采集;

② 对采集到的服务实例状态数据进行分析,采用基于规则的流程状态监测方法动态地判断流程状态,包含流程状态推断方法以及数据流和控制流的正确性检验算法;

③ 采用支持动态演化的控制策略,即在服务组装流程执行异常状态下的异常定位、分析、自动控制机制,以及服务实例执行失败后对替换服务的匹配、选择算法;

④ 采用发布/订阅与请求/响应相结合的数据传输方式,实现监控数据的传送。

4.2.6 应用集成功能

应用集成目的之一是在数据、流程、应用等各层面上整合全部应用系统。但是,已有业务系统和新建业务系统中很多并非采用 J2EE 架构,那么在对这些系统进行集成时就会出现一些问题。如果平台不能很好地为不同技术架构的应用系统提供集成支持的话,这些非 J2EE 架构的业务系统就需要另外专门建设基于非 J2EE 的集成平台。这样,便又形成了不同架构平台间的"新信息孤岛"。

数据交换与共享平台需要更灵活的集成能力,具备集成不同技术架构系统的能力。

SOA(Service Oriented Architecture,面向服务的体系结构)来源于早期的基于构件的分布式计算方式,在 OMG 和 IONA 的推动下,成为一个广泛认可的规范。20 世纪 90 年代,CORBA 和微软的 COM 编程模式,促进了 SOA 的发展。随着 Java 编程语言、EJB 构件模式的发布以及 J2EE 应用服务市场的成熟,SOA 得到了进一步发展。

理论上,面向服务的体系结构这种思想,在其简易性上十分吸引人。如果能够用定义很好的机构封装应用,就有可能将一个单一的应用加入到一个服务的集合中。封装的过程创建了一个抽象的层,屏蔽了应用中复杂的细节(不用关心用的是哪一种编程语言,什么操作系统,应用程序用的是什么数据库产品),唯一相关的就是服务所描述的接口。

1) 采用 SOA 架构的集成平台的优点

① 简单性 毫无疑问,相比传统的 EAI 解决方案,Web 服务更便于设计、开发、维护和使用。既然开发和使用 Web 服务的平台框架已经准备好了,创建跨越多个应用程序的商务流程处理将变得相对简单。

② 开放标准 不像有所有权的 EAI 解决方案,Web 服务是基于开放标准诸如 UDDI、SOAP、HTTP 的,这可能是导致 Web 服务被广泛接受的最重要的因素。事实上基于现存的开放标准,企业为了支持新出现的 Web 技术的潜在投资的需要已经被消除了。

③ 灵活性 既然 EAI 解决方案需要点对点集成,一端的改变必须告知另外一端,这自然使集成变得非常的生硬,同时也浪费了开发人员的时间。而 Web 服务的集成是非常灵活的,因其是建立在发布服务的应用程序和使用服务的应用程序之间的松散耦合。

④ 便宜　EAI 解决方案诸如消息中介,其实施是非常昂贵的,而 Web 服务的实施则会变得便宜而快速。

⑤ 范围　EAI 解决方案诸如消息中介,把应用程序作为一个单个的实体来集成,然而 Web 服务允许企业把大的应用划分为小的独立的逻辑实体并进行包装。举例来说,企业可以为一个 ERP 应用的不同的商业组件进行包装,如订单管理、接受购买订单、订单情况、订单确认、账户接受、账户支付等等。

⑥ 高效性　前面已经提到,Web 服务允许应用程序划分为一些小的逻辑组件,因为在小粒度基础上集成应用程序,集成将变得更容易。这也使 Web 服务的 EAI 解决方案比传统的 EAI 解决方案更有效率。

⑦ 动态　Web 服务通过提供动态的服务接口来实施一个动态的集成,而传统的 EAI 解决方案都是静态处理的。

2) SOA 建模

面向服务的集成,可以减少不同类型的 IT 系统的依赖性,降低费用和 IT 操作的复杂性,提高已部署系统的灵活性。这个新的方式超出了传统集成的范围,能够合理化地将有用的技术进行合并,同时排除了抑制业务创新的障碍。

应用集成通过基于 BEPL 的流程实现对流程的建模、调度、监控,实现新流程的开发以及对流程集成的支持;同时支持基于 SOA 方式的应用及适配器的集成。

SOA 建模过程分为业务建模、需求建模、服务建模和执行建模,将建模过程分为三个层次进行,首先是业务建模,通过梳理业务,了解业务组织、角色、职责执行步骤以及业务之间的协同关系,参与者是业务人员、管理人员、软件人员;第二个层次是功能需求建模,通过对业务模型的分析,完成功能化建设,为可执行模型提供依据,得到业务流程所需的最适粒度功能,并在此基础上,进行服务建模,得到服务编排模型,参与者是软件技术人员;最后一个层次是联通服务/流程服务的执行建模,在服务平台上将系统服务编排成可执行流程。

该架构在数据整合、流程整合和门户整合三个层次上均做到服务流程化控制和部署,不但保证单业务系统的开发,而且也为多业务系统的互联互通和协同进行了系统级的准备,如图 4-23 所示。

(1) 基础设施层

网络硬件、系统软件以及开发支撑平台支持跨系统、跨平台的系统环境。服务封装层按照 SOA 的理念和 SCA/SDO 的技术、平台支撑把系统内部的各种应用,统一封装成服务构件。服务构件具备 WebService、JAVA、RMI、JMS 和 BPEL 标准接口和规范。

(2) 资源服务层

资源服务层的资源主要包括业务活动使用、产生和消费的人力资源、财力资源、物力资源、信息资源、知识资源、指令资源,以及指标资源和业务规则资源。业务活动通过业务建模工具描述,其资源依据业务模型导图通过模型解析器和资源编目服务部署。目的是保证资源的业务回溯性,在正确的业务中,通过正确的手段获取、消费正确的资源。资源的获取将屏蔽底层各种不同的资源访问接口,实现对系统的各种资源和外部系统统一的访问逻辑。

① 业务模型资源管理　业务模型建模理念是"全程一体化精细建模",产生组成结构模型、职责执行模型、业务协作模型和数据关系模型,称为"一树三图"。"一树三图"具有相互映射、参照的特点,保证业务模型在正确性前提下,做到完整和一致,具有其他任何建模工具

图 4-23 SOA 建模

不可比较的优势。业务模型管理,就是对业务模型的导入/导出、交换、存储、解析、转换的管理和服务提供。

② 业务模型运行态管理　业务流程以及与规则流程、指标体系关联的综合管理,包括与 KPI、日志的整合。

③ 元数据管理服务　所有的资源编目均是依据元数据实施的。SOA 应用开发框架平台的元数据基于组件封装的标准化,可以自由组合设计。元数据元素支持复合节点、整型/实型节点、字符节点、文档节点、图像节点、视屏/银屏节点、通信节点、WS 服务节点、数据库节点、业务规则节点等,是完全按照业务模型的需求量身定制的元数据框架。

④ 本体服务　主要提供基于 OWL 规范的资源关联性支撑服务,为业务模型概念的语义之上的资源关联、知识关联、指标关联、规则关联关系提供依据。保证通过语义对指标、业务规则进行快速定位和调整,以及资源的有效获取。

⑤ 检索服务　为资源编目索引服务和全文检索服务,并为资源的参照与标引提供服务支撑。

⑥ 资源编目　基于定制元数据的资源编目服务。

⑦ 指标编目　构建基于业务模型的指标体系,定义指标的产生依据和评价规则。评价规则与规则设计关联,通过接口提供服务。

⑧ 规则设计　业务规则是技术与业务分离的保证,也是迅速调整业务,对应需求变化的保证。业务规则采用 RETE 规范,通过服务构件提供服务。

⑨ 服务注册管理　服务的统一注册和管理,保证服务的有效利用。

⑩ 资源、指标、规则目录发布服务　以目录发布为主,支持检索和本体发布与查询。

(3) 支撑服务层

① 流程引擎　基于业务协作模型,以业务流程控制为主的流程操作。业务流程也是关

于业务单据生命周期的控制,并作为 SOA 的构件可以与其他业务有效协同,以及规则与流程引擎的匹配。

② 规则引擎　包括业务规则、指标评价规则和服务规则的编辑、评价和发布的服务。

③ 报表引擎　综合报表、指标评价、指标关联的预警,以及 OLAP 决策支持的服务。

④ 表单设计、页面设计、权限字典设计　直接参照业务模型数据的数据库表单设计、页面和页面流转设计,以及业务主体的角色的权限系统导入和维护。

⑤ 模型分析　基于业务模型的分析与统计,以及运行时的系统监控,为顶层设计、系统需求分析、指标项确定以及资源配置等提供决策依据。

⑥ 联通服务　提供页面流、规则流、业务流以及服务编排的总线服务。联通服务基于 BPEL 规范,通过浏览器设置部署实现。

(4) 展现服务层

交互服务、页面服务、报表服务、资源服务以及指标阈值服务和门户服务是展现服务的组成部分。以上服务可以独立展现,也可以通过 Portalet 的形式在门户上展现;门户具有 SSO、业务导航的统一认证与授权的功能,而且作为业务模型管理的综合门户系统,具有基于业务模型的资源、服务、管理的展现特点。

3) 应用服务集成基本体系结构

Web 服务的三个基本操作包含了三个标准技术:发布操作使用通用描述、发现和集成(UDDI);查找操作使用 UDDI 和 Web 服务描述语言(WSDL)的组合;绑定操作处理 WSDL 和简单对象访问协议(SOAP)。绑定操作包含服务的实际应用,这是发生大多数互操作的地方,为服务提供者与服务请求者对 SOAP 规范的全力支持解决了这些问题,实现了无缝互操作。

为了实现这些需求需开发一系列的协议规范,由此构成了 Web 服务栈。Web 服务的发布、查找和绑定三种交互操作是基于 Web 服务协议栈实现的。每一层都包含业界的标准协议。如图 4-24,上一层是基于下一层所提供的功能来实现的,垂直框中的内容是每一层都需要的功能支持。左边的文字是对应的一层所采用的标准技术。

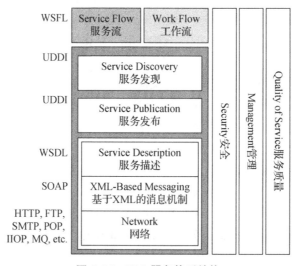

图 4-24　Web 服务体系结构

① 网络层 Web 服务必须是可访问的,这样才能被请求者调用。Web 服务使用 Internet 协议 HTTP、SMTP 等以及 Intranet 协议的 CORBA 等。

② XML 消息层 使用 XML 作为信息通信协议的基础。简单对象访问协议(SOAP)定义了信息交换的轻量协议,既定义了 XML 表达数据的一套规则,又定义了扩展的消息格式、远程调用规则和绑定机制。

③ 服务描述层 实际上是一个描述文档栈。Web 服务描述语言(WSDL)是微软和 IBM 共同开发的基于 XML 的和约语言,是支持 Web 服务的最小服务描述。

④ 服务发布层 服务发布层是服务提供者让服务请求者在生命周期的任何阶段都能够访问 WSDL 文档的操作。通用描述、发现与集成规范(UDDI)定义了一套机制支持服务提供者发布其开发的 Web 服务以及查找其他服务。

⑤ 服务发现层 服务发现依赖于服务发布,不同的服务发现机制对应于不同的服务发布机制。服务发现是让服务请求者访问某项服务描述而且应用程序在运行并能够使用该项服务。在设计与运行阶段,可以通过本地 WSDL 注册库、私有 UDDI 或者 UDDI 操作点实现服务发现。

⑥ 服务组合层 Web 服务的实现是一种软件模块。可以通过 Web 服务组合生成新的 Web 服务。Web 组合有几种表现形式:企业内的 Web 服务可以协同作业向外部提供一个单一接口,或者不同 Web 服务可以协同作业实现机器到机器、商业到商业的流程。工作流程管理在业务流程中可以调用每一项 Web 服务。协议栈的最上层——服务流描述了服务到服务的通信、协同和流程的实现。Web 服务流语言(WSFL)描述这种交互。

4) 业务流程管理

对于基于 Web 服务技术的工作流,业界提出了基于 XML 的 Web 服务集成语言来描述 Web 服务流程模型,它可作为一种可执行语言供 Web 服务流程解析引擎执行。WSBPEL 是一个新出现的并得到广泛支持的服务流程描述语言,实际上就是为了 Web 服务组合而制定的一项规范标准,目前已成为业界标准。

BPEL 定义的服务集成方式有两种。一种是抽象流程,即它是不可执行的。通过使用抽象流程概念,WSBPEL 流程可以定义服务集成的角色。另外一种方式是执行业务流程,即可以定义可执行的服务集成。它的流程的逻辑和状态决定了在每个业务伙伴那里进行的 Web 服务交互的性质和顺序,从而也就决定了交互协议。一个 BPEL 描述的服务集成流程使用了一个或多个 WSDL 服务,还通过 Web 服务接口提供流程实例相对于它的合作伙伴和资源的行为和交互的描述。它引入了以下几种结构来支持服务的集成过程:

① 合作伙伴链接(Partner Links) 描述了流程涉及的参与者即伙伴,每个合作伙伴链接由 Partner Link Type 来描述。

② 变量(Variables) 用于存储合作伙伴发出或者接受的 WSDL 消息的变量容器,定义了服务集成过程中使用的数据变量,其根据 WSDL 消息类型、XML Schema 简单类型或 XML Schema 元素来提供它们的定义。变量可以根据被交换的消息来保存状态数据。

③ 相关集(Correlation Sets) 因为系统中可能存在同一流程的多个实例,相关集用于指明消息关联到哪个流程实例。

④ 异常处理的机制(Fault Handlers) 提供处理业务流程中的错误和从错误恢复的手段。

⑤ 补偿处理机制(Compensation Handler) 对于活动的补偿处理机制,允许服务集成设计者为某些不可逆的动作实现一些补偿动作的机制。

⑥ 事件处理机制(Event Handlers)　允许服务集成流程以及每个作用域可以与一组在相应的事件发生时并发调用事件处理程序相关联,包括消息事件、警告事件、禁用事件以及启用事件。

⑦ 活动(Activity)　服务集成中具体执行的操作,包括与服务进行交互、操作传输数据或者处理异常等。

将基础应用功能按照 WebService 规范进行封装,建立了一系列可复用的基础功能组件。基于这些基础功能组件,根据不同阶段、不同用户的实际需求,通过可视化的建模环境,将基础功能组件自由组合相互衔接,快速构建业务处理流程,并对整个业务流程的生命周期进行维护,同时监控其执行过程,从而提高业务流程的自动化水平,达到各种业务环节整合的全面管理模式,如图 4-25。数据路由也可按业务规则进行流转,支持动态灵活地连接和构建新的业务系统。

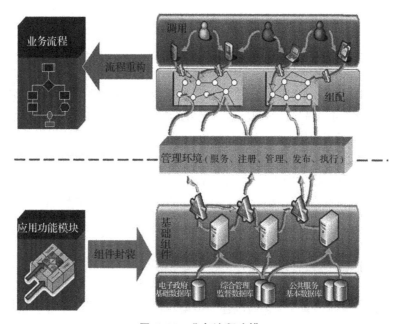

图 4-25　业务流程建模

5) 业务流程管理功能

(1) 业务流程编排

通过平台提供的注册、管理、发现、集成、装配、调用等功能实现用户请求的任务分解和应用服务动态装配集成,将简单的、基本的服务集成为复杂的组合服务、服务链、服务流或服务包,形成用户满意的解决方案。基于平台的统一注册和管理的服务建构各种应用,从而避免重复建设和信息孤岛的形成,实现信息融合与共享以及服务的互操作。

业务分析人员只需在屏幕上拖放元素就能完成流程的设计。流程设计使用熟悉的流程图。设计元素(指节点)代表端到端业务流程的各种元素,包括"开始""任务""事件""决策""加入"和"执行完毕"等。这样有利于快速脱机流程开发和后续优化。

(2) 业务流程执行引擎

业务流程执行引擎负责管理流程在操作环境中的执行,自动排序和执行预定流程元素,并借助 XML 表示数据,通过消息中间件传送信息。对于以应用为中心的业务视图,流程行为可能会有很大的变化。此机制还可以在业务流程中涉及人,将工作分配给用户或职位。操作员可以根据当前的任务清单工作,经理也可以查看任务清单,以便管理并在必要的时候调换任务。

(3) 监控和优化业务流程

使用户能跟踪流程状态,实时查看流程,并收集统计数据形成报告。还可以根据这些数据评估流程,提高性能和吞吐量,无须中断业务流程就可进行必要的修改。同时提供集成一体化的远程统一部署、监控、跟踪、日志和测试功能,以适应平台集中部署和管理的需求。

4.3 智慧城市大数据存储与分析展现

智慧城市大数据存储与分析展现,主要由大数据库(DW)和数据清洗转换装载(ETL)以及前端展现部分组成。通过 ODS 库(规范数据库),将智慧城市已建的和未建的各个业务系统中的数据按照要求集中到规范数据库中;然后再进一步抽取到大数据库,为数据分析、数据挖掘、决策支持等数字智能提供高质量的数据来源,为"首长桌面"和各级业务领导及部门提供可视化展现,为领导管理决策提供支撑和服务。

数据加工存储分析平台主要是对从数据源采集的数据进行清洗、整理、加载和存储,构建大数据库,并且针对不同的分析主题进行分析应用的平台,以辅助政务决策工作。数据加工管理过程包含 ETCL,即数据抽取(Extract)、转换(Transform)、清洗(Clear)和加载(Load),是大数据库实现过程中,将数据由数据源系统向智慧城市的 ODS 加载的主要过程,是智慧城市建设过程中数据整合的核心技术与主要手段。

4.3.1 大数据存储与分析展现概述

由数据到决策的流程演化过程如图 4-26 所示。

图 4-26 数据到决策的流程演化

商业智能(BI)的出现,为更深入对数据进行分析提供了条件,大数据库(Data Warehouse)是一个面向主题(Subject Oriented)、集成(Integrate)、相对稳定(Non-Volatile)、反映历史变化(Time Variant)的数据集合,用于支持管理决策。

数据挖掘(Data Mining)是一个利用各种分析方法和分析工具在大规模海量数据中建立模型和发现数据间关系的过程,这些模型和关系可以用来做出决策和预测。数据挖掘应建立在联机分析处理 OLAP(On Line Analytical Processing)的数据环境基础之上,而大数据库技术能够满足数据挖掘技术对数据环境的要求。它从 OLTP 系统、异构分散的外部数据源、脱机的历史业务数据中获取数据并进行处理。

综合上述的技术,形成数据智能分析解决方案,从而使用户能更全面、准确、科学地进行把握、分析和决策。

1) 商业智能总体架构

商业智能分析解决方案主要包括：业务数据源、数据处理（ETL 过程：数据抽取、转换、清洗、装载）、数据存储（形成大数据库和数据集市）和分析应用（OLAP 分析、数据挖掘 DM、报表展示等应用功能），整个 BI 系统的设计框架如图 4-27 所示。

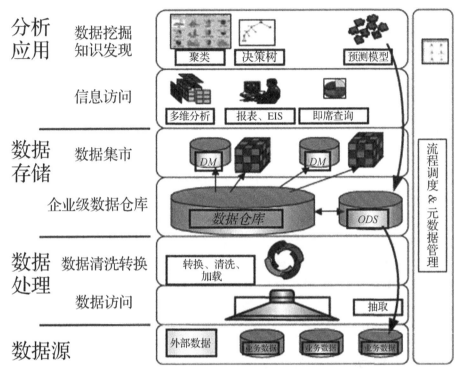

图 4-27 商业智能总体架构图

2) 数据分析模型设计

(1) 数据分析模型的特点

数据分析模型一般按照主题（Subject）来建模，它是面向主题的。管理系统、生产系统、营销等多种业务系统，它们都是面向应用的。由于实施的先后等原因，这些系统可能运行在不同的平台上，并有不同的人员来维护。在建立其数据分析应用时，要把上述生产系统中的数据转换到大数据库中来。从用户的角度来看，其数据模型不再面向个别应用，而是面向整个城市管理的主题。

(2) 数据分析体系结构

数据分析环境中一个重要方面是元数据。元数据是关于数据的数据。只要有程序和数据，元数据就是信息处理环境的一部分。但是在数据分析中，元数据扮演一个新的重要角色。也正因为有了元数据，可以最有效地利用大数据库。元数据使得最终用户/DSS 分析员能够探索各种可能性。

粒度问题是设计大数据库的另一个重要方面。粒度是指大数据库的数据单位中保存数据的细化或综合程度的级别。细化程度越高，粒度级就越小；相反，细化程度越低，粒度级就越大。在大数据库环境中粒度之所以是主要的设计问题，是因为它深深地影响存放在大数据库中的数据量的大小，同时影响大数据库所能回答的查询类型。在大数据库中的数据量大小与查询的详细程度之间要作出权衡。

当大数据库中拥有大量数据时,在大数据库的细节部分考虑双重(或多重)粒度级是很有意义的。事实上,需要的正是多个粒度级而不是一个粒度级。

大数据库包括两种类型的数据:轻度综合数据和"真实档案"细节数据。在数据的真实档案层上,存储的所有细节都来自企业内部的数据操作型环境系统,通过在大数据库的细节级上创建两种粒度级,可一举两得。大部分数据分析处理是针对被压缩的、存取效率高的轻度综合级数据进行的。如果需要分析更低的细节级(5%时间或更少的可能),可以到数据的真实档案层。在粒度真实档案层上,访问数据将是昂贵的、麻烦的和复杂的事情,但如果必须进入这一细节级也只得如此。随着时间的迁移,如果需要开发某种搜索数据的真实档案级的模式,可能要在轻度综合级上创建某些新数据域。鉴于费用、效率、访问便利和能够回答任何可以回答的查询的能力,数据双重粒度级是构建大数据库细节级的最好选择。

通过建立数据中心可实现单个业务系统所不能实现的查询分析功能:
① 多业务系统之间的综合查询;
② 根据数据模型来实现数据的钻取、旋转、交叉等分析;
③ 线图、柱状图、饼图、面积图等图表联动直观分析;
④ 数据统计分析以及分组统计分析;
⑤ 相关分析、趋势分析、趋势预测、聚类分析等高级分析。

3) OLAP 和数据挖掘

大数据库的构建为更深入地对数据进行分析提供了条件,在线分析工具 OLAP(On Line Analytical Processing)是能进行实时分析和产生相应报表的分析工具。OLAP 是一种高度交互式的过程,能够以交互方式浏览大数据库内容,并对其中数据进行多维分析,可以即时进行反复分析,且能及时地从变化和不太完整的数据中提取出与企业经营活动密切相关的信息。例如 OLAP 能对不同时期、不同地域的车次变化趋势进行对比分析。在线分析处理同时也是对存储在大数据库或数据集市中的数据进行分析、处理的过程。这种分析可以是多维在线分析处理、关系型在线分析处理,也可以是混合在线分析处理。

(1) 数据挖掘(Data Mining,简称 DM)

数据挖掘即利用各种分析方法和分析工具在大规模海量数据中建立模型和发现数据间关系的过程,这些模型和关系可以用来做出决策和预测。数据挖掘应建立在联机分析处理 OLAP 的数据环境基础之上,而大数据库技术能够满足数据挖掘技术对数据环境的要求。

(2) 多维数据分析(OLAP 分析)

作为决策支持系统提供的主要分析手段之一,通过对多维形式组织起来的数据采取钻取、切片、切块、旋转、透视等操作来剖析数据,使用户能从多个角度、多侧面地观察大数据库的数据,从而深入地了解包含在数据中的信息内涵。多维数据分析的关键是生存多维数据立方体(Multi-cube),立方体实质上就是一个多维数组,是维和变量的组合表示。多维分析最终就是按照实际的业务需求对这个立方体进行多层次、多角度的切片、钻取,从而获取所需的信息。Cube 生成的关键是确定出符合用户需求的维度和度量。维度(Dimension)是人们观察客观世界的角度,是一种高层次的类型划分。"维"一般包含着层次关系,通过把一个实体的多项重要的属性定义为多个维(Dimension),使用户能对不同维度上的数据进行比较。度量(Measure)就是多维数组的取值,通俗一点讲度量就是"数值",即用户想看到业务管理中的各种各样的数据,度量的建立相对比较容易一些,而维度的建立是根据具体的业务需求来定制。图 4-28 即为分析一例。

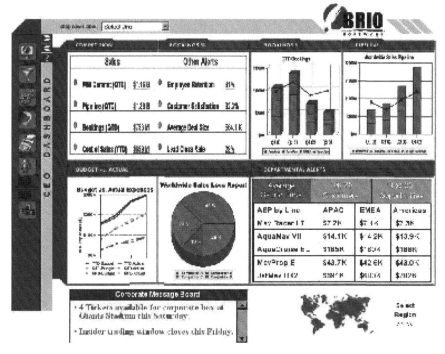

图 4-28　商业智能分析图

(3) 维度的数据

维度的数据来自数据库中的原始表。在定制维度数据源前需要将原始数据表分为事实表和维表,事实表用来存储事实的度量值和个维度的值,维表用来存放维的元数据(维的层次、成员类别等描述信息),这样标准的维度和度量数据源就来源于这两个表。维度和度量定制好后就可以生成 Cube 了,然后就可以根据具体的业务需求对此 Cube 进行钻取(Drill)、旋转(Pivot)、切片(Slice)、切块(Dice)等操作,随意组合想要的数据和报表形式。

4.3.2　数据加工管理

数据加工管理的主要功能组成如图 4-29 所示,包括数据抽取、数据转换、数据清理、数据整合、数据加载、数据审计、数据更新检测、数据质量控制、数据异常处理、调度与日志监控等功能模块。

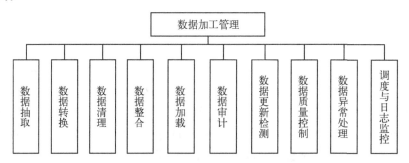

图 4-29　数据加工管理功能组成图

数据加工管理内部的数据流程图如图 4-30 所示。

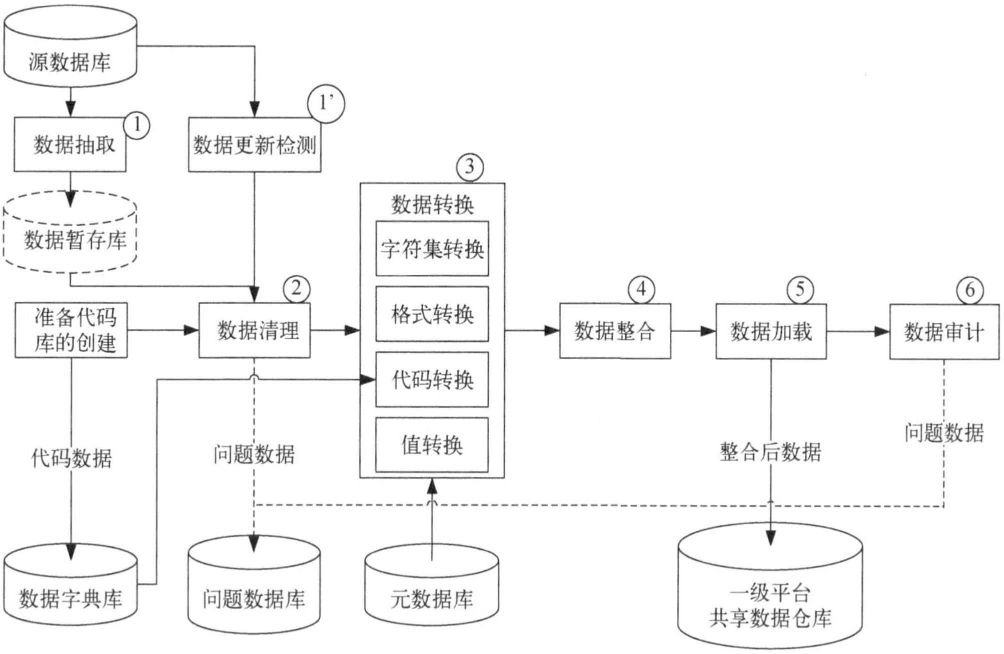

图 4-30 信息资源汇总整合子系统的数据流程图

图中的数据流程对应着各种源头数据经过数据抽取、清理、转换、整合与加载,最后才能够进入到一级平台共享大数据库中。当一级平台共享大数据库建成后,还将通过数据审计模块对其中的数据进行相应的校验,从中发现存在一定问题的数据,并将这些问题数据信息记录到问题数据库中。

当需要对源头数据库进行全量数据抽取时,采用数据抽取模块直接对源头数据进行抽取;当对源头数据全量抽取、清洗、转换、整合、装载到一级平台共享大数据库后,转入对后续源头数据库中数据进行增量数据抽取时,则采用数据更新检测模块检测得到其中自上次数据抽取以来发生了更新的源头数据,供后续数据加工处理之用。

1) 数据抽取

根据设定从指定数据源上的指定数据表上提取数据,形成可供后续处理的数据记录集。支持从多种格式(如格式化文本、DBF 文件、Excel 文件等)数据文件中提取数据。

2) 数据转换

根据设定对输入的数据记录集上的数据记录进行字段数据格式转换、字段内容函数转换(如身份证号 15 位向 18 位转换等)、采用信息代码填写的字段进行标准代码转换、字段合并与拆分等数据转换处理,并输出经转换后的数据集。

3) 数据清理

根据设定的数据清理规则对输入的数据记录集进行检验,将检验出的不符合规则的、存在严重问题的数据记录的有关信息记载到问题数据库中。

4) 数据整合

加入一级平台共享大数据库的不同数据间存在一定的关联关系,这些关联关系对后续开展信息综合应用具有较高的价值。数据整合过程就是查找数据间关联并记录关联信息的过程,也是按照相关业务信息要素模型进行要素信息更新及维护关联关系的过程。数据整合模块中,根据设定数据关联规则查找出输入的数据记录集中与已有的相应数据表上数据之间存在关联关系的数据记录,并将发现的这些具体数据记录间的关联信息记载和维护到数据关联信息记录表中。

  5) 数据加载

根据设定将输入的经过处理的数据记录集中的数据装载保存到指定的数据库中。支持向 Oracle、Sqlserver 等主流关系数据库装载数据,也支持将数据输出成为数据文件。

  6) 数据审计

根据设定的数据审计规则对输入的数据记录集中的数据进行数据质量校验,将校验出存在一定质量问题的数据记录的有关信息记载到问题数据库中。

  7) 数据更新检测

检测识别出指定数据源上的指定数据表中自上次数据抽取以来发生了更新的源头数据记录,形成数据记录集并输出。对数据更新的监测支持 Oracle CDC、变动时间戳、更新标志位、变动日志表四种变化数据识别方式。

  8) 数据异常处理

对于出现异常的数据统一记录到问题数据库中,记录信息包括数据类别、名称内容、异常描述、处理措施、处理状态等。

  9) 调度与日志监控

对信息资源的整个抽取、清洗、转换、整合装载的完整汇总整合过程的运行情况进行监控,提供各数据处理环节的运行状态、数据处理量等监测,并能在监测过程中发现异常状态时给出报警信息。

4.3.3 空间数据采集

数据加工管理功能是通过 ETL 工具获取数据的一种途径,空间数据采集功能则是获取空间数据的另一种途径,具体包括两部分功能:前端数据采集工具和后台数据采集管理。

  1) 前端数据采集工具

为了方便用户采集和更新数据,避免客户端系统维护,采用在 IE 浏览器上直接标注的方式,实现简单的点、线、面空间数据的采集,同时实现配套的基本属性数据、多媒体数据的采集和更新。具体功能如下:

① 空间信息和属性信息的录入;
② 属性信息的编辑;
③ 点的空间位置的移动(线和面只能采用先删除、再录入的方式);
④ 空间和属性信息一同删除;
⑤ 地图定位、属性和采集日志信息的浏览;
⑥ 审核反馈,采集浮动窗口将列出经审核后不合格的采集数据;
⑦ 附加多媒体信息,提供通用的数据导入组件,配合元数据的定义功能,实现对地理目标添加照片、平面图、流媒体等多种附属信息。

2）后台数据采集管理

数据采集管理是数据管理的模块之一，针对图层采集的任务，可以实现以下功能：新建采集任务、查看/编辑采集任务、删除任务、分配任务、开始采集的设置、暂停和结束采集任务。按照采集任务的不同状态划分为：尚未启动的任务、正在采集的任务、暂时停止的任务和已经结束的任务。采集任务被暂停后，可以重新恢复到"正在采集的任务"中，重新对该采集图层进行采集。已经设置为"结束状态"的采集任务，则不能重新恢复成正在采集的状态，需要删除该任务后，重新定制新的采集任务。

工作流程如图 4-31 所示。

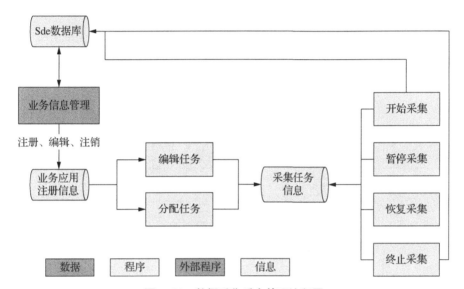

图 4-31 数据采集后台管理流程图

数据采集之前，系统后台管理模块要做大量工作，这是采集数据的用户看不到的。具体包括：

（1）新建数据采集任务

需要确定采集任务的名称、关联属性表、背景图层、采集图层、任务说明、采集起止时间等，如图 4-32 所示。

（2）分配采集任务

指将采集任务分配给指定的采集人或审核人。按照正常流程，应在启动采集任务之前完成任务分配；系统同时也支持先启动采集任务，后对任务进行分配的做法，如图 4-33。

（3）确定采集任务的发布位置

将采集任务启动时，要求输入该采集图层所在的数据库用户密码，密码确认成功后，选择将该任务放在哪个业务模块中进行发布。

（4）查看/编辑任务

可以查看采集任务的详细信息，同时还可编辑采集任务。

（5）暂停采集和恢复采集

只有针对已开始的采集任务，才能执行暂停、恢复和结束的操作。

（6）结束任务

只有"正在采集的任务"和"暂时停止的任务"能够进行结束的操作。

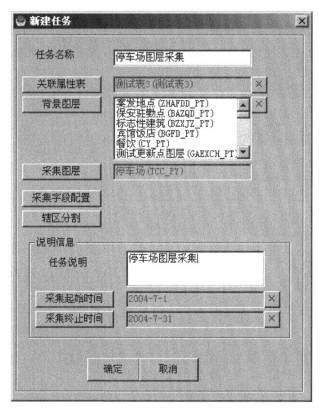

图 4-32 新建采集任务示意图

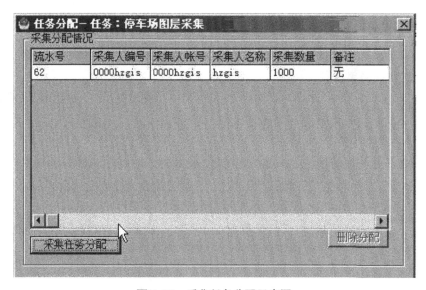

图 4-33 采集任务分配示意图

(7) 删除任务

针对"尚未启动的任务"和"结束的任务",可以进行删除操作。

4.3.4 数据应用分析

数据应用分析利用智慧城市共享基础数据库和联机分析处理(OLAP)、前端展现等商业智能(BI)技术将业务操作层采集形成的海量数据经过整理、分析、挖掘之后形成辅助决策的数据,提供多种分析展现方式,为智慧城市的各级领导提供政务管理、城市管理、城市公共服务各方面的决策支持功能,提升政府的管控能力;建立各种决策分析模型,能够对数据进行进一步的数据挖掘,比如对数据进行预测和关键因素影响分析,构建决策分析模型等。数据应用分析模块的总体框架如图 4-34 所示。

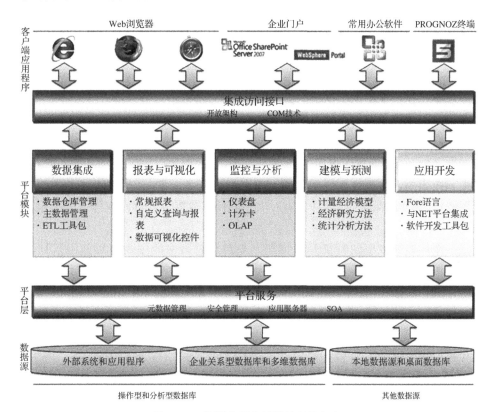

图 4-34 数据应用分析模块总体框架

数据应用分析功能具体包括 OLAP、快速统计、报表、业务图形和仪表盘、建模与预测等。

1) OLAP

包括以下功能:切片和切块;向下挖掘;向上挖掘;旋转;条件过滤;条件高亮显示;计算因子;80/20 分析;合计和排序。

2) 快速统计

快速统计模块用于在线的统计数据处理并提供以下功能:时间序列统计特征计算;回归分析;指数平滑;因子相关性选择;相关系数计算;聚类分析;其他统计操作。

3) 报表

可以生成功能强大、格式美观的任何结构的报表。

① 报表允许执行的操作　将从数据库收到的数据显示为电子表格形式；分析数据（创建切片，修改规格级别，汇总数据，评估公式）；根据数据显示表现形式，分类可视对象；输出数据（打印报表，导出为外部文件，导出为不同类型的文件）。

任何报表都可以使用特殊工具——报表设计器创建。所有的报表都可以被整理为一页或多页的工作簿。

系统支持多文档界面，因此用户可以同时打开存储在不同位置的不同大小的多个报表。

② 报表可能涉及的数据库对象　立方体；立方体视图；虚拟立方体；可计算立方体；表；关系对象；业务标识器指标。

③ 用于系统与程序开发的报表设计器可以提供的功能　报表设计与查看模式；数据查询参数可视控制；将执行查询结果存储到电子表单的分析数据库中；创建任何类型的报表，包括用户可视界面、形成多页报表；嵌入公式与计算分析指标；在电子表格显示数据的高级功能；使用超级链接，嵌入控制要素和事件句柄；扩展功能，如设置打印预览、打印报表等；使用业务图形单元和数字地图显示数据。

4) 业务图形和仪表盘

采用用户友好的方式，可以很便捷地采用图示类的图形、图表、里程计、记分卡、控制面板和区域数字地图来显示分析的信息。

图形和图表用来可视化地显示数据。图表作为一个元素，总是基于表的数据区域。图表连接到数据，因此如果进行修改的话，对表中的任何数据集进行修改都可能引起图表的重新设定。

任意一个图表最重要的特征是数据集。来自汇总表中的图表可以使用数据集中的数据。整个表以及选中的区域表示一个矩形两维数据阵列，它包含行和列。要画一个图表，应使用数据序列中的数据范围列或行。该图表以图形格式显示每个数据序列，这样可以直观地对比数据序列中的元素（例如，作为多种颜色的列的集合）。所有的选择记录始终用于该图表中，如果不再需要该记录，用户可以更改此选项。

最常见的图形式如下所示：

① 线形图　每个数据元素代表一个点，垂直的元素与该元素值成比例。如果存在若干个数据组，那么与这些点对应的数据序列就会与线段相连。

② 柱状图　每个元素的值显示为水平（垂直）的带，其长度与元素值成比例。一定数量的带子显示为数据组，数据序列按照带子的颜色进行标记。

③ 面积图　每个数据组与所有数据元素的值成比例的部分都会垂直显示。与不同的组中的行对应的点会与线段相连。线段下的面积显示为填充，它就是这些数据元素的集合。

④ 饼状图　每个数据组显示为一个圆形，圆形会被分割成若干部分，每部分的大小都与其元素值成比例。

⑤ 雷达图　这种图是非常典型的图表，但任意两个序列之间的部分都会被填充。

⑥ 散点图　它在平面上显示为两维数据阵列，可以对成对值进行比较。

⑦ 条形图　代表所有类型的条形信息。

⑧ 里程计　里程计用于模拟时间动态变化过程中选定指标值的变化情况。这类里程计显示实时模式下它们的效率。要创建里程计，需要用到 Macromedia Flash 技术。

5）建模与预测

建模是创建、分析与应用模型的过程。模型是一种替代对象，它在特定情况下可以替换研究者感兴趣的原始对象的属性和特征，它具有突出的优点，非常便捷（形象、可用、可视等）。在管理实践中使用建模方法是很有必要的，这是因为，不可能直接调查不同条件下的多个对象行为的相关性，或者由于耗资巨大而不可能实行。

（1）建模模块

建模模块提供以下功能：为业务流程创建多维动态模型；处理信息的随机算法，包括应用统计和优化（线性或非线性）方法，神经网络建模；执行情景（如……会出现……）和目标（需要……）预测计算、目标可实现性估算；比较不同的预测值；生成有问题指标的查询和任何形式的报表；模型与算法设计器——基于面向对象的方法，可视化创建数学模型；建模与预测——计量经济、最优化、多元情景预测计算。

（2）模型设计

模型设计过程包括创建一系列主要模块（变量、方程），并定义每个模块的连接和参数。任何复杂的模型都可以通过这个模式来建立。该模型具有如下功能：连接原始数据、从数据库中选择数据、在数据库中保存计算结果。它还包括一系列嵌入在内的统计方法、模型以及算法，如相关性分析与回归分析，基于 LS 方法的线性回归，假设检验，时间序列分析，ARIMA，指数平滑处理，趋势模型，季节调整方法、X11、X12，自回归模型，向量自回归模型，误差修正模型，稳定性检验（Dickey-Fuller 检验），谱分析，ARCH 和 GARCH 模型，多元统计分析，聚类分析，主成分分析，最优化方法，线性规划任务解决方案（简单方法），变量个数（数以千计），基于 LS 方法的非线性回归，非线性规划任务解决方案（目标函数和限制条件：非线性），分布和描述统计，分布发生器，分位点计算，方程及联立方程的方案，线性联立方程方案，以及非线性联立方程方案。

此外，可以使用任何计算的算法、算法检验和误差修正系统及检验的模式。动态系统的数学模型任务可以通过使用建模容器来解决：

① 变量　对象可以用于获取源数据并返回算术计算结果。变量是数据范围的命名。

② 模型对象　用于构成算术描述符，它可以将输入的影响转换为反应。该对象允许设置多种计算方法。

③ 元模型　用于将计算序列和多维对象整理成多层级图形，规定任何随机任务/过程的建模逻辑。

④ 任务　对象允许解决基于元模型所组成的任务以及形成计算情景。模型容器基于标识期间指标值来计算预测期间的指标值。标识期间是一个变量值已确定的期间。预测期间是需要得到预测值的期间。

数据分析和预测任务可以通过统计方法实现——统计方法是经过科学和实践验证的多种数学算法。

由于统计方法的最终目的是评价变量之间的关系，多数统计方法服从以下一般原理：评估涉及的观测变量与按照"最大可能关系"推理的变量对比。

在应用这些统计方法之后，将会显示完整的工作报表。

4.3.5 数据展示

1) 属性数据查询

灵活设定查询条件，快速查找符合条件的记录。支持模糊查询，提供关联跳转功能，支持从明细表的数据区中，跳转到另一个明细表或者查询结果集。系统可以选定所需的指标、时间段、客户类型、项目等条件，显示所需查询数据，并且可以对查询结果进行排序、分组求和、合计等操作，如图 4-35 所示。

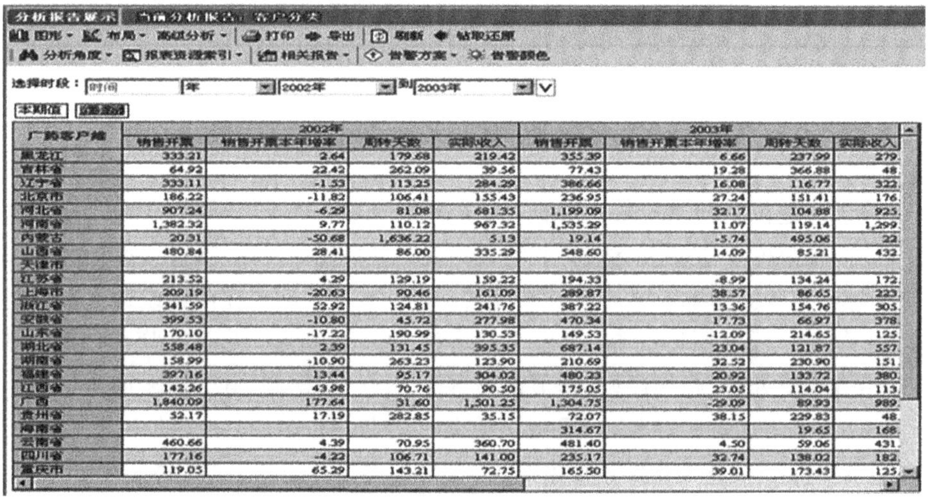

广药客户维	2002年				2003年			
	销售开票	销售开票本年增率	周转天数	实际收入	销售开票	销售开票本年增率	周转天数	实际收入
黑龙江	333.21	2.64	179.68	219.42	355.39	6.66	237.99	279.
吉林省	64.92	22.42	262.09	39.56	77.43	19.28	366.88	48.
辽宁省	333.11	-1.53	113.25	284.29	386.66	16.08	116.77	322.
北京市	186.22	-11.82	106.41	155.43	236.95	27.24	151.41	176.
河北省	907.24	-6.29	81.08	681.35	1,199.09	32.17	104.88	925.
河南省	1,382.32	9.77	110.12	967.32	1,535.29	11.07	119.14	1,299.
内蒙古	20.31	-50.68	1,636.22	5.13	19.14	-5.74	495.06	22.
山西省	480.84	28.41	86.00	335.29	548.60	14.09	85.21	432.
天津市								
江苏省	213.52	4.29	129.19	159.22	194.33	-8.99	134.24	172.
上海市	209.19	-20.63	90.46	161.09	289.87	38.57	86.65	223.
浙江省	341.59	52.92	124.81	241.76	387.22	13.36	154.76	305.
安徽省	399.53	-10.80	45.72	277.98	470.34	17.73	66.97	378.
山东省	170.10	-17.22	190.99	130.53	149.53	-12.09	214.65	125.
湖北省	558.48	2.39	131.45	395.35	687.14	23.04	121.87	557.
湖南省	158.99	-10.90	263.23	123.90	210.69	32.52	230.90	151.
福建省	397.16	13.44	95.17	304.02	480.23	20.92	133.72	380.
江西省	142.26	43.98	70.76	90.50	175.05	23.05	114.04	113.
广西	1,840.09	177.64	31.60	1,501.25	1,304.75	-29.09	89.93	989.
贵州省	52.17	17.19	282.85	35.15	72.07	38.15	229.83	48.
海南省					314.67		19.65	168.
云南省	460.66	4.39	70.95	360.70	481.40	4.50	59.06	431.
四川省	177.16	-4.22	106.71	141.00	235.17	32.74	138.02	182.
重庆市	119.05	65.29	143.21	72.75	165.50	39.01	173.43	125.

图 4-35　属性数据查询

2) 空间数据查询

(1) 模糊条件查询

模糊查询即要在定义好的查询目标图层中查找与输入查询内容相类似的结果，并对结果进行定位和属性浏览。模糊查询的结果即在浮动窗口中列出符合查询条件的所有记录并在地图上红色高亮标注。

系统提供对查询结果的单条记录的定位功能。在查询结果的列表中点击某条记录的链接，该记录链接变成红色，并在地图中央快速定位并且高亮显示。

系统提供对单条或多条记录的属性浏览功能。

(2) 区域范围查询

范围查询分为四类：辖区范围、拉框选择、点圆选择和多边形选择。

① 辖区范围　在不同级别下，以不同级别的辖区范围为基本单元查询某范围内选定对象的所有记录。如在省数据级别，以地市等为查询范围；在市数据级别，以区、县等为查询范围。

② 拉框选择　根据在地图上的鼠标拉框的范围，查询目标图层中在此框范围中的记录。

③ 点圆选择　根据在地图上的鼠标画出的圆的范围，查询目标图层中在此圆范围中的记录。

④ 多边形选择　根据在地图上的鼠标画出的多边形的范围，查询目标图层中在此多边形范围中的记录。

(3) 周边查询

提供对目标周边一定范围内相关信息的查询和地图定位功能。当输入周边半径大小后,可将目标周围该半径范围内的相关专题信息显示到地图上,并列出相应的属性信息。周边查询实现了位置+范围的查询操作。在利用多种地图定位如模糊条件查询、区域范围查询、模糊地址查询、MIS 信息地图定位功能等将某目标定位到电子地图上后,可调用周边查询功能,输入周边半径大小,将目标周围该半径范围内的相关专题信息显示到地图上,并列出相应的属性信息,如图 4-36 所示。

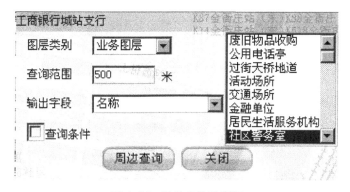

图 4-36　周边查询示意图

3) 信息分析功能

通过统计分析算法,对数据进行计算。包括:

(1) 一般统计方法

① 最小值;

② 最大值;

③ 平均值;

④ 合计;

⑤ 小组合计。

(2) 现状分析

① 排序分析/TOPN 分析;

② 比重分析;

③ 分布分析/绝对值分布分析;

④ 方差分析/平衡性分析;

⑤ 80/20 区间分析、80/20 集合分析;

⑥ 进度分析/强度分析;

⑦ 异常值分析;

⑧ 中心趋势分析;

⑨ 离散趋势分析。

(3) 发展分析

① 基比分析;

② 环比分析;

③ 增长率分析；

④ 同期比分析；

⑤ 前期比分析。

(4) 图形分析功能

报表和查询结果可以方便地用图形展现,直观地显示出形势发展趋势、各项目占比等。在图形上也可以快速地进行各种OLAP分析操作,绘制出总指标所包含的子指标图形,如图4-37所示。

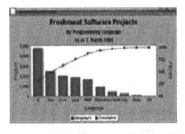  
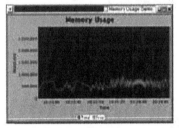 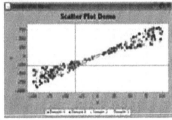 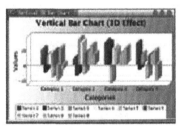
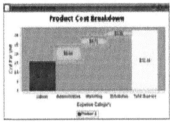  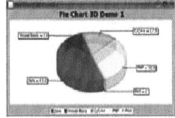

图 4-37 指标图形

4) 二维表、统计图、地图专题图的联动展示

(1) 表格统计展现模块

能够根据选择不同维度和多种维度结合的方式,细致全面地对业务数据进行表格统计展现。可以选择具体的维度进行向下钻取的功能,方便地取得想要的更进一步的数据信息。

(2) 统计图展示模块

根据统计查询的结果,用统计图的方式进行宏观方面的总体对比、历史对比、数据一定时间段的曲线展示功能,也可进行钻取。统计图主要分为曲线图、饼状图、柱状图、面状图等。

(3) 地图专题图展示

专题图主要展示一些和地理要素有关的资源信息,是以地图要素为基础,通过对其他维度的统计(如时间、资源的同类别等),在地图上直观地展现出来的一种表现方式,可以分为渲染图、柱状图、饼状图等,并且提供钻取功能。

(4) 不同展示的同步和钻取

① 数据的同步和显示　以上这些展示方式都是依赖于统一数据的,每次查询后其展示方式都会同步实现更新。同步机制的使用可以让用户选用自己更习惯的方式进行统计和分析,也可以根据不同的展示方式看到不同的对比效果,进行更准确和更有效的判断。

② 数据钻取　不同的统计图都提供数据钻取功能,用户可以方便快捷地统计和选择想要的数据和统计图,可以选择不同的维度进行自由钻取。为了方便用户,钻取功能都采用点选要素的方式下钻,上钻提供为返回按钮的形式。

4.4 智慧城市大数据资源共享与分析

智慧城市建设需要在总体需求分析、可行性研究、总体体系结构分析和研究的基础上,进一步深入地对智慧城市大数据资源共享进行分析和研究。智慧城市大数据资源共享分析和研究的内容包括:大数据资源共享现状分析、问题与对策分析、大数据资源共享保障机制分析、实施策略与方法分析、运作流程分析、信息分类与共享性质分析,并在此基础上编制智慧城市大数据交换与数据共享一览表。

4.4.1 大数据资源共享现状分析

大数据资源共享是智慧城市建设的最根本目标和任务,也是目前国内外在国家信息化建设和发展中必须首要解决的课题。

1) 国外大数据资源共享现状

在以往的信息化工作中,我们比较多的是关注和借鉴发达国家在发展信息技术和信息产业方面的经验与做法,而对他们在信息资源开发和共享方面的做法则重视不够。实际上,发达国家都从战略和全局的高度对待信息资源开发和共享工作,把它作为推进信息化建设、促进经济社会发展的重要内容,并采取了一系列措施加强信息资源开发和共享工作。

在国外首先从信息共享政策方面入手,突出表现为两个方面:一方面是开放与限制关系问题,包括版权、保密、价格、收费等具体内容;另一方面是对隐私的保护问题。国外部分国家或组织意识到政府机构之间信息共享对提高政府工作效率、避免重复建设和减轻公众负担有着重要的作用,由此建立和开展了促进信息共享的机制和策略。

美国政府为避免重复采集个人信息和减轻公民负担,鼓励政府机构建立个人信息共享机制,因而要求各联邦机构营造开放的系统环境,提高异构硬件、软件和网络平台的互操作,同时也规定政府机构之间共享个人数据时要告知当事人、得到当事人的同意并确保其准确性和安全性等。

欧盟于1993年开始实施公共部门数据交换项目,以促进欧盟成员国公共部门之间以及公共部门与公众之间的电子数据交换和共享。《2003年IDA工作计划》包括两大组成部分:一是为公众普遍利益而设定的项目,涉及农业、就业与教育、环境保护等领域;二是为实现整个计划而采取的行动计划和措施,包括技术解决方案、先进经验推广和项目管理等。此外,欧盟还开展了"人类语言技术"项目,用于克服跨国使用公共部门信息时的语言障碍,并制定了泛欧元数据标准和泛欧数据采集模式。

英国政府于2001年10月推出了跨部门的信息共享系统"知识网络系统",以便政府工作人员共享数据库、网站、目录索引、论坛和知识库等。知识网络系统的应用,打破了政府机构各自为政、缺乏沟通的局面,建立了信息共享安全网络通道。目前,该系统提供的服务包括知识网络中心资料库、法律信息在线、经济政策网、部长级政府官员职责电子一览表、政府商务办公室IT项目数据库、政府电子图书馆和公共预算事务网站等。

2. 国内信息共享现状

自20世纪80年代以来,我国科学界就十分重视信息共享问题的研究工作,主要是研究制定统一的技术标准和有关政策。

1983年,国家科学技术委员会组织开展跨部门"资源与环境信息系统国家规范研究",并于1984年出版了《资源与环境信息系统国家规范与标准研究报告》。

1984—1995年,全面展开了多级标准的研究、制定和实施。在此期间,出版了大量的行业标准和国家标准,为各行业的信息化建设奠定了基础。但由于部门之间条块分割,大量的技术标准不能统一。例如,我国制定的各种地理编码标准多达10余种,不同的标准对同一种地理事物或现象定义不一致,导致应用上的混乱。

1996年以后,针对行业之间标准缺乏统一,缺乏信息共享的网络技术支撑体系和管理协调跟不上等问题,原国家计划委员会、国家科学技术委员会联合国家有关部委、局,先后召开了有关信息的发展战略研讨会,成立了信息协调组织,如国家地理空间信息协调委员会等,加强信息的协调工作。同时,中国科学院相关研究机构,以地理信息共享作为研究对象,先后研究制定了有关地理信息共享的政策法规,例如,地理信息共享分析与对策研究,地理信息共享管理办法研究,地理信息共享保密、编码、定价、用户、用途的研究,地理信息共享法研究等,并建立了"中国可持续发展信息共享"网站,公布有关信息共享的最新成果。

国内如上海、北京、福建、广州、鄂尔多斯等地,在开展智慧城市建设时,特别重视信息共享的相关标准和规范编制的工作,如鄂尔多斯市制定了《智慧城市信息化建设总体规划指南》《智慧城市信息互联互通数据共享规范》等一系列信息共享的地方法规和规范。

4.4.2 大数据资源共享存在问题与对策

1) 大数据资源共享存在问题

我国对信息资源整合与共享历来给予高度重视,在这方面也取得了很大的成就。1998年启动的中国高等教育文献保障系统(CALIS),开展了公共目录查询、信息检索、馆际互借、文献传递、网络导航等网络化、数字化文献信息服务,它通过CERNet把各高等院校图书馆连接成整体,改变了过去一校一馆孤立发展的模式,推动了高等院校整体化建设。2000年6月12日,虚拟国家科技图书文献中心的成立,标志着国家科技文献资源基础建设的启动,标志着科技系统文献资源共建共享工作的改革试点进入实质性的实施阶段。2002年4月,全国文化大数据资源共享工程正式启动,截至同年底,仅用了8个月的时间,20家省级分中心资源建设总量就达到200 GB。然而,当前我国信息化建设还处于一个较低的起步阶段,与国家电子政务的要求还相差甚远。这主要表现在:首先信息资源数字化程度不高,可用于计算机网络的数字化信息资源及其产品十分匮乏;其次数据库数量极少,而且质量不高;再次信息资源全社会范围的共享缺乏宏观的管理与长远规划,联机在线的电子文档服务还处于探索阶段。其中最为突出的问题就是在全国范围内的信息资源缺乏有机整合,配置不够优化,其分散于各个独立的系统之中,形成了大量的"信息孤岛"。因此,当前我国信息资源开发与利用的核心战略与主要内涵就在于顺应国家信息化建设的要求,充分利用政府电子政务外网的环境和条件,对现有的信息资源进行充分的整合,实现全社会信息资源的互联互通和数据共享,从而最大限度地满足政府信息化、城市信息化、社会信息化、企业信息化对大数据资源共享的需求。

2) 发挥政府电子政务建设的主导作用

① 要及时明确各部门在电子政务框架中的具体位置和分工及其在信息资源综合开发利用中的职责,明确本部门与其他部门信息共事和业务协同的范围,界定门户网站、电子政务内网、外网与互联网的关系,整合已有资源,促进综合应用。

② 要进一步明确政府信息管理职能,有效发挥政府在信息资源管理中的规划、组织、协调、监督和指导职能。规划职能,主要是研究制定信息化发展战略,编制中长期规划、年度计划,提出政府信息化建设中组织机构设置、人员配备、工作指导、实施保障措施以及操作技术标准等。

③ 落实组织职能,主要是组织实施和监督检查信息化政策、法规、中长期规划和年度计划的具体执行;审批投资项目,协调解决信息工作中的重大问题;组织实施政府信息化的工作标准与规范;组织网络基础设施建设;组织信息资源的开发和利用,信息技术的应用与推广,信息化的宣传与教育等。

④ 强化协调职能,通过对政府信息资源优化配置、有序状态的维持,保障政府信息化建设可持续发展。

⑤ 加强监督职能,主要是监督检查信息机构对国家信息化政策法规、标准规范以及信息资源开发与利用、网络基础设施建设与管理、信息安全与保密等综合性条例、规定和管理办法的贯彻执行情况,把信息化建设纳入法制化、规范化的轨道,并通过信息管理工作过程中的信息反馈,对部门信息化建设规划及实施进行必要的监控,以达到信息资源优化配置,政府业务流程重组,信息化总体目标始终与政府要求相一致的目的。

⑥ 发挥指导职能,主要是坚持贯彻执行国家有关信息化工作的战略规划、大政方针和法律法规,并根据本部门的信息化发展规划与计划,指导并落实具体信息化建设和信息资源管理工作。

3) 完善信息共享机制

大数据资源共享机制的建立和信息资源整合,应坚持以满足应用为前提,以制度化建设为手段,以分工协作为途径,以标准化为保障,全面促进信息资源的有效整合、合理开发、科学管理与综合利用。

① 要坚持应用需求为导向。在调查和分析各信息化应用的业务流程的基础上,认真梳理各部门之间信息交换与共享的内在需求,从而构建各部门之间信息交换框架。

② 要坚持资源管理制度化。各部门之间信息交换制度化,把为其他部门提供有关信息列入本部门的职责范围内,以推动各部门之间的信息交换。

③ 要坚持分工与合作相统一,建立基础信息资源、专业信息资源分工合作制度。发挥各部门信息资源开发优势,优化资源配置结构,相互配合,共建共享,避免重复浪费、相互推诿,以发挥整体效益。

④ 要实现信息标准化,建立信息资源采集、加工、存储、交换、发布标准规范,满足信息共享的技术要求。

4) 构建大数据资源共享平台

加强信息资源整合,消除"信息孤岛"是信息资源管理的核心。要兼顾信息资源现有配置与管理状况,对分散异构的信息资源系统实现合理整合,并在信息交换与共享平台上进行开发应用,实现信息资源的最大增值。解决"信息孤岛"有多种方法,基础架构平台就是其中较为有效的一种,主要是通过门户整合、数据整合、应用整合、内容整合及流程整合,来搭建一个上接应用平台与应用软件,下承业务系统的通用平台,并在新的信息交换与共享平台上实现信息资源最大增值。为促进政务信息资源的开发、利用和共享,实现政务协同,从而保障全社会信息资源供给,提供及时、有效的便民服务,必须加快政务统一平台建设,尽快实现政务部门网络和业务系统的互联互通。要充分考虑业务应用和需求,完善信息资源开发利用的基础环境,构建政府部门之间大数据资源共享的业务体制。各部门的信息中心以及各类信息机构接受同级或上级信息资源管理中心的业务领导,信息资源管理中心与各部门信息中心通过政务信息网络(外网平台、内网平台)互联互通,建立业务协作关系,实现政府部门之间的信息资源交换与共享。政府信息资源按规划实行集中与分布相结合的方式进行建设,基础性的数据库集中建设,各部门共享;专业性数据库分布建设,各部门按照需要有条件地共享。基础数据采集由业务主管部门一家采集提供给各部门共享,保证数据源头的单一性及数据的准确性。政府部门内部通过电子政务内网门户和外网门户提供应用,实施大数据资源共享服务,面向公众的政府信息应在政府外网门户网站发布并通过互联网提供服务。为此要坚决打破信息资源部门产权化现象,消除信息壁垒,完善信息资源共建、共享的法律法规,有效规范各信息系统资源开发、利用和服务行为,促进信息资源互联互通和数据的高度共享。

鄂尔多斯市"数字东胜"建立"城市级数字化应用一级平台",从信息互联互通、数据共享的顶层进行系统平台的规划设计,实现分层分级的信息互联互通和数据共享模式。实现了自下而上的数据采集、交换和共享,是一个可以借鉴的城市级信息共享的模式。

5) 制定信息资源管理政策法规及标准规范

信息公开是实现各部门之间信息共享的必要条件,只有通过制定相应的信息资源管理政策、法规和标准,才能规范各部门信息资源的开发、利用、管理等行为。制定信息资源管理政策法规及标准规范,可参照或选用国家或国际标准,出台大数据资源共享标准规范体系,从技术上解决信息交换与共享问题。应包括以下几个方面的内容:

① 界定各级政府信息资源管理部门的职责以及与各部门信息中心的分工。

② 建立基础数据库以及共享该数据库相关各部门的职责分工制度。

③ 规范各部门提供共享信息的内容,提供范围、条件。

④ 建立信息资源采集、登记注册、加工、储存、交换与发布管理制度。

⑤ 建立信息资源交换与服务结算和监督制度。

⑥ 建立政府机构信息主管和组织机构设置制度。

⑦ 对部门信息资源进行总体梳理和规划。

⑧ 界定各部门保密信息、内部共享信息、公共信息的范畴,并根据信息的不同性质制定有差别的公开与保密级别。凡是不属于保密的信息都应属于公开的范畴,相关职能部门也须及时、准确地对其进行公告和发布,以方便其他部门共享。

4.4.3 大数据资源共享保障机制分析

大数据资源共享是智慧城市建设的根本任务,同时也是一项在政府电子政务框架和应用环境下,以政府电子政务外网为平台,实现信息的采集、分析、利用、传播和发送的系统工程。通过政府管理手段的革新,不断为政府职能、组织结构、决策方式、管理行为、运行模式、工作流程等进行相应的改革和调整,促进政府管理方式的变革,从根本上提高政府管理的水平。要实现智慧城市信息资源的整合与共享,必须建立强有力的保障机制。

1) 组织保障机制

组织保障机制是一种通过建立相关的组织管理机构,实施人为干预与调节来增进电子政务信息资源共建共享的行政机制。电子政务信息资源的共建共享,应纳入国家统一规划和管理,由某一专门机构来具体负责实施。我国目前还没有专门主管信息资源开发利用的部门,这对实施国家的发展战略、发展协作性的生产体系、规范行业行为等都是不利的。为此需成立一个电子政务信息资源建设的服务机构,负责实施电子政务信息资源的共建与共享,统筹兼顾,统一规划,从全局出发,重点规划设计政府部门协同工作的内容和流程,打破信息资源"部门割据""条块分割"的局面,解决政务信息资源为各个部门独有和垄断的现象,真正实现电子政务信息资源的共建与共享。建立大数据资源共享服务机构是实现电子政务大数据资源共享的有效手段。

2) 法律政策保障机制

遵循国务院《政务信息资源共享管理暂行办法》(国发〔2016〕51号)和《关于加快推进"互联网＋政务服务"工作的指导意见》(国发〔2016〕55号)的指导思想,智慧城市电子政务数据共享机制应坚持以下原则:

(1) 坚持统筹规划

充分利用已有资源设施,加强集约化建设,推动政务服务平台整合,促进条块联通,实现政务信息资源互认共享、多方利用。

(2) 坚持问题导向

从解决人民群众反映强烈的办事难、办事慢、办事繁等问题出发,简化优化办事流程,推进线上线下融合,及时回应社会关切,提供渠道多样、简便易用的政务服务。

(3) 坚持协同发展

加强协作配合和业务联动,明确责任分工,实现跨地区、跨层级、跨部门整体推进,做好制度衔接,为"互联网＋政务服务"提供制度和机制保障。

(4) 坚持开放创新

鼓励先行先试,运用互联网思维,创新服务模式,拓展服务渠道,开放服务资源,分级分类推进智慧城市建设,构建政府、公众、企业共同参与、优势互补的政务服务新格局。

3) 经济保障机制

经济保障机制是按照"谁投资谁受益"的原则建立的、协调电子政务信息资源共建共享供需双方利益的市场机制。电子政务信息资源共建共享的实现离不开足够的资金投入,政府是实施电子政务的主体,各级政府要成为资金投入的主体力量,要为电子政务信息资源的共建共享提供足够的资金投入,将电子政务信息资源共建共享所需要的经费纳入本级政府的财政预算。对于涉及多个部门的信息共享互联互通工程建设,资金应统筹安排,公共部分的建设要设立专项经费予以保障。共建共享所需资金仅仅依靠政府的财政投入是远远不够的,还应在充分发挥中央和地方政府财政投入主导作用的同时,制定相应的政策,充分调动高等院校、科研院所、中介机构、行业协会、企业等各方面的积极性,鼓励和引导社会资金参与电子政务外网信息资源共建共享系统工程建设、管理和运营。电子政务信息资源共建共享工程的建设和管理需要积极探索市场化运营模式,逐步向企业化、市场化运行方向转化。在资金投入过程中,要切实加强资金管理,完善资金管理制度和资金使用的绩效考评制度,提高资金使用的规范性和有效性。

4) 技术保障机制

(1) 构建信息互联互通数据共享平台

根据《电子政务信息共享互联互通平台总体框架技术指南(试行)》的要求,信息互联互通数据共享平台应由城市级一级平台、业务级应用集成二级平台、企业级应用集成三级平台,以及管理和监控系统、安全支撑系统等多个信息基础系统平台构成。其中,城市级一级平台是信息共享互联互通的核心。城市级信息互联互通数据共享体系,应采用"三层两纵"的总体框架结构。"三层",即城市级一级平台为核心基础层,业务级应用二级平台为应用集成层,企业级应用三级平台为业务功能层;"两纵"为支撑"三层"的管理和监控系统及安全支撑系统。"三层两纵"以"三层"为主体,重点解决信息共享互联互通中数据交换、应用集成与流程协同三个层次的问题;"两纵"是"三层"实现安全的、可管理的、可监控的信息互联互通数据共享环境的支撑。

(2) 全面推行标准化

标准化是实现电子政务信息资源共建共享的先决条件,无论是网络统一平台还是资源共享平台,都需要标准。目前电子政务统一标准的出台速度跟不上电子政务建设的步伐。尽管涉及电子政务的标准很多,仅已经颁布的国家级标准就达800多个,此外还有各式各样的行业标准;但是如此众多的标准缺乏统一性,标准过多、过泛给政府部门和相关厂商带来了很多不便,甚至形成了大量的信息孤岛。对众多标准加以统一和规范,是解决标准滞后与过多、过泛的唯一途径。因此,要加强标准化建设的管理工作,统一网络和信息的标准规范。统一标准是实现信息互联互通、数据共享、业务协同的基础。

(3) 加强共享数据库建设

目前,我国信息资源开发和共享相对滞后的矛盾十分突出,在信息化建设中出现了"有路无车"和"有车无货"等现象,许多数据库更新不及时,成了名副其实的"历史数据库"。一些电子政务关键业务不能实现信息互联互通和互操作,从而造成了许多信息基础设施和技术设备得不到充分利用,制约了电子政务功能的发挥。因此,必须改变目前建库力量分散、低水平重复建设的局面。按照整合、共享、完善和提高的要求,建立电子政务信息共享数据库,有效调控增量资源,激活存量资源,最大限度地发挥现有资源的潜能。

5) 人才保障机制

电子政务培训工作已经被纳入"国家信息化培训工作"计划,成为"国家信息化培训工作"的一个重要组成部分。根据政府有关部门文件的指示精神,国家信息化培训认证管理办公室成立了"公务员信息技术与电子政务应用能力培训专家委员会",并制定了《国家公务员信息技术与电子政务应用能力培训大纲(试行)》,同时配套制定了《考试大纲》,建了相应的题库,由工信部信息化推进司组织编写了《信息技术与电子政务》系列教材。

但就整体而言,我国公务员的信息技术应用能力和对电子政务的认识水平还不能适应发展的需要。提高公务员的整体素质,特别是计算机应用方面的能力,将是一项艰巨的任务。须提高社会整体的信息化素质,为智慧城市信息资源共建共享提供强有力的人才支撑体系。

6) 安全保障机制

信息不安全的因素有很多,如网上黑客入侵和犯罪、网络病毒泛滥和蔓延、信息间谍的潜入和窃密、网络恐怖集团的攻击和破坏、内部人员的违规和违法操作、网络系统的脆弱和瘫痪及信息安全产品的失控等。因此,要保障电子政务信息资源的共建与共享,首先要保障共建与共享信息的安全,信息安全是电子政务信息资源共建、共享中最关键、最根本的问题。为此,要切实做好电子政务信息资源的保密管理和安全管理工作,采取有效措施,对信息进行分级管理和访问权限控制,防止信息泄漏和受到人为破坏等。要加强安全技术的研发,并积极采用先进、实用的安全技术、安全产品等。同时要建立健全安全规章制度,加强对人员、组织和流程的管理,按照政务公开和国家安全的要求,科学、合理地划分信息保密等级,做好信息的及时解密工作。此外,还需要不断进行信息保密、安全教育,提高全社会对信息的保密、安全意识。

4.4.4 大数据资源共享策略与方法分析

我们已经反复强调了智慧城市建设信息共享的重要性、关键性、基础性和根本性,其最关键的一个问题是要将全社会、全领域,即政府各部门、社会各领域、各行业、各企事业的信息最大限度地集成与利用,提供快速、系统和简便的信息共享服务,实现信息交互、数据共享、网络融合、功能协调、决策科学、工作高效与跨越发展。如何科学地、一体化地实现全社会范围内的信息共享互联互通,确实是一个超大型的信息系统工程。其实现的策略和方法十分值得研究和探讨。

1) 大数据资源共享的目标和策略

以政务信息资源开发和共享为突破口,带动全社会信息资源开发和共享体系的建立,健全政府信息公开制度。充分利用政府门户网站、重点新闻网站、报刊、广播、电视和档案馆、图书馆、文化馆等,为公众获取政府信息提供便利。结合推行电子政务,推动需求迫切、效益明显的跨部门、跨地区信息共享。

促进信息资源的公益性开发,结合工作特点和社会需求,主动为企业和公众提供公益性信息资源。重点搞好农业、科技、教育、文化、卫生和社会保障等领域的信息资源开发和共享。

充分发挥市场机制对信息资源开发和共享的作用,要打破行业垄断、行政壁垒和地方保护,促进政务信息资源社会化增值开发,鼓励发展信息服务业。

加强政策法规与标准体系建设,加大知识产权保护力度,加快制定相关技术标准,健全政策法规体系,为信息资源开发和共享营造良好的环境。

2) 城市大数据资源共享关键技术应用

针对智慧城市建设的数据管理、技术操作、数据分析、信息查询、信息显示和综合集成等功能要求,大数据资源共享所涉及的技术包括多源空间数据的标准化、统计数据空间化、空间信息智能表达,以及海量信息的存储、交换、传输、管理、操作、查询等。

(1) 统一组织机构代码模型与改造技术

统一组织机构(法人单位、工商企业、政府机构)代码,是信息共享的重要条件。但由于各行业信息编码的差异,造成同一机构有不同的代码,行业与行业之间的数据无法交换和共享。该技术的主要目标是将智慧城市建设中所涉及的组织机构数据库,包括工商、税务、质检等,利用信息编码技术,建立统一机构代码模型,对所有机构数据库进行改造,将机构数据库归化到统一机构代码中。

(2) 多源空间数据的标准化与一致化改造技术

多源空间数据的标准化与一致化改造技术的主要目标是把智慧城市建设中所涉及的多种来源、不同空间分辨率的空间数据,利用地理信息系统的综合分析技术,通过投影变换和数据格式转换技术,把它们统一到具有统一空间参考系统的空间数据集中。具体内容包括:

① 多源空间数据的融合;
② 基于不同空间参照系统的投影变换;
③ 各种空间数据格式的相互转换;
④ 特定应用目标的数据库重组。

(3) 统计数据与观测数据的连续空间化技术

统计数据与观测数据连续空间化技术的主要目标是把政务信息中涉及的统计数据和观测数据通过连续空间化模型和空间插值技术使之能够较精确地定位到数字空间定位系统中,提高这些数据的实用价值和准确性,实现不同来源的数据类型的空间特性的统一。具体内容包括:

① 统计数据的空间定位及其连续空间化模型;
② 观测数据的连续空间化模型;
③ 统计数据的空间网格化模型;
④ 多维空间数据的内插模型。

(4) 基于网络的空间信息智能表达技术

该技术的主要目标是针对智慧城市所涉及的各种类型的空间和统计信息,设计出基于网络环境的、符合地理学规律和国家规范的符号和颜色的智能表达,使之能够充分反映空间信息与 GIS 地图的特点。其具体内容包括:

① 点、线、面地物的符号库设计与实现;
② 颜色库的设计与实现;
③ 空间信息的多维动态可视化;
④ 特定应用目标的地理环境虚拟;
⑤ 动态环境建模。

(5) 大容量空间信息的压缩传输与空间索引方法

该技术的主要目标是在空间信息的共享过程中,解决大数据量空间信息在有限网络带宽限制下的传输矛盾问题,以提高网络环境下大容量空间信息共享的效率。其具体内容包括:

① 矢量数据的压缩和解压缩技术;
② 影像数据的压缩和解压缩技术;
③ 空间数据的空间索引结构设计;

④ 空间数据的分布式网络站点索引。

(6) 空间信息管理、操作、查询与分析软件技术

空间信息管理、操作、查询与分析软件技术的目标是在以上技术的基础上,针对空间信息的管理、操作、查询、分析和表现等功能开发系列软件系统,为全面建成政务信息共享平台奠定基础。其主要内容包括:

① 空间数据处理和分析 API 及控件的开发;
② 空间信息网络共享管理服务器系统的设计与实现;
③ 元数据管理和元数据类封装;
④ 空间数据格式转换工具的开发;
⑤ 基于 WebGIS 的分布式空间信息管理与查询软件的开发与集成。

3) 建立城市级信息资源管理中心

智慧城市信息资源管理中心是智慧城市建设和信息资源开发与利用的主要服务机构,它负责城市共享信息资源管理系统的维护、运行和管理;对全市可共享的政务、社会、经济和行业重要信息进行编辑、备份与灾难恢复;对城市政务、社会、经济和行业信息进行登记注册与数据更新管理;为电子政务和国民经济信息化建设提供信息资源服务、咨询服务和技术支持;为企业、公众提供综合性信息咨询和信息资源服务等。并以此为基础构造信息资源开发和信息产品的生产体系,信息产品的营销和服务体系,以及信息资源的管理体系等。

同时,在信息资源管理中心下设公共数据中心。建立公共数据中心是政府大数据资源共享的基础,是实现城市政府大数据资源共享的有效途径。

(1) 实现有效大数据资源共享机制

政府大数据资源共享是国家权力机关与政府之间、政府各职能部门之间、政府与社会之间、政府与企业之间、政府与公众之间共同使用政府信息资源的一种机制。公共数据中心集中存储上述各主体需要共享的数据,可通过为各主体提供公共数据交换接口,保证政府信息资源的有效共享。

(2) 实现集中统一的信息资源管理

政府信息资源管理主要是指对政府数据实施采集、加工、存储、检索、更新的综合管理。政府信息资源管理的核心,是确保政府全部数据的完整性、准确性、实时性和可访问性。公共数据中心的建立可为政府信息资源的统一规划、统一采集、统一开发及统一维护打下良好的基础。

(3) 推动跨部门、跨系统的协同应用

公共数据中心可提供便捷的政府信息的检索和定位服务,可推动跨部门、跨系统的协同应用。

(4) 有利于实现信息资源的全面共享

公共数据中心可替代大量分散、重复的数据库系统,实现除信息内容外,包括网络基础设施、信息系统、信息人才等在内的政府信息资源的全面共享。

(5) 为城市信息共享提供基础平台

基于公共数据中心,建立先进的数据挖掘与分析系统,可通过先进的数据挖掘技术来实现对各类政务数据资源的综合分析及处理,为政府部门的科学决策提供全方位的参考。

公共数据中心能提高政府部门的知识搜集、分析、传递和利用能力,将知识管理与政务业务流程紧密结合,从而提高政府整体的管理水平和效率。

公共数据中心定位为政府各职能部门及其业务系统之间协同工作的数据中心;是政府权力机关、监察机关对政府职能部门工作进行联网核查、动态监督的数据中心;是政府多媒体、文档资料和政策法规存储中心;是政府的知识库;是政府科学决策所需要的大数据库中心;也是政府门户网站的信息中心。公共数据中心的数据库类型主要包括基础数据库、主题操作数据库、政府办公记录数据库、文本资料数据库、多媒体资料数据库、元数据库(包括政务数据字典、数据中心元数据)、大数据库等。

公共数据中心可按照"政务基础数据库和业务数据库"的模型进行建设。将分散在各个政府职能部门的政务基础数据集中到政府公共数据中心,建立政务基础数据库,如人口基础信息库、法人单位基础信息库、自然资源和空间地理基础信息库等;然后在政务基础数据库的基础上再建立业务数据库。建立公共数据中心的关键是:认真研究和分析政府各职能部门的数据,抽取政务基础数据,统一采集、统一维护。各政府职能部门可以建立和维护自己的业务数据库,但必须在公共数据中心建立大数据库。通过元数据库统一管理,且可为政府各职能部门提供历史数据、综合数据。上级政府可建立大数据库来统一访问下级政府的数据中心。

4)建设信息资源目录体系

信息资源目录体系正是利用目录技术和元数据技术,以及其他网络技术,在网上构造一个统一的城市级信息资源目录管理系统,使资源的利用者能够在任何时间、任何地点,通过特定的服务接口查询资源目录,使其能快速发现、定位和获取所需信息。中办发 17 号文《我国电子政务建设指导意见》中指出,为了满足政务信息资源的迫切需求,国家要组织编制政务信息、资源建设专项规划,设计电子政务信息、资源目录体系与交换体系。

(1)目录体系总体技术框架

政务信息资源目录体系是向信息使用者提供政务信息查询、检索和定位的服务平台,并在规定的安全机制下,通过交换体系获得信息资源,向信息使用者提供信息访问服务。其系统总体框架如图 4-38 所示。

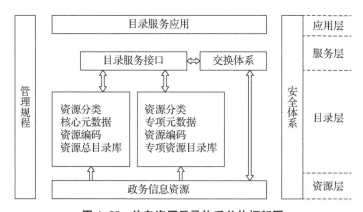

图 4-38　信息资源目录体系总体框架图

资源层是指各级政府部门可以公开和可以在部门之间共享的政务信息资源,包括各类共享信息库、共享文件库、门户网站等资源。

目录层包括专项资源目录库和共享资源总目录库。各级政府部门可以根据协同应用的需要建立部门之间共享指标项目目录库;根据对公服务应用的需要建立门户网站服务目录库;根据本领域的应用的特点建立相应的专项资源目录库。随着专项资源目录库建设的不断成熟,共享资源总目录库也逐渐形成。

服务层主要包括目录体系向应用层或其他应用系统提供各类应用服务接口,以方便用户的调用、目录体系与交换体系的互通、目录体系之间的信息交换和访问。

应用层是目录服务向用户的展示层。用户使用应用层提供的各类工具进行信息资源的检索、查询、访问。也可进行信息资源的著录和注册,以及对目录库进行管理。

(2) 目录体系服务模型

目录体系主要包括三个部分,即目录体系生产系统、目录体系管理系统和目录体系查询系统。其使用者包括三类用户:元数据生产者、目录体系管理者和信息查询者。如图4-39所示。

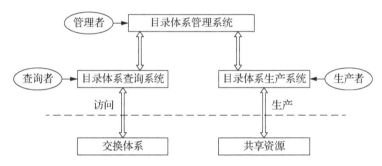

图 4-39 目录体系服务模型

生产者使用生产系统对本单位需要共享的信息资源按照相关的元数据标准进行著录,并通过管理系统提供的服务向管理系统进行注册。目录体系管理者根据各种分类体系构建相关的目录库,审核生产者提交的元数据,并将其列入相关目录下发布,同时管理目录库。信息查询者通过目录体系提供的查询和检索工具,查询所需的目录信息,并根据目录信息的指引,在一定的权限范围内访问相关的信息资源。

5) 信息资源改造内容

根据"统一标准、统一框架、权威部门权威数据、一库多用、分步改造"的原则,从数据库标准、数据格式、文档形式和数据质量控制等入手,对数据库进行标准化、网络化和空间化(GIS)的改造。数据库改造应按照政府电子政务大数据库、城市管理综合大数据库、社会公共服务大数据库、经济与企业信息大数据库进行分类,以及进行所属数据库的改造工作。

4.4.5 大数据资源共享运作流程分析

现有数据资源的标准化、规范化和空间化改造是建立分布式数据共享平台的基础,其标准化改造流程如图4-40所示,主要的工作流程包括以下内容:

1) 平台选择

原有各数据库设计时基本是从单用户角度出发,主要存在于单机环境下,不支持多用户访问,无法满足网络环境下信息共享的要求,因此必须进行网络化改造。考虑到系统稳定性、安全性、数据安全性、一致性、网络通信要求以及支持一定数量的并发访问,采用C/S或B/S体系结构,根据各单位及数据库的具体情况可选用下列两种方案之一:UNIX+ORACLE 或 WINDOWS NT SERVER+SQL SERVER 或其他关系数据库。

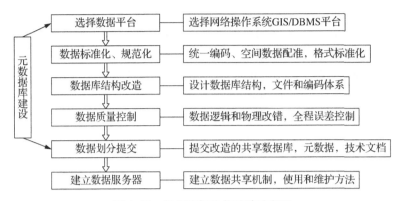

图 4-40 数据库标准化改造流程图

2）数据标准化改造

数据符合一定的标准和规范是使信息能够共享的必备条件，在改造过程中需要遵循已有的国家标准和行业标准。若无国家标准和行业标准时，可参照国际标准进行；既没有国家标准和行业标准，也没有相应的国际标准的，则由政府信息化主管部门组织制定内部的暂行标准，暂行标准应有利于信息共享与系统集成。

（1）数据分类与编码

数据分类和编码是利用计算机进行数据存储、分析、处理的需要。分类体系与编码系统是否符合标准规范，直接影响到数据组织、连接、传输和共享。所有数据库都必须按相应的信息分类标准及编码系统进行数据分类和编码改造，表明地理要素空间特征的字段要严格按照地理信息标准与规范进行分类与编码，如行政单元应采用对应的、标准统一的代码。

（2）空间数据配准

地理基础是地理信息数据表示格式与规范的重要组成部分。统一的空间定位框架为各种数据信息输入、输出和匹配处理提供共同的地理坐标基础。信息资源所涉及的数据来源和类别多种多样，采用的比例尺、投影方式、数据精度等都不同，必须将其统一到同一种坐标系中，以便在同一个基础上做进一步工作。

（3）数据转换

建立统一的数据转换标准（包括矢量数据、栅格数据、统计数据等的标准格式）和其他相关的地理信息技术标准和规范是进行数据处理、分析与应用的需要。智慧城市资源建设将制定统一的数据标准格式，研制相应的转换软件，各数据库在对数据进行统一时利用转换工具把所有数据转换成标准格式。

3）数据库结构改造

完成数据改造之后，应根据数据情况，调整和完善数据库结构，既使数据项能够真实地反映数据特征，也能具有最小冗余度。为此，要进行字段的增加、删除或修改。特殊数据的地理特征字段可以用作空间定位的字段，如果要以图形方式来表示空间位置、空间分布、空间关系或在此基础上进行分析，就需要建立属性数据和空间数据的关联（通过相应字段的标准代码），以便连接空间数据与属性数据。进行空间定位时必须考虑涉及哪些字段，如果是统计数据，应将统计单元按照定位标准进行划分。

4) 数据质量控制

数据质量控制的主要目的是提高数据质量,最后要完成数据质量报告。数据的质量情况应该体现在元数据中。为提高数据质量,使数据库有较高的应用价值,应制定一套数据质量控制方法,各单位据此对入库的数据进行质量控制,主要包括以下几个方面:

(1) 数据精度

数据精度包括:定位精度,指在数据集合(如地图)中物体的地理位置与其真实的地理位置之间的差别;属性精度,属性包括离散变量和连续变量,前者如土地利用等级,后者如温度、平均值等。连续变量的精度类似位置精度,离散变量的精度主要取决于对其分类精度的估计。各单位应当通过与共享平台底图(基础地理空间数据)的配准来提高数据的定位精度,通过遵循相应的数据分类标准提高属性精度。

(2) 逻辑一致性

数据元素之间要维护良好的逻辑关系,如行政境界与管理区域境界应严格一致。数据集合不仅位置精度水平要一致,逻辑关系上也应当一致。通过数据层与底图的叠加可以很好地看出数据之间是否具有逻辑一致性。

(3) 数据完整性

数据完整性包括:数据层的完整性,即研究区域可用的数据组成部分的完整性,数据层的不完整可能是数据属性包括数据集合内地理特征属性的不完整,也可能是数据未全覆盖研究区域;数据分类完整性,指如何选择分类才能准确表达数据,这主要与分类标准有关。

(4) 数据时间性与更新

对许多类型的地理信息而言,时间是一个严格因素。数据是否具有实时性是用户关心的数据质量的一个重要方面,需要进行更新的数据要及时更新。

5) 数据共享的划分

数据改造及元数据编写完成后,要划分出集中共享、分布无偿共享与分布有偿共享的数据,并确定用户级别。

6) 建立数据服务器并提交相关文档

把改造完的数据转入数据库中,建立数据服务器,提交有关文档,包括数据库改造报告、数据字典、使用说明等。

4.4.6 大数据资源分类与共享分析

1) 大数据资源按共享特征分类

大数据资源分类管理是智慧城市大数据共享运行机制设计的基本原则。数据资源的分类,主要是由数据资源本身的经济特征和社会经济发展的作用方式所决定的。数据的经济特征更多地表现为数据市场的需求。数据对社会经济发展的作用方式表现为数据本身对社会生活的作用范围。智慧城市大数据资源分类界定标准,是基于数据的这两种特征来设计的。一般情况下,可分为如下三大类数据资源:

(1) 公益性数据资源

第一类性质的共享数据资源,是指对全社会的经济生活、人民日常生活和管理工作等具有基础作用,而其本身不具备产生利润的条件。这类数据资源可认为是公益性数据资源,为全社会的公共财产。

公益性的数据资源应由政府投资进行建设、更新和维护,无偿提供给全社会使用。国家与数据资源管理单位构成完全委托代理机制。

(2) 准商品性数据资源

第二类性质的共享数据资源,是指对社会某些行业具有积极推动作用,通过对数据的经营,可以获得一定的经济回报,但目前还不能满足其自我发展的能力。这类数据资源可认为是准商品性数据资源。准商品性数据资源可由政府投资建设,数据资源管理单位采用市场运作方式,负责更新、维护和开发。国家与数据资源管理单位构成部分委托代理机制。

(3) 商品性数据资源

第三类性质的共享数据资源,是指对社会某些行业、某些群体具有重要作用,通过对数据自身的经营,可以获得用于自我发展的经济能力。这类数据资源可认为是商品性数据资源。商品性数据资源可采用市场的方式进行数据的建设、更新、维护和开发,政府为其提供数据共享市场的培育与管理有关的政策。数据资源管理单位自主独立经营。

2) 大数据资源共享性质分析与界定

根据智慧城市建设的需要,按照国家信息与数据资源分类的标准,数据资源分为4大类,即A资源类、B环境类、C经济类和D社会类信息。每类可分为:数据内容、数据管理、数据共享条件、数据共享性质。根据数据分类标准和数据分类界定原则,智慧城市建设所涉及的主要数据资源分类见表4-3所示。

表4-3 智慧城市建设所涉及的主要数据资源分类

序号	数据类别	数据内容	数据管理	共享条件	共享性质
A资源类					
01	地理数据	公路、铁路、重点项目、市县区划,所涉及数据和要素	信息中心	行业	公益/准商品
02	人口数据	人口普查信息,户籍、身份证数据	公安局	政府	有条件共享
03	水资源数据	本区域水资源分布信息,水利设施信息及分布图	水利局	政府	共享
04	土地资源数据	本区域土地资源分布信息,土地规划信息,土地使用信息	国土资源局	政府	共享
05	气象数据	本区域气象站分布信息,气象监测数据及历史资料信息与数据	气象局	行业/公众	准商品/商品
06	农业数据	本区域农业普查基础信息与数据	农业局	行业/公众	准商品/商品
07	林业数据	本区域林业普查基础信息与数据,林业保护分布图	林业局	行业/公众	准商品/商品
08	矿产数据	本区域矿产资源分布信息及分布图	国土资源局	政府/行业	共享/准商品
09	水文地质数据	本区域水文地质信息及分布图	规划局	政府/行业	共享/准商品
10	湖泊渔业数据	本区域湖泊及渔业资源信息及分布图,生态资源数据	水利局	政府/行业	共享/准商品

续 表

序号	数据类别	数据内容	数据管理	共享条件	共享性质
11	旅游数据	本区域旅游景点、旅游路线及景点分布图	旅游局	行业/公众	共享
B 环境类					
12	环境资源	环境监测数据及统计报表	环保局	政府	共享
		污染源基本数据,污染源排放监控数据	环保局	政府	共享
		生态环境基本数据及分布图	环保局	政府/行业	共享/准商品
		园林绿化基本信息及分布图	环保局	政府/行业	共享/准商品
13	抗防灾数据	防震监测及历史数据库,本区域地震分布图	地震局	行业/公众	共享
		人防工程信息及分布图	人防办	政府/行业	共享/准商品
		民防基本信息,突发灾害处置数据库	人防办	政府/行业	共享/准商品
		城市防洪观测数据及历史数据,本区域防洪重要地段分布图	水利局	政府/公众	共享
C 经济类					
14	工业数据	企事业法人数据库	工商局	政府行业/公众	共享/准商品
		企业信用数据库	工商局	政府行业/公众	共享/准商品
		城市重点项目信息	规划局	政府行业/公众	共享
		房产产权信息及相关数据	房产局	政府行业/公众	共享
15	农业数据	农业科技信息数据库	农业局	行业/公众	共享
		农业市场信息数据库	农业局	行业/公众	共享
		农业资源信息数据库	农业局	行业/公众	共享
16	交通数据	机动车辆数据库	公安局	政府行业/公众	有限度共享
		船舶数据库	交通局	政府行业/公众	有限度共享
		交通企业数据库	交通局	政府行业/公众	共享/准商品
		交通设施数据库	交通局	政府行业/公众	共享/准商品
17	邮电通信	固定电话及手机用户资料	电信局	政府行业/公众	有限度共享
D 社会类					
18	商业数据	商业信息,商业网点分布图	商业局	行业/公众	共享
		商业销售,电子商务、物流信息	商业局	行业/公众	共享
19	社会保障	养老保险、医疗保险、劳动力资源(市场)信息	社会保障局	行业/公众	共享
		城镇低保人员数据库	社会保障局	政府/行业	有限度共享
		城镇残疾人员数据库	民政局	政府/行业	有限度共享

续 表

序号	数据类别	数据内容	数据管理	共享条件	共享性质
20	城市管理	城市"市民卡"	信息中心	政府/行业/公众	共享
		城市管理综合信息数据库	信息中心	政府/行业/公众	共享
		城市应急指挥处置数据库	信息中心	政府/行业/公众	共享
21	党政军	党政机关政务数据库	机要局	政府	有限度共享
		公务员数据库	人事局	政府/行业	外网共享
		政府公共服务信息	信息中心	政府/行业/公众	外网共享
22	公检法	消防数据库	消防局	行业/公众	共享
		刑事案件政府信息库	司法局	政府	内网共享
		司法综合数据库	司法局	政府	外网共享
		法律条文数据库	司法局	政府/行业/公众	有限度共享
		公共交通信息库	公安局	政府/行业/公众	共享/公益
23	科教文卫	科技动态数据库	科技局	政府/行业/公众	共享/公益
		科技成果交易库	科技局	政府/行业/公众	共享/公益
		教育资源数据库	教育局	政府/行业/公众	共享/公益
		历史档案数据库	档案局	政府/行业/公众	共享/公益
		卫生信息数据库	卫生局	政府/行业/公众	共享/公益
		疫情报告数据库	卫生局	政府/行业/公众	共享/公益
		文化娱乐设施数据库	文化局	政府/行业/公众	共享/公益
		体育设施数据库	体育局	政府/行业/公众	共享/公益

4.5 智慧城市大数据资源管理策略与方法

4.5.1 "数据孤岛"的形成与分析

"数据孤岛"的解释是指相互之间在数据链上不关联、数据不共享、不交互及不支撑的信息与业务流程和应用相互脱节的数据库系统。从IT架构层面来讲,"数据孤岛"不仅是被定义为孤立的数据库系统,更多指随着政府各部门间数据量的不断增加,系统之间平台不同、技术不同、语言不同,造成彼此孤立、缺乏共享性、业务数据被隔离、信息流程被割裂等现象。使得重要的业务数据与信息无法顺畅地在部门与部门之间流动,无法实现政府或行业之间的数据共享、交互,业务管理的一体化目标。

1) 孤岛类型

数据孤岛这一问题,从20年前至今一直是热度不减的话题,作为智慧城市大数据治理中重点解决的问题,值得重视、关注并解决。数据孤岛的治理远比想象中的复杂,数据孤岛只是众多孤岛类型的一个统称,它具体包括数据孤岛、信息孤岛、应用孤岛、业务孤岛,这些孤岛类型并不是独立存在的,而是具备一定的联系与产生的因素。数据是重要的资源。数据孤岛主要表现为系统间的数据不能有效地交换与共享,影响数据的实时性、一致性和准确性。对于智慧城市来说,有价值的数据不仅是各独立系统产生的数据,而是系统之间整合共享所得出的数据,数据孤岛的出现阻碍了这些数据的整合与共享。由于各系统间数据来源的口径不统一,管理者想要得到整体的应用数据,需要人为操作、手工加减计算、输入或上传,在增加工作量的同时,还存在人为篡改风险,不能有效保证数据准确性与可用性,无法真实反映智慧城市治理与服务中存在的问题,影响数据决策分析。

"数据孤岛"导致"信息孤岛"。"信息孤岛"系指各系统间信息、功能彼此孤立,各自为政,缺乏业务功能交互与信息共享、系统与系统之间信息传递不及时、存在不同应用系统使用不同的账号密码,操作人员需要记住多个账户、登录口令,处理一个业务多次登录登出等现象,影响业务工作的执行效率,信息化建设整体价值无法外现。智慧政务关注各政府部门之间的业务与绩效,更重视站在全局角度把握管理、服务、风险等整体运作情况,对人、财、物一体化管理,提高整体工作效能,而彼此之间孤立的系统显然无法满足智慧城市治理与服务的需求,无法有效提供跨部门、跨系统的综合性信息。

"数据孤岛"导致"业务孤岛"。"业务孤岛"表现为政府各部门内部业务、信息流的混乱,造成业务流程严重脱节,彼此之间孤立割裂,业务以线上线下各种形式分开处理,无法构成一个环境统一、业务间无边界、有机的整体。随着互联网的发展,政府要求实现"一站式服务"的业务串联不仅局限于传统形式下的内部之间的业务集成整合,还包括对外涉及的行业、产业上下游之间的沟通协作。业务之间的协同联动是政府各部门统一存在的需求,而这些业务孤岛的存在,阻碍了与其他机构间良好的协同与联动。

2) "数据孤岛"产生的原因

"数据孤岛"现象在智慧城市建设中普遍存在,国内外、各行各业都会产生,它是信息化建设到一定阶段的必然结果,"数据孤岛"作为历史遗留问题,也是数字政府和智慧城市数据共享、交换、协同集成阶段需要攻克的第一个难题。造成"数据孤岛"这种现象的原因很多,大致可归纳如下:

(1) 历史遗留问题

谈到数据孤岛的产生,首先定会归咎于政府各部门内部建设问题。软件从最初会计电算化到之后的OA协同、人力管理系统出现,再到针对不同业务的系统(MES、BIM、HIS等)出现,系统的形式也从客户端发展成为Web端、移动端等,这些都是信息化环境、技术发展的一个过程。相信这些系统问世时,研发者一定没有意识到会出现后来的数据孤岛,更不会在研发系统时去考虑将来如何与其他系统进行集成,不然就不会有SOA集成理念的产生。

(2) 效益优先原则

绝大多数信息化系统或平台建设都不是一步到位的,而是阶段性建设,由初级到中级,再由中级到高级,由下至上构建。信息化建设萌芽阶段的企业,因缺乏信息化建设长远的意识与认知,信息系统的建设以能够带来收益的一线业务系统建设的优先级别高,而不能短期快速带来价值的二线、三线业务优先级别较低。对于系统建设的要求,比起大而全、周期长的总体规划建设,更尊崇实用、易上、见效快的原则。

(3) 缺乏整体规划

众所周知,信息化建设是推动整体业务战略发展的重要支撑手段,且越来越不能忽视,但绝大多数智慧城市在建设上仍缺乏像战略发展的整体长远规划和系统工程方法论,甚至刻意弱化这部分内容,导致数据孤岛、信息孤岛、业务孤岛林立。

(4) 系统之间的差异性

通常智慧城市各行业应用系统的构建不会采用由一家高速包揽的形式,随着各行业业务的个性化与科技快速发展环境下的各应用系统功能逐渐走向趋同,很多应用厂商的产品涵盖越来越多的功能,例如:项目系统中包含专业的合同管理功能,计划系统中包含部分成本管理功能等,企业对应用系统的选择范围变得更广。不同行业应用系统所使用的互联网技术、开发环境、开发语言、技术标准、使用平台、工具等各不相同,由于不属于集成类产品,自然不会考虑统一数据标准或信息共享问题,产品也不会提供对外的集成接口,由此就会产生各个系统间的兼容性和集成性问题,随着系统增多,形成数据孤岛是必然的。

(5) 数据结构之间的差异性

当前数据孤岛问题之所以非常严重,就是因为利用关系数据库理论在设计各种信息系统时,关系数据库中的二维表非常符合人们的日常使用报表的习惯。然而这种结构形式的数据在互联互通时就会遇到严重的问题:由于数据的接收方的数据库中没有相应的表结构而无法直接把数据存贮到数据的接收方的数据库中。各信息系统的数据结构(犹如钢轨)各不相同。要使数据在各个信息系统之间互联互通,就必须转换数据的结构(犹如火车在不同的钢轨之间行驶时需要换车轮一样)。当前的各种信息系统之间的数据的互联互通全部都是采用这种"换车轮(转换数据结构)"的方式来实现。随着信息系统的数量的增多,数据量的增加,信息孤岛问题已成为大数据时代一个非常严重的问题。因为信息系统越多、数据量越大,在实现互联互通时"换车轮"的次数也随着增加。

上述分析不难看出,既然"数据孤岛"是无法完全规避的,那么在出现苗头或问题初现时,就应着手去做解决问题的整体规划,分步实施,让上一阶段的建设成果可以持续作为下一阶段的重要支撑。往往事与愿违,智慧城市在发现系统之间存在孤岛问题后,仍选择暂时性解决当下业务和效益问题,虽一时得力则后患无穷。

3) 传统的数据与信息孤岛治理方法不可行

人们从 20 年前就已注意到了数据与信息孤岛问题。为了解决数据与信息孤岛问题,人们发明了 BI、EAI、ETL、EDI、ESB 等,然而事实表明,这些解决信息孤岛的方法都不能令人满意。通过计算就会发现当前的数据与信息孤岛是不治之症,因为设计人员在开发各种信息系统时都没有考虑数据的互联互通问题,没有通用的数据接口。如果需要与某个系统实现数据的互联互通,则需要开发专用的"点对点式的数据接口"。如果与 N 个系统实现数据的互联互通,那么至少要开发 N 个数据接口。从理论上而言,利用现有技术可以通过转换数据结构的方式而实现任意两个信息系统之间的特定数据的互联互通、开放共享,然而由于智慧城市各领域、各行业、各业务、各应用的信息系统的数量超过成千上万,所产生的数据超过数万亿条,而且信息系统及数据还在不断增加,面对如此海量的异构的、不标准的数据,"转换数据结构"的方法所花的成本非常高、不可承受。因此,当前的数据与信息孤岛只能在局部进行缓解,而不能整体上得到根治。利用现有技术设计信息系统时,每增加一个信息系统,就增加了一个孤岛。两个系统之间的互联互通约需要 1 人·月的工程量;三个系统之间的互联互通约需要 $(3-1)+(3-2)=3$ 人·月的工程量;四个系统之间的互联互通约需要

(4-1)+(4-2)+(4-3)=6人·月的工程量;N个信息系统之间的互联互通约需要((N-1)+(N-2)+(N-3)+……+3+2+1)人·月的工程量。由计算公式可看出,随着信息系统的数量的增多,系统之间的互联互通的工程量十分巨大,无法承受。用关系数据库理论开发信息系统,会产生无穷无尽的数据结构,也会产生无穷无尽的不标准、不规范的数据。仅我国智慧城市建设就会有数千万个以上的信息系统,数万亿条以上的数据。对于用关系数据库理论所设计的信息系统而言,随着信息系统的数量的增加,信息孤岛问题也将会更加严重,也可以说关系数据库理论是信息孤岛的发源地。人们虽说想尽各种方法来解决信息孤岛让数据互联互通,然而信息孤岛问题不降反增。信息孤岛一旦产生,基本"无药根治"。因为当前的信息系统中的数据结构是不标准的、数据是不标准的,而数据与数据库系统密不可分,数据与应用程序密不可分,数据只有在原系统中才是有意义的,一旦脱离了原来的系统,就会变成无意义的数据。当前解决信息孤岛实现互联互通的方法(例如BI、EAI、EDI、ETL、ESB……)都是通过转换数据结构、开发数据接口的传统方式来实现。然而这种方法只能治标,不能治本。利用现有技术无法开发出通用的数据接口。因此,当前的信息孤岛基本就是一个"不治之症"。自从关系数据库理论产生的40多年来,以及我国从数字城市到智慧城市的20年来数据与信息孤岛问题都未能得到有效解决。

治理"数据孤岛"的方式不止一种,常见的包括通过系统与系统之间的数据接口、应用重建、构建SOA分布式系统集成平台等。显然前两种方式不可取,因为数据接口方式随着系统的增多,只会加大维护与开发工作量;系统重建无论在时间、人力、资金成本上都是不可接受的;最佳的方式为第三种,也是目前大数据集成最佳解决方案,即从SOA分布式治理角度解决"数据孤岛"。

各类型孤岛是彼此联带的,一种类型的孤岛产生会带动另外类型的孤岛出现,同样一种孤岛的治理,也会为治理其他孤岛奠定基础。对于孤岛的治理要按照顺序进行,从最基础的数据开始,打好底层基础,之后到系统之间的信息功能整合,屏蔽边界,最后实现整体业务流程的联动。这种治理方式与SOA分布式架构有异曲同工之处,都为从数据治理到应用整合再到业务流程串联,即通过构建SOA分布式系统集成平台,从分布式集成架构层面,根据"数据孤岛"类型针对性解决,包括数据层、应用层、流程层、展现层,完成纵向与横向业务信息资源的全面融合,打造业务驱动、系统支撑、数据管控的全面大运营体系。

4)"数据孤岛"治理步骤与方法论

智慧城市"数据孤岛"治理是一个漫长的周期,不同于构建应用系统那般简单容易,并可以在短期内发挥显著成效。若想做好、做彻底,仅依赖技术、产品、方案等手段是远远不够的,需要从实际需求入手,结合整体规划,工程设计过程中进行分段实施,从需求、规划、建设、维护每一个步骤都需要统筹考虑。

(1) 深入剖析需求

当前智慧城市建设已经处在系统集成整合阶段,面对孤岛有很多问题亟需解决,但"急"并不是立即解决,盲目将集成平台类产品建全。需要结合目前智慧城市建设现状并衡量当前可接受的系统集成方式和范围,对需求进行深入剖析、评估,明确建设目标及孤岛治理的先后顺序,哪些可以同步开展,哪些需要优先开展。需求的评估可以由智慧城市建设部门进行,也可以聘请咨询机构或集成厂商配合进行,通常由智慧城市建设部门初步提出需求,由智慧城市系统集成厂商进行深入分析,给出准确的需求及针对性的解决方案。

(2) 全局规划设计

孤岛治理总体规划设计需要站在分布式架构层面,从系统架构与业务架构两方面进行规划,业务架构层面帮助数字政府和智慧城市各行业根据发展战略进行业务梳理,包括组织、业务、流程等,以分布式支撑战略的落地,缩小战略与执行的差距。分布式架构层面的规划包括对内部数据与信息资源进行组织(数据标准、数据封装、数据集成、数据调用等)、建设模式、建设阶段/顺序、数据资源管理体系等进行长远性的规划,既对未来建设内容做出明确,又对现阶段建设内容提出要求,支撑智慧城市数据集成、系统集成、业务集成与应用集成。

(3) 建设阶段划分

智慧城市建设很难做到一步到位,需要全局规划、分步建设。当具备整体架构后,就可以有条不紊地逐步推进,通常分为三个阶段:第一阶段将数据孤岛与信息孤岛并行治理,主数据标准化为后续治理打下数据基础,分布式系统集成平台形成统一框架做为基础,无缝支撑后续系统的平滑接入,智慧城市分布式中心节点作为统一的数据与信息集成的虚拟化平台,展现智慧城市应用场景和体验,不断可集成合后阶段建设成果;第二阶段深化前期工作,扩大数据与信息集成的范围,初步实现数据分析,满足智慧城市应用决策;第三阶段全面治理信息孤岛与业务孤岛,跨异构系统流程集成串联智慧城市各行业级业务平台及应用系统,大数据决策辅助精准城市治理、风险评估与预测,整体框架完成支撑后续新一代信息技术融入。

(4) 系统集成产品选型

在数据治理与系统集成的具体过程中可以看出,对于数据与信息孤岛治理涉及众多技术方案及中间件平台产品。因此选择系统集成软件产品极其重要,它决定智慧城市数据与信息集成的成败。智慧城市最佳的数据与信息系统集成产品应满足以下几个方面的要求:

① 采用 SOA 分布式系统集成架构;
② 具有数据、信息、页面、服务封装组件的功能;
③ 系统集成虚拟化中心节点,具有对分布式对等业务应用节点的资源注册、发现、发布、协同、可视化展现的功能;
④ 所有底层技术服务组件具有高集成性和资源复用性;
⑤ 集成系统产品具有易用性、安全性、扩展性、可维护。

4.5.2 大数据资源管理存在问题分析

从我国数字城市到智慧城市的各种类型数据库经历了十多年的建设,由于这些数据库在建设时其开发部门、技术平台、技术应用各不相同,造成其数据库数据结构各异、接口不统一,一体化程度低,这样一方面给数据的共享、交换与更新带来了极大的不便,同时也造成了资源的重复性与"数据孤岛"的产生,浪费了大量的人力、物力和财力。目前智慧城市大数据建设中存在的共性问题,主要体现在以下方面:

1) 集中式数据库易受攻击

传统的数据中心都是集中式的数据库,系统易受攻击。虽然在异地或本地有备份设施,但数据中心是信息的集散地,是智慧城市的中枢系统。为了提高数据库的抗摧毁能力,可采用"信息栅格"分级分类数据库结构,实现集中式数据中心与分布式组织域节点主题数据库相结合的结构,以保障数据库可靠性的运行安全。

2) 部门壁垒影响信息互联与数据共享

在数据库的开发过程中,由于各部门负责具体的信息采集和整理工作,其采集、处理和发布都紧紧围绕着本部门的需求而进行,数据库开发也涉及部门利益,加上元数据、分类编码、用户视图、建库技术应用完全不统一,因此要实现各部门的大数据资源共享,实施起来有很大的难度。

3) 人工采集数据工作量大

在传统的数据库建设中,数据的采集和更新工作基本上都依靠人工完成。而对信息化条件下瞬息万变的城市治理和社会治理的数据和错综复杂的信息环境,依靠传统的手工操作已经不能适应。一方面在海量数据面前,人工录入已经无法确保信息的全面和准确,容易出现信息遗漏和偏差;另一方面,人工更新周期长,无法确保信息的时效性,往往是一次更新还没有结束数据就已经发生变化。数据库中的所有数据应该根据城市环境的变化进行及时准确的自动更新。

4) 适应需求变化能力低

目前的信息系统一般都是采用基于流程的设计思路,一个个独立的系统都是量身定做的,对于用户来说,系统本身有非常强的针对性,系统使用的局部效率非常高,在一个个彼此独立的系统中,有一定的效率优势。但从长远考虑,基于流程方式设计的系统有明显的不足:首先,系统为每个流程都要提供相应的设施,造成较多的重复建设和资源浪费;其次,当有新的工作任务出现的时候,基于流程而设计的系统可能要被完全推倒重来,系统适应新变化的能力有限。

5) 安全问题制约数据共享

随着智慧城市建设的发展,信息系统和数据库应用日益广泛,已经深入到各个领域和行业,为城市治理和民生服务带来便捷的同时也产生了信息和数据安全的问题。各种应用系统的数据库中大量数据的安全、敏感信息的泄漏、盗取和篡改问题越来越引起政府的高度重视。数据库作为信息的载体,是目前各类信息平台系统的核心部件,关系到国家安全。如何保证数据库系统的安全,实现数据的保密性、完整性是数据库建设的重要课题。

4.5.3 基于"信息栅格"大数据资源管理策略

基于"信息栅格"大数据资源管理,是智慧城市总体框架中的核心组件,其功能是对各分布式业务节点(业务平台及应用系统)进行统一资源调度和协同,在智慧城市总体框架"共享组件及中间件层"对底层数据资源和服务进行统一封装提供接口和资源管理。而对于这些接入的的底层数据资源和系统,需要通过中心节点进行资源调度和业务协同。特别对于智慧城市开放复杂巨系统需要协调分布式节点多级信息系统和多级数据库系统协同完成联合任务及协同业务功能,则需要通过中心节点资源调度将任务有效的分配到合理的行业级二级平台和业务级三级平台上运行。

智慧城市基于"信息栅格"的大数据管理,所要解决的核心问题是在动态变化的多个虚拟机构间共享数据资源和协同解决问题。信息系统集成的目的是建立一体化数据与信息协调平台,手段则是通过共享现有数据库系统,实现广泛的互联、互通、互操作。基于"信息栅格"技术来构建智慧城市信息系统数据集成的共享和信息系统集成体系结构是智慧城市信息系统集成的一个关键技术。

4.5.4 基于"信息栅格"大数据资源管理方法

目前大数据资源管理存在一些共性问题,采用基于"信息栅格"大数据管理的方法和策略,可以有效解决这些问题。

1) 大数据与大平台栅格化改造

现有信息系统分布在不同的硬件平台和操作系统之上,都拥有各自的应用系统和数据库,但系统与系统之间却无法进行信息交换和数据共享,无法实现有效的业务协同。为了集成这些异构数据库系统,应对原有的数据库系统利用中间件技术进行改造,使之都符合栅格的集成规范,并将之集成进栅格平台。这种数据库的集成方式要比新建立一个大型数据库系统要节省财力和时间,而且可以随时利用现有系统中的数据来更新中心数据库中的数据,解决了数据的采集难和更新难的问题。

2) 建立映射机制

由于各种信息系统是在不同时期由不同部门研制的,没有遵照共同的规范,不论数据库的类型和数据结构,还是元数据的名称和语义,都没有统一的标准。这样就产生了异构数据库间的非标准数据的转换问题,需要有一种机制将异构数据库数据转为标准数据,从而实现部门之间数据的互联、互通、互操作。在数据的源头利用栅格中间件进行转换,所有的数据只要一出数据库,都要经过标准化的统一的封装,形成虚拟数据的映射,通过统一的数据接口和访问机制,使得虚拟服务与有效实际应用,以 QoS 为依据实现与实际服务资源的匹配。

3) 建立元数据管理机制

元数据是描述数据的数据,它是对信息资源的结构化描述,描述信息资源或数据本身的特征和属性,规定数据的组织,具有定位、发现、证明、评估和选择等功能。元数据是帮助用户更好地使用数据描述的信息。一般地,元数据描述数据的内容和类型,针对的对象、产生数据的时间、数据的来源、数据需要的加工操作、数据的更新时间、数据质量等信息。为更好地共享数据库,应该对所有数据资源进行统一的元数据描述,用栅格平台管理所有的元数据,并对所有的数据建立快速访问索引,解决所有数据的查找和定位的问题。

4) 提供按需服务接口

实现数据库的集成和共享之后,理论上讲所有数据都可以访问,但如果直接让用户面对海量数据,也会影响其使用效率。因此,还要做到按需服务,针对不同用户的各种需求提供其单独的操作界面,提供经过筛选的数据,让用户集中到数据的使用上而不是数据的选择上。通过信息动态集成技术,建立一套发布信息和访问信息的机制。只要是栅格里有的信息,且有权查阅,不管是各类用户,还是各种应用系统,都可以按需求发出请求并实时获取这些信息。因而,为开发新的应用系统提供一个有力的数据支撑环境。

4.5.5 资源的注册与发现

资源的注册及监测是资源发现的基础,其主要功能是将各分布式节点资源接口信息、QoS 相关信息和服务策略等注册到上层中心节点的资源发现模块之中,从而为底层技术服务应用提供一个全局的"资源架构"。资源注册及监测模块注册的信息是动态的信息,即能够实时地将节点动态的信息反馈给上层,从而使得上层中心节点对底层资源的信息是动态的和有效的。信息栅格中心节点提供了资源监测与发现服务组件(Monitoring and Discovery Service,MDS),主要内容包括资源注册、资源监测、资源发现和资源描述与更新。这样上层中心节点可以方便地利用 MDS 信息服务满足综合应用服务的需求。

MDS 实际上包括两部分:一部分部署在分布式资源节点上,以 Web 的方式发布其接口,这部分主要功能包括对资源信息查询接口、资源信息接口进行管理,该接口符合 Web Service 网络服务描述语言 WSDL 标准和信息栅格 OGSA 规范;另一部分部署在中心节点上,主要实现分布式节点底层技术服务应用信息的收集、协调、协同、调用,通过 Web Service 的方式发布其接口。因此在资源共享策略中对应的是部署在资源节点上的模块。

MDS 可以通过两种服务对信息进行收集监视。

1) 分布式节点资源信息收集

MDS 信息收集的工作方式与注册表非常相似。它搜集信息,然后将其作为资源属性发布。它通过一个 Web 服务接口(如 URL)将所有信息传到客户端。客户端可以向中心节点 MDS 查询信息,或者订阅所感兴趣的资源属性,如果这些资源属性的值发生了变化,就会发出及时的通知。这些信息代表了资源属性的配置和状态。

2) 分布式节点资源订阅服务

MDS 该项功能类似资源信息搜集,但它同时可以对所需搜集数据进行监测,这样就可以在数据达到某个预设条件时执行某些预定的操作。资源订阅服务可以实现对分布式节点动态资源的提取和调用。

资源监测与发现服务组件是分布式架构的重要组成部分。MDS 采用动态可扩展的结构来管理信息栅格分布式环境中各种资源,包括物理静态的资源(计算、网络、存储、设备)和逻辑动态的资源(数据、信息、页面、服务)。

4.5.6 资源的监测与发现

智慧城市系统集成封装的各分布式节点(信息平台系统)都有大量的元数据信息,这些元数据描述了分布式节点资源的调用、功能和使用策略,以及能够提供的服务质量(QoS)等。如何对这些信息进行有效地组织、协调、协同和节点资源管理,是服务调用的基础。该功能通过信息系统的资源发现来实现。智慧城市系统集成中的资源发现与一般系统的信息服务不同,除了具有发布和获取信息这一基本功能之外,还需要保证信息是当前可用的,信息系统的动态退出和动态加入需要通过信息服务来管理。资源发现是智慧城市信息系统集成中心节点中的核心组件。

智慧城市各分布式节点中的资源以封装的形式构成组件,对这些节点的资源进行调用时需要得到该资源的服务策略、服务接口等元数据信息。因此,需要对信息系统资源的这些元数据信息进行采集和组织,并支持用户查询。智慧城市信息资源发现策略,通过栅格信息服务将服务注册发现与资源及服务的监测管理相结合在一起。

智慧城市信息系统集成的资源信息组织策略,采用分布式(P2P)互联结构与栅格的资源监测技术相结合,在集成了目前栅格资源发现技术的优点的同时,有效地克服了以往"信息孤岛式"资源管理涉及的信息一致性、信息有效性、系统扩展性、元数据组织等问题。

智慧城市信息系统集成在资源信息组织的分布式(P2P)互联结构中,不同的行业级组织域分别通过一个分布式组织节点(行业级二级平台)来收集域内相关联的信息(业务级三级平台)。当分布式服务节点数较多时,也可以通过多级(层)结构进行组织。各个不同组织域节点之间采用中心节点 MDS 资源注册、监测和发现机制。当某一组织域的节点需要访问其他组织域的节点信息时,需要通过访问基于分布式中心节点的全局信息服务来获取(中心节点云平台),因为每个组织域的分布式节点将本域内资源注册到分布式中心节点全局信息服务之中并定期更新(这点非常重要,是彻底解决"信息孤岛"的有效方法)。全局信息服务则维护所有分布式节点元数据信息。由于采用分布式 P2P 互联结构,因而不存在系统瓶颈,并提高了系统的可扩展性、可靠性及抗摧毁性,并且这种分布式 P2P 互联查询相结合的方式可以方便地对各分布式节点组织域进行权限管理。当某用户端需要通过资源发现服务搜索相应的元数据信息时,可以先从本虚拟化中心节点云平台搜索相关信息,如果没有查询到相关信息,则可以直接通过分布式中心节点全局信息服务的任何分布式节点注册信息服务来搜索。

4.5.7 资源发现分布式 P2P 互联结构的特点

智慧城市信息系统集成资源发现分布式 P2P 互联结构具有以下特点:

① 以不同的分布式节点组织域对资源元数据进行管理,符合基于"信息栅格"信息系统集成中的安全性要求,并且有效地减少了网络数据流量。

② 以顶层基于分布式 P2P 互联结构提供全局信息服务,可以有效消除"信息孤岛"和系统瓶颈,以提高系统的可扩展性和抗摧毁性。

③ 能够提高信息的一致性,首先以组织域为节点单位减少了组织域内元数据量,从而使得分层数量大为减少;其次上层基于 P2P 的互联结构组织,减少了整个智慧城市信息平台系统的层次结构,提高了信息的实时性和有效性。

④ 方便元数据的组织,各个组织域首先可以组织其域内元数据,然后统一汇聚到全局,从而有效地减少了全局信息服务的负担。

4.5.8 智慧城市大数据资源管理策略

1) 分布式系统数据资源管理特点

智慧城市大数据资源管理跨多个行业管理域,具有不同一般的分布式系统数据资源管理的特点,具体分析如下:

(1) 广域性

智慧城市大数据资源一般都发布于跨广域网的多个行业管理域,不同于局域网中的数据传输的延时、网络故障处理等问题。

(2) 异构性

智慧城市大数据资源种类繁多,数据结构各异,数据接口也不尽相同。在软件和硬件两个层次上都可能存在差异,尤其是数据结构、系统体系、数据库系统存在的差异就更大。

(3) 自治性

智慧城市大数据资源都属于某一个管理域,处在本地管理机构或部门的管理之下,数据资源或强或弱则取决于本地或本部门自治的能力。智慧城市数据资源管理必须尊重本地管理者,不能破坏或改变现有的本地管理系统。

（4）动态性

智慧城市大数据资源可以自由地随时加入或退出相关的数据库系统。智慧城市大数据资源管理可获得性是随时间的变化而动态变化的。一个数据资源贡献给智慧城市用户使用的能力是随时间变化而动态变化的,同时数据资源的负载也是动态变化的。

（5）二重性

智慧城市大数据资源是由具体的资源拥有者提供的,除了一部分专有的数据资源只提供给特定的用户之外,大部分数据资源都是同时作为智慧城市用户可以使用的数据资源和资源拥有者自己使用的本地资源。

智慧城市大数据资源的上述特点决定了分布式数据资源管理机制应该具备的基本功能和特点:屏蔽数据资源的异构性,为用户提供统一标准的透明访问的接口;屏蔽数据资源的动态性,保证用户请求的访问质量;尊重数据资源的本地管理的机制和策略,使得数据资源更好地为智慧城市大数据应用服务;对数据资源访问用户进行身份认证,确保智慧城市大数据资源的安全和数据资源拥有者的权益。

2）分布式数据资源管理系统功能

具体地说,一个完整的分布式数据资源管理系统应具备以下功能:

① 具有可适应性和可扩展性。

② 在保持各分布式节点自治的同时,允许具有不同数据管理机制和策略的数据库系统之间互操作。

③ 资源的注册、监测和发现,以及数据服务具有较好的实时性,提供数据资源访问的查询和浏览的接口。

④ 支持智慧城市数据资源管理协议,如注册、监测、发现、封装、组件、发布等协议。

⑤ 支持数据与信息服务质量 QoS。

⑥ 具有很好的容错性和稳定性。

⑦ 建立智慧城市数据资源管理清单,并实时更新。

⑧ 支持分布式与集中式相混合技术架构的策略,各种不同技术架构的数据资源管理通过一致的协议集进行通信和数据共享交换。

⑨ 支持底层技术服务应用的静态与动态数据封装的调度、协同、调用、映射、集成等。

⑩ 提供分布式数据资源管理的安全策略和访问控制机制。

4.5.9 智慧城市大数据资源服务元数据

大数据资源服务信息的元数据规范是智慧城市信息系统集成中资源发现的基础。所有信息系统资源必须将其元数据信息按照一定的协议和规范经封装后注册到上层的中心节点全局信息服务中去。这样才能使得用户能够方便地搜索其需要的服务资源。

在智慧城市信息系统集成中,共享与交换数据元数据以《政务信息资源目录体系及核心元数据》为基准,根据智慧城市实际情况作适当扩充。资源服务元数据分为核心元数据、交换元数据两部分。

1）核心元数据

核心元数据的主要作用是为服务进行定位和查找,为其提供一个全局有效的命名空间。通过多维属性的命名方案,可以直接通过制定多个属性基于 P2P 的结构对服务进行搜索。

在信息系统集成中,服务通过组织域名、主机名(可用IP来代替)、服务名三者来唯一确定,同时还要指定信息系统集成的组织标识和虚拟组织名称。

上述核心元数据是最简单的元数据规范,组织域名的作用是在智慧城市信息系统集成框架体系结构中的组织域(即行业级二级平台),识别该服务所属组织域。主机名的作用是表示该服务的主机名或IP,起到定位服务的作用。服务名也起到定位的作用。虚拟组织名称是表示该服务所属的具有共识的服务群体。核心元数据应包括以下要素:

① 元数据语种、联系方、安全限制等级、创建日期;
② 资源标识符、名称和出版日期;
③ 资源时间范围与空间范围描述;
④ 资源语种、使用限制、安全限制等级;
⑤ 对应的查询服务或者推送服务。

2) 交换元数据

智慧城市信息系统集成基于面向服务的体系结构,并采用Web Service技术,其交换元数据主要基于网络服务描述语言(WSDL)进行描述。WSDL文档是一种XML格式的文件,它提供语言规则,将Web服务定义为服务访问点或端口的集合。这些点或端口可以交换包含面向文档或面向过程的信息。交换元数据应包括以下要素:

① 服务名称、服务描述与服务描述语言;
② 消息中间件站点名称;
③ 服务类型;
④ 所属部门;
⑤ WSDL地址。

4.6 智慧城市大数据系统开发

4.6.1 大数据系统开发原则

在智慧城市知识与建设体系描述中,通过知识体系支撑建设体系,建设体系以功能体系为核心和基础导出系统体系、技术体系、基础设施体系和保障体系。因此功能体系是构成智慧城市框架体系结构的基础。在建设体系中功能需求贯穿于框架体系结构信息平台产品设计的始末。系统、技术、基础设施、保障等系统都以完成特定的功能需求为目的。在功能体系中,大平台、大数据、大网络等软件产品的信息都要集中来源于实现的功能;在系统体系中,大平台结构、大数据结构、大网络结构需要依据智慧城市功能需求来定义,信息交换和数据共享的物理或逻辑关系、功能要求和技术性能参数也要通过功能需求来确定。可以说,没有明确的功能需求,就不可能分清平台、系统、业务的边界和系统的层次结构;在技术体系中选择各类标准时,同样需要根据系统功能,以达到系统性能指标、满足功能需求为中心。

1) 以智慧城市体系结构为数据系统开发的原则

信息技术的发展和应用使得城市和社会管理越来越依赖信息化和数据系统的支撑。由于智慧城市不断增加和提高的功能需求,平台系统结构也变得越来越复杂。因此,平台系统之间的互联互通和互操作性问题也变得日益突出。为了保证平台系统能够全面满足智慧城市的功能需求（或称指标体系），同时保证其具有较低的开发费用以及较好的可维护性、可扩展性，体系结构设计受到大型软件系统开发的关注。因为加强平台系统体系结构的设计可以保证平台系统之间的综合集成，极大地提高平台系统之间的互联互通和互操作性，因此在信息平台软件系统开发的过程中必须严格遵守体系结构的规范标准。

2) 以"数据资源中心"需求为数据系统开发的原则

在智慧城市体系结构信息平台产品开发过程中，要树立以"数据为中心"的创新思路，建立基于元数据、分类编码、数据视图的数据标准模型。体系结构数据模型定义了体系结构描述中的核心数据模型，确立了核心数据模型之间、核心以数据为中心的体系结构开发模式。数据模型与体系结构描述内容之间的关系，为一种通用的组织和描述方法，为智慧城市体系结构产品开发提出了新的思路和方法，主要创新点在于：

① 遵循《智慧城市总体规划导则》中"数据资源管理基础规范"涉及数据元素的命名和标识规划、信息分类编码规划、用户视图的分类和组成表示方法等规范要求。通过统一的基础数据元素和术语及编码规则，可以保证相同信息平台产品不同层次之间的一致性以及不同信息平台产品之间的一致性。

② 数据可以被不同领域任务和专项功能中的用户重复使用和灵活配置，实现"一次开发，多次利用"，提高了效率和灵活性。

③ 通过建立符合数据标准的数据库，提供相应的数据服务，利于实现不同业务部门之间体系结构数据的共享和互操作，便于使用多种工具进行分析。

④ 通过建立现有平台系统软件与数据库的接口，可以将现有软件应用于体系结构领域，使体系结构用户不必局限于某种工具的功能性，便于建立与其他数据资源（如通用联合任务清单、智慧城市系列标准库）的接口。

⑤ 通过"一次开发，多次利用"，以及与其他数据源的接口，有利于提高体系结构数据的可维护性和有效性，便于快速决策，可以将体系结构数据库变成支持决策分析的决策支持系统。

⑥ 通过数据的查询和分析，从数据库中直接生成用于决策的报告，便于与行业级和业务级信息平台的分解、分级、分类和集成。大平台和大数据分级分类方法是智慧城市知识管理的重要组成部分，是智慧城市功能（或评价指标）实现的基础。在体系结构数据库中采用一致的分级分类方法，可以建立知识管理的方法与体系结构之间的物理及逻辑的联系。

⑦ 以"数据资源为中心"的体系结构信息平台及数据库软件开发方法，使得软件架构设计和开发人员对体系结构产品中涉及的实体、概念、术语等具有统一、规范的理解，有利于体系结构数据的比较、关联、交换、集成与共享。

3) 以通用参考资源为数据系统开发的原则

通用参考资源是建立体系结构产品所必须参考的指南和属性资源。通用参考资源在内容、过程及方法上为智慧城市体系结构产品开发设计提供各种标准规范和技术手段的支持。参考美军 GIG 体系结构产品开发（见参考文献[5]相关章节），智慧城市大数据体系结构应主要包括以下 8 种通用参考资源。

① 建立智慧城市数据字典系统，其目的是规定智慧城市各级信息平台和应用系统基础

数据集概念模型，对概念模型实体中的属性数据项逐一进行定义和描述，统一各级信息平台和应用系统中数据项的内涵和外延。数据字典是管理整个智慧城市数据标准的基础数据库，用于接收、存储和管理标准数据的定义、数据格式、用途和结构等。

② 核心体系结构数据模型，用于建立逻辑数据模型，规范体系结构描述中各种数据的意义和相互关系，为体系结构信息的构造提供一种适用的组织和描述的方法。

③ 信息平台系统互联互通和互操作等级模型，是为了改善信息平台系统间互联互通和互操作性而提出的逻辑结构和规则，是保证信息平台系统之间实现互联互通和互操作的基础。该模型将信息平台系统互联互通和互操作分为三个层级，用结构、规程、应用、基础设施和数据五个评价指标详细描述信息平台系统能力，使得信息互联互通和互操作有了具体的评判准则和依据。

④ 通过联合任务清单和联合任务体系结构，将智慧城市各领域联合执行任务和各行业专项业务进行逐级分解，并用易于理解的分级分类矩阵列表来表示，同时对重点任务级别、子任务和专项业务都需提供严格的命名和定义。联合任务体系结构是描述智慧城市各领域各行业逻辑关系的高级的、不断发展的体系结构。联合任务体系结构实现与联合任务的一致性的互联互通和互操作。其开发思路是将联合任务从国家战略级、到省市战役级、区县战术级进行分解，生成通用的联合任务功能的视图。

⑤ 技术参考模型和联合技术体系结构是以层次化的分类结构形式将信息平台系统通用的服务技术进行分类，反映了数据独立于应用，应用独立于计算机平台的开发原则。联合技术体系结构是在技术参考模型技术分类的基础上，规定了智慧城市总体技术框架必须使用的强制性信息技术标准和指南，包括信息传递、信息处理、通用人机接口和数据系统安全等方面的标准。

⑥ 智慧城市信息基础设施运行环境，为大平台和大数据软件产品开发提供了一个公共的可执行的物理环境，包括结构、标准、网络、数据、平台、运行和机房。软件重用、网络互通、信息互联、数据共享、业务协同和互操作，以及在一个紧密的物理和逻辑的环境下形成信息及数据自动集成和共融共用机制，是建立开放复杂巨系统的基础。

⑦ 共享数据环境是构建信息基础设施的一个原则和扩展，是通过信息基础设施实现大平台互联互通和大数据交换共享的一种策略和机制。它包括数据访问体系结构、数据共享方法、可重用的软件和数据部件，以及数据库开发、演进的指南和标准。

⑧ 通用参考资源要求体系结构开发在内容上参考统一的标准规范，在开发过程中应用统一的模式，在开发方法上采用一致的概念；从而指导、规范和约束体系结构的开发与保障，以及平台系统顶层规划、专项规划、工程设计有关的工程人员和管理人员等对体系结构的理解。因此，在智慧城市体系结构产品的开发过程中，通用参考资源是其重要的参考依据。

4.6.2 大数据共享与系统集成

大数据共享软件应以支持信息的自动采集、动态更新、自动分类、安全共享的方式汇聚政务数据资源，并为所有联入电子政务专网的党政机关提供广泛的综合信息服务。除了支持本身电子政务的数据集成外还需要支持跨部门（工商、税务、交通、公安等）、跨平台（J2EE）异构数据的集成和共享。

通过数据共享软件,可以按业务类型组织、采集和应用数据资源。采用分布式多源异构的数据共享机制,将政务数据资源按照各部门的业务类型进行整合和组织;从信息的供需角度组织数据资源,建立政务数据资源目录和应用目录,并实现两种目录之间(或信息的供需之间)的映射和对接;同时基于数据层的权限控制管理,实现共享信息"谁发布,谁授权,谁维护"的机制,保证数据的安全共享和传输。

信息共享软件主要由四个系统,即目录资源共享系统、业务综合数据资源服务系统、空间信息管理与服务系统以及数据备份服务系统组成。

目录资源共享系统主要通过同税务、工商、交通、公安等涉及电子政务的部门、委办局以及其他相关单位建立政务数据资源目录访问接口,实现外部单位政务数据资源目的注册、发布、管理、查询,同时建立政务数据资源目录和应用目录,并实现两种目录之间(或信息的供需之间)的映射和对接,保障跨部门(工商、税务、交通、公安等)、跨平台(J2EE)异构数据的集成和共享。主要功能包括:

1) 以元数据方式管理各种分散异构信息,包括文件和数据库
① 直接共享访问资源文件和数据库,实现数据资源的自动编目、分类和安全共享。
② 通过简单的拖拽式操作即可完成共享信息的自动编目和分类。
③ 以资源目录树的方式对共享目录进行组织和展现。

2) 海量业务数据管理能力
① 支持元数据自动提取、自动编目、自动更新。
② 支持元数据和资源唯一性检验、全文检索。
③ 支持主题和业务分类资源导航。
④ 支持国家电子政务目录体系标准。

4.6.3 数据采集任务系统

数据采集任务子系统主要用来采集其他相关部门的目录资源信息。该模块使管理人员可方便地设定外部共享数据的访问接口技术参数,同时可以设定相关目录资源信息采集的时间周期,包括指定一天之内的多个定点执行时间,以及设定两次更新之间的时间间隔,以分钟为单位,并可设置为不间断运行。该模块采用多线程并发搜索技术,采集过程高效准确,同时模块提供高效的更新手段,对已经采集过的共享信息,系统自动记录其属性,不会重复采集,保障采集数据与信息的实时性和准确性。

1) 数据源创建
根据接口协议,设置相关的端口信息,完成共享数据源的定制功能。主要的端口数据包括数据源的名称、数据源的描述、端口号、数据资源的 URL、数据资源的用户名、密码(可选择)等。另外,提供连接端口的测试功能,且可以返回测试结果以及错误异常信息。

2) 目录资源计划采集
计划采集主要实现指定信息源的各类采集参数(采集类型、更新时间、优先级、权限认证信息等),并指定采集的起始时间以及时间间隔,也可以设定为不间断的连续采集。计划采集功能采用自动运行机制,并可实现多线程、多信息源的同时监测采集。

3) 目录资源命令采集
目录资源命令采集是计划采集的补充,可以实现特定信息源目录资源信息的临时采集与更新。

4) 运行状况实时监控

对正在进行采集的各项任务进行实时监控,滚动显示采集的相关参数(如采集任务的名称、采集的进度、采集结束时间),对采集任务的节点信息给予提示(如任务完成、任务失败等),尤其是对网络拥塞或者采集失败的情况发生时,系统给予报警信息。

5) 状态上报与异常处理

对采集过程中的异常情况给予相关的日志报告或者后备处置预案。异常情况的报告通常包括网络故障、主机故障、信息未生成等;后备处置预案包括更换采集资源等。

6) 采集日志查询分析

对采集过程中的系统日志进行记录、存储,提供按照时间、类别等多种方式对日志内容进行查询;同时也可以对一定时间段内所采集的目录资源类型、采集总量等指标参数进行图表显示,便于用户进行相关的数据分析工作。

7) 目录资源的可视化录入

主要针对某些特殊情况,外部单位对于特定的目录资源可以采取人工方式进行采集录入,为用户提供友好的人机交换界面,用户选择相关的目录资源信息模板,填写各项基本参数,实现目录资源的录入采集。

8) 目录资源信息模板配置

不同种类的目录资源信息所包含的数据项都不相同,特别是不同种类的数据资源所采用的元数据描述与表达方式都不相同,需要提供多种目录资源信息模板。分系统用户可以依据不同的标准形式修改目录资源信息模板,以及创建、删除信息模板。所有的信息模板基于 XML 方式进行表达,可以进行无损的目录资源信息转换。

9) 目录资源信息的自动分类

系统同时接收到的目录资源信息数据量大,必须根据预先定义的电子政务分类模型或业务主题分类模型实现信息的自动分类与归档,保障软件的各个业务单元都能够快速、准确地访问与使用这些共享数据与信息。

数据自动分类与更新模块主要用来对采集的目录资源信息进行分类归档工作,并能够对资源目录的信息实现维护与更新。

自动分类主要是根据预先定义的分类模型对外部采集到的原始目录资源信息进行规范化整理与分类,形成满足电子政务需求的目录资源信息。

数据资源分类以数据资源管理维护的要求为主,以数据资源共享的要求为辅。以数据资源管理维护的要求进行的分类覆盖了信息采集任务模块采集来的所有数据资源,其中主要由目录管理人员日常使用的,通常称之为主数据资源目录;以数据资源共享的要求进行的分类是为了满足与其他不同政府信息部门共享的要求,对其他政府部门需要的共享信息在主数据资源目录的基础上进行了再分类,通常称之为辅助数据资源目录。辅助数据资源目录管理的信息数据只是主数据资源目录的一部分,也只是主数据资源目录的另外一种组织方式,通过关联的方式映射到主数据资源目录的数据。

这两种分类的关系如图 4-41 所示。

如图所示,主数据资源目录只有一个,而辅助数据资源目录允许有多个。辅助数据资源目录下的数据资源目录可以映射到主数据资源目录下的多个数据资源目录。

第4章 智慧城市大数据开发与应用

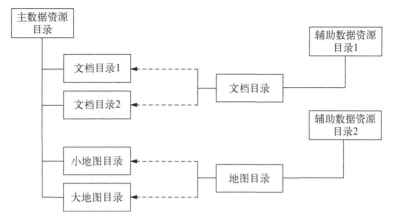

图 4-41 资源信息分类目录

(1) 主数据资源目录

建立主数据资源目录的目的是为了管理和维护的方便。通常可以按照数据的来源、数据的种类和数据的用途进行目录的划分,尽量使同一主数据资源目录下包含单一来源、单一种类、单一用途的信息数据。

按照数据资源数据的来源可以划分为两大类。

① 内部产生的数据资源数据　内部产生的数据资源数据可细分为手工添加的数据、从其他系统获取的数据等。

② 来自其他部门的数据资源数据　按照数据资源数据的类别大致可划分为:

——普通数据;

——普通地图数据;

——专题图数据;

——遥感数据;

——文档数据;

——多媒体数据。

也可以根据数据资源数据的用途划分数据资源数据的类别;这个类别可以作为检索时分类的标准。

(2) 辅助数据资源目录

辅助数据资源目录主要是为了满足信息发布和信息共享的需要而设定。辅助数据资源目录可以关联一个或多个主数据资源目录的数据。辅助数据资源目录的元数据信息和索引信息将继承主数据资源目录的信息,在辅助数据资源目录上需要重新定义数据访问的权限。

(3) 主数据资源目录和辅助数据资源目录之间的数据关联

辅助数据资源目录可以关联一个或多个主数据资源目录的数据,辅助数据资源目录的元数据信息和索引信息将继承主数据资源目录的信息。

10) 目录资源数据质量评估

对目录资源的数据质量进行相关检查,检查的主要内容包括:属性精度,例如空间实体的属性与其真值相符的程度,通常取决于地理数据的类型,且常常与位置精度有关,包括要素分类与标准的正确性、要素属性值的准确性、名称的正确性等；逻辑可靠性报告；完整性报告，即指地理数据在范围、内容和结构等方面满足所有要求的完整程度，包括数据范围、空间实体类型、空间关系分类、属性特征分类等方面；位置精度；继承信息（数据源＋处理步骤）等。

11) 目录资源信息入库与更新

将通过数据质量评价后的目录资源信息进行添加入库。入库的方式支持单条目录资源的入库，也同时支持多条目录资源的统一入库。系统具备较好的容错性，多条信息统一入库时，若出现入库异常，能够给予错误信息提示；对不能入库的数据资源提供错误原因。

4.6.4 目录资源信息检索系统

目录资源信息检索模块提供目录资源信息检索，实现对外部单位共享数据的检索，并根据获得的检索结果实现共享数据的访问能力。

针对不同类型用户权限，系统提供多种信息检索方式，以便用户实现对外部单位共享数据的检索。主要功能包括目录资源信息索引的建立和目录资源信息的检索方式两个部分。

1) 目录资源信息索引的建立

目录资源信息索引划分为索引信息的规划和索引信息的建立。索引信息的规划是建立在目录资源信息元数据的基础上，根据用户查询和检索的需要，设定需要建立索引的信息，比如标题、内容、类型、来源等；索引信息是在索引信息规划的基础上，根据数据更新的规则建立的。

可以建立的索引信息类型有：目录资源信息的元数据中描述性字段；文本文件；HTML文件；Word文件中的文本内容；Excel文件中的文本内容；PowerPoint文件中的文本内容等。

索引信息的建立，按照数据范围可以划分为全文索引信息的建立、指定目录索引信息的建立、全文增量索引信息的建立和指定目录增量索引信息的建立；按照建立的方式可以划分为手动建立索引信息、定时建立索引信息和触发式建立索引信息。

(1) 索引信息的建立按照数据范围划分

① 全文索引信息的建立　清除原来所有的索引信息，按照索引信息的规划为所有目录的数据建立索引信息。

② 指定目录索引信息的建立　清除指定目录原来所有的索引信息，按照索引信息的规划，为指定目录的数据建立索引信息。

③ 全文增量索引信息的建立　按照索引信息的规划为所有目录发生变化的数据建立索引信息。这些数据包括删除的数据、新增加的数据和发生改动的数据。

④ 指定目录增量索引信息的建立。

(2) 索引信息的建立按照建立方式划分

① 手动建立索引信息　通过操作界面建立索引信息。

② 定时建立索引信息　设置好建立索引的时间和周期，建立索引的参数；系统根据这些设置自动建立索引信息。

③ 触发式建立索引信息　设置建立索引的触发条件，如设置数据更新维护以后建立索引的参数，系统根据这些设置在触发条件成立的时候自动建立索引信息。

2) 目录资源信息的检索方式

(1) 数据属性值组合检索方式

根据分类信息、资源名称、关键字、资源摘要、资源负责单位、单位地址等信息形成组合查询条件,提交给目录服务系统进行目录查询。

(2) 全文检索方式

对目录中的文本型数据,提供全文检索功能。用户可以选择任意的一个或多个词,提交给目录服务系统进行目录查询。

(3) 分类导航

提供目录数据的多种树型分类,供用户指定检索的范围。

(4) 空间范围搜索方式

对目录中的空间数据类型的数据,提供空间范围搜索功能。用户可以通过拉框选择合适的地理范围,提交给目录服务系统进行目录查询。

(5) 基于自然语言的智能检索方式

用户以自然语言的方式提出问题,提交给目录服务系统进行目录查询。

3) 目录资源信息的导航浏览

基于目录资源的组织管理,提供目录的查询和导航服务,可以灵活对导航模式进行管理,可以动态添加、删除导航方式,并且可以动态修改已经存在的导航方式。

根据资源目录服务需求生成各类固定导航目录,包括以下方式:

① 基于组织机构　资源按照组织机构进行分类。

② 基于日期　可基于资源的产生、修改、发布时间进行分类。

③ 信息主题　资源按照内容的主题进行分类。

4.6.5 目录资源信息发布系统

该模块将系统内部可供外部共享的目录资源信息经过审核后对外进行发布,工商、税务、交通、公安等相关单位根据同"一级平台"建立的访问及共享协议,实现对相关的目录资源信息共享。主要功能包括:

1) 注册

各政府部门、各委办局向系统注册政务数据资源核心元数据和交换服务核心元数据。系统提供向上层目录平台注册目录中心地址信息的功能,包括目录中心的名称和统一资源定位符(URL)。

2) 目录信息发布审核

对已经整理好的资源,根据有关规定要求,进行发布前的审核工作。主要内容包括对目录数据进行内容和格式的审核(主要是格式审核),判断目录数据是否符合元数据标准要求以便进行相应的后续处理。审核方式以自动(即由程序来做)审核为主,手工审核为辅。

对审核未通过的目录数据,由系统退回所属部门删除,或修改后通过。审核通过的目录数据进入目录中心的已审核目录库中。

3) 目录信息的安全管理

实现对每一条资源目录信息进行授权,包括授权给用户和用户组、可读还是可写。另外,对目录所指的数据资源本身也能授权,包括授权给用户和用户组。并能够针对电子政务数据的敏感性,对目录的不同数据项设置相关的权限。

系统能支持授权申请审批流程,用户看到目录后提交申请通过审批后,即可获得对资源本身的权限。

4) 目录信息对外发布

对审核通过的目录数据,填写有关的发布参数(发布信息类型、更新时间、优先级等),然后通过网络接口对外发布。同时支持以网站形式和以 HTTP+XML 接口形式的目录发布。

以网站形式的目录发布是把数据资源目录以网页的形式发布到网站上。用户通过登录网站访问网页,查询和检索数据资源的目录信息。用户根据需要选择多种风格的网页界面模板,美化发布效果。分系统发布的目录资源是和电子政务应用相关的信息内容。

以 HTTP+XML 接口的形式进行发布则是其他分系统通过调用这套接口实现目录资源信息的查询和检索等功能。所提供的接口大致包括目录查询、安全认证等内容。

5) 目录信息的更新广播

当目录信息更新以后,系统主动以"PUSH"方式向外部的该条信息的使用者广播相关的更新信息,提示用户进行下载工作。同时支持及时通知以及定时通知两种广播模式。

6) 外部用户权限认证

用户访问数据资源之前,首先必须通过相关的用户权限安全认证;若认证未通过,则不允许用户访问信息内容。权限的设定由目录的安全管理功能决定。用户分为单位用户和个人用户。

4.6.6 业务综合数据资源服务系统

业务综合数据资源服务系统主要通过信息发布、订阅以及实时通知等手段,实现对业务综合数据资源的综合服务,功能主要包括:

① 提供个性化的信息定制、信息发布与获取、信息订阅等服务;

② 支持用户自行建立业务应用目录;

③ 根据业务需要,自定义信息目录、实时订阅最新信息;

④ 基于 Web、E-mail、短信的信息变化实时通知服务。

1) 个性化信息定制

系统为每个用户和部门提供与其工作内容、性质和个人习惯相关的应用和信息,形成个性化的界面,从而最大限度地方便用户工作。系统设置面向个人的统一待办工作列表,提供不同的信息下载。

信息订阅的个性化,是指用户登录系统之后,门户系统根据用户信息以及用户预先设定好的规则,进行信息内容和应用服务的过滤,目标是实现只提供给用户其所要的信息、内容以及服务。

(1) 个人工作空间

考虑到每个用户在任务分工、操作习惯、个人喜好方面的差异,系统提供可由用户自行定制内容和布局的个人工作空间,让用户可以在使用界面上浏览自己最关心的信息,直接进入最常使用的功能界面,营造满足个人工作需要、展现个人风格的工作环境。

个人工作空间的页面由"内容单元"组成,每个内容单元表示一种可供选择的内容。用户通过可视化的界面从可选的内容单元列表中选择需要在工作台上显示的内容单元。每个内容单元的显示内容还可以进一步定制。

个人工作空间支持定制多个页面,让多身份用户可以轻松切换工作环境。

个人工作空间页面上的内容布局可以由用户定制,用户可以选择将内容单元排成几列,调整内容单元在列中的上下顺序,以及将内容单元从一列移到另外一列。

通过这种方式,用户可将相关的各个频道中的功能点定制并拼接起来,实现个性化的工作环境。

(2) 个性化任务列表

用户可以在个人工作空间上定制需要处理的稿件列表,显示最新的需要编辑、传递或签发的信息,提供直接进入相应处理界面的链接。

(3) 个性化日程安排

用户可以在个人工作空间记录个人事务和工作安排,设定提醒时间,系统能够自动提醒用户。

(4) 个性化内容订阅

用户可以在个人工作空间订阅个人感兴趣的各种信息,包括各种来源的稿件、自动采集的网上新闻、系统公告等。

(5) 个性化内容收藏

用户可以把系统中感兴趣的信息添加到个人工作空间的收藏夹中,分类组织,方便浏览。

2) 个性化目录定制

提供个性化目录定制功能,有两种方式,一种是根据用户的需要,选择目录资源树中的某个或者某几个节点,选择以后,对应目录下的信息将自动被订阅;另外一种则是,用户可以根据需要,按照自己的业务逻辑建立一些业务应用目录,设置每个应用目录对应系统的一个或者几个资源目录节点,实现信息的获取与更新。

提供信息订阅功能,针对内容管理、论坛、信息发布等功能提供特定的RSS、邮件、短信的订阅功能。

(1) RSS 订阅功能

当用户在自己的桌面电脑上安装 RSS 阅读器软件后,通过系统提供的 RSS 订阅的功能,每当系统的信息有更新,用户就可以通过阅读器实时地了解到最新的信息。

(2) 邮件订阅功能

用户从系统提交邮件订阅请求后,系统将最新的更新信息发送到用户的邮箱,用户可以通过邮件客户端接收信息。

(3) 短信订阅功能

相对上述两种订阅功能,短信订阅支持的内容要少一些,系统向用户手机推送信息时会将最新信息的摘要发送给用户。

通过信息订阅功能,系统就成为一个立体化的传播和展现平台。

4.6.7 信息实时发布系统

1) Web 发布

系统可以根据预先定义的配置信息,当相关信息发生更新时,自动给对应的用户发送系统信息通知。当用户再次登录系统或使用系统时,用户在 Web 页面上能够看到消息通知,从而查阅信息详情。

2) E-mail 发布

系统可以根据预先定义的配置信息,当相关信息发生更新时,自动向指定的邮件地址发送相关信息。系统支持邮件群发。

3) 短信息发布

系统可以根据预先定义的配置信息,当相关信息发生更新时,自动将更新变化通过短信息发送给对应的用户。信息服务导航模块主要是根据电子政务的业务需求,设置相关的导航目录分类体系,用户通过浏览分类体系,选择自己感兴趣的信息服务。

用户可以根据自己的需要,修改导航目录体系,自由地添加、删除和修改相关的目录节点,同时也可以选择某个目录节点对应一个或者几个服务。

4.7 智慧城市大数据库设计

大数据是 20 世纪 90 年代发展起来的一种数据存储、处理、交换和共享的技术。对于大数据库的定义,著名的大数据库专家 W.H.Imnon 作了如下的描述:大数据库是面向主题的、集成的、稳定的、不同时间的数据集合,用于对管理决策过程的支持。根据大数据库的定义,大数据库具有以下四个特征:第一,大数据库数据可以根据用户的需求来组织;第二,大数据库对数据的组织是在较高层次上对多个异构的数据源进行概括和聚集;第三,由大数据库集成的数据一般不作修改并被长期保存;第四,大数据库中的数据通常包含时间标识。大数据库与数据库的区别在于前者是由后者通过网络的链接,构成面向分析型处理并可用于决策支持的数据库系统。从本质上讲,大数据库就是具有在线分析处理能力的网络数据库。

4.7.1 大数据库设计概述

智慧城市大数据库的设计思想是要建立系统化、结构化、标准化的数据存储、处理、交换和共享的数据应用环境。将分析决策所需的大量数据从传统的操作性环境中分离出来,把分散的、难以访问的操作数据转换成集中统一的、随时可用的信息。

大数据库为不同来源的数据提供了一致的数据视图,将不同介质、不同组织方式的数据集成转换成为一个一致的分析型数据环境。大数据库中的数据量是巨大的。对于一个企业来说,仅拥有大数据库,而没有高效的数据分析工具来利用其中的数据,就如同守着一座储存丰富的金矿,却不知如何去开采。大数据库的最终目标是尽可能让更多的管理者方便、有效和准确地使用大数据库这一集成的决策支持环境。因此,为用户服务的前端工具必须能被有效地集成到新的数据分析环境中去。

由此,大数据库、大数据库工具和相应的大数据库管理系统就构成了大数据库系统,其结构如图 4-42 所示。在这个系统中,大数据库居于核心地位,是进行信息挖掘的基础;大数据库中数据及其操作的特点决定了其 engine 将比数据库的 engine 简单许多;对于工具层,大数据库不仅需要一般的查询工具,还需要有强大的分析功能的工具。

大数据库应用是 C/S 和 B/S 结构相结合的模式,其客户端的工作包括客户交互、格式化查询及结果和报表生成等;服务器端则完成各种辅助决策的 SQL 查询、复杂的计算和各

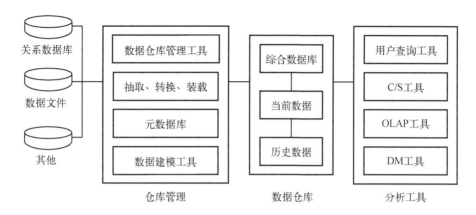

图 4-42 大数据库基本体系结构

类综合功能等。现在,一种越来越普遍的形式是三层结构,即在客户与服务器之间增加一个多维数据分析服务器。多维分析服务器能加强和规范决策支持的服务工作,集中和简化源客户端和 DW 服务器的部分工作,降低系统数据传输量,由此提高工作效率。

大数据库是一种管理技术,它将分布在企业网络中不同站点的数据集成到一起,为决策者提供各种类型的、有效的数据分析,起到决策支持的作用。随着大数据库的广泛应用,基于大数据库的 DSS 应运而生,发挥的作用日渐明显。这种应用系统是一种新形式的决策支持系统。

大数据库的特点决定了大数据库的系统设计不能采用传统数据库生命周期法的设计方法。大数据库系统的原始需求不明确,且不断变化与增加,设计者最初并不能确切了解用户明确而详细的需求,因此采用原型法进行大数据库的设计是比较合适的。因为原型法的思想是从构建系统的简单的基本框架着手,不断丰富与完善整个系统。大数据库系统设计就是一个经过不断循环、反馈而使系统不断增长与完善的过程。

4.7.2 大数据库组织形式

大数据库是存储数据的一种组织形式,如图 4-43 所示。大数据库中的数据分为四个级别:历史数据级、当前基本数据级、轻度综合级和高度综合级。由各个数据库中获得的原始数据经过综合后,首先进入当前基本数据级,根据辅助决策的主题要求形成综合数据级数据(按综合程度的不同可分为轻度综合级和高度综合级),随时间的推移,将老化的数据转为历史数据级数据。上述四级数据均由元数据组织管理。元数据是关于数据的数据,数据库中的数据字典就是一种元数据。在大数据库环境中,主要有两种元数据:大数据库管理员使用的技术数据(technical data),即从操作型环境向大数据库环境转换而建立的元数据,它包含了所有源数据项名、属性及其在大数据库中的转换,管理员利用技术数据维护大数据库,并能够明确了解所有数据来自何处;另一种元数据是载入大数据库中用来与终端用户的多维商业模型/前端工具之间建立映射的,由大数据库用户使用的业务数据(businessdata),它使大数据库的用户可以在不了解数据库的底层技术的情况下访问信息,而这些信息是在业务运行过程中产生的与实际业务相关的数据,常用来开发决策支持工具。

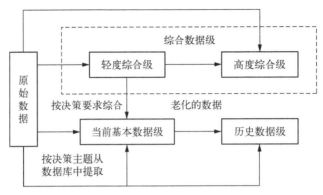

图 4-43　大数据库基本结构示意图

4.7.3　大数据库技术设计

大数据库的设计开发不同于一般意义上的原型法,因为大数据库是在现存数据库系统基础上进行开发,它着眼于有效地抽取、综合、继承和挖掘已有数据库的数据资源,服务于企业高层领导管理决策分析的需要。在大数据库的设计过程中,自始至终要求决策人员和设计者的共同参与和密切协作,要求保持灵活的头脑,不做或尽量少做无效工作或重复工作。

大数据库的设计步骤如下:

1) 概念模型设计

概念模型设计在确定界定系统边界后,即将决策者的数据分析的需求(如要做哪些类型的决策,决策者感兴趣的是什么问题,这些问题需要什么样的信息,要获得这些信息需要访问包括原数据库系统的哪些部分的数据)用系统边界的定义形式反映出来,确定主要的主题域及其内容(主题域的公共键码、主题域之间的联系、充分代表主题的属性组等)。概念模型设计的成果是在原有数据库的基础上建立一个较为稳固的概念模型。

2) 技术准备工作

包括技术评估和技术环境准备。技术评估就是确定大数据库的各项性能指标。一般地,在这一步需要确定的性能指标包括:管理大数据量数据的能力;进行灵活数据存取的能力;根据数据模型重组数据的能力;透明的数据发送和接收能力;周期性成批装载数据的能力;可设定完成时间的作业管理能力。建立技术环境,主要是选择实现大数据库的软硬件资源,如开发平台、DBMS、网络通信、开发工具、终端访问工具及建立服务水平目标等。这一阶段的成果是:技术评估报告,软硬件配置方案,以及系统(软、硬件)总体设计方案。

3) 逻辑模型设计

根据决策需求确定当前要装载的主题;确定粒度层次划分;确定数据分割策略;关系模式定义;记录系统定义。逻辑模型设计的成果是:对每个当前要装载的逻辑事先进行定义,并将相关内容(适当的粒度划分;合理的数据分割策略;适当的表划分;定义合适的数据来源等)记录在大数据库的元数据中。

(1) 物理模型设计

确定数据的存储结构,确定索引策略,确定数据存放位置,确定存储分配。

(2) 管理元数据

即表示、定义数据的意义及系统各组成部件之间的关系。元数据包括关键字、属性、数据描述、物理数据结构、源数据结构、映射及转换规则、综合算法、代码、缺省值、安全要求、变化及数据时限等。

(3) 大数据库生成

完成接口编程,数据装入。将操作型环境下的数据装入大数据库环境,需要在两个不同环境的记录系统之间建立一个接口,具备抽取数据、清理数据、一致性格式化数据、集成数据等功能。在数据装入过程中,要确定数据装入的次序;清除无效或错误的数据;数据"老化";数据粒度管理;数据刷新等。如图4-44所示。

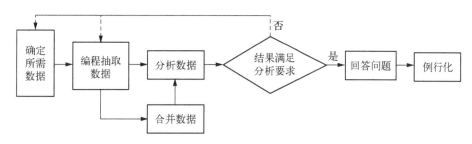

图 4-44 大数据库的应用开发

(4) 大数据库的使用和维护

建立DSS应用,即使用大数据库;理解需求,调整和完善系统,维护大数据库。同操作型环境中的应用开发有着本质的区别,基于大数据库的DSS应用开发是从数据出发的,应用的需求不能在开发初期明确了解。DSS应用开发是一个不断循环的过程,是启发式的开发。维护大数据库的工作主要是管理日常数据的装入,包括刷新大数据库的当前详细数据,将过时的数据转化成历史数据,清除不再使用的数据,确定大数据库的数据刷新频率等。

4.7.4 智慧城市电子政务基础数据库

电子政务基础数据库组成如图4-45所示。

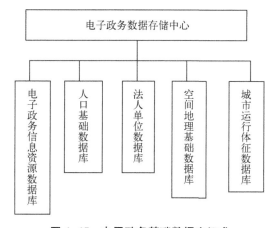

图 4-45 电子政务基础数据库组成

1) 数据采集

以梳理过后的各委办局政务信息资源为主要数据来源,以编目工具为数据采集工具,各委办局通过在线访问方式填报政务信息资源数据,如表 4-4 所示。

表 4-4 电子政务基础数据库

序号	数据库表	提供单位	采集方式	更新周期	数据量	备注
1	MetaDate 表	各委办局	在线填报	每月	10 G	1 000 单位 * 1 000 条 * 10 K(10 年)
2	MetaDataSchem 物理结构表	各委办局	在线填报	每月	10 G	
3	核心元数据逻辑结构表	各委办局	在线填报	每月	10 G	
4	码表	各委办局	在线填报	每月	10 G	
5	备份表	各委办局	在线填报	每月	10 G	
6	相关业务表	各委办局	在线填报	每月	10 G	
7	日志表	各委办局	在线填报	每月	10 G	
小计						70 G

2) 数据检查整理

对采集来的政务信息资源数据按照电子政务基础数据库的标准格式要求进行检查整理,对不符合质量要求或错误的政务信息资源数据进行更正,最终确保数据的准确。

3) 数据入库

将经过检查整理的政务信息资源数据导入到电子政务基础数据库中。

4.7.5 智慧城市人口基础数据库

1) 数据采集

以公安局人口基础信息为主,结合民政局人口基础信息为主要数据来源,同时采集卫健委、教育局、劳动局等单位管理的人口数据作为补充扩展信息。数据提供单位等信息如表 4-5 所示。

表 4-5 人口基础数据库

序号	数据库表	提供单位	采集方式	更新周期	数据量	备注
1	人口主表	公安局、民政局	共享交换	实时	4.3 G	43 万人 * 10K
2	人事档案信息表	人社局	共享交换	实时	4.3 G	43 万人 * 10K
3	劳动就业信息表	劳动局	共享交换	实时	4.3 G	43 万人 * 10K
4	社会保险信息表	民政局	共享交换	实时	4.3 G	43 万人 * 10K
5	教育信息表	教育局	共享交换	实时	4.3 G	43 万人 * 10K
6	卫生健康表	卫健委	共享交换	实时	4.3 G	43 万人 * 10K
7	民政信息表	民政局	共享交换	实时	4.3 G	43 万人 * 10K
小计						30.1 G

2）数据检查整理

对采集来的人口数据按照人口基础数据库的标准格式要求进行检查整理，对不符合质量要求或错误的人口数据进行更正，最终确保数据的准确。

3）数据入库

将经过检查整理的人口数据导入到人口基础数据库中。

4.7.6 智慧城市法人基础数据库

1）数据采集

以工商局企业单位法人信息和编委办事业单位法人信息为主要数据来源，同时采集统计局、质监局、税务局、环保局等单位管理的法人数据作为补充扩展信息。数据提供单位等信息如表 4-6 所示。

2）数据检查整理

对采集来的法人数据按照法人基础数据库的标准格式要求进行检查整理，对不符合质量要求或错误的法人数据进行更正，最终确保数据的准确。

3）数据入库

将经过检查整理的法人数据导入到法人基础数据库中。

表 4-6 法人基础数据库

序号	数据库表	提供单位	采集方式	更新周期	数据量	备注
1	法人主表	工商局、编制委	共享交换	实时	3G	
2	法人代表身份信息表	工商局、编制委	共享交换	实时	3G	
3	组织机构代码证书信息表	工商局、编制委	共享交换	实时	3G	
4	历史信息表	工商局、编制委	共享交换	实时	3G	
5	年检信息表	工商局、编制委	共享交换	实时	3G	(2 000 条＋10 年＊100 条) ＊10K
6	行政许可证信息表	工商局、编制委	共享交换		3G	
7	行业资质信息表	工商局、编制委	共享交换		3G	
8	行政监管信用评级信息表	工商局、编制委	共享交换		3G	
9	税务监管信息表	工商局、编制委	共享交换		3G	
10	登记信息表	工商局、编制委	共享交换		3G	
11	分支机构信息表	工商局、编制委	共享交换		3G	
	小计				33 G	

4.7.7 智慧城市地理空间基础数据库

1）数据采集

以国土资源局和规划局的自然资源和地理空间基础数据为主要数据来源，整理形成电子地图数据，通过数据抽取整理形成地址数据库数据，抽取国土资源局、规划局、建设局、环保局等政务专题信息形成政务信息图层所需数据。

标准地址数据库中主要包括以下几个内容：邮编、标志性建筑、住宅小区、楼牌号、单位、道路、楼块、路名、门牌地址、主要地名、邮编、区县等。描述一具体位置信息的地址字符串通常是由一个或多个地址段构成，其中每一部分地址段可看作一个地址要素。例如鼓楼区中山北路200号＊＊学院，即为鼓楼区（地址要素）＋中山北路（地址要素）＋200号（地址要素）＋＊＊学院（地址要素）。

数据提供单位等信息如表4-7所示。

表4-7 地理空间基础数据库

序号	数据库表	提供单位	采集方式	更新周期	数据量	备注
1	基础地形图	国土资源局、规划局	共享交换		10 G	5 G＊2（10年）
2	影像图	国土资源局、规划局	共享交换		20 G	10 G＊2（10年）
3	标准地址数据库	国土资源局、规划局	共享交换		2 G	1 G＊2（10年）
4	政务信息图层	国土资源局、规划局	共享交换		10 G	5 G＊2（10年）
	小计				42 G	

2) 数据检查整理

对采集来的空间数据按照自然资源和地理空间基础数据库的标准格式要求进行检查整理，对不符合质量要求或错误的空间数据进行更正，最终确保数据的准确。

3) 数据入库

将经过检查整理的空间数据导入到自然资源和地理空间基础数据库中。

4.7.8 智慧城市综合管理主题数据库

1) 数据采集

以公安局、民政局、人社局、统计局、工商局、消防局、气象局、水务局、旅游局等单位业务与管理数据为主要数据来源，通过共享与交换获取数据。数据提供单位信息等如表4-8所示。

表4-8 综合管理主题数据库

序号	数据库表	提供单位	采集方式	更新周期	数据量	备注
1	行政区划表	公安局、民政局	在线填报	每月	9 G	
2	机构信息表	人社局	在线填报	每月	1 G	1 000个＊10K
3	人员表	人社局	在线填报	每月	4 G	4 300人＊10K
4	行政区人口统计表	公安局、民政局	在线填报	每月	1 G	10年＊12月＊10K
5	侨乡信息表	公安局、民政局	在线填报	每月	1 G	10年＊12月＊10K
6	行政区少数民族表	公安局、民政局	在线填报	每月	1 G	10年＊12月＊10K
7	行政区划经济信息表	统计局、工商局	在线填报	每月	1 G	10年＊12月＊10K
8	重点企业经济信息表	统计局、工商局	在线填报	每月	1 G	10年＊12月＊10K

续 表

序号	数据库表	提供单位	采集方式	更新周期	数据量	备注
9	危险源和防护目标信息表	消防局	在线填报	每月	1 G	10年*12月*10K
10	行政区气象统计表	气象局	在线填报	每月	1 G	10年*12月*10K
11	气象灾害分布信息表	气象局	在线填报	每月	1 G	10年*12月*10K
12	水库表	水务局	在线填报	每月	1 G	10年*12月*10K
13	水文监测统计信息表	水务局	在线填报	每月	1 G	10年*12月*10K
14	草场森林	农牧业局	在线填报	每月	1 G	10年*12月*10K
15	自然保护区	旅游局	在线填报	每月	1 G	10年*12月*10K
16	土地利用表	规划局	在线填报	每月	1 G	10年*12月*10K
17	统计指标表	统计局	在线填报	每月	1 G	10年*12月*10K
18	统计指标编码	统计局	在线填报	每月	1 G	10年*12月*10K
19	统计信息表	统计局	在线填报	每月	1 G	10年*12月*10K
	小计				30 G	

2) 数据检查整理

对采集来的数据按照综合管理主题数据库的标准格式要求进行检查整理,对不符合质量要求或错误的数据进行更正,最终确保数据的准确。

3) 数据入库

将经过检查整理的数据导入到综合管理主题数据库中。

4.7.9 智慧城市空间可视化主题数据库

1) 数据采集

以国土资源局、规划局等单位管理数据为主要数据来源,通过共享交换获取数据。数据提供单位等信息如表4-9所示。

表4-9 空间可视化主题数据库

序号	数据库表	提供单位	采集方式	更新周期	数据量	备注
1	1∶1万 水系数据表	国土资源局、规划局	共享交换	实时	10 G	10年*1 G
2	1∶1万 居民地数据表	国土资源局、规划局	共享交换	实时	10 G	10年*1 G
3	1∶1万 境界数据表	国土资源局、规划局	共享交换	实时	20 G	10年*1 G
4	1∶1万 交通数据表	国土资源局、规划局	共享交换	实时	10 G	10年*1 G
	小计				50 G	

2) 数据整理

对采集来的数据按照空间可视化主题数据库的标准格式要求进行检查整理,对不符合质量要求或错误的数据进行更正,最终确保数据的准确。

3) 数据入库

将经过检查整理的数据导入到空间可视化主题数据库中。

4.7.10 智慧城市数字城管主题数据库

1) 事件受理与结案应用数据库

事件大类分为 5 类:市容环境、宣传广告、施工管理、突发事件和街面秩序。

事件小类按照其所反映问题的责任归属部门的专业习惯名称,分类如下:

① 市容环境类　包括私搭乱建、暴露垃圾、积存垃圾渣土、废弃车辆、废弃家具设施、干道保洁、胡同保洁、绿地保洁、非装饰性树挂等。

② 宣传广告类　包括非法张贴小广告、违章悬挂广告牌匾、占道广告牌、街头散发小广告等。

③ 施工管理类　包括施工扰民、工地扬尘、道路破损、道路遗撒、施工废弃料、无证消纳渣土等。

④ 突发事件类　包括路面塌陷、自来水管破裂、燃气管道破裂、下水道堵塞等。

⑤ 街面秩序类　包括无照经营游商、流浪乞讨、占道废品收购、店外经营、机动车乱停放、非机动车乱停放、乱堆物堆料、黑车拉客、露天烧烤、商业噪音等。

2) 事件分类代码结构

事件分类代码采用数字型代码,共有 10 位数字,分为三段,代码的第一段为 6 位数字,表示县级及县级以上的行政区划;第二段为 2 位数字,表示事件大类;第三段为 2 位数字,表示事件小类。

具体格式为:

第一段　　　　　　　　第二段　　　　　　第三段
□□□□□□　　　　　　□□　　　　　　　□□

第一段的 6 位代码统一使用《中华人民共和国行政区划代码》(GB/T 2260—2007)国家标准。

第二段的 2 位代码为事件大类首次使用,具体划分:01～05 分别表示市容环境、宣传广告、施工管理、突发事件、街面秩序。

第三段的 2 位代码为事件小类首次使用,具体编码方法:依照事件小类从 01～99 由小到大顺序编写。

例如:北京市东城区禄米仓后巷 3 号住宅西侧 10 米处有堆放绿化施工废弃料,按照编码规则,该事件的大类是施工管理,代码为 03,小类是施工废弃料,代码为 05,其编码是 1101010305。如果在其他地区发现同类问题,如大兴胡同 65 号住宅对面墙根处堆有施工废弃料,其编码也是 1101010305,可以通过其属性信息中问题位置、所在单元网格不同来区别上述两例。

3) 数据采集

数据采集成果以 XML 方式提交,如表 4-10 所示。

表 4-10　数字城管主题数据库

序号	数据库表	提供单位	采集方式	更新周期	数据量	备注
1	事件接报信息表	智慧城市管理系统	共享交换	实时	10 G	10 年 * 1 000 条 * 10K
2	预警信息表	智慧城市管理系统	共享交换	实时	10 G	10 年 * 1 000 条 * 10K
3	预测信息表	智慧城市管理系统	共享交换	实时	10 G	10 年 * 1 000 条 * 10K
4	发布信息表	智慧城市管理系统	共享交换	实时	10 G	10 年 * 1 000 条 * 10K
	小计					40 G

4）数据检查整理

对采集来的数据按照数字城管主题数据库的标准格式要求进行检查整理,对不符合质量要求或错误的数据进行更正,最终确保数据的准确。

5）数据入库

将经过检查整理的数据导入到数字城管主题数据库中。

4.7.11 智慧城市基础设施主题数据库

1）基础设施数据规范

城市基础设施建设资料数据库主要包括道路、桥梁、水、电、气、热等市政公用设施,以及公园、绿地、休闲健身娱乐等公共设施,也包括门牌、广告牌匾等部分非公共设施。城市管理过程中的所有对象就是存储在系统中的城市部件数据。

对于城市部件,将根据建设部《城市市政综合监管信息系统管理部件和事件分类与编码》(CJ/T 214—2007)的6大类共95种城市部件对部件的定位精度、部件编码、属性进行采集,如表4-11所示。

表4-11 城市市政综合监管信息系统管理部件和事件分类

大类	小类
公用设施类	包括自来水、污水、电力、燃气、热力、电信、有线电视、公安、消防等各种井盖,以及电话亭、报亭、自动售货亭、信息亭、邮筒、健身设施、变压器、电闸箱、电信交接箱、电杆、阅报栏、燃气调压箱、治安亭、河堤护栏、市政井盖等
道路交通类	包括立交桥、过街天桥、跨河桥、地下通道、下穿隧道、路名牌、护栏、交通标志牌、交通控制箱、公交站亭、出租车上下站点牌、停车场、停车场停车车位显示器、存车支架等
环卫环保类	包括垃圾中转站、公共卫生间、公共卫生间指示牌、果屑箱等
园林绿化类	包括古树名木、绿地花卉、行道树、花钵、城市雕塑、街头座椅、树池口等
房屋土地类	房屋院落门牌、户外霓虹灯灯箱、广告牌匾、人防工事、宣传栏
其他类	重大危险源、工地、河湖堤坝

城市管理基础设施代码共有16位数字,分为4部分:行政区划代码、大类编码、小类编码和流水号。具体格式如下:

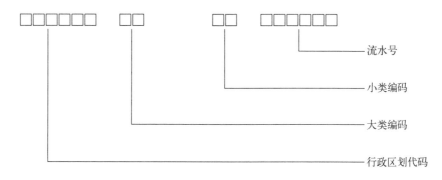

① 行政区划代码为6位。

② 大类编码为2位,表示城市管理部件大类。具体编码方法:01～06分别表示公用设施类、道路交通类、环卫环保类、房屋土地类、园林绿化类及其他类。

③ 小类编码为2位,表示城市管理部件小类。具体编码方法:依照城市管理部件小类从01~99由小到大顺序编写。

④ 流水号为6位,表示城市管理部件流水号,具体编码依照城市管理部件定位标图顺序,从000001~999999由小到大编写。

⑤ 单元网格划分。单元网格是指采用网格技术,根据属地管理、地理布局、现状管理、方便管理、管理对象等原则,以一定的范围为基本单位,以社区为专题网格,将行政区域划分成若干个网格状的单元。

2) 数据采集

以城市管理系统中基础信息为主要数据来源,通过共享交换获取交换数据。

表 4-12 基础设施主题数据库

序号	数据库表	提供单位	采集方式	更新周期	数据量	备注
1	市政基础设施数据表	城市管理系统	共享交换	实时	10 G	10年 * 10 000 条 * 10K
2	市政基础设施数据交换表	城市管理系统	共享交换	实时	10 G	10年 * 10 000 条 * 10K
小计					20 G	

3) 数据检查整理

对采集来的数据按照基础设施主题数据库的标准格式要求进行检查整理,对不符合质量要求或错误的数据进行更正,最终确保数据的准确。

4) 数据入库

将经过检查整理的数据导入到基础设施主题数据库中。

4.7.12 智慧城市应急指挥主题数据库

1) 数据采集

数据采集成果以 XML 方式提交,如表 4-13 所示。

表 4-13 应急指挥主题数据库

序号	数据库表	提供单位	采集方式	更新周期	数据量	备注
1	110 指挥中心表	公安局	在线填报	每月	40 G	10年 * 365 天 * 10K
2	119 消防指挥中心表	消防局	在线填报	每月	10 G	10年 * 1 000 条 * 10K
3	122 交通指挥中心表	交管局	在线填报	每月	10 G	10年 * 1 000 条 * 10K
4	120 急救指挥中心表	卫健委	在线填报	每月	10 G	10年 * 1000 条 * 10K
5	防洪指挥中心表	水利局	在线填报	每月	10 G	10年 * 1000 条 * 10K
6	环境监测指挥中心表	环保局	在线填报	每月	10 G	10年 * 1000 条 * 10K
7	安全生产指挥中心表	安监局	在线填报	每月	10 G	10年 * 1000 条 * 10K
小计					100 G	

2) 数据检查整理

对采集来的数据按照应急指挥主题数据库的标准格式要求进行检查整理,对不符合质量要求或错误的数据进行更正,最终确保数据的准确。

3) 数据入库

将经过检查整理的数据导入到应急指挥主题数据库中。

4.7.13 智慧城市安全生产主题数据库

1) 数据采集

对重大危险源(危险品生产场所、储存场所)、危险品(爆炸品、压缩气体和液化气体、易燃液体、易燃固体、自燃物品和遇湿易燃物品、氧化剂和有机过氧化物、毒害品和感染性物品、放射性物品、腐蚀品等)运输车辆、高危企业(煤山矿场、危险化学品生产厂、烟花爆竹生产厂等)、救援物资、人员、专家等数据进行管理。数据采集成果以 XML 方式提交,如表 4-14 所示。

表 4-14 安全生产主题数据库

序号	数据库表	提供单位	采集方式	更新周期	数据量	备注
1	危险品生产场所表	安监局	在线填报	每月	10 G	10 年 * 365 天 * 10K
2	危险品储存场所表	安监局	在线填报	每月	10 G	10 年 * 1 000 条 * 10K
3	危险品运输车表	安监局	在线填报	每月	10 G	10 年 * 1 000 条 * 10K
4	高危企业表	安监局	在线填报	每月	1 G	10 年 * 100 条 * 10K
小计					31 G	

2) 数据检查整理

对采集来的数据按照安全生产主题数据库的标准格式要求进行检查整理,对不符合质量要求或错误的数据进行更正,最终确保数据的准确。

3) 数据入库

将经过检查整理的数据导入到安全生产主题数据库中。

4.7.14 智慧城市重点目标主题数据库

1) 数据采集

智慧城市重点目标包括石油化工厂、危险化学品仓库、油罐区、液化石油气储配站、加油(气)站、粮棉油加工厂、木材加工厂、农药厂、大型集贸市场、人员密集场所、其他消防安全重点单位、在建重点工程,以及航空、铁路、公路等交通枢纽、大型骨干企业等。数据采集成果以 XML 方式提交,如表 4-15 所示。

表 4-15 重点目标主题数据库

序号	数据库表	提供单位	采集方式	更新周期	数据量	备注
1	石油化工厂表	安监局	在线填报	每月	10 G	10 年 * 365 天 * 10K
2	危险化学品仓库表	安监局	在线填报	每月	10 G	10 年 * 1000 条 * 10K
3	油罐区表	安监局	在线填报	每月	10 G	10 年 * 1000 条 * 10K
4	液化石油气储配站表	安监局	在线填报	每月	1 G	10 年 * 100 条 * 10K

续 表

序号	数据库表	提供单位	采集方式	更新周期	数据量	备注
5	加油(气)站表	安监局	在线填报	每月	1 G	10年*100条*10K
6	粮棉油加工厂表	安监局	在线填报	每月	1 G	10年*100条*10K
7	大型集贸市场表	安监局	在线填报	每月	1 G	10年*100条*10K
8	人员密集场所表	安监局	在线填报	每月	1 G	10年*100条*10K
9	在建重点工程表	安监局	在线填报	每月	1 G	10年*100条*10K
10	粮棉油加工厂表	安监局	在线填报	每月	1 G	10年*100条*10K
11	大型骨干企业表	安监局	在线填报	每月	1 G	10年*100条*10K
12	航空交通安全信息表	安监局	在线填报	每月	1 G	10年*100条*10K
小计					39 G	

2) 数据检查整理

对采集来的数据按照重点目标主题数据库的标准格式要求进行检查整理,对不符合质量要求或错误的数据进行更正,最终确保数据的准确。

3) 数据入库

将经过检查整理的数据导入到重点目标主题数据库中。

4.7.15 智慧城市突发事件主题数据库

1) 数据采集

通过采集城市各突发事件处理部门数据建立突发事件主题数据库。数据采集成果以XML方式提交,如表4-16所示。

表4-16 突发事件主题数据库

序号	数据库表	提供单位	采集方式	更新周期	数据量	备注
1	110信息表	公安局	在线填报	每月	10 G	10年*365天*10K
2	119信息表	消防局	在线填报	每月	10 G	10年*1000条*10K
3	120信息表	卫健委	在线填报	每月	10 G	10年*1000条*10K
4	122信息表	公安局	在线填报	每月	1 G	10年*100条*10K
5	防灾信息表	水利局	在线填报	每月	1 G	10年*100条*10K
6	安全生产信息表	安监局	在线填报	每月	1 G	10年*100条*10K
7	环境监测信息表	环保局	在线填报	每月	1 G	10年*100条*10K
小计					34 G	

2) 数据检查整理

对采集来的数据按照突发事件主题数据库的标准格式要求进行检查整理,对不符合质量要求或错误的数据进行更正,最终确保数据的准确。

3) 数据入库

将经过检查整理的数据导入到突发事件主题数据库中。

4.7.16 智慧城市运行态势主题数据库

1) 数据采集

主要采集水电气热等城市运行态势数据。数据提供单位等信息如表 4-17 所示。

表 4-17 运行态势主题数据库

序号	数据库表	提供单位	采集方式	更新周期	数据量	备注
1	供水和排水信息表	给排水公司	实时监控	实时	1 G	10 年 * 365 条 * 10K
2	天然气供应信息表	天然气公司	实时监控	实时	1 G	10 年 * 365 条 * 10K
3	液化气供应信息表	液化气公司	实时监控	实时	1 G	10 年 * 365 条 * 10K
4	供热供应信息表	供热公司	实时监控	实时	1 G	10 年 * 365 条 * 10K
5	电力供应信息表	电力公司	实时监控	实时	1 G	10 年 * 365 条 * 10K
	小计				5 G	

2) 数据检查整理

对采集来的数据按照运行态势主题数据库的标准格式要求进行检查整理,对不符合质量要求或错误的数据进行更正,最终确保数据的准确。

3) 数据入库

将进过检查整理的数据导入到运行态势主题数据库中。

4.7.17 智慧城市诚信系统主题数据库

1) 数据采集

主要采集企业诚信数据。数据提供单位等信息如表 4-18 所示。

表 4-18 诚信系统主题数据库

序号	数据库表	提供单位	采集方式	更新周期	数据量	备注
1	企业资本表	银行	在线填报	每月	1 G	10 年 * 365 条 * 10K
2	企业经营状况表	银行	在线填报	每月	1 G	10 年 * 365 条 * 10K
3	企业流动资金来源表	银行	在线填报	每月	1 G	10 年 * 365 条 * 10K
4	企业财务风险分析表	银行	在线填报	每月	1 G	10 年 * 365 条 * 10K
5	企业偿还能力表	银行	在线填报	每月	1 G	10 年 * 365 条 * 10K
6	企业偿还债务表	银行	在线填报	每月	1 G	10 年 * 365 条 * 10K
7	企业抵押表	银行	在线填报	每月	1 G	10 年 * 365 条 * 10K
	小计				7 G	

2) 数据检查整理

对采集来的数据按照诚信系统主题数据库的标准格式要求进行检查整理,对不符合质量要求或错误的数据进行更正,最终确保数据的准确。

3) 数据入库

将经过检查整理的数据库导入到诚信系统主题数据库中。

4.7.18 智慧城市公共服务主题数据库

1) 数据采集

数据采集成果以 XML 方式提交,如表 4-19 所示。

表 4-19　公共服务主题数据库

序号	数据库表	提供单位	采集方式	更新周期	数据量	备注
1	天气信息库	气象局	共享交换	实时	1 G	1 年 * 365 天 * 10K
2	餐饮信息库	商业局	共享交换	实时	1 G	1 年 * 1000 条 * 10K
3	住宿信息库	旅游局	共享交换	实时	1 G	1 年 * 1000 条 * 10K
4	交通信息库	交通局	共享交换	实时	1 G	1 年 * 1000 条 * 10K
5	市民卡信息	人社局	共享交换	实时	1 G	1 年 * 1000 条 * 10K
6	社区服务信息库	民政局	共享交换	实时	1 G	1 年 * 1000 条 * 10K
7	医疗卫生信息库	卫健委	共享交换	实时	1 G	1 年 * 1000 条 * 10K
8	教育信息库	教育局	共享交换	实时	1 G	1 年 * 1000 条 * 10K
9	旅游信息库	旅游局	共享交换	实时	1 G	1 年 * 1000 条 * 10K
10	养老服务信息库	民政局	共享交换	实时	1 G	1 年 * 1000 条 * 10K
11	常用电话号码库	旅游局	共享交换	实时	1 G	1 年 * 1000 条 * 10K
小计					11 G	

2) 数据检查整理

对采集来的数据按照公共服务主题数据库的标准格式要求进行检查整理,对不符合质量要求或错误的数据进行更正,最终确保数据的准确。

3) 数据入库

将经过检查整理的数据导入到公共服务主题数据库中。

4.7.19 智慧城市医疗卫生主题数据库

1) 数据采集

以卫健委、各医疗机构数据为主要数据来源。数据采集成果以 XML 方式提交,如表 4-20 所示。

表 4-20　医疗卫生主题数据库

序号	数据库表	提供单位	采集方式	更新周期	数据量	备注
1	医疗卫生单位表	卫健委	共享交换	每月	10 G	10 年 * 1000 条 * 10K
2	医院信息表	卫健委	共享交换	每天	10 G	10 年 * 1000 条 * 10K
3	传染病信息表	卫健委	共享交换	实时	10 G	10 年 * 1000 条 * 10K
小计					30 G	

2) 数据检查整理

对采集来的数据按照医疗卫生主题数据库的标准格式要求进行检查整理,对不符合质量要求或错误的数据进行更正,最终确保数据的准确。

3) 数据入库

将经过检查整理的数据导入到医疗卫生主题数据库中。

4.7.20 智慧城市市民卡主题数据库

1) 数据采集

城市市民卡主题数据库由持卡人资料数据库、社保医保资料数据库、小额消费资料数据库、公交收费资料数据库、身份认证刷卡数据库、市民卡使用与管理数据库和POS机数据库组成，数据来源、采集方式等信息如表4-21所示。

表4-21 市民卡主题数据库

序号	数据库表	提供单位	采集方式	更新周期	数据量	备注
1	持卡人资料数据库	市民卡系统	数据共享	实时	5 G	1人*10K
2	社保医保资料数据库	市民卡系统	共享交换	实时	5 G	1人*10K
3	小额消费资料数据库	市民卡系统	共享交换	实时	5 G	1人*10K
4	公交收费资料数据库	市民卡系统	共享交换	实时	5 G	1人*10K
5	身份认证刷卡数据库	市民卡系统	共享交换	实时	5 G	1人*10K
6	市民卡使用和管理数据库	市民卡系统	共享交换	实时	5 G	1人*10K
7	POS机管理数据库	市民卡系统	共享交换	实时	5 G	1人*10K
小计					35 G	

2) 数据检查整理

对采集来的数据按照市民卡主题数据库的标准格式要求进行检查整理，对不符合质量要求或错误的数据进行更正，最终确保数据的准确。

3) 数据入库

将经过检查整理的数据导入到市民卡主题数据库中。

第5章 智慧城市大数据与人工智能应用

5.1 数据与信息

中央网信办在智慧城市建设"六个一"核心要素中指出：要建立一个开放共享的数据体系，海量数据是智慧城市的特有产物，通过对数据的规范整编和融合共用，实现并形成数据的"总和"，进而有效提高决策支持数据的生产与运用，进一步提升城市治理的科学性和智能化水平。智慧城市既是大数据产生的源泉，又是大数据分析应用的载体。因此研究智慧城市大数据的构成、分析、应用、可视化展现，就显得非常迫切和必要了。

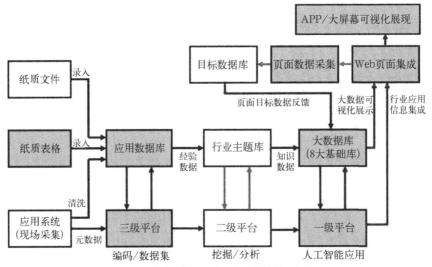

图 5-1　智慧城市大平台与大数据架构模型

无论是数据的采集，还是数据存储，都不是大数据的最终目标。失去对大数据的分析、应用、可视化展现的环节，即使珍贵如金矿一般的大数据也不过是一堆废铁。大数据体系的结构模型和核心路径就是通过采集、存储、处理、分析、应用、可视化展现的大数据全生命周期，如图5-1所示，整个大数据链条就算彻底走通了。

5.1.1　数据与信息关系

早在1998年IBM提出"数字地球"时，美国总统克林顿就提出"信息是被加工过的数据"的概念。原国信办周宏仁教授也指出"数据资源是发展大数据产业的前提。数据资源是需要开发的，而开发的主要形式是构建不同功能、不同形态的信息系统"。这些至理名言充分说明了数据与信息之间的依存关系。

从数据与信息之间物理与逻辑关系(图 5-2)中可以看到,信息(信息系统)与数据(数据库)之间存在着相互的关系。客观世界是由物质、能量、信息三大要素组成。数据与信息是一种客观存在,既不是物质,也不是能量。研究大数据就不能不研究数据与信息之间、要素与要素之间、局部与局部之间、局部与全局之间、全局与系统之间、系统与环境之间的相互联系和作用,它们都是通过交换、处理、应用的信息平台和数据库来实现的。系统的演化,整体特性的产生,高层次人工智能应用的出现,都需要从数据与信息的观点来理解。数据与信息也是系统工程的基本概念,信息论是系统工程的理论基础之一。因此,研究数据与信息在智慧城市中的开发和应用,是智慧城市系统工程研究的重要内容。

图 5-2　数据与信息之间物理与逻辑关系图

数据与信息已经是当今社会的重要资源,互联网+、大数据、云计算、物联网、人工智能等新科技,都是基于数据与信息科技和信息化应用。数据与信息知识已经成为社会发展的第一推动力,数据与信息在社会生产和生活中已经起到不可替代的作用,并在继续不断地扩展信息的内涵和外延,信息化应用已经渗透到政府政务、社会民生、城市治理、企业经济的各行各业的方方面面。信息平台与数据库系统将在智慧城市建设中发挥不可估量的作用。

1) 大数据的概念

大数据概念可分为广义和狭义两种,广义的大数据系指,无法用现有的软件工具提取、存储、搜索、共享、分析和处理的海量的、复杂的数据集合;狭义的大数据系指,对于海量和复杂数据经过采集、抽取、挖掘、处理、分析后获取的具有经验、知识、智能和价值的信息。

2) 信息的概念

信息的存在不以主体(如人、事物、设备)存在为转移,即使主体不存在,信息也可以独立存在。信息在客观上反映某一客观事物的现实情况。信息可以是具有物质载体形式的数据、记录、文档、著作、影像等,也可以是意识形态中的概念、思想、宗教、信仰、愿景等;信息与四维空间无关,信息可以超越距离、空间和时间的约束,可以独立而永久地存在于不同维度的时空中。从某种意义上讲"信息"属于"第五维空间",也就是"虚拟空间"的概念。信息在主观上可以被接受和利用,并会影响人的思想和指导人的行动。信息与其他资源不同,不会像物质资源,如水、煤炭、电力等因为被使用而消耗。因此信息是一个取之不尽、用之不竭的资源。

3) 数据与信息的关系

数据与信息是信息系统中两个互为依存的基本要素。数据是一切活动中产生的记录符号,数据可以通过加工和组合来表述现实客观世界的特征(如对象、属性、事件、状态与活动),信息是被加工过的数据,是数据的解释和含义,而数据则是信息的原材料和载体,如图 5-3 所示。因此,数据与信息既相互独立,又相互密切关联。

5.1.2　数据流与信息流

从数据流与信息流之间的逻辑关系视图(图 5-4)上可以看到,智慧城市大平台由城市级公

图 5-3 数据与信息之间的物理转换关系

共信息一级平台、行业级二级平台、业务级三级平台组成;大数据由城市级大数据库、行业级主题数据库、业务级应用数据库组成。多级信息平台和多级数据库系统之间存在着对应的物理与逻辑的互联共享的关系。多级数据库系统通过数据抽取、数据分析、数据应用分别提供给多级信息平台业务应用、行业管理、决策指挥。多级数据库系统对多级信息平台的数据服务是通过数据流的方式实现的;数据流的数据服务又通过各级信息平台的应用和可视化分析展现形成信息流。信息流是实现智慧城市总体功能及各项业务和功能的基础和保障。

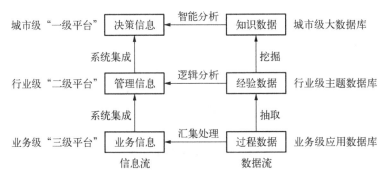

图 5-4 数据流与信息流之间的逻辑关系视图

1) 数据流描述

数据流是一组数据。在数据流视图中,数据流用带箭头的线表示,在其线旁标注数据流名。数据流视图中应该描绘所有可能的数据流向,而不需要描绘某个数据流的条件。数据流视图是描绘数据从输入移动到输出的过程中所经受的变换。数据流视图从数据传递和加工的角度,以图形的方式描述数据流从输入到输出的移动变换过程。通常数据流视图包括:

① 指明数据存在的数据符号,这些数据符号也可指明该数据所使用的媒体;

② 指明对数据执行的处理的处理符号,这些符号也可指明该处理所用到的机器功能;

③ 指明几个处理和(或)数据媒体之间的数据流的流线符号;

④ 便于读、写数据流视图的特殊符号。

数据流视图有两种典型结构,一是变换型结构,它所描述的工作可表示为输入、主处理和输出,呈线性状态;另一种是事务型结构,这种数据流图呈束状,即一束数据流平行流入或流出,可能同时有几个事务要求处理。

(1) 数据流视图组成元素

数据流视图组成元素包括数据库系统的外部实体、处理过程、数据存储和系统中的数据流。

① 外部实体　外部实体指数据库系统以外又和系统有联系的人或事物,它说明了数据的外部来源和去处,属于系统的外部和系统的界面。外部实体支持系统数据输入的实体称为源点,支持系统数据输出的实体称为终点。通常外部实体在数据流程图中用正方形框表示,框中

写上外部实体名称,为了区分不同的外部实体,可以在正方形的左上角加一个字符。同一外部实体可在一张数据流程图中出现多次,这时在该外部实体符号的右下角画上小斜线表示重复。

② 数据处理过程　数据处理指对数据逻辑处理,也就是数据变换,它用来改变数据值。而每一种处理又包括数据输入、数据处理和数据输出等部分。在数据流视图中处理过程用带圆角的长方形表示处理,长方形分三个部分,标识部分用来标识一个功能,功能描述部门是必不可少的,功能执行部门表示功能由谁来完成。

③ 数据流　数据流是指处理功能的输入或输出。它用来表示一中间数据流值,但不能用来改变数据值。数据流是模拟系统数据在系统中传递过程的工具,在数据流视图中用一个水平箭头或垂直箭头表示,箭头指出数据的流动方向,箭线旁注明数据流名。

④ 数据存储　数据存储即数据的静态存储,可以代表文件、文件的一部分、数据库的元素等。数据存储也表示数据保存的地方,它用来存储数据。系统处理从数据存储中提取数据,也将处理的数据返回数据存储。与数据流不同的是数据存储本身不产生任何操作,它仅仅响应存储和访问数据的要求。数据流程图中数据存储用右边开口的长方条表示。在长方条内写上数据存储名字。为了区别和引用方便,左端加一小格,再标上一个标识,用字母 D 和数字组成。

(2) 数据流的分层结构

数据流视图根据数据流层级可分为顶层数据流视图、中层数据流视图和底层数据流视图。顶层数据流视图表示整个系统;输出数据流和输入数据流为系统的输入数据和输出数据,表明系统的范围,以及与外部环境的数据交换关系。中层数据流视图是对顶层数据流视图中某个加工进行细化,而它的某个加工也可以再次细化,形成子图;中间层次的多少,一般视系统的复杂程度而定。底层数据流视图是指加工到不能再分解的数据流视图,其加工称为"原子加工"。

数据流视图首先将系统的输入数据和输出数据用一连串的加工连接起来。在数据流的值发生变化的地方就是一个加工。接着,给各个加工命名。然后,给加工之间的数据命名,给出文件命名。对于大型系统、巨系统或复杂巨系统,为了控制复杂性,便于理解,需要采用自顶向下逐层分解的方法,绘出分层数据流视图。即用分层的方法将一个数据流视图分解成几个数据流视图来分别表示。

(3) 数据流视图的表述方法

① 顶层数据流视图的表述　顶层数据流视图只包含一个加工,用以表示被开发的数据库系统,然后考虑该数据库系统有哪些输入、输出数据流。顶层数据流视图的作用在于表明被开发数据库系统的范围以及它和周围环境的数据交换的关系。

② 数据库系统内部视图的表述　即下层数据流视图,不再分解的加工称为基本加工。一般将层号从 0 开始编号,采用自顶向下、由外向内的原则。画 0 层数据流视图时,分解顶层数据流视图的系统为若干分系统,决定每个分系统间的数据接口和活动关系。

③ 数据流表述的含义

数据流不是控制流,数据流反映数据库系统"做什么",不反映"怎么做"和"如何做";

数据流不是物质流,数据流反映的是能用计算机处理的机读数据,并不是实物,因此对目标系统的数据流视图一般不表述物质流;

每个加工的表述至少有一个输入数据流和一个输出数据流,反映出此加工数据的来源与加工的结果;

如果一张数据流视图中的某个加工分解成另一张数据流视图时,则上层图为父图,直接下

层图为子图,父图与子图的平衡,子图的输入输出数据流同父图相应加工的输入输出数据流必须一致;

局部数据存储,当某层数据流图中的数据存储不是父图中相应加工的外部接口,而只是本图中某些加工之间的数据接口,则称这些数据存储为局部数据存储。

2) 信息流描述

信息流有广义和狭义两种。广义指在空间和时间上向同一方向运动过程中的一组信息,它们有共同的信息源和信息的接收者,即由一个信息源向另一个接收端传递的全部信息的集合。人们采用各种方式来实现信息交流,从面对面的直接交谈到采用各种现代化的传递媒介,包括信息的收集、传递、处理、储存、检索、分析等渠道和过程。信息流的狭义定义是指信息的传递运动,这种传递运动是在现代信息技术研究、发展、应用的条件中,按照一定要求,通过一定渠道进行的,在信息处理过程中信息在计算机系统和通信网络中流动。

随着社会的信息化和信息大量涌现,以及人们对信息要求的激增,信息流形成了错综复杂、瞬息万变的形态。这种流动可以在人和人之间、人和机构之间、机构内部以及机构与机构之间、甚至物与物之间发生,包括有形流动和无形流动,前者如报表、图纸、书刊等,后者如电信号、声信号、光信号等。在社会经济生活中,随着商流、物流与资金流的分离,信息流的作用越来越重要,其功能主要体现在沟通连接、引导调控、辅助决策以及经济增值等方面。

(1) 数据与信息的表述

数据是指某一目标定性与定量描述的原始资料,包括数字、文字、符号、图形、图像以及它们能够转换成的数据的形式。信息是向人们或机器提供关于现实世界新的事实的知识,是数据、消息中所包含的意义。数据与信息是不可分离的。信息由与物理介质有关的数据表达,数据中所包含的意义就是信息。信息是对数据的解释、表述和应用。即使是经过处理以后的数据,也只有经过解释才有意义,才成为信息。就本质而言,数据是客观对象的表示,而信息则是数据内涵的意义,只有数据对实体行为产生影响时才成为信息。数据是记录下来的某种可以识别的符号,具有多种多样的形式,也可以加以转换,但其中包含的信息内容不会改变,即不随载体的物理设备形式的改变而改变。信息可以离开信息系统而独立存在,也可以离开信息系统的各个组成和阶段而独立存在;而数据的格式往往与计算机系统有关,并随载荷它的物理设备的形式而改变。数据是原始事实,而信息是数据处理的结果。不同知识、经验的人,对于同一数据的理解,也可得到不同信息。

(2) 信息流视图的意义

智慧城市属复杂巨系统,其建设的核心和基础就是数据、信息、知识与智慧。根据系统工程方法论的基本原理,从分解到综合总体规划,从定性到定量综合集成,信息流视图是建立智慧城市数据流、知识流、智慧流的中间流层,是建立数据、信息、知识、智慧相互关联的重要环节。

理解数据、信息、知识、智慧之间的逻辑关系非常重要。数据是信息的原材料,数据只是表示发生了什么事情,并不提供对事情的判断和解释,数据是行动和认知的可靠基础与依据。信息是人们对数据进行系统的组织、整理加工和分析,使其产生相关性、互联性、共享性,信息是数据的高级表现形式。知识是将信息从定性到定量的过程,使得信息得以实现抽象化和逻辑化,知识通过对信息的使用归纳、演绎的方法而得到,知识是人们利用信息来解决问题的一种表现和能力(或称力量)。智慧的产生需要基于知识的积累和应用,只有在掌握知识的前提下经过广泛深入的实践检验，被消化和吸收，才能成为个人或集体对问题的一种判断、决策和处理事物更高层次智慧能力的体现。

智慧城市信息流视图，正是基于多级数据流视图，并通过多级信息平台，将数据流经过系统组织、整理加工转换成为具有关联性、互联性、共享性的信息流。信息流又通过各级信息平台提供业务处理、行业管理和决策指挥的知识和智慧。信息流视图是数据、信息、知识、智慧相互关联的、清晰的、详细的描述。

(3) 信息流视图组成元素

信息流视图组成元素包括信息收集、信息处理、信息传递三个组成元素。

① 信息收集　信息收集是信息流运行的起点，它是分散的信息向收集者集中的过程。信息的收集者成为信息的信宿，按照自己的目的和需要来集中有关信息。收集信息的质量，即信息的真实性、可靠性、准确性、及时性，决定着能否达到预定的目的和能否满足需要。收集信息必须遵循一定的原则进行。

——具有明确的目的性。收集信息的目的决定着收集的范围、深度、方法和费用。只有与目的(目标)相联系的信息才是收集的对象。对于出于战略性的目的而收集信息，所涉及的范围就很大，可以采用分级分类收集的方法，将收集信息分为战役性信息和战术性信息。

——确定深度和精度。这是按照收集目的的要求来确定的。不同的目的对深度和精度的要求也不相同。深度和精度决定着收集的难易程度和内容。

——选择信息源，建立信息渠道。信息源的选择取决于收集目的及信息内容。选择信息源首先要利用现有信息和现有信息渠道，确定具有连续性且相对稳定的信息源和信息渠道，是非常重要的。

② 信息处理　收集来的信息往往是碎片化的，有时甚至是片面的、重复的、虚假的，必须经过处理才能去伪存真，归纳出结果，提高信息的使用价值。信息处理主要包括以下内容：

——分类及汇总。对碎片化的信息按照一定的标准进行分类整理，重新组合后，才能显示出信息之间的相互联系，为分析、比较、判断创造条件。分类采用统一的标准或者规范，要有较强的通用性，建立专门的信息标准。编码或目录是分类的方法之一，是存储信息、利用信息系统进行处理的重要手段。

——分析、判断、形成结果。大量的信息罗列在一起，有真有假、有主有次、相互孤立、形式各异，既不容易存储和检索，也难以观察到信息所反映的事物本质内容。特别是关系管理和决策的信息，如果只是大量的数据，应用起来将非常困难。因此，要对信息进行比较、分析、计算，使之有条理、有规范、有序列，进而作出判断，形成结果，信息才有较高的使用价值。所以可以说，信息处理是对信息进行再创造的过程，是信息流运行非常重要的环节。

——存储和更新。经过处理的信息，有时不是立刻投入使用，有的虽然已经使用过，但仍然有再利用的价值，这就需要进行信息存储。现代信息存储方式，主要是利用电子计算机技术建立数据库进行海量存储。

③ 信息传递　信息传递是信息从信息源发出，通过一定的媒介和信息渠道传输给接收者的过程。如果说，信息收集相当于生产所需原材料的供应过程，信息处理就相当于生产过程。信息收集也是信息传递的内容。信息传递既有单向传递，也有双向和多向传递。其中，反馈传递是信息传递非常重要的内容和特点。信息传递有纵向传递和横向传递两种流向。纵向传递是同一组织内部上下级之间的传递，横向传递是不同组织之间的传递。纵向传递是组织传递，

横向传递是协同传递。纵向传递是不同环节之间的传递,横向传递是相同环节之间的传递。纵向传递是有序的传递,横向传递是无序的传递。信息互联过程以横向传递为主,数据共享过程以纵向传递为主。

(4) 信息流视图功能

① 信息流互联功能　信息流的过程是作为一个整体的运动,即体系的运动来实现的。信息是各种要素的集合,不同的信息要素之所以能形成集合,就是靠信息流把它们联接在一起的。信息流多级信息平台之间的关系,从本质上讲是信息互联和信息交换的关系。信息流将一个个孤立的环节,联接成为连续不断的有序活动。信息流产生于从数据到信息的转换过程,是活动的客观反映。每一个主体都是依据它所接收到的信息从事活动,它所进行的活动又表现为一定的信息传递出去,被其他主体接收,成为其他主体活动的依据。如此循环往复,形成了信息流互联互通的有机联系和运动。

信息流不仅具有联接和贯通智慧城市总体功能体系、系统体系、技术体系、标准体系、信息基础设施体系的功能,而且具有沟通"三融五跨"体系与外部系统和环境的功能。智慧城市信息流不是孤立的,它处在社会经济的大系统之中,是大系统的组成部分。其他系统构成信息流外部系统和外部环境,影响着信息流的运动。信息流反过来也影响其他系统的运动。不同系统之间的相互影响和联系,同样是靠信息流来联接的。

② 信息流调控功能　信息流的调控功能产生于互联互通的联接功能。信息是能够被人们理解、接收和利用的信息,是经过一定程度处理的信息。因此,信息在联接要素的时候,所反映的客观内容就是事物的状态和人们行为的结果。这样,在事物与人之间就产生了一个过程,每一个人都取得其他人的信息,这些信息会影响人们的行动和后果,而个人信息同时也影响相互联系的其他人的行为,信息的变化将会使人们的行为发生变化,这就是信息流的调控功能。

③ 信息流决策功能　信息流是不断变化的动态过程,信息流所赖以存在的运动环境也是不断变化的动态环境。无论是运动着的过程,还是变化着的动态环境,都存在大量的不确定因素。信息的重要功能,是使决策当事人了解动态变化的状况,以减少不可避免的不确定性,从而为处理事件和行动作出恰当的选择,并控制行为的后果。信息越完善、充分、及时,不确定性就越少,决策就可以越合理。

决策过程实际上就是信息的收集、传递、分析、处理和判断的过程。从决策的角度来看,有两类信息是必须的。一类是决策面临的可选择行动系列信息;另一类是影响这些行动后果的信息。显然,这些信息需要经过收集才能得到,而信息的质量对决策来讲至关重要。当决策者对收集到的信息进行处理,作出判断,确认了不同行动可能产生的后果时,决策实际上已经作出来了。

3) 数据、信息、网络之间互联互通的关系

智慧城市大数据可视化集成平台建设的过程就是建立信息互联互通、数据共享交换、业务功能协同的过程。大数据、大平台、大网络是智慧城市体系建设的一个"总和"。

大数据是大平台的数据源,提供有价值知识信息的支撑;大平台提供大数据挖掘分析、人工智能、可视化展现与信息互联互通的环境;大网络是数据与信息传输的通道和安全保障。智慧城市大数据体系结构体现了数据、信息、网络相互之间的物理与逻辑互联互通的关系和应用及功能协同的关系。智慧城市大数据分级分类体系结构由城市级大数据库、业务级主题数据库、应用级数据库分级和知识决策类、经验管理类、过程应用类分类数据构成。

数据、信息、网络三者之间互联互通关系可参见图1-4;分级分类大数据结构可参见图1-2;分级分类大平台结构可参见图1-1;分级分类大网络结构可参见图1-3。

5.1.3 信息集成与数据共享

智慧城市信息系统集成与大数据共享交换采用面向对象的设计方法。面向对象设计方法就是直接面对需求域中的客观对象来进行信息系统和数据库的建模。它既提供了从一般到特殊的演绎方法(如继承等),又提供了从特殊到一般的归纳形式(如类等),其中包括面向对象的分析、面向对象的设计、面向对象的实现和面向对象的测试和维护等。

面向对象信息系统集成逻辑关系如图5-5所示。

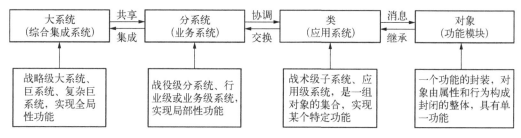

图5-5 面向对象信息系统集成逻辑图

面向对象的分析强调针对需求域中客观存在的事物构造分析模型中的对象(元数据)。用对象的属性和行为分别描述事物静态和动态特征及行为,强调属性和行为与客观事物的一致性;用类来描述具有相同属性和行为的对象组合(数据类);用对象的结构描述客观事物的分类和组合特征;用消息连接、实例连接表示事物之间的动态和静态的联系。无论是问题域中的单个事物,还是各个事物之间的关系,分析模型都能够保留它们的原貌,没有加以转换,也没有打破原来的界限而重新组合,因而,面向对象的分析模型能够很好地映射需求域的要求。

面向对象的设计是建立在面向对象分析模型的基础上,从设计实现的角度考虑人机界面、数据存储与处理、任务管理等因素,仅在局部进行调整、修改,不存在表示方法上的变化,因而设计结果仍然是需求域很好的反映。同样,面向对象的实现和面向对象的测试、维护等也没有改变对需求域的认识和表示。面向对象方法都支持三种基本的活动:识别对象和类,描述对象和类之间的关系,以及通过描述每一个类的功能定义对象的行为。

1) 面向对象设计方法

面向对象设计方法对于信息系统集成、开发大型开放式复杂巨系统具有很大的优势。面向对象设计方法支持并发系统集成、专家组织和数据资源共享,是支持智慧城市系统工程的重要支柱。由于智慧城市开放式复杂巨系统包含人的智能活动,建立数学模型非常困难,而面向对象设计方法能够比较自然地刻画现实需求的客观世界,容易达到需求空间和程序空间的一致,能够在多级层次上支持复杂巨系统层次模型的建立,是研究综合信息系统集成系统工程的重要工具。面向对象技术对于并发工程和综合集成工程的作用,一方面说明了这一新技术应用范围的宽广,同时也说明了它的重要影响,更证明了面向对象技术在智慧城市建设中是一门新兴的值得广泛重视的技术。

面向对象设计方法中,识别对象是开发信息系统集成的关键性第一步,其基本元素包括:类、对象以及类与类之间的关系。对象是信息系统需求域中客观实体的一种抽象,而类则是一组具有公共属性的抽象对象的集合(组合)。类与类之间的关系通常分为关联、继承、依赖和精化等四种类型。在信息系统集成中,一般类表示系统,并把现实世界中能够识别的对象分类表示。定义对象和类的描述包括以下内容:

① 对象与类的发现　在问题域中寻找对象和类,一般有三种策略,即名词短语策略、动词策略和联合策略。

② 类的表示　一个类分解为名称、属性以及操作三部分。属性描述类的基本特征,行为描述类具有的功能。对象是类的实例化,所有的操作都是针对对象进行的。

③ 属性的发现　对象或类的属性描述了对象的具体特征,属性有属性名称和属性值(或称属性状态)。

④ 属性的类型　属性的类型有单值属性、排他属性和多值属性三种。

⑤ 属性的表示　属性表示如变量类型一样,也可以表示为整型、实型、布尔型和枚举型。除了基本类型外,属性的类型也可以是其他类型,包括类的类型。

2) 面向对象建模方法

(1) 面向对象建模方法的三个相关模型

面向对象的建模方法是在面向对象技术应用实践的基础上,提出的一套系统设计的方法论。它以面向对象的原理为基础,通过构造一组相关模型(对象模型、动态模型和功能模型)来获得关于问题的全面认识。

① 对象模型　描述了系统中对象的结构,即对象的标识、与其他对象之间的关系、对象的属性以及操作。主要概念涉及类、属性、操作、继承、关联(即相互关系)和聚合。类的对象模型用对象及对象的关系图表示,类用层次结构表示公共的结构和行为,并和别的类发生联系。类定义了属性和操作,这些属性和操作在类的实例中被使用和执行。对象图提供了为对象、类和它的关系建模相关的图形符号,它包括类图和实例图两种类型。类之间的联系称为关系,在面向对象的建模技术符号中用一条线表示。对象模型之间存在三种基本关系:关联关系、包容关系和继承关系。

② 动态模型　描述系统中与时间有关的方面以及操作执行的顺序,包括引用变化的事件、事件的序列、定义事件序列上下文的状态,以及事件和状态的主次。动态模型抓住了"控制流"特性,即系统中的各个操作发生的顺序。动态模型中的主要概念是状态和事件。状态是指对象所拥有的属性值和连接关系,从一个对象到另一个对象的单个消息叫做一个事件。其主要描述方法是状态图和事件跟踪图。其中,状态图的节点状态,标有事件名的线是转移,转移的箭头指向接收事件后的目标状态。

③ 功能模型　描述系统内部数据值的转换,表示怎么从输入值得到输出值,包括函数、映射、约束和功能性依赖。其主要概念有加工、数据存储、数据流、控制流以及角色等。功能模型由多个数据流图组成,它们表示从外部输入,通过操作和内部数据存储,到外部输出这样一个过程。

对象模型、动态模型和功能模型都包含了同样的概念、数据、序列和操作,但它们从不同的视角描述了系统的不同方面,同时也是相互作用的。对象模型描述了动态模型、功能模型所操作的数据结构,对象模型中的操作对应于动态模型中事件和功能模型中的函数;动态模型描述了对象的控制结构,说明哪些决策是依赖于对象值,哪些引起对象的变化并激活了功能;功能模型描述了由对象模型中操作和动态模型中动作所激活的功能,而功能作用在对象模型说明的数据上,功能模型还表示了对对象值的约束。

(2) 面向对象建模开发的三个阶段

面向对象的建模开发过程分为三个阶段:分析阶段、系统设计阶段和对象设计阶段。

① 分析阶段 重点是理解和处理目标应用和领域并进行建模,首先输入的是问题域的需求,它主要描述了需要处理的问题,并提供了将要产生的系统概况。分析后的输出是一个描述了系统三个重要方面的形式化模型,表述对象与对象之间的关系,动态的控制流以及根据约束数据的函数性转换。

② 系统设计阶段 决定了系统的整个体系结构和设计要素,为以后的工程设计阶段中更详细的决定提供依据。该阶段以对象模型为依据,把系统分解为分系统、子系统(类)、功能模块(对象),并通过把对象组织成并发的任务来实现并发,同时,还决定系统之间的通信、数据存储和动态模型的实现等。

③ 对象设计阶段 分析模型被不断地提炼、求精、优化,产生一个较为实用的设计成果。该阶段决定实现中所用的类及类与类之间的关系和全部的定义,包括接口、综合、集成,以及用于实际操作的算法和程序。

3) 面向数据建模方法

面向对象设计方法具有模块化、消息隐藏、低耦合度、高聚合度、抽象、可扩展以及可集成等特点。同时,面向对象范式为软件、数据模块的复用提供了很强的支持。面向对象建模方法是以对象和类作为信息系统开发建模的基础。通常通过面向对象方法构造的信息系统开发模型后,都存在着一个共同的问题,即如何将这些逻辑模型放在数据库系统中进行存储和应用。数据的存储和应用涉及数据模型的构造和优化。特别是复杂巨系统如何通过数据模型来实现对大数据的管理,支持各类数据库的数据共享和交换。由于数据特别是大数据的存储和应用涉及面向联机业务处理(OLTP)和联机分析处理(OLAP),因此数据模型的建立必须是面向信息系统的应用。

面向数据建模是信息系统开发建模的重要内容,面向数据建模的方法也在不断地发展。除了基于实体关系模型的语义建模的方法外,在面向需求建模和面向对象建模的基础上,进一步通过"信息栅格"技术应用,提出了基于面向数据服务的建模方法。该方法是信息系统数据建模的一种新方法和创新。

在面向对象建模方法中,以类代表一个对象类型,类在代码运行阶段将被创建为一个个对象实例,每个类由两个部分组成:属性和行为。属性通常是一些数据状态值,也就是说,类将数据封装隐藏在自己内部了,访问这些数据属性必须通过类公开的方法、协议或者接口。通过数据封装,决定了以后代码的维护性和扩展性,也为今后建立复用"类库"和复用"构件库"打下了基础。数据封装的形式可以打个比喻,在日常生活中经常用各种盒子和袋子包装一些东西,这样做就是为了方便这些东西的携带或储藏,在现实社会的运输、仓储、商品交易中都需要进行分类包装的应用。信息系统中的数据封装与物品包装基本上是一个道理。

类的方法行为也有多种类型,如公开、私有等,可以设计一些方法为公开接口,而将另外一些行为隐藏起来,这样一个看似简单灵活的接口公开和隐藏选择,却能够应付我们日后频繁的修改。我们不能只用一个单独的类来表达客观世界,因为客观世界存在千丝万缕的各种关系。在计算机领域,我们使用类的关系来表达映射这些关系。类在建模上主要有如下几个关系：

① 关联（Association） 类与类的关系经常是一个类包含一个类（构造性），或者借助另外一个类达到某个功能（功能性）。在对需求建模分析中，构造性的这种关系，也称为关联，是我们关注的重点。当然这种关系很显然表达的是一种静态的结构，比如，构造之间的关系就是一种关联。

② 聚合（Aggregation） 聚合的关系是一种表格式样的关联，表示一个类包含多项子类，这种关系是一种整体与部分的关系。一个汽车有四个轮子，四个轮子是汽车的部分。

③ 组成（Composition） 组成的关系是一种更强烈的聚合关系，一个对象实际是由其子对象组成，子对象也唯一地属于父对象。

④ 继承 也是类建模中经常用到的关系，继承可以将一些数据属性抽象到父类中，避免重复，如入库单和出库单有很多属性是差不多的，唯一不同的就是入库和出库的行为，那么我们可以抽象一个库单为父类，使用继承关系分别表达入库单和出库单。

关系数据表模型，分析设计都是以根据需求直接建立数据表的方式来进行的。数据库技术由于提供庞大数据存储和可靠的数据访问，正在不断从技术领域走向社会领域。数据表类似前面的"类"，是数据库的主要组成之一，也是一种表达客观世界的基本单元。表有多列字段，表的字段是保存数据的，每个字段有数据类型。这里没有数据的封装和公开，表的字段是赤裸的，只要有数据库访问权限，任何人都可以访问，没有结构层次关系，都是扁平并列的。数据表也有一些行为，这些行为是基于实体的一些规则：

约束（Constraints）能够保证不同表字段之间关系的完整性和安全性，保证数据库的数据安全；触发器（Triggers）提供了实体在修改、新增和删除之前或之后的一些附加行为；存储过程（Database stored procedures）提供数据专有的脚本性语言。

4) 信息系统与数据系统存在问题

目前智慧城市大部分业务系统一般都采用基于流程的设计思路或模型。一个个独立的业务系统都是量身定做的，对于用户来说，系统本身有非常强的针对性，系统使用的局部效率也非常高，一个个彼此孤立的系统为完成各自的业务功能具有很好的优势。但是从长远考虑，基于流程的方法设计的系统有明显的不足。首先，系统为每个流程都要提供相应的资源和设施，造成较多的重复建设和资源浪费；其次，当新的工作模式出现的时候，基于流程而设计的系统就可能要被完全推倒重来，系统集成能力和适应新需求变化的能力都很有限。基于流程方法设计的信息系统，其数据库系统为了适应流程化信息系统功能的需要，通常采用网络共享数据体制的树形结构。就从网络共享数据来分析，其流程是由独立的业务系统数据库一级级地向上汇集数据，直到汇集到总的数据中心，又要从总的数据中心一级级地往下分发数据，直到使用数据的底层应用系统。无论这些数据是否用到，为了保证数据的完备性，都需要不断地汇集和分发数据，这就造成了数据存储资源被大量浪费，冗余的数据充斥数据中心，严重地加大了数据存储量和网络传输的负荷。

5.1.4 数据服务模型

智慧城市信息系统集成与大数据共享交换，是在动态变化的多个虚拟组织间共享数据资源和协同解决问题，信息系统集成的目的是建立一体化数据服务平台，手段则是通过共享现有的数据库系统，实现广泛的互联、互通、互操作。从某种意义上来说，信息系统数据服务模型实际上是信息系统模型的一个子模型。因此基于信息系统模型来建立信息系统数据服务模型是加快信息系统集成、共享、协同的一条捷径。这也是我们以上讨论数据与对象和类之间关系的原因。信息系统数据服务模型是在信息系统模型的基础上发展起来的。数据共享离不开信息系统集成。

尽管我国多年来建设了各种业务数据库系统或大数据中心，积累了丰富的信息资源，但是这些数据库或数据中心在建设时，由于开发单位、技术平台、技术手段各不相同，造成其数据库系统数据结构各异、接口不统一、一体化程度低，这样就给数据共享、交换、更新与管理带来了极大的不便，同时也造成了资源的重复性建设，浪费了大量的人力、物力和财力。因此如何解决信息系统中各异构数据库系统中信息的融合贯通，就是目前需要解决的一大难题。

基于面向对象构造信息系统数据服务模型包括以下内容：

1) 数据库系统的栅格化与集成管理

现有信息系统分布在不同的硬件平台和操作系统之上，都拥有各自的应用系统和数据库，但系统与系统之间却无法进行信息交换和数据共享，无法实现有效的业务协同。为了集成这些异构数据库系统，应对原有的数据库系统利用构件复用、共享组件和中间件技术进行改造，使之都符合栅格对数据封装、映射和集成的规范，并将之集成进信息栅格平台。这种数据库的集成方式比新建立一个大型数据库系统要省财力和省时间，而且可以随时利用现有系统中的数据来更新中心数据库中的数据，解决了数据的采集难和更新难的问题。

2) 数据映射模型的构造

由于各种信息系统是在不同时期由不同部门研制的，没有遵照共同的规范，不论数据库的类型和数据结构，还是元数据的名称和语义，都没有一个统一的标准，这样就产生了异构数据库间的非标准数据的转换问题，需要有一种机制将异构数据库数据转为标准数据，从而实现部门之间数据的互联、互通、互操作。在数据的源头利用栅格中间件进行转换和封装，所有的数据只要一出数据库，都要经过标准化统一的数据对象、数据构件或者是数据类，并形成虚拟数据的映射。通过统一的数据共享交换接口和访问机制，使得虚拟服务与有效实际应用以 QoS 为依据实现与实际服务资源的匹配。具体的做法就是在现有数据库系统中部署各级数据代码表(XML 格式)，数据代码表中包含了本地非标准数据与标准数据的一一对应关系。通过数据代码表可以查询本地数据结构，并转换为标准数据结构。目前基于面向数据模型，采用"新电子公司"《智慧城市大数据共享交换规范》和分级分类的大数据架构的建库模型。这些成果可以直接用来指导智慧城市信息系统数据服务和数据共享交换的标准，以及逻辑、物理、实体的各种数据模型的示范。

3) 元数据服务模型的构造

元数据是描述数据的数据，它是对信息资源的结构化描述，描述信息资源或数据样本的特征和属性，规定数据的组织，具有定位、发现、证明、评估和选择等功能。元数据帮助用户更好地使用数据描述的信息。一般地，元数据描述数据的内容和类型，主要针对数据对象、产生数据的时间、数据的来源、数据需要的加工操作、数据的更新时间，其中部分数据的提取方法、数据精度、数据质量等信息。为更好地共享数据库，应该对所有数据资源进行统一的元数据描述，用栅格平台管理所有的元数据，并对所有的数据建立快速访问索引，解决所有数据的查找和定位的问题。

4) 按需服务接口模型的构造

实现数据库的集成和共享之后,理论上讲所有数据都可以访问,但如果直接让用户面对海量数据,也会影响其使用效率。因此,还要做到按需提供数据服务,针对不同用户的各种需求提供其单独的操作界面,提供经过筛选的数据,让用户集中到数据的使用上而不是数据的选择上。通过信息动态集成技术,建立一套发布信息和访问信息的机制。只要是栅格里有的信息,且有权查阅,不管是各类用户,还是各种应用系统,都可以按需求发出请求并实时获取这些信息。由此,为开发新的应用系统提供一个有力的数据支撑环境。

5) 数据同步模型的构造

采用信息栅格技术构造的数据服务模型,大部分数据分布在不同的功能节点里,不需要搬来搬去,但也有些数据在不同的节点里都有副本。保持这些副本与数据本身所反映的情况的一致性是非常重要的。当然,这种一致性可以分等级,如强一致性要求和弱一致性要求,不同要求的同步更新其时效性和正确性要求不同。为了保证数据的一致性,必须确定权威数据源,要做到一数一源。所谓权威数据,是指某些数据只能由指定部门(又称权威部门)进行发布和维护(即增、删、改),在数据服务模型中,需要根据数据对副本的更新要求来建立数据联动更新机制,根据权威数据来校对其他业务系统中的相应数据,以保证更新的及时性、正确性和同步性。

6) 数据安全模型的构造

为了确保数据库系统中的数据安全,需要从技术、软硬件和管理等多个层面入手。在技术方面,采取基于栅格的安全基础设施技术,它包括 CA 认证和授权,用基于角色的访问控制等安全体系,辅以网络强制访问控制、安全套接协议和防 SQL 注入等多种技术手段来确保数据访问的合法性和数据传输的安全性。信息栅格数据服务,采用物理分开和逻辑集中策略,某些节点的损失不影响整体的功能,因而有更好的可靠性和可用性。在网络环境方面,涉及政务数据和信息采用专用电子政务外网并配备专门的防火墙和保密设施,更有利于确保网络访问的安全性。在管理方面,要制定信息平台运行管理规范,设置专门的数据服务员、安全监督员和系统操作员等不同的角色。做到专人专权,一机一位,所有操作都可记录、可追溯、可查阅。可以利用桌面远程管理软件,发布系统软件更新和病毒库自动更新维护,通过构建数据安全模型,全面提升网络与数据的安全防护能力。

5.1.5 数据服务应用

基于军事信息栅格技术构造数据服务模型的方法,就是构造一个开放的栅格服务数据存取和集成模型(Open Grid Services Architecture-Data Accessand Integration,OGSA-DAI)。

该模型是一个可被复用的构件,是使得现有数据资源如关系数据库、实时数据库或 XML 数据库都能够实现数据服务,并集成到数据共享环境中的架构。它符合现有的数据标准,可以在 Web Services 环境下开发,并支持 DB2、Oracle、MySQL、PostgreSQL、eXist 等数据库系统,以及文件系统等。

1) OGSA-DAI 概述

OGSA-DAI 采用可复用的构件技术,可以实现在栅格环境或标准数据库系统环境下的数据服务(包括存取、访问、调用等)与数据集成。针对结构化数据资源提供可扩展的编程框架,在 DAI 的支持下,无论是数据库、文件还是其他形式的异构数据,都可以进行管理与集成,并允许这些资源可以通过 Web 服务的方式访问。更重要的是 OGSA-DAI 提供了以数据为中心的数据流处理引擎,可实现数据的访问、更新、转换和传递等操作。

OGSA-DAI 首先对数据流的输入/输出、处理、执行进行简化,并进一步加强 DAI 的扩展性和标准化,使得数据流的构建更加合理和方便。在单个数据流中,可以同时存取多种数据源,并支持数据流的并发操作。DAI 中经过 OGSA-DAI 重构的资源和服务部分,增强了模块化并减少了功能上的重复。

OGSA-DAI 支持以下功能:

① 通过 Web Services 发布不同类型的数据源。
② 可以查询和更新每种类型数据源中的数据。
③ OGSA-DAI Web 服务提交请求具有统一的格式,而不论 Web 服务所发布的数据类型。
④ 用户访问 OGSA-DAI Web 服务所发布的相关数据源的信息及该服务所支持的功能。

2) OGSA-DAI 结构

OGSA-DAI 结构根据不同的功能分为四层,分别是数据资源层、业务逻辑层、数据表示层和客户端层,如图 5-6 所示。

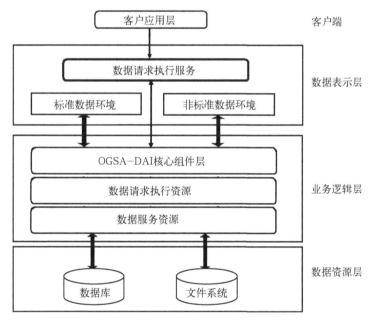

图 5-6　OGSA-DAI 数据服务模型结构图

① 数据资源层包括通过 OGSA-DAI 发布的数据源。

② 业务逻辑层封装了 OGSA-DAI 的核心功能,是 OGSA-DAI 的核心层,它由各种数据服务源组件组成,可以部署多个数据服务源来发布多个数据源。数据服务源与数据源是一一对应的。

③ 数据表示层封装了使用 Web 服务接口来发布数据服务源所必需的功能。OGSA-DAI 模型包括两种实现,一种与标准数据环境相兼容,另一种与特定数据环境相兼容。

④ 客户层可以通过相应的数据服务与数据服务源进行交互。客户端应用程序必须与

数据服务所基于的标准数据环境或是特定数据环境标准相兼容。

3) OGSA-DAI 资源组成

OGSA-DAI 资源是由提供给客户端访问的各种构件组成的,这些构件由以下六种类型的资源构件组成:

① 数据请求执行构件　所有的客户端执行数据流都要调用该构件,因为它是 OGSA-DAI 处理数据流的构件。它支持许多活动,如一些完成检索和更新等。

② 数据资源构件　一个数据资源就是一个实际数据库或者其他数据资源在 OGSA-DAI 中的映射。

③ 数据池构件　数据池是 OGSA-DAI 允许客户端将数据存入 OGSA-DAI 服务器的一种资源。

④ 数据源构件　数据源是允许客户端将数据从 OGSA-DAI 中取出的一种资源。

⑤ 会话构件　会话是创建顺序数据流的一种资源。

⑥ 请求资源构件　请求资源是一种允许客户端的请求被提交到 OGSA-DAI 上的一种管理资源。

4) OGSA-DAI 的服务

OGSA-DAI 是通过数据表示层的 Web 服务访问的,服务映射了 OGSA-DAI 的资源。客户通过与服务交互就确定了其映射的资源,对服务的操作直接映射到与服务相应的资源的操作,如图 5-7 所示。以下是与 OGSA-DAI 六类资源构件对应的六种服务客户端:

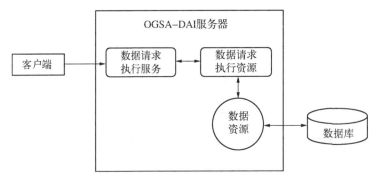

图 5-7　OGSA-DAI 的服务

① 数据请求执行服务客户端　用来提交工作流和创建会话,得到同步请求的状态。
② 数据资源信息服务客户端　用来查询数据资源的信息,如数据库的名字、版本等。
③ 数据池服务客户端　用来将数据存入数据池。
④ 数据源服务客户端　用来将数据从数据池抽取出来。
⑤ 会话管理服务客户端　用来管理会话生命周期。
⑥ 请求管理服务客户端　用来查询请求的执行状态和得到与异步请求有关的数据。

一个数据请求执行服务可定位 0—N 个数据请求执行资源,一个数据请求执行资源可定位一个数据资源,数据请求执行资源通过它的数据资源访问器来管理与数据资源之间的交互。数据资源有一套关联的配置文件,其中对主持的活动、会话信息和数据访问器的类名做了详细的说明。其中,数据请求执行服务和与之相对应的数据请求资源要处于同一个服务器上,而数据资源的物理位置没有限制。

OCSA-DAI通过接口支持数据资源的交互。客户不需要直接操作数据资源,而是通过向数据请求执行服务发送一个请求,数据请求执行服务然后将指令传送给代表实际数据源的数据请求执行资源。数据请求执行资源执行资源解析指令,并且执行指定的动作。然后,数据请求执行资源创建请求结果,并通过数据请求执行服务将响应结果返回到客户端。

5.2 数据挖掘

数据挖掘是在数据库的基础上,综合利用统计学方法、模式识别技术、人工智能应用、神经网络技术、模糊数学、机器学习、专家系统和相关信息技术等,从海量的空间数据、过程数据、服务数据、管理数据等,通过对大数据的分级分类、聚类、特征值提取、关联、降维、规则发现等方法,归纳为智慧城市各领域、各行业、各业务的元数据集、要素数据、目标数据等。通过机器深度学习,实现对数据训练的知识解释、评价和深度融合应用,以指导对某一事情、事态、事件做出决策或预测。

数据挖掘技术是智慧城市大数据人工智能应用的基础知识和技术。

5.2.1 数据挖掘概念

数据挖掘(Data Mining,DM),是从大量的、有噪声的、不完全的、模糊和随机的数据中,提取出隐含在其中的、人们事先不知道的、具有潜在利用价值的信息和知识的过程。数据挖掘包含的意义:数据必须是真实的、大量的、含噪声的;发现的是有价值的知识;发现的知识要可接受、可理解、可应用,并不是放之四海而皆准的真理,而是支持特定的发现问题和解决问题的方法。数据挖掘所提取到的知识的表示形式可以是概念、规律、规则与模式等。数据挖掘能够对未来的趋势和行为进行预测,从而帮助决策者做出科学和合理的决定。

数据挖掘利用各种技术与统计方法,将大量的历史数据进行整理分析、归纳与整合,是从海量数据中"挖掘"隐藏信息,如趋势、特征及相关的一种过程。商业智能(IB)、数据分析、市场运营都可以做这个工作,之所以经常和机器学习合在一起是因为现在很多数据挖掘的工作是通过机器学习提供的算法工具实现的。可以把数据挖掘理解为一种类型的工作,或工作中的某种成分,机器学习是帮助完成这个工作的方法。统计学、数据库和人工智能共同构造了数据挖掘技术的三大支柱,许多成熟的统计方法构成了数据挖掘的核心内容。

与数据挖掘相似的概念是知识发现(Knowledge Discovery in Databases,KDD)。知识发现是指用数据库管理系统来存储数据,用机器学习的方法来分析数据、挖掘大量数据内涵的知识的过程。数据挖掘是整个知识发现流程中的一个具体步骤。我们在智慧城市大数据人工智能应用中强调的是数据挖掘、深度学习和神经网络等技术的集成与综合的应用,深度挖掘大数据知识发现过程中最重要的核心步骤。

数据挖掘是一个交叉学科,涉及数据库技术、人工智能、数理统计、机器学习、模式识别、高性能计算、知识工程、数据网络、信息检索、信息与数据可视化等众多学科领域,其中机器学习、深度学习、人工智能、神经网络、数据库、统计学对数据挖掘的影响最大。对数据挖掘而言,数据库提供数据结构化体系的管理技术,机器学习和深度学习提供数据分析技术。数据挖掘所采用的算法,一部分是机器学习的理论和方法,如神经网络、决策树等;另一部分是基于统计学习理论,如聚类分析、向量机、分类回归和关联分析等。但传统的机器学习和统计学方法往往并不把海量数据作为处理对象,因此数据挖掘要把这两类用于海量数据中的知识发现进行结合,并对算法进行改造,使得技术性能和算法优势达到能够处理海量数据的能力(这也是本书中重点提出的解决方法,即大数据结构化体系和卷积神经网络特征值提取)。

常见的数据挖掘对象有以下八大类:
① 关系型数据库、事务型数据库、面向对象的数据库。
② 数据仓库和多维行业主题数据库。
③ 空间地理信息数据库。
④ 工程过程数据库(如生产、商业、物流及系统集成)。
⑤ 文本、影像和多媒体数据库。
⑥ 与时间相关的历史数据库、共享交换数据库。
⑦ 互联网 Web 数据库。
⑧ 可视化集成平台数据集库、要素数据库、目标数据库(自定义数据库)。

5.2.2 数据预处理

数据处理一方面是为了提高数据的质量,另一方面也是为了适应所做数据分析的软件或者方法。一般来说,数据预处理步骤有数据清洗、数据集成、数据变换和数据规约,每个大步骤又有一些小的细分点。这四个大步骤在做数据预处理时都要执行。

1) 数据清洗

数据清洗,顾名思义,"黑"的变成"白"的,"脏"的数据变成"干净"的。脏数据表现在形式上和内容上的脏。形式上的脏,如缺失值、带有特殊符号的数据;内容上的脏,如异常值。

(1) 缺失值

缺失值包括缺失值的识别和缺失值的处理。在 R 里缺失值的识别使用函数 is.na 判别,函数 complete.cases 用来识别样本数据是否完整。缺失值处理常用的方法有:删除、替换和插补。

① 删除法 删除法根据删除的不同角度又可以分为删除观测样本和变量。删除观测样本(行删除法),在 R 里使用 na.omit 函数可以删除所含缺失值的行,这就相当于减少样本量来换取信息的完整度;但当变量有较大缺失并且对研究目标影响不大时,可考虑使用语句 mydata[,-p] 来完成,mydata 表示所删数据集的名字,p 是该删除变量的列数,-表示删除。

② 替换法 替换法顾名思义即对缺失值进行替换,根据变量的不同又有不同的替换规则。缺失值的所在变量是数值型,可用该变量下其他数的均值来替换缺失值;变量为非数值变量时则用该变量下其他观测值的中位数或众数替换。

③ 插补法 插补法分为回归插补和多重插补。回归插补指的是将插补的变量当作因变量 y,其他变量看作自变量,利用回归模型进行拟合,在 R 里使用 lm 回归函数对缺失值进行插补;多重插补是指从一个包含缺失值的数据集中生成一组完整的数据,多次进行,产生缺失值的一个随机样本,在 R 里使用 mice 包可以进行多重插补。

(2) 异常值

异常值跟缺失值一样包括异常值的识别和异常值的处理。异常值的识别通常用单变量散点图或箱形图来处理,在 R 里 dotchart 是绘制单变量散点图的函数,boxplot 函数用来绘制箱形图;在图形中,把远离正常范围的点当作异常值。异常值的处理有删除含有异常值的观测(直接删除,当样本少时直接删除会造成样本量不足,改变变量的分布)、当作缺失值(利用现有的信息,对其当缺失值填补)、平均值修正(用前后两个观测值的均值修正该异常值),以及不处理。在进行异常值处理时要先找出异常值出现的可能原因,再判断异常值是否应该舍弃。

2) 数据集成

数据集成就是将多个数据源合并放到一个数据存储中,当然如果所分析的数据原本就在一个数据存储里就不需要数据的集成了(多合一)。数据集成的实现是将两个数据框以关键字为依据,在 R 里用 merge 函数实现,语句为 merge(dataframe1, dataframe2, by="关键字"),默认按升序排列。

在进行数据集成时可能会出现如下问题:

① 同名异义 数据源 A 中某属性名字和数据源 B 中某属性名字相同,但所表示的实体不一样,不能作为关键字。

② 异名同义 即两个数据源某个属性名字不一样但所代表的实体一样,可作为关键字。数据集成往往造成数据冗余,可能是同一属性多次出现,也可能是属性名字不一致导致的重复。对于重复属性可先做相关分析检测,如果有再将其删除。

3) 数据变换

数据变换就是将数据转化成适当的形式,来满足软件或分析理论的需要。

(1) 简单函数变换

简单函数变换用来将不具有正态分布的数据变成具有正态分布的数据,常用的方法有平方、开方、取对数、差分等。如在时间序列里常对数据对数或差分运算,将非平稳序列转化成平稳序列。

(2) 规范化

规范化就是剔除掉变量量纲上的影响,比如直接比较身高和体重的差异,单位的不同和取值范围的不同让这件事不能直接比较,分为以下几类:

① 最小-最大规范化 也叫离差标准化,对数据进行线性变换,将其范围变成[0, 1];

② 零—均值规范化 也叫标准差标准化,处理后的数据均值等于0,标准差为1;

③ 小数定标规范化 移动属性值的小数位数,将属性值映射到[-1, 1]。

(3) 连续属性离散化

连续属性变量转化成分类属性,就是连续属性离散化,特别是某些分类算法要求数据是分类属性,如 ID3 算法。常用的离散化方法有如下几种:

① 等宽法 将属性的值域分成具有相同宽度的区间,类似制作频率分布表;

② 等频法 将相同的记录放到每个区间;

③ 维聚类 两个步骤,首先对连续属性的值使用聚类算法,然后将聚类得到的集合合并到一个连续性值并做同一标记。

4) 数据规约

数据规约能够降低无效、错误的数据对建模的影响,缩减时间,降低存储数据的空间。

(1) 属性规约

属性规约是寻找最小的属性子集并确定子集概率分布接近原来数据的概率分布,具体分为:

① 合并属性　将一些旧的属性合并成一个新的属性;

② 逐步向前选择　从一个空属性集开始,每次在原来属性集合选一个当前最优属性添加到当前子集中,一直到无法选择最优属性或满足一个约束值为止;

③ 逐步先后选择　从一个空属性集开始,每次在原属性集中选一个当前最差属性并剔除于当前子集中,一直到无法选择最差属性或满足一个约束值为止;

④ 决策树归纳　将没有出现在这个决策树上的属性从初始集合中删除,获得一个较优的属性子集;

⑤ 主成分分析　用较少的变量去解释原始数据中大部分变量(将相关性高的变量转化成彼此独立或不相关的变量)。

(2) 数值规约

减少数据量,包括有参数和无参数方法。有参数法如线性回归和多元回归,无参数法如直方图、抽样等。

5.2.3　数据分析

数据分析中最常用的经典算法之一就是聚类法,这是数据挖掘采用的起步技术,也是数据挖掘入门的一项关键技术。聚类分析法是大数据时代数据挖掘的关键突破,也是智慧城市大数据分析的基本方法。

1) 聚类分析的概念

聚类分析指将物理或抽象对象的集合分组为由类似的对象组成的多个类的分析过程,其目的是在相似的基础上收集数据来分类。聚类类似于分类,但与分类的目的不同,聚类是针对数据的相似性和差异性将一组数据分为几个类别。属于同一类别的数据间的相似性很大,但不同类别之间数据的相似性很小,跨类的数据关联性很低。聚类与分类的不同还在于,聚类所要求划分的类是未知的。

2) 聚类分析的重要性

"物以类聚,人以群分",这是人类几千年来认识世界和社会的基本能力,是从大数据中发现价值必须面对的一个普遍性、基础性问题,是认知科学作为"学科的学科"要解决的首要问题。无论是政治、经济、文学、历史、社会、文化,还是数理、化工、医农、交通、地理,各行各业的大数据或宏观或微观的任何价值发现,无不借助于大数据聚类分析的结果,因此,数据分析和挖掘的首要问题是聚类,这种聚类是跨学科、跨领域、跨媒体的。大数据聚类是数据密集型科学的基础性、普遍性问题。

可以毫不夸张地讲,如果聚类算法都搞不明白,或者说没有"落地"的"实例",那么说在搞数据挖掘就纯粹是纸上谈兵了。人类的认知科学要想有所突破,首先就要在大数据聚类上有所突破,聚类是挖掘大数据资产价值的第一步。

3) 基于划分聚类算法

① k-means算法　一种典型的划分聚类算法,它用一个聚类的中心来代表一个簇,即在迭代过程中选择的聚点不一定是聚类中的一个点,该算法只能处理数值型数据。k-modes为k-means算法的扩展,采用简单匹配方法来度量分类型数据的相似度;k-prototypes结合

了 k-means 和 k-modes 两种算法,能够处理混合型数据;k-medoids 可在迭代过程中选择簇中的某点作为聚点,PAM 是典型的 k-medoids 算法。

② CLARA 算法　在 PAM 的基础上采用了抽样技术,能够处理大规模数据。

③ CLARANS 算法　融合了 PAM 和 CLARA 两者算法的优点,是第一个用于空间数据库的聚类算法。

④ Focused CLARAN 算法　采用了空间索引技术提高了 CLARANS 算法的效率。

⑤ PCM 算法　将模糊集合理论引入聚类分析中,提出了 PCM 模糊聚类算法。

4) 基于层次聚类算法

① CURE 算法　采用抽样技术先对数据集随机抽取样本,再采用分区技术对样本进行分区,然后对每个分区局部聚类,最后对局部聚类进行全局聚类。

② ROCK 算法　也采用了随机抽样技术,该算法在计算两个对象的相似度时,同时考虑了周围对象的影响。

③ CHEMALOEN(变色龙)算法　首先由数据集构造成一个 K——最近邻图 Gk,再通过一个图的划分算法将图 Gk 划分成大量的子图,每个子图代表一个初始子簇,最后用一个凝聚的层次聚类算法反复合并子簇,找到真正的结果簇。

④ SBAC 算法　在计算对象间相似度时,考虑了属性特征对于体现对象本质的重要程度,对更能体现对象本质的属性赋予较高的权值。

⑤ BIRCH 算法　利用树结构对数据集进行处理,叶节点存储一个聚类,用中心和半径表示,顺序处理每一个对象,并把它划分到距离最近的节点,该算法也可以作为其他聚类算法的预处理过程。

⑥ BUBBLE 算法　把 BIRCH 算法的中心和半径概念推广到普通的距离空间。

⑦ BUBBLE-FM 算法　算法通过减少距离的计算次数,提高了 BUBBLE 算法的效率。

5) 基于密度聚类算法

① DBSCAN 算法　一种典型的基于密度的聚类算法,该算法采用空间索引技术来搜索对象的邻域,引入了"核心对象"和"密度可达"等概念,从核心对象出发,把所有密度可达的对象组成一个簇。

② GDBSCAN 算法　泛化了 DBSCAN 算法中邻域的概念,以适应空间对象的特点。

③ OPTICS 算法　结合了聚类的自动性和交互性,先生成聚类的次序,可以对不同的聚类设置不同的参数,来得到用户满意的结果。

④ FDC 算法　通过构造 k-d tree 把整个数据空间划分成若干个矩形空间,当空间维数较少时可以大大提高 DBSCAN 的效率。

6) 基于网格的聚类算法

① STING 算法　利用网格单元保存数据统计信息,从而实现多分辨率的聚类。

② WaveCluster 算法　在聚类分析中引入了小波变换的原理,主要应用于信号处理领域。小波算法在信号处理、图形图像、加密解密等领域有重要应用。

③ CLIQUE 算法　是一种结合了网格和密度的聚类算法。

7) 基于统计学的聚类算法

① COBWeb 算法　一个通用的概念聚类方法,它用分类树的形式表现层次聚类。

② AutoClass 算法　以概率混合模型为基础,利用属性的概率分布来描述聚类。该方

法能够处理混合型的数据,但要求各属性相互独立。

8) 基于神经网络的聚类算法

① 自组织神经网络 SOM　该方法的基本思想是由外界输入不同的样本到人工的自组织映射网络中。一开始时,输入样本引起输出兴奋细胞的位置各不相同,但自组织后会形成一些细胞群,它们分别代表了输入样本,反映了输入样本的特征。

② 总结聚类分析算法　在分类的过程中,不必事先给出一个分类的标准,聚类分析能够从样本数据出发,自动进行分类。聚类分析使用不同的方法,常常会得到不同的结论。不同应用对于同一组数据进行聚类分析,所得到的聚类数未必一致。

9) 聚类分析的应用

商业类聚类分析被用来发现不同的客户群,并且通过购买模式刻画不同的客户群的特征。聚类分析是细分市场的有效工具,同时也可用于研究消费者行为,寻找新的潜在市场,选择实验的市场,并作为多元分析的预处理。

大数据类聚类分析在大数据挖掘中也是很重要的一个方面,通过分组聚类出各行业业务与应用数据集,并通过神经网络分析数据集的特征值或特征项,就可以更好地为各行业管理提供用于决策或预测的知识数据,提供更合适的信息服务。

大数据作为智慧城市的特有产物和客观存在,是网络时代人类社会的重要资产。海量数据给人们的认知造成了很大的困扰,目前对于大数据的认知存在挑战,而聚类分析将会成为大数据认知的突破口,这是智慧城市大数据分析应用的发展趋向。

5.2.4　大数据环境下的数据挖掘

互联网、物联网、云计算的不断发展和智慧城市建设的遍地开花,海量复杂多样的数据呈现爆炸式的增长,标志着"大数据"时代的到来。大数据已经成为蕴藏巨大潜在价值的战略资源,推动社会和经济的进步和发展。然而,大数据在依托其丰富的资源储备和借助强大的计算技术发挥优势的同时,也带来了极大的挑战,海量、动态及不确定的数据使得传统数据处理系统面临着存储和计算的瓶颈。从复杂的大数据中实时快速地挖掘出有价值的信息和知识,传统的数据挖掘技术自身受限的能力已无法满足海量大数据挖掘与分析的要求。因此,在大数据环境下需要一种适用技术,即"大数据挖掘",来应对面临的挑战。

1) 大数据环境下数据挖掘的特征

在大数据时代,数据的产生和收集是基础,数据挖掘是关键。即数据挖掘是大数据中最关键的、最有价值的工作。数据挖掘具有以下特性:

① 应用性数据挖掘是理论算法和应用实践的完美结合　数据挖掘源于实际生产和生活中的应用需求,挖掘的数据来源于具体应用过程中产生的数据;同时通过数据挖掘发现的知识又要应用到实践中去,辅助实际的决策。因此,数据挖掘来自应用实践,同时服务于应用实践,而且不断循环提升数据应用的质量和精准度。

② 工程性数据挖掘是一个由多个步骤组成的工程化过程　数据挖掘的应用特性决定了数据挖掘不仅仅是算法分析和应用,还是一个包含数据准备和管理、数据预处理和转换、挖掘算法开发与应用、结果展示和数据校验,以及知识数据向实际应用决策与预测信息映射的完整全工程。而且在数据挖掘实际应用中,典型的数据挖掘过程还包括数据交互与循环的过程。

③ 集合性数据挖掘是多种数据类型、多种数据算法、多种数据模型的集合。常用的数据挖掘包括数据分类、关联规则、时序模式、聚类分析、特征提取、滤波降维、数据可视化等。一个具体的数据挖掘应用案例往往涉及多个不同的应用策略和方法。不同的应用策略和方法通常以不同的技术理论、技术应用和模型算法为基础。因此选择数据挖掘的理论、知识、方法和应用至关重要。

综上所述，数据挖掘源于应用实践，以数据体系的系统化、结构化、标准化为基础，以大数据的预处理和数据整理为驱动，以数据算法、工具和平台为支撑，最终将发现的知识数据转化为实际应用的决策和预测信息。

2) 大数据环境下数据挖掘的过程

1999年欧盟创建了跨行业的数据挖掘标准流程（CRISP-DM），提供了数据挖掘全生命周期的完整描述，包括：业务理解、数据理解、数据准备、数据建模、模型评估和模型部署六个阶段，如图5-8所示。

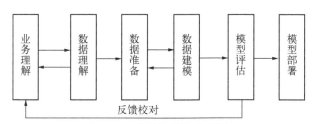

图5-8 大数据挖掘流程图

① 业务理解 主要任务是深刻理解业务需求，在业务需求的基础上制定数据挖掘的目标和实现目标的计划。

② 数据理解 主要收集元数据、解释元数据、识别分类元数据，提供基础元数据的质量，将元数据对象归集为相互关联的"数据类"。

③ 数据准备 从关联数据类中选择必要的属性（基础特征项），然后进行数据清洗，即空值和异常值处理、离散值删除和数据标准化；并按照关联关系集合为一个"数据集"。

④ 数据建模 选择应用不同的数据挖掘技术，并确定模型的最佳参数。如采用卷积神经网络进行多层特征提取，建立卷积层、子采样层、全连接层的各层数据挖掘模型和优化算法。

⑤ 模型评估 对数据挖掘的模型和算法进行优化评估。检查数据挖掘模型和算法的可行性和合理性，评估经数据挖掘后的数据质量和精准度。数据评估应具有循环和反馈评估的能力。

⑥ 模型部署 对于经优化评估后的数据模型，制定将其运用于实际应用中的部署和具体实施的计划安排。

3) 大数据环境下数据挖掘的差异与技术策略

大数据挖掘是从体量巨大、类型多样、动态快速流转及价值密度低的大数据中挖掘有巨大潜在价值的信息与知识，并以服务的形式提供给用户。与传统数据挖掘相比，大数据挖掘同样是以挖掘有价值的信息和知识为目的，然而就技术发展的现状、所面临的数据环境及挖掘的广度和深度而言，两者之间存在着非常大的差异，因而也提出了相应的技术对策。

（1）技术背景的差异与技术对策

传统数据挖掘在数据库、数据仓库及互联网发展等背景下，实现了从独立、纵向到整合、横向数据挖掘的发展。大数据挖掘在互联网、物联网、云计算、智慧城市等技术产生与发展的技术背景下,具备了解决海量大数据挖掘的技术环境。其技术对策本书中提出了智慧城市大数据人工智能应用和大数据可视化集成平台的概念、原理、知识、方法和应用;提出基于目前技术环境下,应用"信息栅格"技术,解决智慧城市海量大数据深度挖掘的实践和相关技术应用的问题。

(2) 处理对象的差异与技术对策

传统数据挖掘在数据来源上主要是以某个特定范围的业务或管理信息系统被动数据(历史数据库)的产生为主,以及少量的 Web 信息系统中由浏览器页面产生的主动数据(实时数据库),数据类型以结构化数据为主,以及少量的半结构化或非结构化数据。相比传统数据挖掘,大数据挖掘的数据来源更广泛、体量巨大、类型更加复杂。采集的方法不再局限于被动,而以动态数据为主;采集的范围更为全面,处理的速度实时且快速。其技术对策本书中提出了智慧城市大数据系统化、结构化、标准化的架构;进一步提出了智慧城市大数据库、可视化集成数据库和互联网 Web 数据库"三者合一"的大数据深度挖掘的技术体系。对于智慧城市海量数据、多种数据源及复杂多样的数据类型,通过人工智能卷积神经网络进行分级分类结构化处理和机器学习深度挖掘实践和技术应用。

(3) 数据挖掘程度的差异与技术对策

大数据挖掘与传统数据挖掘处理、分析的广度、深度也存在差异。在大数据的复杂的类型、架构体系、数据模型交错融合时,大数据挖掘可以利用云平台、网络融合、数据资源共享的优势,通过集成多种计算模式与挖掘算法,乃至人工智能神经网络等技术应用,实现对海量大数据的实时处理与多维分析。其处理大数据的范围更广泛,挖掘分析数据的能力更强大。其技术对策本书中提出了智慧城市大数据人工智能应用,通过卷积神经网络卷积层、子采样层、全连接层对海量大数据进行特征值或特征项的提取,并对各层数据特征权值进行非监督学习、监督学习和深度自学习,最终通过全连接层强化学习完成知识数据向决策与预测信息的映射。

综上所述,传统数据挖掘与大数据挖掘在结构、模型、算法等方面存在很大的差异。必须采用创新的技术路线和策略。其关键策略是构建大数据系统化、结构化、标准化的体系架构;采用人工智能神经网络进行数据挖掘和深度学习,并注重知识数据转化为实际应用的决策与预测信息的工作。

5.2.5 智慧城市大数据挖掘基本方法与复杂性

随着数据采集手段、数据获取方式、计算机技术、网络技术和数据库技术的迅猛发展,各种数据资源日益丰富。但是这些数据资源所隐藏的知识还远远没有得到充分的发现和利用,致使"数据爆炸但知识贫乏"。同时,要求终端用户详细分析这些数据,并提取感兴趣的知识或重要信息是不现实的。因此,从数据中自动地挖掘知识,寻找隐藏在数据中不确定的、隐含的知识、关联关系、空间位置关系或其他模式,即大数据挖掘(Big Data Mining, BDM),变得越来越重要。

1) 智慧城市大数据挖掘基本方法

智慧城市大数据挖掘是在智慧城市大数据库、行业主题数据库、业务应用数据库体系架构的基础上,综合利用统计学方法、模式识别技术、人工智能应用、神经网络技术、模糊数学、机器学习、深度学习、专家系统和网络与信息技术等,从智慧城市大量的空间数据、生产与服务数据、运行与管理数据,以及政务、治理、模式、经济运行中产生的海量数据中获取可信的、新颖的、感兴趣的、隐藏的、事先未知的、潜在有用的和最终可理解的知识和信息。通过从智慧城市大数据挖掘而揭示出蕴藏在数据背后的客观世界的本质规律、内在联系和发展趋势,实现知识的自动获取。智慧城市大数据挖掘主要包括几何知识、关联规则、空间模式与特征、数据分类规则、数据聚类规则,以及数据与信息之间的映射关系等技术和知识。

从大数据挖掘的概念可以了解,大数据挖掘实质上是智慧城市大数据应用的一个重要领域。它是按照一定的度量值和临界值从智慧城市各级数据库中抽取特征数据,以及相关的数据处理、抽样、变换的一个多维度的相互链接,反复进行人机之间交互的过程。归纳为数据准备、数据清理、数据分类、数据挖掘与数据分析,将知识数据转换成为有用的决策或预测信息。大数据挖掘的重点是算法,智慧城市大数据挖掘算法通常包括:分类、关联、聚类、回归、决策树、特征、降维、逻辑、函数以及神经网络等,如图 5-9 所示。

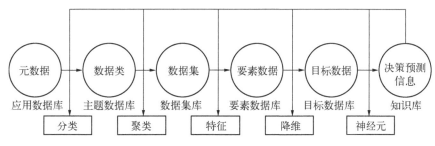

图 5-9　智慧城市大数据挖掘步骤图

2) 智慧城市大数据挖掘的复杂性

智慧城市大数据挖掘的方法很多,根据数据挖掘的对象可以分为:关系数据库、面向对象数据库、实时数据库、Web 数据库、文本数据库、多媒体数据库等。根据数据挖掘所采用的算法又可以分为:统计算法、聚类算法、关联算法、决策树、回归算法、遗传算法、机器学习、深度学习、强化学习、神经网络、BP 算法等。根据数据挖掘任务总体还可分为分类、聚类、关联、特征、降维等类型的算法。

在智慧城市大数据处理和大数据挖掘过程中,要根据智慧城市所建数据库架构、信息与数据体系、数据存储方式和数据规模,以及各种算法的特点进行合适的大数据挖掘方法的选择。因此,大数据挖掘的结构模型、具体算法和实施方法,要根据智慧城市建设的具体情况来确定,这一点是非常重要的。

智慧城市大数据挖掘对象是数据库系统,它们既存储了空间实体的位置和属性等结构化数据;也拥有数据之间的关联关系、逻辑关系等非结构化数据。因此数据类型不同,其数据挖掘也存在着很大的差异性和复杂性。归纳起来,大数据挖掘具有以下的差异性和复杂性:

① 特征性差异　数据在不同观察层次上遵循的规律和体现出的特征是不尽相同的。例如在尺度维度上,表达了数据由细至粗多比例尺或多分辨率的几何变换过程。因此需要根据不同维度的特征,通过合适的算法来聚类不同维度和不同特征的数据类或数据集。

② 数据分布差异　分布在不同地理位置的海量数据,使用一些传统的算法会因为难度高、效率低或计算量大等原因而无法实施。因此大数据挖掘的任务之一,就是要开发新的大

数据挖掘的模式和高效算法,克服由海量数据分布存储造成的技术困难。

③ 数据非线性　数据之间的非线性关系,是数据库系统复杂性的重要标志,反映了数据库系统内部相互作用的复杂关系和机制。因此必须对智慧城市大数据库系统进行结构化改造,否则对于数据的分类、聚类、数据类封装、数据集调用、人工智能应用都难以实现。

④ 数据维度与数据类型复杂性　智慧城市大数据体系各行业主题数据库数据类和业务应用数据库元数据增加非常迅速,因此解决降低数据维度和数据特征值及特征项的提取,是降低数据维度和大数据系统复杂性的有效方法。

⑤ 数据的不确定性　数据的模糊性与不确定性几乎存在于各种类型的数据中,如数据的实时性、空间位置的不确定性、数据对象之间的模糊性等。因此在元数据清洗过程中,应采用逻辑算法进行数据真实性的判断,以取得真实可信的数据。

⑥ 数据的缺失　数据缺失现象是由于某种不可抗拒的外部原因使得数据无法获取或丢失。因此恢复丢失的数据和估算数据关联的参数,是解决数据缺失的有效方法。

综上所述,为了实现智慧城市大数据挖掘,必须有效克服和解决大数据挖掘中存在的差异性和复杂性。为此我们提出了基于"信息栅格"大数据挖掘的体系结构。

5.2.6　基于"信息栅格"大数据关联规则与挖掘

大数据关联规则与挖掘是基于规则的人工智能神经网络机器学习的一种算法。该算法可以在智慧城市大数据中发现相互之间的逻辑关系。其目的就是利用一些度量指标来分辨大数据中存在的强相互之间逻辑关系的规则,也即是说关联规则与挖掘是用于知识发现,是属于人工智能深度学习的无监督机器学习方法。

关联规则与挖掘可以发现大数据中项集之间的关联关系,如图5-10,对关联规则与挖掘的任务包括对原有的算法进行优化,比如引入随机采样、并行算法、聚类算法等,以提高算法挖掘规则的效率、数据质量和数据标准化。大数据关联规则的应用,特别在人工智能神经网络大数据分类、数据特征值提取和数据降维的应用中可以发挥重要的作用。

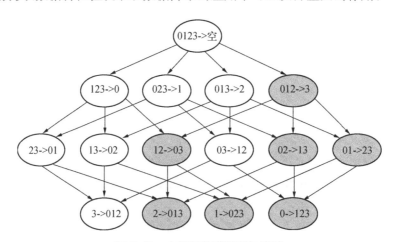

图5-10　大数据关联规则与挖掘

1) 大数据关联规则的类型

① 基于规则中处理数据变量的类别　可以分为布尔型和数值型。布尔型关联规则处

理的值都是离散的、种类化的,它显示了这些变量之间的关系。数值型关联规则可以和多维关联或多层关联规则结合起来,对数值型字段进行处理,将其进行动态的分类和数据处理,当然数值型关联规则中也可以包含多种类数据变量。

② 基于规则中大数据的抽象层次　可以分为单层关联规则和多层关联规则。在单层关联规则中,所有的变量都没有考虑到现实的数据是具有多个不同的层次的。在多层关联规则中,对数据的多层性已经进行了充分的考虑。

③ 基于大数据规则中涉及的数据维数　可以分为单维的和多维的。在单维关联规则中,只涉及数据的一个维。在多维关联规则中,要处理的数据将会涉及多个数据集,每个数据集又包含多个数据类的维度。

2) 大数据关联规则频集算法

大数据关联规则其核心是基于两阶段频集思想的递推算法。该关联规则在分类上属于单维、单层、布尔关联规则。所有支持度大于最小支持度的数据集称为频繁项集,简称频集。频集算法的基本思想是,首先找出所有的数据频集,这些数据频集出现的频繁性至少和预定义的最小支持度一样,然后由数据频集产生强关联规则,产生高一层次数据归类(如本书中提及的要素数据和更高一层的目标数据)。这些规则必须满足最小支持度和最小可信度。频集算法方式包括散列、数据分类、业务数据特征值提取、数据归类、聚类、关联、降维、树频集算法等。

3) 多层关联规则与挖掘

对于很多智慧城市行业应用来说,由于数据分布的分散性,很难在数据最细节的层次上发现一些强关联规则。虽然较高层次上得出的规则可能是更普遍的信息,但是对于一个具体应用数据集来说是应用的基本信息,对于应用的高一个层次的要素数据来说未必如此。所以数据关联与挖掘应该提供在多个层次上进行关联与挖掘的功能。

① 多层关联规则的分类　根据规则中涉及的层次,多层关联规则可以分为同层关联规则和层间关联规则,本书中将智慧城市大数据分为五个层次,即:元数据、数据类、数据集、要素数据和目标数据。

② 多维关联规则挖掘　对于多维数据库而言,除维内的关联规则外,还有一类多维的关联规则。在挖掘维间关联规则和混合维关联规则的时候,还要考虑不同的字段种类,对于种类型的字段,原先的算法都可以处理;而对于数值型的字段,需要进行一定的处理之后才可以进行挖掘。

4) 大数据关联与挖掘应用

对于关联规则与挖掘领域的应用,主要体现在以下方面:

① 在处理海量大数据时,可提高算法的效率。

② 对于挖掘迅速更新的数据,可提高数据特征值提取与降维算法的效率。

③ 对于数值型字段在关联规则中,可提高数据处理的效率。

④ 通过大数据关联与挖掘,有利于关联数据的封装和数据集成与应用调用。

⑤ 提供人工智能神经网络大数据机器深度学习的标准化。

⑥ 在人工智能神经网络大数据机器深度学习的过程中,通过智慧城市数据集、要素数据、目标数据之间跨层级与跨维度的关联、交互、挖掘、降维的方法,将智慧城市各个不同行业领域的应用数据和知识结合在其中。

⑦ 便于将高质量的知识数据转化为可视化的数据及决策与预测信息。

5.3 数据可视化

智慧城市大数据可视化是智慧城市全生命周期的"最后一公里"。大数据可视化集成平台分析展现功能包括：政府政务及综合行业各业务信息及数据可视化的分析展现；城市运营管理重点目标和核心要素的位置、状态、数据、关联、分析等的可视化分析展现；以及智慧城市综合态势变化的预测与评估等。通过智慧城市大数据可视化集成平台，能够以更加精细、精准和动态的方式来运营管理智慧城市所涉及的政府政务、综合治理、社会民生、企业经济，提高社会资源的充分利用、生产力水平和民众的感受度，有力推动低碳、节能、环保等改善人与自然间的关系的进程。

5.3.1 数据可视化概念

可视化是对数据的一种完美的诠释，通过数据可视化人工智能应用（本书的重点），透过数据，理解数据的丰富的内涵，洞察数据中蕴藏的知识和规律。为更深刻地理解客观世界，为城市的管理者提供决策与预测的智慧信息，在智慧城市的运营管理中心、应急指挥调度中心等重要的应用场景，大屏幕显示系统已经成为数据可视化不可或缺的核心基础设施。数据可视化可以更好地对智慧城市的综合态势分析、数据分析展现、市政设施、公共安全、生态环境、宏观经济、民生民意等状况有效掌握和管理，实现智慧城市信息与数据资源的汇聚共享和跨部门的协调联动，为智慧城市高效精准管理和安全可靠运行提供支撑。

智慧城市大数据涉及数据采集、数据存储、数据挖掘、数据分析和人工智能应用等技术应用和数据思维，在越来越多的行业中得到应用，并深刻影响和改变各行各业的传统思维方式。但是大数据可视化技术远远无法满足用户对大数据应用场景展现的需求与期望。大数据人工智能的科学研究已经上升到科学实验、理论分析、计算模拟、机器学习、神经网络等实际应用的阶段。大数据人工智能应用大大扩展了数据可视化技术的内涵和外延。可视化是一种媒介，当今互联网时代，客观世界和虚拟社会正在源源不断产生大量的数据，而人类视觉对以数字、文本等形式存在的非形象化数据处理的能力远远低于对形象化视觉符号的理解。如果直接面对这些数据，很有可能让人无法入手。可视化技术为大数据分析提供了一种更加直观的数据挖掘、数据分析与展现的方法与手段，有助于发现大数据中隐藏的知识和规律，有助于大数据直观的体验、展现和应用。

智慧城市大数据可视化应用的目标，就是要将可视化技术应用加以扩展。在开发和应用大数据可视化技术的过程中的数据采集、处理、分析、治理、管理、挖掘、人工智能应用等各个技术环节都要融会贯通，其目的就是将大数据可视化技术应用延伸到智慧城市的电子政务、社会民生、综合治理、企业经济、网络安全等各个领域和各行各业中。

1) 科学可视化

早在 1987 年，由布鲁斯等编写的美国国家科学基金会报告 *Visualization in Scientific Computing* 即《科学计算中的可视化》对科学计算可视化技术领域产生了深刻和深远的影响。这份报告强调了新的基于计算机的可视化技术方法的必要性。随着计算机运算能力的迅速提升和人工智能在可视化应用方面的融入，人们在可视化应用的领域和规模越来越大，建立的数值模型复杂程度越来越高，从而造就了各种各样形形色色体积庞大的数值型的数据集。特别是在智慧城市中，人们不仅要利用大数据和多媒体信息大规模产生的过程数据（元数据）、业务数据（数据类）、行业管理数据（数据集），而且要利用网络可以保存的文本、页面、数值、多媒体信息来收集数据。为此需要高级的计算机图形学技术与方法来处理这些规模庞大的互联网数据集。"科学计算中的可视化"的学说，是当今大数据可视化技术与智慧城市系统工程实施中对计算机建模和模拟可视化应用的指南。

2）信息可视化

信息可视化（Information Visualization）是一个跨学科领域，旨在研究大规模非数值型信息资源的视觉呈现（如软件系统中众多文件或者一行行的程序代码），通过利用图形图像方面的技术与方法，帮助人们理解和分析数据。与科学可视化相比较，信息可视化侧重于抽象数据集，如非结构化文本或者高维空间中的点，而这些点并不具备固有的二维或三维的几何结构（如状态、图像、文本、形象、信号等）。信息可视化囊括了数据可视化、信息图形、知识可视化、科学可视化及视觉设计方面的发展与进步。在科学技术研究领域，信息可视化术语则一般适用于大规模非数字型信息资源的可视化表达。

3）数据可视化

数据可视化（Data Visualization）是一个不断演变的概念，其边界在不断地扩大。数据可视化是技术上较为高级的技术方法，而这些技术方法允许利用图形图像处理、计算机视觉、用户界面、人工智能，通过表达、建模、算法、图形、表面、属性、动画、二维、三维及虚拟现实的显示，对数据进行可视化解释。与传统立体建模等技术方法相比较，数据可视化涵盖的技术方法和范围要广泛得多。

随着智慧城市大数据时代的到来，数据可视化技术越来越多地被人们用于理解和分析数据，挖掘数据的实质和知识。数据可视化将数值符号转变成为几何描述，从而使得数据用户能够更好地观察到期望的仿真、虚拟现实和计算结果。相比传统的表格化文档展现数据的方式，数据可视化能以更加直观、生动的方式展现数据，使得数据更可贵、更好理解、更有说服力。此外，可视化技术提供了将不可见转化为可见的方法，丰富了科学发现的过程，促进了对客观世界和未知事物的领悟。可视化的作用体现在多个方面，如揭示客观规律和逻辑关系，形成对事件的决策和事态的预测与评估，洞察事物、事态、事情演化的趋势。通过可视化总结、集聚、分析大数据，从而认知事物的本质和真相。

通过数据可视化技术应用，可以实现信息的记录，支持对信息的推理和分析，以及信息的传播与协同。可视化技术的作用是由看见物体到获取知识。对于复杂的、海量的大数据，已有的统计分析或数据挖掘的方法往往是对数据的简化和抽象，隐藏数据集真实的结构；而数据可视化则可还原乃至增强数据中的全局结构和具体细节。目前对于数据可视化有两类误区，一是为了展现数据的可视化而忽略了数据的知识化和信息化；二是为了数据可视化展现画面的美观而采用复杂的图形而忽略了数据可视化对数据诠释的真谛。如果将数据可视化看成艺术创作的过程，就使得数据可视化过于"庸俗化"了。

5.3.2 智慧城市大数据可视化原理

智慧城市大数据可视化集成平台展现智慧城市的多目标、多要素、多事项、多种类的常态和非常态数据及信息的位置信息、状态信息、数据信息、关联信息、分析信息等,提供智慧政务、智慧民生、智慧治理、智慧经济(企业)各行业级二级平台的Web超链接页面的信息展现、信息集成、数据分析、业务应用,以及监控系统的设置、控制、操作等功能。通过大数据各行业各业务的综合分析模型,预测事情、事件、事态的演变趋势,评估预测可实施的措施与办法,辅助领导智慧决策,提高政务服务协同办公的能力。

1) 智慧城市信息可视化原理

智慧城市综合信息可视化(APP+大屏幕显示),就是通过综合信息可视化集成平台与各级智慧城市"公共信息一级平台"以及被集成的各行业级二级平台基于B/S结构的各级信息展现页面、运行状态页面和设置控制操作页面的Web超链接及中间件技术应用,使得智慧城市可视化集成平台具有全方位、全视角、全场景的实现智慧城市各行业、各业务、各应用信息平台及应用系统及大数据可视化的展现、监测、监控、监管、操作、设置、控制、应用的能力,如图5-11所示。

智慧城市综合信息分析展现,覆盖各级新型智慧城市的市政、市容、环保、园林、环卫、人防、公共事业、道路交通、公共安全、节能减排、基础设施监控、监测、监管的信息集成和数据共享的展现。综合展现与管理包括平台、数据、基础设施以及业务应用和系统实时的运行状态和故障监测等。

智慧城市综合信息可视化展现了城市的交通、经济、环保、安防等各方面的信息,并综合政府政务、城管信息、安全监控、交通管理、环境监测、基础设施管理等。综合信息分析展现与智慧城市运营管理,通过互联网、政务外网、物联网、无线移动网为决策者提供网络融合、信息互联、数据共享、业务融合的可视化监控、指挥、调度等。

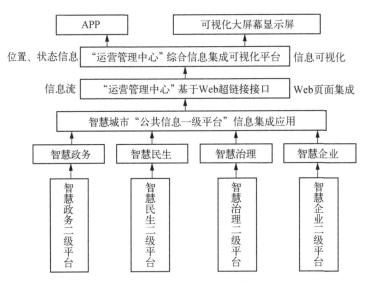

图5-11 智慧城市综合信息可视化原理图

2) 智慧城市大数据可视化原理

智慧城市大数据可视化(APP+大屏幕显示),就是通过综合信息集成可视化与智慧城市大数据八大基础数据库和被共享交换的各行业级主题数据库的分级分类编码的元数据、运行过程数据、行业管理数据、经过挖掘的智能分析知识数据,以及经人工智能深度学习的决策数据等,使得可视化集成具有全面实现智慧城市各基础数据库、各行业主题数据库、各业务数据库、各应用数据库的综合大数据的分析展现,为重点目标和核心要素提供目标数据、要素信息、分析数据、知识数据、决策数据的应用能力,如图5-12所示。

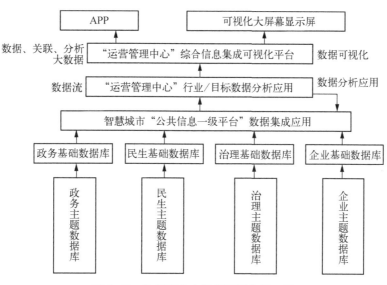

图 5-12 智慧城市大数据可视化原理图

智慧城市大数据可视化分析展现,可以将智慧城市各类系统中的信息和应用进行交叉融合,在一个统一的大数据可视化分析展现界面上进行综合展示和运营管理,并提供基于跨层级、跨行业、跨部门、跨业务、跨应用的大数据综合、关联、分析的可视化场景的综合集成的分析展现,包括综合政务、城管、治理、安全、交通、应急、生态、环境以及基础设施等各个维度的数据信息的综合分析和深度挖掘(人工智能)。

智慧城市大数据可视化分析展现,基于智慧城市海量的大数据建立起来的一个开放共享的大数据体系。通过智慧城市大数据的规范整编和融合共用,实现并形成数据的"总和",可以有效提高决策支持数据的生产与运用,通过海量大数据的结构化和非结构化的数据进行采集、存储、处理、分析、应用等,进一步提升城市治理的科学性和智能化水平。大数据可视化分析展现,对智慧城市运营管理与综合服务所涉及的所有数据进行分类、汇集、交换和共享,确定城市管理与服务的数据集成与分析应用,以及与行业、业务、应用各级数据库共享交换的分析展现。

智慧城市大数据可视化分析展现,涉及政府管理与政务数据、城市监控与治理数据、社会政务服务、公共服务、商业服务信息、企业管理、生产、市场、财务、人事等社会数据。大数据可视化分析展现应以数据共享与应用需求为原则、以数据共享交换需求为原则、以城市运营管理和综合服务大数据应用需求为原则。

5.3.3 智慧城市大数据可视化界面设计

智慧城市运营管理可视化界面设计重点是要体现各级智慧城市运行、管理、服务信息及数据的可视化分析展现的功能;体现各级智慧城市各领域、各行业、各业务、各应用的信息互联互通、数据共享交换、业务协同功能联动的功能;最终体现在智慧城市运营管理可视化集成平台分析展现界面的结构化、系统化、标准化的设计方面。运营管理可视化集成平台界面结构化设计至关重要,通过智慧城市"三中心一平台"信息基础设施的整体运行与管理,支撑整个智慧城市的运营、管理、服务各项业务应用和功能实现。

智慧城市运营管理可视化集成平台"四界面"结构化、系统化、标准化的设计,基于智慧城市大平台、大数据、大系统、大网络的总体框架体系结构和系统集成、数据集成、软件集成、应用集成的思路和策略,构建整个智慧城市运营、管理、指挥、调度、决策的可视化展示和操作的"人—机"相互协调、相互协同、相互理解的智慧化、可视化、易操作的人机界面。基于上述思路、策略、原理和本文作者以往参与城市、园区、建筑等可视化分析展现用户界面(UI)设计的经验,将智慧城市运营管理可视化集成平台分析展现界面分为四层结构,即总览界面(县区级以上)、一级界面、二级界面和三级界面,如图5-13所示。

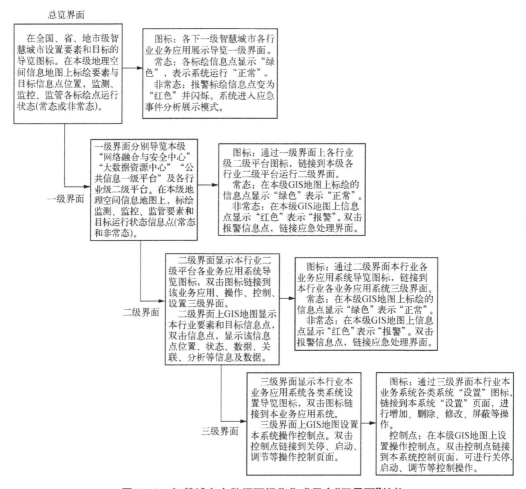

图5-13 智慧城市大数据可视化集成平台"四界面"结构

1) 总览界面

通常县区以上的地市级、省级、国家级智慧城市运营管理设置总览界面。总览界面的主要功能是在国家级、省级、地市级、区县级GIS地图上导览和链接本级智慧城市的一级界面,以及导览和链接本级智慧城市所关注的重点目标和核心要素的数据与信息的导览图形图标和标绘信息点。各级智慧城市总览界面GIS地图上,标绘本级监测、监控、监管关键要素和重点目标对象的位置和实时状态的信息点,如安全、交通、基础设施、重点危化品企业、仓库、医院、学校、社区等。在常态时,各信息点显示"绿色"表示系统运行正常,系统处于"常态下信息及数据查询模式"。当发生突发事件即在非常态下时,GIS地图上相应的要素和目标信息点会变为"红色"并闪烁,同时出现报警类型的显示图形图标。双击报警图形图标,可立即直接进入"非常态事件分析展现模式",推送事件现场监控视频图像(可操控)、周边关联要素信息(GIS地图标绘)、事态实时分析信息及数据,以及应急处置预案等分析展现和操控界面。

2) 一级界面

由总览界面导览本级智慧城市(省、地市、区县)的一级界面。一级界面分别链接本级智慧城市的"网络融合与安全中心"运行监控、"大数据资源中心"运行监控、"公共信息一级平台"所涉及各行业级二级平台的导览图形图标,主要包括智慧城市APP、智慧城市大数据、智慧大城管、智慧应急、智慧安全、智慧交通、智慧市政、智慧环境、智慧民生、智慧经济等(可增加)。

在本级(省、地市、区县)一级界面地理信息空间GIS地图上,标绘本级监测、监控、监管关键要素和重点目标对象的位置和实时状态的信息点(如安全、交通、基础设施、重点危化品企业、仓库、医院、学校、社区等)。在常态时,各信息点显示"绿色"表示系统运行正常,系统处于"常态下信息及数据查询模式"。当发生突发事件即在非常态下时,GIS地图上相应的要素和目标信息点会变为"红色"并闪烁,同时出现报警类型的显示图形图标。双击报警图形图标,可立即直接进入"非常态事件分析展现模式",推送事件现场监控视频图像(可操控)、周边关联要素信息(GIS地图标绘)、事态实时分析信息及数据,以及应急处置预案等分析展现和操控界面。

3) 二级界面

由一级界面导览本级行业级二级平台二级界面。二级界面可分别通过导览图形图标链接本行业各业务级应用三级平台的运行、管理、应用、操作、设置、控制等三级界面。

在本级(省、地市、区县)二级界面地理信息空间GIS地图上,标绘本行业监测、监控、监管关键要素和重点目标对象的位置和实时状态的信息点(如在智慧交通行业GIS地图上标绘交通基础设施、机场、高铁站、地铁站、公交站、停车场、交通枢纽等信息点)。在常态时,各信息点显示"绿色"表示系统运行正常,系统处于"常态下信息及数据查询模式"。当发生突发事件即在非常态下时,GIS地图上相应的要素和目标标绘点会变为"红色"并闪烁,同时出现报警类型的显示图形图标。双击报警图形图标,可立即直接进入"非常态事件分析展现模式",推送事件现场监控视频图像(可操控)、周边关联要素信息(GIS地图标绘)、事态实时分析信息及数据,以及应急处置预案等分析展现和操控界面。

二级界面在常态下,采用查询模式。通过双击二级界面GIS地图上重点关键要素和重点目标信息点,进入该关键要素或重点目标信息及数据分析展现页面。该信息及数据分析展现内容包括:详细的实时运行状态信息及数据、历史信息及数据的查询与推送、关联信息的查询与推送、数据分析的查询与推送等。

4) 三级界面

由二级界面导览本行业级各业务应用三级平台的三级界面。三级界面可分别链接本业务级应用三级平台的运行、管理、应用、操作、设置、控制等分析展现和操作控制页面。

在本级(省、地市、区县)三级界面地理信息空间GIS地图上,标绘本业务应用系统监测、监控、监控、控制设施和设备的位置和实时状态的信息点和监控点(如智慧建筑BIM地图上标绘火灾、入侵、门禁、摄像机、照明、空调等信息与监控点)。在常态时,各信息与监控点显示"绿色"表示该信息或监控点处于正常状态,系统处于"常态下信息及数据查询和模式"。当发生突发事件即在非常态下时,则相应的信息与监控点会变为"红色"并闪烁,同时出现报警类型的显示图形图标。双击报警图形图标,可立即直接进入该报警点实时信息及数据展现和分析、操作控制页面。

三级界面在常态下,采用查询模式。通过双击三级界面GIS地图上监测、监控、监管信息点或控制点,进入该信息点或监控点信息及数据分析展现和操作控制页面,可对相应设施或设备进行应用功能的配置、设置、增加、删除、修改、屏蔽等操作,以及设施或设备的关停、启动、调节、自动、手动等控制操作。系统记录全部设置或操作的过程信息及数据,以及查询相关设置或操作过程的历史记录。

5.3.4 智慧城市大数据可视化集成与分析展现

1) 大数据可视化数据库结构

智慧城市大数据可视化数据库结构分别由智慧城市大数据库、智慧城市网络开源大数据库和智慧城市可视化大数据库三部分组成,如图5-14所示。

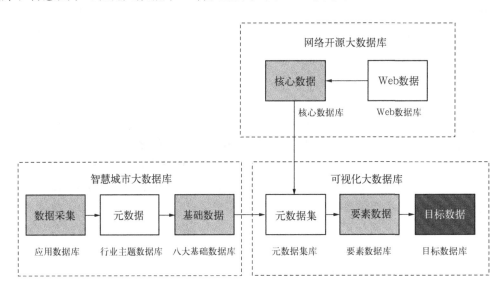

图5-14 大数据可视化数据库结构图

① 智慧城市大数据库　由应用数据库、行业主题数据库、大数据八大基础数据库组成。
② 智慧城市网络开源大数据库　由开源Web数据库、开源核心数据库组成。
③ 智慧城市可视化大数据库　由元数据集库、要素数据库、目标数据库组成。

2) 可视化大数据库的描述

(1) 重点目标数据库

根据各级领导所关注的城市运行决策、预测数据和信息,以及领导桌面大数据可视化分析展现的需求,确定智慧城市可视化目标数据。智慧城市可视化目标数据通常可由综合态势、监测预警、突发事件、城市治理、要素监测、民生民意、企业经济、社会动态等数据与信息组成。编制可视化集成平台《重点目标数据信息表》(可参见附录2《智慧城市可视化大数据构成与内容一览表》)。

(2) 核心要素数据库

根据智慧城市目标数据可视化分析展现的数据与信息的内容,将目标数据分解为各自目标数据构成的要素二级子项数据。通常智慧城市要素数据由支撑各自要素数据所关联的数据集组成。编制可视化集成平台《核心要素数据信息表》(可参见附录2《智慧城市可视化大数据构成与内容一览表》)。

(3) 元数据集数据库

根据智慧城市大数据可视化分析展现二级子项分析展现的各核心要素数据,再将其分解为各自核心要素的元数据集三级次项,编制可视化集成平台《元数据集数据信息表》(可参见附录2《智慧城市可视化大数据构成与内容一览表》)。

(4) 元数据集数据的抽取

根据智慧城市要素数据可视化分析展现的数据与信息的内容,将可视化要素数据分解为各要素数据相关联的三级次项数据集数据。通常智慧城市可视化数据集数据由八大基础数据库和各行业主题数据库中的业务元数据类组成。

(5) 智慧城市大数据库

智慧城市大数据由人口基础数据库、法人基础数据库、宏观经济基础数据库、地理信息基础数据库、智慧政务基础数据库、智慧民生基础数据库、智慧治理基础数据库和智慧企业经济基础数据库八大基础数据库组成。

(6) 智慧城市行业级主题数据库业务元数据类

智慧城市行业级主题数据库,由政务、城管、应急、安全、交通、节能、设施、市民卡、民生、社区、卫生、教育、房产、金融、文体、旅游、建筑、住宅、商务、物流、企业等各行业级主题数据库组成。

根据智慧城市行业数据集分类编码规范和要求,由智慧城市八大基础数据库和各行业主题库根据各行业管理、服务、运行的业务需求,组成各行业主题数据库的业务元数据(类),业务元数据类是对应用数据库中的元数据(对象),即具有共同特征的一组对象进行组合和封装。通过对各行业所属各业务系统应用数据库元数据(对象)进行抽取、清理、关联、处理,组合和封装为本行业业务元数据(类)。行业业务元数据类是构成智慧城市可视化分析展现数据集的基础数据模块(类)。业务元数据编码通常包括业务元数据名称、代码、类型、语义和定义等。业务元数据编码在建设行业级二级平台和主题数据库时,编制各行业级《主题数据库业务元数据代码表》。

(7) 智慧城市行业业务系统应用数据库元数据

元数系指智慧城市各个行业在管理、服务、运行中产生的过程数据(对象)。根据智慧城市各行业元数据分类编码规范和要求,元数据是描述在业务、生产、服务过程中对其基本实体对象的属性、行为、操作的数据与信息单一封闭的个体。不同类型的业务过程数据资源可能有不同的元数据标准,一般包括完整描述一个具体对象所具有属性、行为、操作数据项的抽象。元数据编码通常包括元数据名称、代码、类型、属性值(特征)、语义和定义等。元数据分类编码在建设行业级二级平台各业务系统和应用数据库时,编制各业务系统《应用数据库元数据代码表》。

（8）智慧城市网络开源数据库

智慧城市网络开源数据库，通过智慧城市各行业二级平台 Web 页面集成。形成的 Web 页面数据采集（抓取）的统一性和标准化，打通了智慧城市各领域、各行业、各业务、各应用的信息平台、业务系统和应用页面，为不同行业、不同场景所需要的核心数据与信息提供了从实时及历史数据采集到可视化大数据库的应用分析展现。

（9）可视化 Web 页面与第三方数据库的链接

智慧城市大数据可视化是通过 Web 页面进行分析展现的。大数据可视化 Web 页面遵循 HTML5 标准的超文本标记语言和 JavaScript 基于 Web 客户端开发的脚本语言，通过 REST 数据库接口平台访问第三方数据库系统。数据库接口应支持 HTTP 传输协议、REST 远程服务器数据调用、JSON 数据传输格式、UTF8 编码格式和 POST 数据请求方式等。通过 JSON 数据交换格式，实现 Web 页面与数据库的链接和交互，如图 5-15 所示。

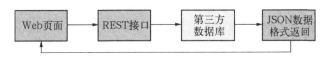

图 5-15 可视化 Web 页面与第三方数据库链接示意图

3）大数据可视化图表的基本类型

以下六种基本图表涵盖了大部分数据可视化分析展现的图表使用场景，也是实现数据可视化最常用的图表类型。

① 柱状图　目标数据的分类比较，主要通过两柱状图或多柱状图，展现目标分类数据的当前数据、历史数据、平均数据、指标数据、分析趋势数据等之间的关联比较。

② 饼状图　主要体现某个组织的组成比例（百分数），也可以通过多个饼图组成多组织的综合组织构成。

③ 曲线图　主要是展现数据随时间变化的趋势，如当前数据趋势变化曲线、历史同期数据变化曲线、平均数据变化曲线等。也可以通过多组曲线进行基于时间节点的数据比较。

④ 条形图　是柱状图和曲线图的分析展现组合图，主要是对核心要素分类数据的整体比较和随时间变化趋势的比较。

⑤ 散点图　主要展示相关组织内部数据或多组织之间的数据分布和相关性。

⑥ 地图　主要展示各城市、区域的核心数据或重要目标的数据展现，或按照城市或地区进行上述数据的分布、比较和分析展现。

4）数据可视化分析展现界面

智慧城市大数据可视化平台是智慧城市运营管理可视化集成平台的一个子平台，由大数据分析展现一级界面、二级界面、三级界面组成，从而构成可视化大数据链。

（1）大数据分析展现一级界面

智慧城市大数据分析展现一级界面，以分析展现智慧城市各重点目标和主要核心要素为主，通过曲线图、多柱状图、饼状图、地图等，来表现各重点目标数据和主要核心要素数据的分布、构成、比较、趋势等，如图 5-16 所示。

第 5 章　智慧城市大数据与人工智能应用

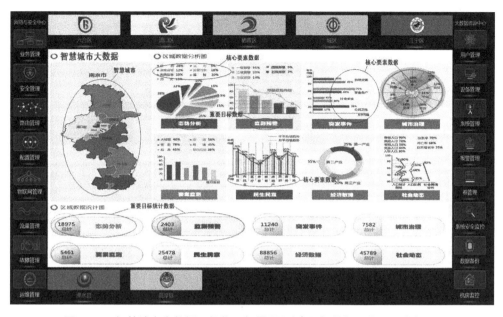

图 5-16　智慧城市大数据可视化一级界面(重点目标数据和核心要素数据)

(2) 大数据分析展现二级界面

智慧城市大数据分析展现二级界面(可分页面)，以分析展现智慧城市各核心要素和元数据集为主，通过曲线图、多柱状图、饼状图等，来表现各核心要素数据和各元数据的构成、比较、趋势等，如图 5-17 所示。

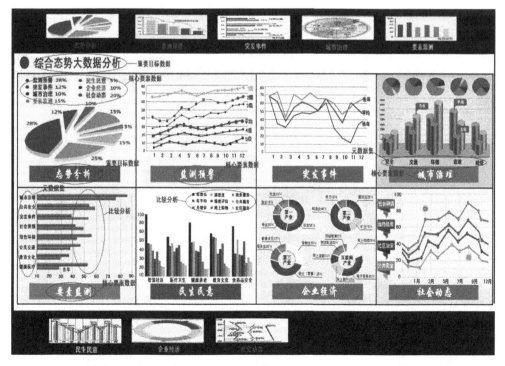

图 5-17　智慧城市综合态势数据可视化二级界面(重点目标数据、核心要素数据、元数据集)

(3) 大数据分析展现三级界面

智慧城市大数据分析展现三级界面(可分页面),以分析展现智慧城市各行业指标数据和运营数据等为主,通过曲线图、多柱状图、饼状图等,来表现各行业指标数据和运营数据的构成、比较、趋势等,如图 5-18、图 5-19 所示。

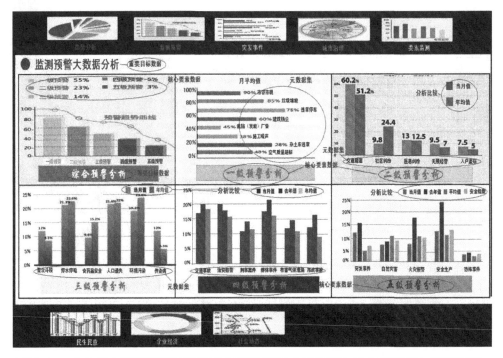

图 5-18　智慧城市监测预警数据可视化三级界面(重点目标数据、核心要素数据、元数据集)

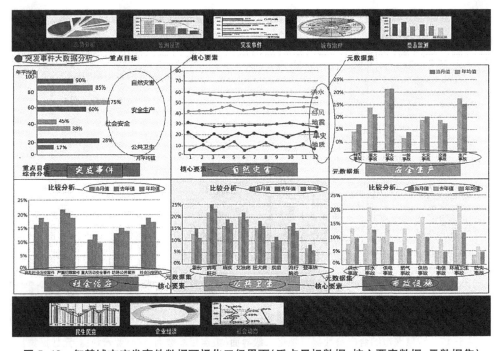

图 5-19　智慧城市突发事件数据可视化三级界面(重点目标数据、核心要素数据、元数据集)

5.3.5 智慧城市大数据可视化集成平台功能

1) 全国智慧城市大集成

可视化集成平台可实现全国、各省、各地市、各区县各级智慧城市的"网络融合与安全中心""大数据资源中心""运营管理中心",以及"公共信息一级平台",即"三中心一平台"的大平台、大数据、大系统、大集成、大应用。

2) 结构化 Web 集成技术应用

可视化集成平台通过对智慧城市各个行业二级平台和其应用系统结构化、系统化和标准化的 Web 页面超链接,实现了智慧城市 Web 页面的全集成,从而实现智慧城市各个行业数据与信息的大集成、大数据、大应用。

3) 无限扩展与互联

可视化集成平台通过 Web 集成技术应用,打通智慧城市各个行业二级平台及其应用系统的各级业务、功能、操作、设置页面(原则上可以无限扩展和增加第三方行业信息平台与应用系统及其子项和次项的综合系统集成),可实现各个信息平台 100% 的数据与信息集成。这是其他任何一种系统集成技术或方法都无法实现的(传统的系统集成技术只能实现 60% 的数据与信息集成)。

4) 实现数据与信息的"三融五跨"

可视化集成平台采用统一的四级界面的结构体系和业务、功能、操作、设置等统一的页面封装,可以实现"技术融合、业务融合、数据融合,跨层级、跨地域、跨系统、跨部门、跨业务",即"三融五跨"和"打通信息壁垒"的要求。

5) "线上与线下"大数据应用模式

目前国内"线上"页面数据采集尚不能提供对核心要素和重点目标数据的抓取、采集、清洗、抽取、汇集、挖掘、关联分析、智能分析等一体化的全数据链服务的能力。可视化集成平台采用对各行业级二级平台各级 Web 页面超链接的方式,实现了各个行业平台 Web 页面的信息封装、数据封装、服务封装和业务需求的调用,实质上形成了 Web 页面数据采集的统一性和标准化;打通了智慧城市各领域、各行业、各业务、各应用的信息平台、业务系统和应用页面;为智慧城市不同行业、不同应用场景核心要素和重点目标所需要的数据与信息,提供了各行业二级平台 Web 页面"线上"(在线)真实使用场景的实时信息,并将其与智慧城市各基础数据库、行业级主题数据库、各业务级应用数据库等"线下"(离线)的历史数据融为一体,实现了"线上与线下"全数据链闭环反馈自适应的大数据应用模式。

6) 全数据链人工智能应用

可视化集成平台通过智慧城市各级信息平台及应用系统的页面全集成,采用系统全数据链闭环反馈自适应模式,对智慧城市的核心要素、重点目标、突发事件的"线上与线下"的位置、状态、数据、关联、分析等数据与信息进行全面的深度挖掘分析和人工智能应用,实现智慧城市核心要素、重点目标关联信息互联、数据共享、业务协同。当发生突发事件时,可根据相关预案和人工智能分析,实现跨平台、跨系统、跨业务等关联的真实使用场景可视化联合分析展现(传统系统集成技术和方法很难实现关联的真实使用场景可视化联合分析展现功能,且成本极高)。

7) 快速信息与关联页面的查询

可视化集成平台采用结构化、系统化、标准化规划和设计，可以在 1～2 秒内迅速查询到全国、各省、各地市、各区县各级业务、功能、操作、设置的信息和页面（千万数量级）。

5.4 人工智能

5.4.1 人工智能概念

人工智能（Artificial Intelligence，AI）是研究、开发用于模拟、延伸和扩展人的智能的理论、方法、技术及应用系统的一门新的技术科学。

人工智能是计算机科学的一个分支，它企图了解智能的实质，并生产出一种新的能以与人类智能相似的方式做出反应的智能机器，该领域的研究包括机器人、语言识别、图像识别、自然语言处理和专家系统等。人工智能从诞生以来，理论和技术日益成熟，应用领域也不断扩大，可以设想，未来人工智能带来的科技产品，将会是人类智慧的很好的助手。人工智能可以对人的意识、思维的信息过程进行模拟。人工智能不是人的智能，但能像人那样思考，也可能超过人的智能。

人工智能分为强人工智能和弱人工智能。强人工智能是通过计算机来构造复杂的、拥有与人类智慧本质特性，有着人类的感知和理性，可以像人类一样思考的机器人。弱人工智能（ANI）是指擅长于单个方面的人工智能，如数据分析处理和数据特征自动提取、图像分类、人脸识别、语音识别等都属于弱人工智能，也就是我们现在大多从事的人工智能领域。人工智能的研究领域在不断扩大，各个分支主要包括专家系统、数据挖掘、数据可视化、深度学习、机器学习以及神经网络等。

人工智能的迅速发展将深刻改变人类社会生活、改变世界。为抢抓人工智能发展的重大战略机遇，构筑我国人工智能发展的先发优势，加快建设创新型国家和世界科技强国，人工智能的发展已成为当前我国科技发展的重大战略。

人工智能知识体系主要由数据挖掘、数据可视化、深度学习和神经网络构成。通过数据挖掘和数据可视化，构建大数据的系统化、结构化、标准化。深度学习和神经网络则是利用人工智能技术和各种应用算法，解决大数据处理、分析、应用等的一系列运算和操作。图 5-20、图 5-21 是人工智能知识体系结构图。

5.4.2 人工智能技术

"人工智能"是 1955 年杜撰的一个术语，用来描述计算机科学领域的一个新兴分支学科。如今，人工智能已经包括了一系列广泛的技术和工具。围绕提升我国人工智能国际竞争力的迫切需求，新一代人工智能关键共性技术的研发部署要以算法为核心，以智慧城市、大数据和物联网为基础应用，以提升感知识别、知识计算、认知推理、运动执行、人机交互能力为重点，形成开放兼容、稳定成熟的人工智能技术体系。重点突破以下人工智能技术：

① 重点突破知识加工、深度搜索和可视交互核心技术，实现对知识持续增量的自动获取，具备概念识别、实体发现、属性预测、知识演化建模和关系挖掘能力，形成涵盖数十亿实体规模的多源、多学科和多数据类型的跨媒体知识图谱。

第 5 章 智慧城市大数据与人工智能应用

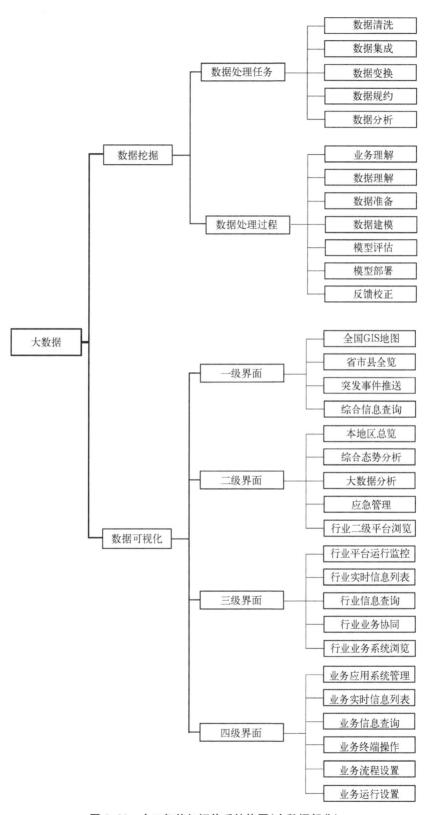

图 5-20 人工智能知识体系结构图(大数据部分)

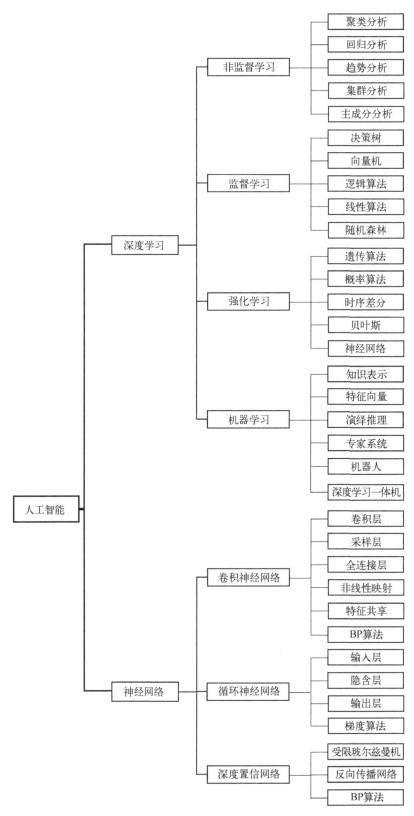

图 5-21 人工智能知识体系结构图(深度学习+神经网络部分)

② 重点突破跨媒体统一表征、关联理解与知识挖掘、知识图谱构建与学习、知识演化与推理、智能描述与生成等技术，实现跨媒体知识表征、分析、挖掘、推理、演化和利用，构建分析推理引擎。

③ 重点突破基于互联网的大众化协同、大规模协作的知识资源管理与开放式共享等技术，建立群智知识表示框架，实现基于群智感知的知识获取和开放动态环境下的群智融合与增强，支撑覆盖全国的千万级规模群体感知、协同与演化。

④ 重点突破人机协同的感知与执行一体化模型、智能计算前移的新型传感器件、通用混合计算架构等核心技术，构建自主适应环境的混合增强智能系统、人机群组混合增强智能系统及支撑环境。

⑤ 重点突破自主无人系统计算架构、复杂动态场景感知与理解、实时精准定位、面向复杂环境的适应性智能导航等共性技术，以及无人机自主控制与汽车、船舶和轨道交通自动驾驶等智能技术，服务机器人、特种机器人等核心技术，支撑无人系统应用和产业发展。

⑥ 重点突破虚拟对象智能行为建模技术，提升虚拟现实中智能对象行为的社会性、多样性和交互逼真性，实现虚拟现实、增强现实等技术与人工智能有机结合和高效互动。

目前支持人工智能语音识别、数据挖掘、深度学习、机器学习、神经网络的主要有以下技术：

1) 语音识别技术

语音识别技术将人类语音转录和转换成对计算机应用软件来说有用的格式。其目前多应用于交互式语音应答系统和移动应用领域。代表性厂商包括：NICE、科大讯飞、Nuance Communications、Open Text 和 Verint Systems。

2) 虚拟代理技术

虚拟代理技术从简单的聊天机器人，到可以与人类进行交际的高级系统，不一而足。其目前多应用于客户服务和支持以及充当智能家居管理器。代表性厂商包括：亚马逊、苹果、Artificial Solutions、Assist AI、Creative Virtual、谷歌、IBM、IPsoft、微软和 Satisfi。

3) 机器学习技术

机器学习技术不仅提供了设计和训练模型，而且将模型部署到应用软件、流程及其他机器的计算能力上，还提供了算法、应用编程接口（API）、开发工具包和训练工具包。其目前应用于一系列广泛的企业应用领域，主要涉及预测或分类。代表性厂商包括：亚马逊、Fractal Analytics、谷歌、H2O.ai、微软、SAS 和 Skytree。

4) 高性能计算技术

高性能计算技术专门设计的图形处理单元（GPU）和设备，其架构旨在高效地运行面向人工智能的计算任务，目前主要在深度学习应用领域发挥作用。代表性厂商包括：Alluviate、克雷、谷歌、IBM、英特尔和英伟达。

5) 决策管理技术

决策管理技术是将规则和逻辑通过引擎嵌入到人工智能系统，并用于初始的设置/训练和日常的维护和调优。这是一项成熟的技术，应用于一系列广泛的企业应用领域，协助或执行自动决策。代表性厂商包括：Advanced Systems Concepts、Informatica、Maana、Pegasystems 和 UiPat。

6) 深度学习技术

深度学习技术是一种特殊类型的机器学习，包括拥有多个抽象层的人工神经网络。其目前主要应用于由庞大的数据集支持的模式识别和分类应用领域。代表性厂商包括：Deep Instinct、Ersatz Labs、Fluid AI、MathWorks、Peltarion、Saffron Technology 和 Sentient Technologies。

7）生物特征识别技术

生物特征识别技术能够支持人类与机器之间更自然的交互，包括但不限于图像和触摸识别、语音和身体语言。其目前主要应用于市场研究。代表性厂商包括：3VR、Affectiva、Agnitio、FaceFirst、Sensory、Synqera 和 Tahzoo。

8）流程自动化技术

流程自动化技术使用脚本及其他方法，实现人类操作自动化，从而支持高效的业务流程。其目前多应用于人类执行任务或流程成本太高或效率太低的地方。代表性厂商包括：Advanced Systems Concepts、Automation Anywhere、Blue Prism、UiPath 和 WorkFusion。

9）文本分析技术

文本分析（NLP）和自然语言处理（NLP）技术使用和支持文本分析，为此它借助统计方法和机器学习方法，为理解句子结构及意义、情感和意图提供方便。其目前多应用于欺诈检测、诚信分析和安全评估、一系列广泛的自动化助理以及挖掘非结构化数据等领域。代表性厂商包括：Basis Technology、Coveo、Expert System、Indico、Knime、Lexalytics、Linguamatics、Mindbreeze、Sinequa、Stratifyd 和 Synapsify。

10）大数据智能分析技术

大数据智能分析技术是以数据分析模型与知识信息相结合的人工智能新方法、以自然语言理解和大数据为核心的认知计算理论和方法。其是在创新大数据系统化、结构化、标准化体系结构下，综合大数据神经网络深度学习的人工智能理论与方法，并在知识数据驱动下，应用人工智能建立起来的决策与预测信息理论和应用体系。

11）感知计算技术

感知技术涉及超越人类视觉能力的感知获取、面向真实世界的主动视觉感知及计算、自然声学场景的听知觉感知及计算、自然交互环境的言语感知及计算、面向异步序列的类人感知及计算、面向媒体智能感知的自主学习、城市全维度智能感知推理引擎。

12）混合增强智能技术

混合增强智能技术是人机智能共生的行为增强与脑机协同、机器直觉推理与因果模型、联想记忆模型与知识演化方法、复杂数据和任务的混合增强智能学习方法、云机器人协同计算方法、真实世界环境下的情境理解及人机群组协同。

13）群体智能技术

群体智能技术涉及智能结构理论与组织方法、群体智能激励机制与涌现机理、群体智能学习理论与方法、群体智能通用计算范式与模型。

14）自主协同控制技术

自主协同控制技术是面向自主无人系统的协同感知与交互、面向自主无人系统的协同控制与优化决策、知识驱动的人机物三元协同与互操作等。

15）高级机器学习技术

高级机器学习技术涉及统计学习基础理论、不确定性推理与决策、分布式学习与交互、隐私保护学习、小样本学习、深度强化学习、无监督学习、半监督学习、主动学习等学习理论和高效模型。

16. 类脑智能计算技术

类脑智能计算技术涉及类脑感知、类脑学习、类脑记忆机制与计算融合、类脑复杂系统、类脑控制等理论与方法。其探索脑认知的量子模式与内在机制，研究高效的量子智能模型和算法、高性能高比特的量子人工智能处理器、可与外界环境交互信息的实时量子人工智能系统等。

5.4.3 人工智能在智慧城市中的应用

人工智能加速发展，呈现出深度学习、跨界融合、人机协同、群智开放、自主操控等新特征，正在对经济发展、社会进步、国际政治经济格局等方面产生重大而深远的影响。人工智能在智慧城市中应用时应做到"四个加强"：

① 要加强人工智能同保障和改善民生的结合。加强人工智能在教育、医疗卫生、体育、住房、交通、助残养老、家政服务等领域的深度应用，创新智能服务体系。

② 要加强人工智能同社会治理的结合。开发适用于政府服务和决策的人工智能系统，加强政务信息资源整合和公共需求精准预测，推进智慧城市建设，促进人工智能在公共安全领域的深度应用。

③ 要加强人工智能和产业发展融合。构建数据驱动、人机协同、跨界融合、共创分享的智能经济形态。促进人工智能同一、二、三产业深度融合，以人工智能技术推动各产业变革。

④ 要加强生态领域人工智能运用。运用人工智能提高公共服务和社会治理水平。

1) 智慧治理

围绕行政管理、司法管理、城市管理、环境保护等社会治理的热点难点问题，促进人工智能技术应用，推动社会治理现代化。

（1）智能政务

开发适用于政府服务与决策的人工智能平台，研制面向开放环境的决策引擎，在复杂社会问题研判、政策评估、风险预警、应急处置等重大战略决策方面推广应用。加强政务信息资源整合和公共需求精准预测，畅通政府与公众的交互渠道。

（2）智慧法庭

建设集审判、人员、数据应用、司法公开和动态监控于一体的智慧法庭数据平台，促进人工智能在证据收集、案例分析、法律文件阅读与分析中的应用，实现法院审判体系和审判能力智能化。

（3）智慧城管

构建城市智能化基础设施，发展智能建筑，推动地下管廊等市政基础设施建设，实现对城市基础设施和城市绿地、湿地等重要生态要素的全面感知以及对城市复杂系统运行的深度认知。

（4）智能交通

研究建立营运车辆自动驾驶与车路协同的技术体系。研发复杂场景下的多维交通信息综合大数据应用平台，实现智能化交通疏导和综合运行协调指挥，建成覆盖地面、轨道、低空和海上的智能交通监控、管理和服务系统。

(5) 智能环保

建立涵盖大气、水、土壤等环境领域的智能监控大数据平台体系,建成陆海统筹、天地一体、上下协同、信息共享的智能环境监测网络和服务平台。研发资源能源消耗、环境污染物排放智能预测模型方法和预警方案。加强京津冀、长江经济带等国家重大战略区域环境保护和突发环境事件智能防控体系建设。

2) 智慧民生

围绕提高人民生活水平和质量的目标,加快人工智能深度应用,形成无时不有、无处不在的智能化环境,全社会的智能化水平大幅提升。越来越多的简单性、重复性、危险性任务由人工智能完成,个体创造力得到极大发挥,形成更多高质量和高舒适度的就业岗位;精准化智能服务更加丰富多样,人们能够最大限度享受高质量服务和便捷生活;社会治理智能化水平大幅提升,社会运行更加安全高效。

(1) 智能服务

围绕教育、医疗、养老等迫切民生需求,加快人工智能创新应用,为公众提供个性化、多元化、高品质服务。

(2) 智能教育

利用智能技术加快推动人才培养模式、教学方法改革,构建包含智能学习、交互式学习的新型教育体系。开展智能校园建设,推动人工智能在教学、管理、资源建设等全流程应用。开发立体综合教学场所、基于大数据智能的在线学习教育平台。开发智能教育助理,建立智能、快速、全面的教育分析系统。建立以学习者为中心的教育环境,提供精准推送的教育服务,实现日常教育和终身教育定制化。

(3) 智能医疗

推广应用人工智能治疗新模式新手段,建立快速精准的智能医疗体系。探索智慧医院建设,开发人机协同的手术机器人、智能诊疗助手,研发柔性可穿戴、生物兼容的生理监测系统,研发人机协同临床智能诊疗方案,实现智能影像识别、病理分型和智能多学科会诊。基于人工智能开展大规模基因组识别、蛋白组学、代谢组学等研究和新药研发,推进医药监管智能化。加强流行病智能监测和防控。

(4) 智能健康和养老

加强群体智能健康管理,突破健康大数据分析、物联网等关键技术,研发健康管理可穿戴设备和家庭智能健康检测监测设备,推动健康管理实现从点状监测向连续监测、从短流程管理向长流程管理转变。建设智能养老社区和机构,构建安全便捷的智能化养老基础设施体系。加强老年人产品智能化和智能产品适老化,开发视听辅助设备、物理辅助设备等智能家居养老设备,拓展老年人活动空间。开发面向老年人的移动社交和服务平台、情感陪护助手,提升老年人生活质量。

3) 智慧社区

人工智能围绕社区公共服务信息系统,促进社区服务系统与居民智能家庭系统协同,推进城市规划、建设、管理、运营全生命周期智能化。充分发挥人工智能技术在增强社区互动、促进可信交流中的作用。加强下一代社交网络研发,加快增强现实、虚拟现实等技术推广应用,促进虚拟环境和实体环境协同融合,满足个人感知、分析、判断与决策等实时信息需求,实现在工作、学习、生活、娱乐等不同场景下的流畅切换。针对改善人际沟通障碍的需求,开发具有情感交互功能、能准确理解人的需求的智能助理产品,实现情感交流和需求满足的良性循环。促进区块链技术与人工智能的融合,建立新型社会信用体系,最大限度降低人际交往成本和风险。

4) 智慧安全

促进人工智能在公共安全领域的深度应用,推动构建公共安全智能化监测预警与控制体系。围绕社会综合治理、新型犯罪侦查、反恐等迫切需求,研发集成多种探测传感技术、视频图像信息分析识别技术、生物特征识别技术的智能安防与警用产品,建立智能化监测平台。加强对重点公共区域安防设备的智能化改造升级,支持有条件的社区或城市开展基于人工智能的公共安防区域示范。强化人工智能对食品安全的保障,围绕食品分类、预警等级、食品安全隐患及评估等,建立智能化食品安全预警系统。加强人工智能对地震灾害、地质灾害、气象灾害、水旱灾害和海洋灾害等自然灾害的有效监测。

5) 智慧经济

加快培育具有重大引领带动作用的人工智能产业,促进人工智能与各产业领域深度融合,形成数据驱动、人机协同、跨界融合、共创分享的智能经济形态。数据和知识成为经济增长的第一要素,人机协同成为主流生产和服务方式,跨界融合成为重要经济模式,共创分享成为经济生态基本特征,个性化需求与定制成为消费新潮流,生产率大幅提升,引领产业向价值链高端迈进,有力支撑实体经济发展,全面提升经济发展质量和效益。

(1) 人工智能新兴产业

加快人工智能关键技术转化应用,促进技术集成与商业模式创新,推动重点领域智能产品创新,积极培育人工智能新兴业态,布局产业链高端,打造具有国际竞争力的人工智能产业集群。

(2) 智能软硬件开发

开发面向人工智能的操作系统、数据库、中间件、工具等关键基础软件,突破图形处理器等核心硬件,研究图像识别、语音识别、机器翻译、智能交互、知识处理、控制决策等智能系统解决方案,培育壮大面向人工智能应用的基础软硬件产业。

(3) 智能机器人

攻克智能机器人核心零部件、专用传感器,完善智能机器人硬件接口标准、软件接口协议标准以及安全使用标准。研制智能工业机器人、智能服务机器人,实现大规模应用并进入国际市场。研制和推广空间机器人、海洋机器人、极地机器人等特种智能机器人。建立智能机器人标准体系和安全规则。

(4) 智能运载工具

发展自动驾驶汽车和轨道交通系统,加强车载感知、自动驾驶、车联网、物联网等技术集成和配套,开发交通智能感知系统,形成我国自主的自动驾驶平台技术体系和产品总成能力,探索自动驾驶汽车共享模式。发展消费类和商用类无人机、无人船,建立试验鉴定、测试、竞技等专业化服务体系,完善空域、水域管理措施。

(5) 虚拟现实与增强现实

突破高性能软件建模、内容拍摄生成、增强现实与人机交互、集成环境与工具等关键技术,研制虚拟显示器件、光学器件、高性能真三维显示器、开发引擎等产品,建立虚拟现实与增强现实的技术、产品、服务标准和评价体系,推动重点行业融合应用。

（6）智能终端

加快智能终端核心技术和产品研发，发展新一代智能手机、车载智能终端等移动智能终端产品和设备，鼓励开发智能手表、智能耳机、智能眼镜等可穿戴终端产品，拓展产品形态和应用服务。

（7）物联网基础器件

发展支撑新一代物联网的高灵敏度、高可靠性智能传感器件和芯片，攻克射频识别、近距离机器通信等物联网核心技术和低功耗处理器等关键器件。

6）产业智能化升级

推动人工智能与各行业融合创新，在制造、农业、物流、金融、商务、家居等重点行业和领域开展人工智能应用试点示范，推动人工智能规模化应用，全面提升产业发展智能化水平。大规模推动企业智能化升级，支持和引导企业在设计、生产、管理、物流和营销等核心业务环节应用人工智能新技术，构建新型企业组织结构和运营方式，形成制造与服务、金融智能化融合的业态模式，发展个性化定制，扩大智能产品供给。鼓励大型互联网企业建设云制造平台和服务平台，面向制造企业在线提供关键工业软件和模型库，开展制造能力外包服务，推动中小企业智能化发展。

推广应用智能工厂。加强智能工厂关键技术和体系方法的应用示范，重点推广生产线重构与动态智能调度、生产装备智能物联与云化数据采集、多维人机物协同与互操作等技术，鼓励和引导企业建设工厂大数据系统、网络化分布式生产设施等，实现生产设备网络化、生产数据可视化、生产过程透明化、生产现场无人化，提升工厂运营管理智能化水平。

加快培育人工智能产业领军企业。在无人机、语音识别、图像识别等优势领域加快打造人工智能全球领军企业和品牌。在智能机器人、智能汽车、可穿戴设备、虚拟现实等新兴领域加快培育一批龙头企业。支持人工智能企业加强专利布局，牵头或参与国际标准制定。推动国内优势企业、行业组织、科研机构、高校等联合组建中国人工智能产业技术创新联盟。支持龙头骨干企业构建开源硬件工厂、开源软件平台，形成集聚各类资源的创新生态，促进人工智能中小微企业发展和各领域应用。支持各类机构和平台面向人工智能企业提供专业化服务。

（1）智能制造

围绕制造强国重大需求，推进智能制造关键技术装备、核心支撑软件、工业互联网等系统集成应用，研发智能产品及智能互联产品、智能制造自动化工具与系统、智能制造云服务平台，推广流程智能制造、离散智能制造、网络化协同制造、远程诊断与运维服务等新型制造模式，建立智能制造标准体系，推进制造全生命周期活动智能化。

（2）智能农业

研制农业智能传感与控制系统、智能化农业装备、农机田间作业自主系统等。建立完善天空地一体化的智能农业信息遥感监测网络。建立典型农业大数据智能决策分析系统，开展智能农场、智能化植物工厂、智能牧场、智能渔场、智能果园、农产品加工智能车间、农产品绿色智能供应链等集成应用示范。

（3）智能物流

加强智能化装卸搬运、分拣包装、加工配送等智能物流装备研发和推广应用，建设深度感知智能仓储系统,提升仓储运营管理水平和效率。完善智能物流公共信息平台和指挥系统、产品质量认证及追溯系统、智能配货调度体系等。

(4) 智能金融

建立金融大数据系统,提升金融多媒体数据处理与理解能力。创新智能金融产品和服务,发展金融新业态。鼓励金融行业应用智能客服、智能监控等技术和装备。建立金融风险智能预警与防控系统。

(5) 智能商务

鼓励跨媒体分析与推理、知识计算引擎与知识服务等新技术在商务领域应用,推广基于人工智能的新型商务服务与决策系统。建设涵盖地理位置、网络媒体和城市基础数据等跨媒体大数据平台,支撑企业开展智能商务。鼓励围绕个人需求、企业管理提供定制化商务智能决策服务。

(6) 智能家居

加强人工智能技术与家居建筑系统的融合应用,提升建筑设备及家居产品的智能化水平。研发适应不同应用场景的家庭互联互通协议、接口标准,提升家电、耐用品等家居产品感知和联通能力。支持智能家居企业创新服务模式,提供互联共享解决方案。

7) 智慧信息基础设施

大力推动智能化信息基础设施建设,提升传统基础设施的智能化水平,形成适应智能经济、智能社会和国防建设需要的基础设施体系。加快推动以信息传输为核心的数字化、网络化信息基础设施,向集融合感知、传输、存储、计算、处理于一体的智能化信息基础设施转变。优化升级网络基础设施,研发布局第五代移动通信(5G)系统,完善物联网基础设施,加快天地一体化信息网络建设,提高低时延、高通量的传输能力。统筹利用大数据基础设施,强化数据安全与隐私保护,为人工智能研发和广泛应用提供海量数据支撑。建设高效能计算基础设施,提升超级计算中心对人工智能应用的服务支撑能力。建设分布式高效能源互联网,形成支撑多能源协调互补、及时有效接入的新型能源网络,推广智能储能设施、智能用电设施,实现能源供需信息实时匹配和智能化响应。

(1) 网络基础设施

加快布局实时协同人工智能的5G增强技术研发及应用,建设面向空间协同人工智能的高精度导航定位网络,加强智能感知物联网核心技术攻关和关键设施建设,发展支撑智能化的工业互联网、面向无人驾驶的车联网等,研究智能化网络安全架构。加快建设天地一体化信息网络,推进天基信息网、未来互联网、移动通信网的全面融合。

(2) 大数据基础设施

依托国家数据共享交换平台、数据开放平台等公共基础设施,建设政府治理、公共服务、产业发展、技术研发等领域大数据基础信息数据库,支撑开展国家治理大数据应用。整合社会各类数据平台和数据中心资源,形成覆盖全国、布局合理、链接畅通的一体化服务能力。

(3) 一体化集成平台基础设施

继续加强超级计算基础设施、分布式计算基础设施和云计算中心建设,构建可持续发展的高性能计算应用生态环境。推进下一代超级计算机研发应用。建设布局人工智能创新平台,强化对人工智能研发应用的基础支撑。人工智能开源软硬件基础平台重点建设支持知识推理、概率统计、深度学习等人工智能范式的统一计算框架平台,形成促进人工智能软件、硬件和智能云之间相互协同的生态链。群体智能服务平台重点建设基于互联网大规模协作的知识资源管理与开放式共享工具，形成面向产学研用创新环节的群智众创平台和服务环境。混合增强智能支撑平台重点建设支持大规模训练的异构实时计算引擎和新型计算集群，为复杂智能计算提供服务化、系统化平台和解决方案。自主无人系统支撑平台重点建设面向自主无人系统复杂环境下环境感知、自主协同控制、智能决策等人工智能共性核心技术的支撑系统，形成开放式、模块化、可重构的自主无人系统开发与试验环境。人工智能基础数据与安全检测平台重点建设面向人工智能的公共数据资源库、标准测试数据集、云服务平台等，形成人工智能算法与平台安全性测试评估的方法、技术、规范和工具集。促进各类通用软件和技术平台的开源开放。各类平台要按照军民深度融合的要求和相关规定，推进军民共享共用。

8) 人工智能应用平台建设

（1）人工智能开源软硬件基础平台

建立大数据人工智能开源软件基础平台、终端与云端协同的人工智能云服务平台、新型多元智能传感器件与集成平台、基于人工智能硬件的新产品设计平台、未来网络中的大数据智能化服务平台等。

（2）群体智能服务平台

建立群智众创计算支撑平台、科技众创服务系统、群智软件开发与验证自动化系统、群智软件学习与创新系统、开放环境的群智决策系统、群智共享经济服务系统等。

（3）混合增强智能支撑平台

建立人工智能超级计算中心、大规模超级智能计算支撑环境、在线智能教育平台、"人在回路"驾驶脑、产业发展复杂性分析与风险评估的智能平台、支撑核电安全运营的智能保障平台、人机共驾技术研发与测试平台等。

（4）自主无人系统支撑平台

建立自主无人系统共性核心技术支撑平台，无人机自主控制以及汽车、船舶和轨道交通自动驾驶支撑平台，服务机器人、空间机器人、海洋机器人、极地机器人支撑平台，智能工厂与智能控制装备技术支撑平台等。

（5）人工智能基础数据与安全检测平台

建设面向人工智能的公共数据资源库、标准测试数据集、云服务平台，建立人工智能算法与平台安全性测试模型及评估模型，研发人工智能算法与平台安全性测评工具集。

5.5 深度学习

深度学习（Deep Learning）概念起源于人工神经网络，是一种具有多隐含层的神经网络结构，其通过提取底层特征，组合成更加抽象的高层特征，以发现最能代表数据语义的特征表达。深度学习是机器学习的一个新领域。现今深度学习的发展得益于海量数据，通过神经网络多层的深度学习，可以从海量大数据中提取各种复杂的特征。特别在智慧城市大数据应用中，具有广阔的发展前景。深度学习基本模型如图5-22所示。

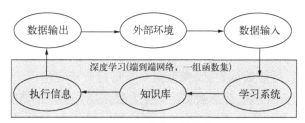

图 5-22 深度学习基本模型

5.5.1 深度学习概念

我们知道要想具有好的智慧,除了要拥有大量的数据以外还要有好的经验总结方法。深度学习就是一种实现机器学习的优秀技术。深度学习本身是神经网络算法的衍生,本来并不是一种独立的学习方法,其本身也会用到有监督和无监督的学习方法来训练深度神经网络。但由于近几年该领域发展迅猛,一些特有的学习手段相继被提出(如残差网络),因此越来越多的人将其单独看作一种学习的方法。

最初的深度学习是利用深度神经网络来解决特征表达的一种学习过程。深度神经网络本身并不是一个全新的概念,可大致理解为包含多个隐含层的神经网络结构。为了提高深层神经网络的训练效果,人们对神经元的连接方法和激活函数等方面做出相应的调整。其实有不少想法早年间也曾有过,但由于当时训练数据量不足、计算能力落后,因此最终的效果不尽如人意。

深度学习摧枯拉朽般地实现了各种任务,使得似乎所有的机器辅助功能都变为可能。无人驾驶汽车、预防性医疗保健,甚至是更好的电影推荐,都近在眼前,或者即将实现。

当前,业界有一种错误的较为普遍的意识,即"深度学习最终可能会淘汰掉其他所有机器学习算法"。这种意识的产生主要是因为,当下深度学习在计算机视觉、自然语言处理领域的应用远超过传统的机器学习方法,并且媒体对深度学习进行了大肆夸张的报道。

深度学习,可算是目前最热的机器学习方法,但并不意味着其就是机器学习的终点,目前起码存在以下问题:

① 深度学习模型需要大量的训练数据,才能展现出神奇的效果,但现实生活中往往会遇到小样本问题,此时深度学习方法无法入手,传统的机器学习方法就可以处理。

② 有些领域,采用传统的、简单的机器学习方法就可以很好地解决问题,没必要非得用复杂的深度学习方法。

③ 深度学习的思想,来源于人脑的启发,但绝不是人脑的模拟,人脑不需要大量的数据训练支持,我们人类只要看过猫的图片就认识了猫,而机器必须经过几百万张猫的图才能"认识"猫。

深度学习的本质是通过构建具有多个隐含层的机器学习模型和海量的训练数据,自动学习隐藏在大数据中的有用特征,从而提升分类或预测的自动化与准确性。"深度模型"是手段,"特征学习"是目的。深度学习的基本思想就是堆叠多个隐含层,将上一层的输出作为下一层的输入,逐层实现对输入信息的分级表达,让算法程序从中自动学习深入、抽象的特征。尤其值得注意的是,"深度学习减少了人为干预,而这恰恰保留了数据的客观性,因此可以提取出更加准确的特征"。

5.5.2 深度学习方法

无论多么复杂的图像和数据,都是由基本的图像构件或数据结构组成的。海量大数据也是由元数据、数据类、行业数据集、要素数据集与目标数据集构成。元数据和数据类是大数据的浅层特征;而行业、要素、目标数据集则是大数据高一层级的特征。深度学习"特征学习"具有明显层级概念的结构化特征。从较小的粒度划分,再用划分的基本特征组成上层特征,依此类推,可以展现特征的结构性。深度学习神经网络就是这样逐层递进的结构性关系。深度学习采用以下学习方法:

1) 特征学习

特征学习是深度学习的目的,特征也是深度学习的原材料,在什么层面上抽取事物特征和特征的精度决定了对事物的认知程度。以什么样的算法来表征事物的颗粒度?以图像为例,将图像特征提取得非常细,细到以像素级别为特征,根本得不到任何信息,也就无法识别图像之间的区别。如果特征是一个有表述意义的结构性的特征,即将图像像素级的组合抽象到一个程度,具有便于识别图像某个局部的特征,这样深度学习的算法才能发挥作用。由此可见,深度学习的关键是"特征提取"。

2) 非监督学习

非监督学习(Unsupervised Learning)的含义,就是没有"人"在旁边督促你学习,没有人为你制订学习计划和学习内容,也没有人告诉你哪些学习是正确的,哪些是不正确的。在非监督学习中,学习模型是为了推断出数据的一些内在结构,常见的应用包括关联规划和聚类学习等。

非监督分类是非监督学习的核心。非监督分类是指人们事先对分类过程不施加任何的先验知识,而仅凭数据的分布规律,即自然聚类的特性,进行"盲目"的分类。其结果只是对不同类别达到了区分,但并不能确定类别的属性;亦即非监督分类只能把样本区分为若干类别,而不能给出样本的描述。其类别的属性是通过分类结束后由人为经验来确定的。

非监督分类也称聚类分析。一般的聚类算法是先选择若干个模式点作为聚类的中心,每一中心代表一个类别,按照某种相似性度量方法(如最小距离方法)将各模式归于各聚类中心所代表的类别,形成初始分类。然后由聚类准则判断初始分类是否合理,如果不合理就修改分类,如此反复迭代运算,直到合理为止。与监督法的先学习后分类不同,非监督法是边学习边分类,通过学习找到相同的类别,然后将该类与其他类区分开。但是非监督法与监督法都是以元数据或数据类为基础,通过统计计算一些特征参数,如均值、协方差等进行分类的,所以也有一些共性。

非监督学习算法训练含有很多特征的数据集,通过非监督学习出这个数据集上有用的结构性质。非监督学习模型自己去做聚类学习找出特征,这种特征发现是由算法自己找出来的,如图5-23所示。

图5-23 非监督学习示意图

非监督学习算法只需要给出一组输入,就可以通过网络逐渐演变到对输入的某种模式做出特定的反应,即事先不给定标准样本,直接将网络"置于"环境中,通过学习和训练阶段与实际应用阶段融为一体。大多数非监督学习的算法都要完成某种聚类操作,学会将输入模式分为有限的类型。在深度学习中,非监督学习将训练含有很多特征的数据集,然后学习出这个数据集上有用的结构信息。通常要学习生成数据集的整个概率分布,如密度估计。

3) 监督学习

监督学习(Supervised Learning)是深度学习中一种典型的学习方法,顾名思义,监督学习就是有"人"在旁边督促你学习,随时纠正你学习中的错误。在监督学习中,所有输入的数据都被称为"训练数据",每组数据其实由两部分组成,即正确的训练集和错误的训练集。这两部分的训练集最好在数量上相等,并且样本数量足够全,能够覆盖到最多的情况。监督学习算法训练含有很多特征的数据集,而数据集中的样本都有一个标签或目标。监督学习将训练这些数据并将识别或预测结果与实际的人为标定过的"训练数据"进行比较,不断地调整学习模型,直到学习模型预测结果达到一个预测的准确率。

监督学习的实质就是利用一组已知类别的样本调整分类器的参数,使其达到所要求性能的过程,也称为监督训练或有教师学习。监督学习是从标记的训练数据来推断一个功能的机器学习任务。训练数据包括一套训练实例。在监督学习中,每个实例都是由一个输入对象(通常为矢量)和一个期望的输出值(也称为监督信号)组成。监督学习算法是分析该训练数据,并产生一个推断的功能,其可以用于映射出新的实例。一个最佳的方案将允许该算法正确地决定那些看不见的实例的类标签。这就要求学习算法是在一种"合理"的方式从一种从训练数据到看不见的实例的情况下形成。

监督学习算法要求同时给出输入和正确的输出,即事先已经能够确定一个模型。这样网络可以根据当前输入与所要求的目标输出差值进行训练,使得网络作出正确的反映。

图 5-24 中,环境样本训练数据加载到网络输入端,同时将相应的设定响应期望与学习系统输出相比较得到误差信号,以此控制权重连接权值的调整,经计算收敛后给出确定权值。当环境发生变化时,经学习可修正权值以适应新的环境。

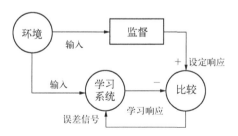

图 5-24 监督学习示意图

4) 强化学习

强化学习(Reinforcement Learning)其实就是一个连续决策的过程。传统的深度学习中的"监督学习"是给定了一些标注数据,学习一个好的函数,对未知数据做出很好的决策。强化学习和监督学习不同,强化学习的过程是状态(或称为"事件")的处理过程。实际上,很多情况下状态是连续的、复杂的、多维的。对于多序列连续的决策和控制的问题,很难有规则样本,这反映在强化学习的算法上,意味着训练于一个非固定的、没有规则样本的数据集。

该算法的特点是其具有与环境进行交互的能力,同时学习系统和训练过程具有反馈功能。这就需要有更优化的决策算法,通常可以设计一个回报函数(Reward Function)来确定每个学习阶段的结果。如果获得了较好的结果,那么就给出回报函数为正的结果;如果得到较差的结果,则给出回报函数为负的结果。强化学习得到相应的回报函数,就能够对每一步的结果做出评价,如图5-25。我们只需要找到一条回报值最大的路径,即可认为这就是最佳优化的结果。

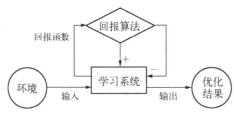

图5-25 强化学习示意图

5) 深度学习特点

深度学习区别于传统的浅层学习。深度学习的特点在于:

① 强调了模型结构的深度,通常有多隐含层节点。

② 明确突出了特征自动学习的重要性。也就是说,通过逐层特征提取和变换,将样本在原空间的特征表示变换到一个新特征空间,从而使得分类或预测更加精准。

③ 深度学习与人工规划构造特征(专家经验、数据集硬编码)的方法相比,前者具有利用大数据来自动学习的特征,更能够刻画数据的丰富内在知识和信息。

④ 深度学习是多隐含层的结构体系,而不是一种算法。为此深度学习提出了对大数据结构化体系的需求。构建大数据体系的系统化、结构化、标准化至关重要。

5.5.3 深度学习过程

在现实生活中,人们为了解决一个具体的问题,如对事物的分类(事物可以是数据、文本、图像等),首先必须做的是搞清楚怎么表达这个事物。比如这个事物如果是动物的话,那它有没有羽毛?有几条腿?是卵生还是胎生?这些都将是我们选取的特征。特征选取的好坏对于事物的分类或者预测结果的影响是非常大的。因此,选取一个什么特征,怎么选取一个特征对于解决实际问题非常重要。

然而,人为地选取特征耗时耗力,且面对大量未知事物也没有什么规律可循。因此能不能选取好某一事物的特征,在很大程度上取决于个人的生活经验、社会经验、工作经验和知识程度。让机器学习一些经验和事物的特征,并让具有经验的机器自动选取特征,这就是深度学习可以完成的工作。

准确地说,深度学习首先利用非监督学习对每一个层进行逐层的预训练(Layerwise Pre-Training)去学习特征;每次单独训练一层,并将训练结果作为更高一层的输入;然后到最上层改用监督学习从上到下进行微调(Fine-Tune)去学习模型。

深度学习与训练的过程如下:

1) 第一步:非监督学习

使用自下而上的非监督学习,从底层开始,一层一层地往顶层训练。采用无标定数据

（有标定数据也可）分层训练各层参数。这是和传统神经网络区别最大的地方，这个过程可以看作是特征学习的过程。具体来讲，先用无标定数据训练隐含层的最底层。训练时先学习最底层的参数，这一层可以看作是得到一个使得输出和输入差别最小的三层神经网络的隐层。由于模型能力的限制及稀疏性约束，使得得到的模型能够学习到数据本身的结构，从而得到比输入更具有表示能力的特征；在学习得到第 n−1 层后，将 n−1 层的输出作为第 n 层的输入，训练第 n 层，由此分别得到各层的参数。非监督学习主流的算法是聚类算法。

2) 第二步：监督学习

自顶向下的监督学习。就是通过带标签的数据进行训练，误差自顶向下传递，对网络进行微调。基于第一步得到的各层参数进一步微调整个多层模型的参数。这一步是一个监督学习与训练的过程，采用类似神经网络的随机初始化初值过程。由于深度学习的第一步不是随机初始化，而是通过学习输入数据的结构得到的，因此这个初值更接近全局最优，能够取得更好的效果。所以深度学习效果好，在很大程度上取决于深度学习的第一步非监督学习的特征学习过程。监督学习的主流算法是决策树。

5.5.4 深度学习算法特点

通常深度学习算法具有以下特点：

① 使用链式结构非线性变换对数据进行多层抽象。深度学习框架将特征提取和分类器结合到一个框架中，用数据去学习特征，在实际使用中减少了手工设计特征的巨大工作量。这种链式结构模型中，后续层的输入数据是前一层的输出数据。按学习类型，该类算法又可以分为自下而上的非监督学习过程，采用无标定数据分层训练各层参数；和自顶向下的监督学习过程，误差自上而下对网络进行微调。

② 以寻求更合适待解决问题的概念表示方法为目标。由于深度学习采用链式结构，高层特征值由底层特征值通过推演归纳得到。每一层的特征数据对应着相关问题的整体知识或概念在不同程度、层次上的抽象，例如，对于分类任务，高层次的表达能够强化输入数据的区分能力，同时减少不相关的因素。同时由于模型的层次的深度（多层结构）的表达能力强，因此深度学习可以表达大规模数据。

③ 深度学习具有代表性的特征表示学习方法。特征学习方法是一套给机器灌入原始数据，然后其即可自动发现需要进行检测和分类的表达方法。深度学习就是一种特征表示学习的方法，其把原始数据通过一些简单的和非线性模型转变成高层次的、更加抽象的表达。通过足够多的转换组合，非常复杂的函数也可以被学习。深度学习是一种深层非线性网络结构，只需简单的网络结构即可实现复杂函数的逼近，并展开了强大的从海量无标注的数据集中学习数据集本质特征的能力。深度学习可以更好地表示数据集的特征。深度学习模型能够在大规模训练数据上取得更好的效果。相比传统的神经网络，深度神经网络如卷积神经网络做出了重大的改进，在训练数据的难度上可以通过"逐层训练"来有效降低网络的复杂性，进而降低训练数据的难度。

深度学习的特点可以总结归纳为：概念和知识的提取由简单到复杂；每一层中非线性处理单元的构成方式取决于要解决的问题；学习海量无标注的大数据具有明显的优势。

5.5.5 机器学习

机器学习(Machine Learning,ML)是一门多领域交叉学科,涉及概率论、统计学、逼近论、凸分析、算法复杂度理论等多门学科。其专门研究计算机怎样模拟或实现人类的学习行为,以获取新的知识或技能,重新组织已有的知识结构使之不断改善自身的性能。机器学习是人工智能的核心,是使计算机具有智能的根本途径,其应用遍及人工智能的各个领域,它主要使用归纳、综合而不是演绎。

机器学习是人工智能重要的实现方法,可以将"机器学习"理解为"从具有洞察特征的数据中发现自然模式的算法"。机器学习实质上是一种从数据(数据集、训练集、验证集)中自动分析(训练)获得规律,并利用规律对未知数据(测试集)进行处理的过程,如图 5-26 所示。通常这个过程包括以下三个部分:

① 数据输入利用观察、记忆存储,为进一步推理提供事实依据。
② 抽象化强调将数据转换为更加宽泛的表现形式。
③ 一般化应用抽象的数据来形成作为行动基础的知识。

图 5-26 机器学习过程

机器学习对于待解的问题,无须编写任何专门的程序代码,泛型算法(Generic Algorithms)能够在数据集上得出答案。泛型算法不用编码,而是将数据输入,在数据之上建立自己的逻辑。分类器可以将数据划分为不同的类别。机器学习就是不断地学习(观察)未知系统的输入—输出对(训练集),发现错误(验证集),并改正错误的迭代过程。学习成功后可以应用到实际应用测试集中。

1) 机器学习方法

机器学习最基本的做法,是使用算法来解析数据、从中学习,然后对真实世界中的事件做出决策和预测。与传统的为解决特定任务、硬编码的软件程序不同,机器学习是用大量的数据来"训练",通过各种算法从数据中学习如何完成任务。类似人类在接触过很多事物、经历后获得的"经验"和"规定"一样。例如有经验的老师在教书多年以后知道如何因材施教(经验),例如我们在看到"STOP"以后知道这是停止的意思(规定)。

传统的机器学习算法包括决策树、聚类、贝叶斯分类、支持向量机、EM、Adaboost 等。从学习方法上来分,机器学习算法可以分为监督学习(如分类问题)、无监督学习(如聚类问题)、半监督学习、集成学习、深度学习和强化学习。

机器学习和深度学习的过程一样,也分为监督学习、非监督学习和强化学习。监督学习类似跟着导师学习,学习过程中有指导监督,导师预先准备好验证集来纠正学习中的错误。非监督学习类似于一般的自学,学习全靠自己的悟性和直觉,没有导师提供验证集。强化学习是一种以己为师自求自得的学习,通过环境和自我激励的方式不断学习、调整、产生验证集并自我纠错的迭代过程。

传统的机器学习算法虽然在指纹识别、人脸检测、机器视觉等领域的应用基本达到了商业化的要求或者特定场景的商业化水平,但每前进一步都异常艰难,直到深度学习算法的出现。机器学习应用十分广泛,如在数据挖掘、计算机视觉、自然语言处理、生物特征识别、语音、手写识别和机器人运用上都有应用。

2) 机器学习任务

机器学习的任务主要有回归、分类、聚类、异常检测、去噪等。

① 回归　是将实函数在样本点附近加以近似的有监督的函数近似预测问题。

② 分类　是将样本点对指定类别进行识别与分类的有监督的模式识别问题。

③ 聚类　是在不给指定类别的情况下,将样本点进行识别和分类(自我产生模式,再将样本点按照模式分类)的非监督的模式识别问题。

④ 异常检测　是寻找样本中所包含异常数据的问题,计算机程序在一组事件或对象中筛选,并标记不正常或非典型的个体。

⑤ 去噪　是预测机器学习输入样本的干净度和条件概率分布。

5.5.6 机器深度学习一体机

"机器深度学习一体机"能够满足不同深度学习应用的需求。"机器深度学习一体机"的功能就是通过高性能计算机和机器学习算法,从一组特定的数据集中自动分析数据内在的规律,并利用规律对未知数据进行预测。同时也可以通过海量大数据学习某个行业专项的管理规律,从而对突发事件提供智能识别和应急策略快速的决策或预测信息。

云创大数据打造的 DeepRack 深度学习一体机为用户提供最大每秒 128 万亿次的单精度计算能力,满配时相当于 160 台服务器的计算能力,使深度学习产品在计算效率上具有非凡竞争力;另外,充分考虑了 7×24 小时大规模运算的需要,一体机内部采用专业的散热、能耗设计。

DeepRack 深度学习一体机预装了 CentOS 操作系统,集成了两套世界一流的开源工具软件——Google 的 TensorFlow 以及伯克利大学的 Caffe,以帮助学习诸如数据分析、图像识别、语音识别和可视化展示等任务。DeepRack 深度学习一体机提供了 MNIST、CIFAR-10、ImageNet 等图像数据集,以满足实验与模型塑造过程中的训练数据需求。

1) DeepRack 深度学习一体机硬件配置

DeepRack 深度学习一体机包含 24U 半高机柜,最多可配置 4 台 4U 高性能计算节点;每台节点 CPU 选用最新的英特尔 E5-2600 系列至强处理器;每台节点可插入 4 块英伟达 GPU 卡;可选配 GeForce Titan X、Tesla K40、Tesla K80 等各档次英伟达 GPU 卡。

目前云创大数据人工智能 DeepRack 深度学习一体机具有以下四种规格:极简型、经济型、标准型和增强型。其中,极简型作为单机,拥有单一节点,其他三种规格则是包括 4 个节点的独立机柜。各型号的深度学习一体机具体配置如表 5-1 所示。

表 5-1　各型号深度学习一体机配置

参数	极简型	经济型	标准型	增强型
CPU	Dual E5-2620 V3	Dual E5-2620 V3	Dual E5-2650 V3	Dual E5-2697 V3
GPU	Titan X * 2	Titan X * 1	TeslaK40 * 2	TeslaK80 * 4

续　表

参数	极简型	经济型	标准型	增强型
硬盘	240G SSD+4T 企业盘	240G SSD+4T 企业盘	480G SSD+4T 企业盘	800G SSD+4T*7 企业盘
内存	64 G	64 G	128 G	256 G
节点数	1	4	4	4
交换机	0	1	1	1
机柜	0	1	1	1
电源	2000W 1+1 冗余	2000W 1+1 冗余	2000W 1+1 冗余	2000W 1+1 冗余

DeepRack 深度学习一体机内部采用专业 GPU 服务器设计,特别考虑散热能力,力保 7×24 大数据模型训练不间断。每个节点提供两个 2000 瓦电源,保证了 GPU 满配情况下的主机供电需要。采用英特尔 E5 家族系列 CPU 及英特尔服务器组件,具有性价比高、处理性能优越、可靠性高等特性。深度学习一体机各规格使用的不同 CPU 性能参数如表 5-2 所示。

表 5-2　深度学习一体机各规格 CPU 性能参数

E5-2620 V3	E5-2650 V3	E5-2697 V3
6 核 12 线程	10 核 20 线程	14 核 28 线程
2.40 GHz	2.30 GHz	2.60 GHz

DeepRack 深度学习一体机是需要训练的,所谓的训练就是在成千上万个变量中寻找最佳值的计算。这需要通过不断地尝试实现收敛,而最终获得的数值并非是人工确定的数字,而是一种常态的公式。通过这种像素级的学习,不断总结规律,计算机就可以实现像人一样思考。如今,几乎所有的深度学习研究者,包括 BAT、谷歌、Facebook 等,都在使用 GPU 进行相关的研究。英伟达具备 CUDA 支持的 GPU 为用户学习 Caffe、TensorFlow 等研究工具提供了很好的入门平台,表 5-3 为英伟达各主流 GPU 的参数,用户可根据实际需求,选用不同的 GPU 来做自己的深度学习训练。

表 5-3　英伟达各主流 GPU 参数

GPU 型号	Titan X	Tesla K40	Tesla K80
Peak single precision floating point performance	7 Tflops	5.29 Tflops	8.73 Tflops
CUDA cores	3 072	2 880	4 992
Memory size	12 GB	12 GB	24 GB

2) 深度学习一体机软件配置

随着深度学习的研究发展,出现了很多深度学习的软件框架,有些是开源的,有些只能商用。这些软件的出现,让深度学习的研究者能更快地将理论算法转化为程序代码,来验证算法的有效性,从而解决实际应用问题,而这又进一步推动了整个深度学习的继续发展。比较流行的深度学习软件框架如下:

① Caffe　源自加州大学伯克利分校,它是一个清晰、高效的深度学习计算 CNN 相关算

法的框架,核心语言是C++。它提供了一个完整的工具包,用来训练、测试、微调和部署模型。

② TensorFlow 最初由 GoogleBrain 小组开发并最终开源的 TensorFlow,是一个异构分布式的深度学习系统,其编程模型灵活,性能也很好,并且支持在大规模的异构硬件平台上训练和使用很多的模型。

③ Theano 2008年诞生于蒙特利尔理工学院的 Theano 是 Python 深度学习中的一个关键基础库,是 Python 的核心。使用者可以直接用它来创建深度学习模型或包装库,大大简化了程序。Theano 还派生出了大量深度学习 Python 软件包,最著名的包括 Blocks 和 Keras。

④ Torch Torch 诞生已经有十年之久,但是真正起势得益于 Facebook 开源了大量 Torch 的深度学习模块和扩展。Torch 另外一个特殊之处是采用了不怎么流行的编程语言 Lua(该语言曾被用来开发视频游戏)。

⑤ MXNet 出自 CXXNet、Minerva、Purine 等项目的开发者之手,主要用 C++编写。MXNet 强调提高内存使用的效率,甚至能在智能手机上运行诸如图像识别等任务。

⑥ CNTK 微软出品的深度学习工具包,可以很容易地设计和测试计算网络,如深度神经网络。

⑦ Deeplearning4j 是首个商用级别的深度学习开源库。DeepLearning4j 是一个面向生产环境和商业应用的高成熟度深度学习开源库,可与 Hadoop 和 Spark 集成,即插即用,方便开发者在 APP 中快速集成深度学习功能。

以上软件的开发支持模块对比如表5-4所示。

表5-4 各软件的开发支持模块对比

软件	开发语言	CUDA 支持	分布式	循环网络	卷积网络	RBM/DBNs
Tensorlow	C++,Python	√	√	√	√	√
Caffe	C++,Python	√	×	√	√	×
Torch	C,Lua	×	×	√	√	√
Theano	Python	√	×	√	√	√
MXNet	C++,Python,Julia,Matlab,Go,R,Scala	√	√	√	√	√
CNTK	C++	√	×	√	√	?
Deeplearning4j	Java,Scala,C	√	√	√	√	√

DeepRack 深度学习一体机预装了 CentOS 操作系统、GPU 驱动、CUDA 开发包等,同时安装部署了 Caffe 及 TensorFlow 两种深度学习软件,并提供使用手册。这样用户就能很快地开始自己的深度学习之旅。

5.6 神经网络

神经网络(NN)也称人工神经网络(Artifical Neural Network,ANN),是基于生物学中神经网络基本原理,在理解和抽象了人脑结构和外界刺激响应机制后,以网络拓扑结构知识为理论基础,模拟人脑的神经网络对复杂信息的处理机制的一种数学模型。通过该方法建立的数学模型,在精度方面已经越来越高了。

1943 年 McCulloch 和 Pitts 提出了沿用至今的"MP 模型",他们通过"MP 模型"提出了关于神经元的数学描述,开始了神经网络研究的时代。20 世纪 60 年代,神经网络得到了进一步的发展,提出了包括自适应线性元件等完善的神经网络。自 20 世纪 80 年代以来,从信息处理角度对人脑神经元进行抽象,神经网络成为人工智能研究的热点,同时在模式识别、自动控制、深度学习、智能机器人等领域有了快速的发展。

5.6.1 神经网络概念

神经网络从信息处理的角度,抽象了人脑神经元网络,模拟神经元的信息处理机制,建立起一个简单的模型,模型之间按照不同的连接方式组成不同的网络。

1) 神经元

神经元是构成神经网络的基本单元,通过调整内部节点之间的相互连接关系,达到处理信息的目的。神经元模拟生物神经元特性,接受一组输入信号并产生输出信号。在生物神经网络中,每个神经元与其他神经元相连,每个神经元都有一个阈值,如果某神经元获得的输入信号超过了这个阈值,它就会被激活,即处于兴奋状态,否则,处于抑制状态。神经元使用一个非线性的激活函数,得到一个输出。最简单的两层神经网络如图 5-27 所示。

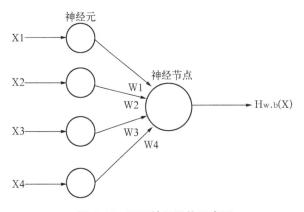

图 5-27 两层神经网络示意图

2) 神经网络结构

一般的神经网络是层级结构,每层神经元与下一层神经元相互连接,同层神经元及跨层神经元之间相互无连接。每层神经元的输出作为下一层神经元的输入,这种网络被称为前馈神经网络。多层神经网络如图 5-28 所示。

L-1(第一层)为输入层,其中的神经元为输入神经元。神经节点(最后一层)为输出层,其中神经元为输出神经元。中间层 L 被称为隐藏层,既不是输入层也不是输出层。上图中只有一个输入层和一个隐藏层。但是,在实际神经网络中可以有多个输入层和多个隐藏层。这种多层网络也称作多层神经元网络。

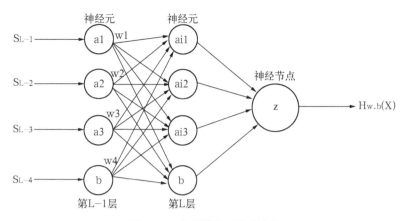

图 5-28 多层神经网络示意图

多层神经网络中除了输入层,每个神经元都是一个多输入单输出信息处理单元。需要注意,网络中所有连接都有对应的权重和偏置。如图中标出的 w1、w2、w3、w4。图中用 w 表示神经元之间连接的权重,b 表示偏置,z 表示每个神经元的输入加权和,a 表示神经元激活的阈值,S_{L-1} 表示其 L-1 层有 S_{L-1} 个神经元。

3) 神经网络学习规则

各种神经网络的学习训练过程,都隐含着用于调整神经元连接间权值的一定的方法和规则。这种改变权值的方法和规则称为学习规则或学习算法。经过训练的神经网络可以获取知识的结构或适应周围环境的变化。按照学习算法支持的操作,学习规则主要有以下四类:

① 自联想规则 首先反复提供一系列的模式样本,并使得网络记住这些样本。然后给网络提供学习样本的部分信息,或者提供与原样本类似的样本信息,其目的就是要"找出"原来的样本。

② 模式联想规则 给神经网络提供一系列的成对样本,网络学习可以记住样本之间的对应关系。当提供样本与某一样本权值一致时(也称为"对中"),应能生成另一个新的样本。

③ 模式分类规则 把要输入的刺激样本划分到一个固定的聚类集合中。其学习的目的是能够对输入的刺激进行分类,在使用时若输入的刺激少许变形,还能够将其划分到正确的类别中。

④ 正则探测规则 系统要通过学习找到这些大量输入的统计显著特征,与模式分类不同,这里没有预先划分的模式聚类。系统必须找到输出模式的显著特征,以形成相应的聚类关系。

5.6.2 神经网络特点

神经网络是由存储在网络内部的大量神经元通过神经元节点连接组成的一种信息响应网络拓扑结构。神经网络采用了并行分布式的信号处理机制,因而在信息处理速度和容错能力、智能、计算等方面具有显著特点。

1) 神经网络基本特点

神经网络模型用于模拟人脑神经元的活动过程,其中包括对信息的加工、处理、存储和

搜索等过程。神经网络具有以下基本特点:

① 高度的并行性　神经网络由许多相同的简单处理单元并联组合而成,虽然每一个神经元的功能简单,但大量简单神经元并行处理能力和效果却十分惊人。

② 高度的非线性全局性　神经网络每一个神经元接收大量其他神经元的输入,并通过并行网络产生输出,影响其他神经元,网络之间的这种相互制约和相互影响,实现了从输入状态到输出状态空间的非线性映射。从全局的观点来看,网络整体性能不是网络局部性能的叠加,而是表现出某种整体性的行为。

③ 联想记忆与容错性　神经网络通过自身的特有网络结构将处理的数据信息存储在神经元之间的权值中,具有联想记忆功能,从单一的某个权值并不能看出其所记忆的信息内容,因而是分布式的存储形式,这就使得网络有很好的容错性,并可以进行特征提取、缺损模式复原、聚类分析等模式信息处理工作,也可以进行模式联想、分类、识别工作。它可以从不完善的数据和图形中进行学习并做出决定。

④ 良好的自适应和自学习　神经网络通过深度学习和训练可以获得网络的权值与结构,呈现很强的自学习的能力和对外界环境自适应的能力。

⑤ 知识的分布式存储　在神经网络中,知识不是存储在特定的存储单元中,而是分布在整个系统中。要存储多个知识就需要很多的链接。

⑥ 演化的多样性　神经网络在系统的演化方向上,在一定条件下将取决于某个特定的状态函数。如能量函数,它的极值对应于系统比较稳定的状态。非凸性是指这种函数有多个极值,故系统具有多个稳定的平衡态,这将导致系统演化的多样性。

2) 神经网络功能特点

神经网络是一种旨在模仿人脑结构及其功能的信息处理系统,因此它在功能上具有如下一些智能特点:

① 联想记忆功能　由于神经网络具有分布存储信息和并行计算的性能,因此它具有对外界刺激和输入信息进行联想记忆的能力。

② 识别与分类功能　神经网络对外界输入样本有很强的识别与分类能力。对输入样本的分类实际上是在样本空间找出符合分类要求的分割区域,每个区域内的样本属于同一类。

③ 优化技术功能　神经网络优化计算是指在已知的约束条件下,寻找一组参数组合,使得该组合确定的目标函数达到最小。

④ 非线性映射功能　神经网络的输入与输出之间存在复杂的非线性关系,对于这类系统,往往难以用传统的数理方程建立其数学模型。

3) 神经网络计算特点

与神经网络计算方法相比,传统计算方法要解决问题需要收集大量能符合计算机要求的初始数据,完成对这些数据的系统分析和建模工作,而数学模型的质量在很大程度上受到人为支配,不同的数学模型伴随复杂和琐碎的数学分析和求解,不能解决自适应问题。而神经网络是由大量简单处理单元广泛连接而构成的复杂非线性系统,从微观上对人脑的智能行为进行描述,网络智能存在于其结构及自适应规则中。神经网络通过对大量样本监督学习和训练,不仅可以解决一个问题或适应于一个应用,还可以推广到整个同类问题中,并通过在通用计算机硬件上的模拟,或利用专用的神经网络硬件来实现神经网络系统。通常神经网络计算具有以下特点:

① 可避免数据的分析工作和建模工作　通过观测样本,神经网络完全能够发现隐含的信息,经过学习,建立一个规则。该规则最低程度地受到人为支配,这样就避免了数据分析工作和建模工作。

② 非编程自适应的信息处理方法　基于神经网络可以设计非编程自适应信息处理系统,该系统可不断变化以响应周围环境改变。通过学习,网络将逐渐适应信息或信号处理的各种操作。

③ 完成复杂的输入与输出非线性映射　一个三层结构的神经网络,其中,输入层包含 p 个神经元,隐含层具有(m+1)个神经元,输出层有 n 个神经元。通过选择一定的非线性和连接强度(权值)调节规则,就可以解决复杂的信息处理问题。

④ 信息存储与处理合二为一　与传统的信息处理方式不同,神经网络信息处理系统运行时,存储与处理同时进行,而不是相互分离的。经过处理,信息的隐含性特征和规则分布于神经网络之间的链接强度上,通常有冗余性。针对这样的不完全信息或噪声信息输入量,神经网络可以根据这些分布的记忆对输入信息进行处理,恢复全部信息。

5.6.3　神经网络主流模型

神经网络是一个包含多个隐含层的人工神经网络。神经网络发展到今天,学术界已经提出了多种神经网络及其深度学习的模型,其中影响比较大的有以下几种。

① 卷积神经网络　该网络一般包含三种类型的层,分别是卷积层、子采样层(也有成为"池化层")和全连接层。通过卷积层与上一层输出进行卷积作为卷积层输出,这样可以达到权值共享的目的;子采样层是在卷积层的基础上,在一个固定区域中采样一个点,使得整个网络具有一定的缩放、平移及形变不变性。卷积神经网络应用的特点是特征提取。常应用于图像、文本和数据的特征提取和对象分析与知识化。

② 循环神经网络　该网络与传统前馈网络区别在于,隐含层的输入不仅包括输入层的数据,还包括前一时刻的隐含层数据。这种结构的网络能够有效处理序列连续的数据,如自然语言处理。

③ 深度置信网络　该网络由若干层受限玻尔兹曼机及一个反向传播网络组成。其训练过程分为两步,首先利用贪婪算法非监督地训练每一层受限玻尔兹曼机,然后将上一步训练得到的数据作为网络初始值,利用 BP 算法有监督地训练整个网络。

神经网络离不开深度学习。随着人工智能技术的快速发展,新的网络模型、新的学习方法、新的算法以及机器学习技术都在不断地提出、改进和提升。这些神经网络及其深度学习都在其应用的领域产生了重要的影响。以下重点介绍卷积神经网络及其深度学习的概念、原理和知识。

1) 卷积神经网络

近年来,卷积神经网络(Convolutional Neural Networks,CNN)已经在图像理解领域得到了广泛的应用。卷积神经网络是一种前馈神经网络,它的人工神经元可以响应一部分覆盖范围内的周围单元,对于大型图像和文字处理具有出色的表现。卷积神经网络也是一种典型的多层神经网络结构,具有很强的并行处理、容错和自学习的能力。卷积神经网络最重要的特点是在卷积层中神经元之间的连接权值是共享的,这种模型降低了网络模型的复杂度,减少了权值的数量(降维),使得网络对于输入具备一定的不变性。该模型特别适合大数据特征权值的提取与共享,通过对大数据输入的数据样本(数据集)进行聚类分析、特征提取、降维等分层操作,最终得到实际应用的知识数据和对事物决策或预测的信息。

2) 卷积神经网络结构

卷积神经网络分为四层结构,分别为输入层、卷积层、采样层和输出层。网络输入可以为图像、文本、数据。作为网络中间的卷积层和采样层可以交替出现,这两层也是至关重要的两层。网络输出层为前馈网络的全连接方式,输出层的维数为分类任务中的分类数。图5-29为卷积神经网络总体结构图。

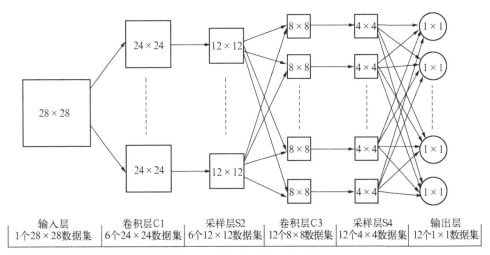

图 5-29　卷积神经网络总体结构图

(1) 输入层

卷积神经网络的输入层直接接收图像、文本、数据,可以不再需要人工参与提取合适的特征数据作为输入。系统可以自动地从原始数据集中提取特征、学习分类,可大大减少数据开发的复杂性。有助于学习与当前分类任务最为有效的数据特征提取。

(2) 卷积层

卷积层处于卷积神经网络的中间层,用于数据特征提取。卷积层中卷积的过程可理解为加权求和的过程。每个卷积层包含多个卷积神经元,每个神经元和前一层网络对应位置的局部感受域相连,并提取这部分的数据特征,具体提取特征表现在该神经元与前一层局部感受区域的连接权重之上,并将抽取到的该特征用于分类。

卷积层是卷积神经网络中的核心部件。每个卷积层包含一组参数可以学习的卷积核(或称滤波器)。每个卷积核对输入的数据进行动态卷积操作,计算局部输入数据与卷积核的点积,产生一个特征项。所有卷积核产生的特征项组成该卷积层的输出数据。可以将该操作看作特征项提取。通过训练卷积核局部特征,组合后实现对全局特征的描述(在本书中称之为"要素数据"和"目标数据")。

(3) 采样层

采样层也可称为池化层或抽样层,属于卷积神经网络的中间层。该层功能为特征映射层。该层对前一层网络抽取得到的特征进行子采样,进一步计算特征权值的平均值(最大值),这些概要统计不仅减低采样的维度,同时还会改善数据特征项的结果,提高了数据质量和精准度。

卷积神经网络中另一个重要的概念就是池化,亦即实现非线性降维操作(也称采样操作)。将输入数据分成若干个不重叠的"数据集",对每个"数据集"中的数据类进行非线性操作得到单一的数值,进而减少计算神经网络所需参数,可以避免过度拟合。

(4) 输出层

卷积神经网络的输出与其他神经网络一样,为全连接方式。最后一层得到的特征被做成一维向量,与输出层采样以全连接方式连接。全连接方式为上一层的所有节点和下一层的所有节点相连接,其中每个连接都具有权值。全连接层通过对输入特征进行组合,可以在下一层计算得到分类结果。

经过若干卷积层和采样层后,卷积神经网络的高层表示通过全连接层实现。全连接层中的每个神经元与前一层的所有输出值连接。实现了局部特征的自动提取,使得特征提取与模式分类同步进行、网络结构更加精简,可以适用于处理海量大数据的应用场景。

3) 卷积神经网络主要特点

卷积神经网络采用了被称为"局部感受区域"的策略,同时引入权值共享和降采样的概念,大大减少了训练数据的数量,在提高训练速度的同时有效防止过拟合。下面对卷积神经网络的三个主要特点进行介绍。

(1) 局部感受区域

卷积神经网络局部感受区域的概念,是描述神经元只对视野中的某一区域产生响应。在大数据应用中可以理解为对特定数据集的关注和产生响应,网络中的神经元只与前一层中的部分神经元连接,即局部连接(Local Connectivity)。利用数据集分布式结构和数据集的相关性,单个神经元仅对数据集中的部分数据进行响应,相邻神经元的感受区域存在数据重叠,因此,综合所有神经元就可以得到全局数据集的感知。

(2) 权值共享

卷积神经网络通过局部连接实现对全部数据集进行动态扫描。权值共享的思想就是卷积层的所有神经元均由同一个卷积核对区域数据响应而得到的,即共享同一个卷积核(权值向量及偏置),使得卷积层训练参数的数量急剧减少,提高了网络的泛化能力。同时,权值共享意味着一个卷积层中的神经元均在检测同一种特征,与所处位置无关,具有平移不变性。

(3) 池化操作

一般在卷积后面会进行降采样操作(也称池化操作),对卷积层提取的特征进行聚合统计,通常是将前一层的局部区域值映射为单个数值。降采样层与卷积层不同的是,降采样层一般不存在重叠现象。降采样简化了卷积层的输出信息,进一步减少了训练参数的数量,增强了网络的泛化能力。

5.6.4 神经网络主流算法

1) 算法的基本概念

算法(Algorithm)是指对解题方案准确而完整的描述,是一系列解决问题的明确而清晰的指令。算法代表着用系统的方法描述解决问题的策略和机制。算法也可以理解为,它能够对一定规范的输入,在有限时间和计算能力下获得所要求的输出。如果一个算法有缺陷,或不适合解决某个问题,执行这个算法将不会解决这个问题。不同的算法可能用不同的时间、计算资源、效率来完成同样的任务。一个算法性能的优劣可以用空间复杂度与计算复杂度来衡量。算法中的指令描述的是一个计算,当其运行时能从一个初始状态和初始输入开始,经过一系列有限而清晰定义的状态,最终产生输出并停止于一个终态。一个状态到另一个状态的转移不一定是正确的,包括随机化算法在内的一些算法,包含了一些随机输入。

2) 神经网络算法基本要求

对于神经网络的学习算法,提出以下几项基本要求:

(1) 准确性

神经网络通过学习后,可以准确地完成希望它实现的分类、联想或者其他功能。所谓准确是指按照某个标准而言,神经网络的实际输出与理想输出之间的误差达到最小值,或者必须达到某个最低的标准。

(2) 自适应

神经网络整个学习过程无须外界参与。也就是说,网络所有参数的调整,在学习过程中不受到人为的干预。

(3) 收敛性

随着学习的进展,神经网络的参数应收敛到唯一的一组解上,不能在多组解之间转换。同时还应保证学习过程的时间的限制,在一定的时间内达到收敛点,否则学习的开销难以控制。

(4) 必须明确学习的次序

神经网络学习是一个连续的过程,应根据神经网络的结构化和解决问题从简单到复杂的求解过程,确定网络学习的次序。例如卷积神经网络在卷积层采用非监督学习算法;在采样层采用监督学习算法;在全连接层采用强化学习算法。

(5) 可重复与扩展性

在网络学习时,必须赋予网络足够多的训练数据的样本。这些训练数据样本可以是重复的历史数据、经验数据、验证数据等。无论训练数据样本的数量有多大,在神经网络实际投入工作时,总会遇到大量与训练数据样本不同的输入矢量,因此在采用非监督学习算法时,由人为确定期望输出数据权值来估计网络参数,也是非常重要的。

3) 卷积神经网络基本算法

卷积神经网络有两类基本算法,即正向传播和后向传播。正向传播算法是指输入信号通过前一层中一个或多个网络层传递信号,然后在输出层得到输出的过程。反向传播算法是卷积神经网络在监督学习中的一种常用算法,其目标是根据训练数据样本和期望输出来估计网络参数。和全连接神经网络相比,卷积神经网络的训练要复杂一些,但是训练的原理是一样的,即利用链式求导计算损失函数对每个权重的偏导数(梯度),然后根据梯度下降公式更新计算权重。

(1) 正向传播算法

正向传播也称为正向学习。正向传播实质上是卷积神经网络接收信息和做出判断的过程。正向传播的过程是样本数据经输入层传入第一层网络,网络学习到输入数据的自身结构,提取出更有表达力的特征,作为下一层网络的输入。依此类推,逐层向前提取特征,最后得到各层的参数,在输出层输出预测的结果。

正向传播是数据从输入层到输出层的一个数据处理的过程,可以看作是一个非监督学习的过程,也是"机器大脑"自我认知的过程,也就是我们常说的"特征学习"的过程。卷积神经网络正向传播的原理是卷积神经网络中每层网络都是由神经元构成,神经元的权值参数可以调整。网络最开始是输入层,结束是输出层,中间各隐含层可以忽略其中的算法细节。我们将卷积神经网络看作是一个完全的整体,因此正向传播的原理就是网络系统从输入到输出的过程,利用一系列的输出权值,对下一层输入数据进行一系列的线性和非线性的变换,直到网络在输出层得到预测结果为止。

(2) 反向传播算法

反向传播也称为反向调整。反向传播实质上是根据判断做出调整和纠错。当反复地进行连续和大量的调整时,"机器大脑"对学习对象的认知会更加准确、深刻,并表示出更高的完整性。这也是神经网络深度学习的核心目标。

卷积神经网络反向传播的主流算法是"BP(Back Propagation)算法"。BP算法是基于在神经网络单一神经元计算中,实际输出结果与期望输出结果的误差来调整单个神经元的权值。其基本原理是建立信号正向传播和误差反向传播的概念。信号正向传播时,输入数据样本从输入层传入,经各隐含层逐层处理后,传向输出层。如果输出层的实际输出与期望的输出不符,则转入误差的反向传播阶段。误差反向传播,就是将输出以某种形式通过隐含层向输入层逐层反传,并将误差分摊给各层的所有单元,从而获得各层单元的误差信号,此误差信号即作为修正各单元权值的依据。

5.7 智慧城市大数据人工智能应用

5.7.1 智慧城市大数据结构化体系

构建智慧城市大数据结构化体系是人工智能神经网络应用的基础。要建设智慧城市大数据系统化、结构化、标准化体系,必须从信息与数据之间的关系着手,必须了解智慧城市信息系统集成与大数据共享交换的设计方法。我们在智慧城市信息平台与数据库构造时采用面向对象设计方法,该设计方法就是直接面对需求域中的客观对象来进行信息系统和数据库的建模。它既提供了从一般到特殊的演绎方法(如"继承"等),又提供了从特殊到一般的归纳形式(如"类"等),其中包括面向对象的分析、面向对象的设计、面向对象的实现和面向对象的测试和维护等。

面向对象的分析强调针对需求域中客观存在的事物构造分析模型中的对象(元数据),用对象的属性和行为分别描述事物静态和动态特征及行为,强调属性和行为与客观事物的一致性;用"类"(数据类)来描述具有相同属性和行为的对象组合;用对象的结构描述客观事物的分类和组合特征;用消息连接、实例连接表示事物之间的动态和静态的联系。无论是问题域中的单个事物,还是各个事物之间的关系,分析模型都能够保留它们的原貌,没有加以转换,也没有打破原来的界限而重新组合,因而,面向对象的分析模型能够很好地映射需求域的要求。

1) 智慧城市大数据总体架构

我们在智慧城市大数据结构化体系的基础上,必须进一步建立适合人工智能深度学习的系统化、结构化、标准化的大数据总体架构。从目前情况和条件来看,要从基于对象的元数据通过清洗抽取为数据类的系统化、结构化、标准化过程,应用人工智能的方法来实现几乎不可能。根据在智慧城市大数据挖掘、分析和可视化的实践和经验(在2008年"数字东胜"项目中就采用商业智能BI的方式来解决数据标准化的问题),提出了建设智慧城市信息与数据"可视化集成平台"的方式。通过"可视化集成平台"既可以实现智慧城市各行业级二级平台的系统集成,同时又解决了行业主题数据库、基础数据库系统化、结构化、标准化的转换问题,进而为智慧城市大数据人工智能深度学习创造了条件。该"可视化集成平台"的模式可以满足任何一个智慧城市大数据人工智能应用的需求。

智慧城市大数据总体架构可以理解为由智慧城市大数据、可视化大数据、网络开源大数据三部分组成,如图 5-30 所示。

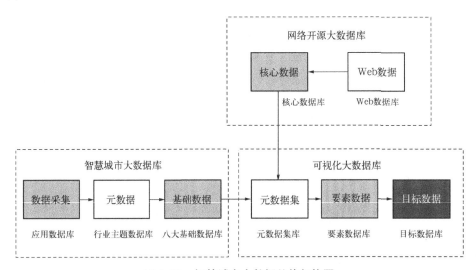

图 5-30　智慧城市大数据总体架构图

2) 智慧城市大数据库

智慧城市大数据库由行业业务应用数据库、行业管理主题数据库与共享交换基础数据库组成。智慧城市共享交换基础数据库分别由人口基础数据库、法人基础数据库、宏观经济基础数据库、地理信息基础数据库、智慧政务基础数据库、智慧民生基础数据库、智慧治理基础数据库以及智慧企业经济基础数据库八大基础数据库组成。

智慧城市行业级主题数据库分别由政务、城管、应急、安全、交通、节能、设施、市民卡、民生、社区、卫生、教育、房产、金融、文体、旅游、建筑、住宅、商务、物流、企业等各行业数据库组成。根据智慧城市行业数据集分类编码规范和要求,由智慧城市八大基础数据库和各行业主题库根据各行业管理、服务、运行的业务需求,组成各行业主题数据库的业务元数据(类),业务元数据是对应用数据库中的元数据(对象),即具有共同特征的一组对象进行组合和封装。

3) 智慧城市可视化大数据库

可视化大数据库由目标数据库、要素数据库与数据集库组成。

(1) 可视化目标数据库

根据各级领导所关注的城市运行决策、态势和需求预测数据和信息,以及领导桌面大数据可视化分析展现的要求,确定智慧城市可视化目标数据。智慧城市可视化目标数据通常可由综合态势、监测预警、突发事件、城市治理、要素监测、民生民意、企业经济、社会动态等数据与信息组成。目标数据通过人工智能卷积神经网络从要素数据中提取相互关联和权值高的特征值,并满足智慧城市决策和预测的目标特征数据。

(2) 可视化要素数据库

根据智慧城市综合治理与公共服务所关注的数据与信息的需求,将目标数据分解为各自目标数据构成的要素二级子项数据。通常智慧城市要素数据由支撑各自要素数据所关联的数据集构成。要素数据通过人工智能卷积神经网络从数据集中提取相互关联和权值高的特征值、并满足智慧城市综合治理和公共服务的要素特征数据。

(3) 可视化数据集数据库

根据智慧城市综合治理与公共服务所关注的要素数据,将其分解为各要素数据相关联的三级次项数据集数据。通常智慧城市数据集数据由八大基础数据库和各行业主题数据库中的业务元数据组成。数据集数据通过人工智能卷积神经网络从业务元数据类中提取相互关联和权值高的特征值,并满足智慧城市综合治理和公共服务的数据集特征数据。

4) 智慧城市开源大数据库

智慧城市网络开源数据库由 Web 数据库与核心数据库组成,分别通过智慧城市各行业二级平台 Web 页面集成。形成的 Web 页面数据采集(抓取)的统一性和标准化,打通了智慧城市各领域、各行业、各业务、各应用的信息平台、业务系统和应用页面,为不同行业、不同场景所需要的核心数据与信息,提供了从实时及历史数据采集到可视化大数据库进行应用分析展现。

5.7.2 智慧城市大数据人工智能应用

智慧城市大数据的表示及其特征项的选取是大数据挖掘、信息检索、人工智能的一个基本问题,它把从大数据中抽取出的特征项进行量化来表示大数据信息,将它们从无结构的原始海量数据转化为结构化的计算机可以识别处理的信息,即对大数据进行科学的抽象,建立它的数学模型,用以描述和代替大数据,使计算机能够通过对这种模型的计算和操作来实现对大数据的识别和人工智能的应用。通常由于大数据是非结构化体系和非标准化的数据,要想从海量的数据中挖掘有用的信息,就必须首先将大数据转化为可处理的结构化形式。目前人们通常采用向量空间模型来描述大数据向量,但是如果直接用数据算法和数据统计方法得到的特征项来表示大数据向量中的各个维,那么这个向量的维度将是非常的巨大。这种未经处理的大数据矢量不仅给后续工作带来巨大的计算开销,使得整个信息处理过程的效率非常低下,而且会损害分类、聚类算法的精确性,从而使所得到的结果很难令人满意。因此,必须对大数据向量做进一步优化处理,在保证原大数据语义的基础上,找出对大数据特征类别最具代表性的大数据特征。为了解决这个问题,最有效的办法就是通过特征项选择来降低维度。

大数据特征项提取是一门交叉性学科,涉及数据挖掘、机器学习、模式识别、人工智能、统计学、计算机语言学、计算机网络技术、信息学等多个领域。大数据特征项提取就是从海量大数据中发现隐含知识和模式的一种方法和工具。它从数据挖掘发展而来,但与传统的数据挖掘又有许多不同。大数据挖掘的对象是海量、异构、分布的文档(Web);数据内容是人类所使用的自然语言,缺乏计算机可理解的语义。传统数据挖掘所处理的数据是结构化的,而智慧城市大数据(Web)大都是半结构或无结构的。所以,智慧城市大数据挖掘面临的首要问题是如何在计算机中合理地表示大数据,使之既要包含足够的信息以反映大数据的特征,又不至于过于复杂使机器学习算法无法处理。在浩如烟海的互联网络信息中,80%的信息是以大数据的形式存放的,基于 Web 的大数据挖掘是 Web 内容挖掘的一种重要形式。

目前有关大数据表示的研究主要集中于大数据表示模型的选择和特征项选择算法的选取上。用于表示大数据的基本单位通常称为大数据的特征值或特征项。特征项必须具备一定的特性:

① 特征项要能够确实标识大数据内容;
② 特征项具有将目标大数据与其他大数据相区分的能力;
③ 特征项的个数不能太多;
④ 特征项分离要比较容易实现。

5.8 智慧城市大数据卷积神经网络应用

卷积神经网络的基本结构是一个多层神经网络,每层由多个二维平面组成(其实是为了方便并行计算),而每个平面由多个独立的神经元组成。其工作原理是输入图像、文本或数据通过多层可训练的滤波器和可加偏置进行卷积,卷积后产生多个特征映射,然后对多个特征映射进行求和、加权值和加偏置,作为下一层的输入,依此类推,最终这些特征值被处理规则化,并通过输出得到一个被优化、降维和具有精准度的结果。简单地说,卷积神经网络就是自动化地删除不需要的数据,而保留最优价值和有用的知识数据。从卷积数据网络的工作原理,我们可以知道卷积神经网络运作的核心思想就是实现数据特征最大权值的提取和特征权值共享。关于数据特征权值共享,可以简单地理解为卷积层滤波器就像一个筛子,将满足数据激活值越大越符合条件的数据筛选出来。其具体做法就是先将一个巨大的、海量的、完整的大数据体系结构化,由元数据经逐级提取特征权值并降低数据涵盖的维度,而完成数据类、数据集、要素数据与目标数据的收敛。在大数据收敛的过程中可以通过卷积神经网络的多层卷积层(滤波器)和采样层进行采样与特征权值的提取,其中充分利用了权值共享、特征筛选提取,以及各种算法和规则的方法。

5.8.1 智慧城市大数据特征表示方法与算法模型

通常大数据特征表示方法有四种方式:
① 用映射或变换的方法把原始特征变换为较少的新特征;
② 从原始特征中挑选出一些最具代表性的特征;
③ 根据专家的知识挑选最有影响的特征;
④ 用数学的方法进行选取,找出最具分类信息的特征,这种方法是一种比精确的方法,人为因素的干扰较少,尤其适合大数据自动分类挖掘系统的应用。

随着网络知识组织、人工智能等学科的发展,大数据特征提取将向着数字化、智能化、语义化的方向深入发展,在社会知识管理方面发挥更大的作用。

大数据特征算法,主要是通过构造评估函数,对特征集合中的每个特征进行评估,并对每个特征打分,这样每个语义都获得一个评估值,又称为特征权值;然后将所有特征按权值大小排序，提取预定数目的最优特征作为提取结果的特征子项（集）。显然，对于大数据特征类型算法，决定大数据特征提取效果的主要因素是评估函数的质量。

大数据特征算法模型主要有以下类型：

1) 互信息（Mutual Information）

互信息衡量的是元数据和类别之间的统计独立关系。某个元数据和某个类别传统的互信息定义是：互信息是数据分析模型的常用方法，它度量两个数据对象之间的相互性。在过滤问题中可用于度量特征对于主题的区分度。互信息的定义与交叉熵近似。互信息本来是信息论中的一个概念，用于表示信息之间的关系，是两个随机变量统计相关性的测度，使用互信息理论进行特征抽取是基于如下假设：在某个特定类别出现频率高，但在其他类别出现频率比较低的特征值与该类的互信息量比较大。通常用互信息作为特征值和类别之间的测度，如果特征值属于该类的话，它们的互信息量最大。由于该方法不需要对特征值和类别之间关系的性质作任何假设，因此非常适合大数据分类的特征和类别的配准工作。

特征项和类别的互信息体现了特征项与类别的相关程度，是一种广泛用于建立数据关联统计模型的标准。互信息与期望交叉熵的不同在于没有考虑特征出现的频率，这样导致互信息评估函数不选择高频的有用特征值而有可能选择稀有数据作为大数据的最佳特征。因为对于每一主题来讲，某个特征的互信息量越大，说明它与该主题的共现概率越大，因此，以互信息作为提取特征值的评价时应选互信息量最大的若干个特征值。

互信息计算的时间复杂度类似于信息增益，互信息的平均值就是信息增益。互信息的不足之处在于得分非常受数据边缘概率的影响。实验数据显示，互信息分类效果最差，其次是数据出现的频率、CC 统计，CHI 统计分类效果最好。

对互信息而言，提高数据分类精度的方法有以下两种：

① 可以增加特征空间的维数，以提取足够多的特征信息，但这样会带来时间和空间上的额外开销。

② 根据互信息函数的定义，认为这些低频特征值携带着较为强烈的类别信息，从而对它们有不同程度的倚重。当数据训练库（集）没有达到一定规模的时候，特征空间中必然会存在大量的出现特征值频率很低（比如低于 3 次）的数值，较低的频率导致了它们必然只属于少数类别。但是从抽取出来的特征值观察发现，大多数为生僻值，很少一部分确实带有较强的类别信息，多数特征值携带少量的类别信息，甚至是噪音数值。

2) 交叉熵（Expected Cross Entropy）

交叉熵，也称 KL 距离。交叉熵反映了大数据类别的概率分布和在出现了某个特定数据集的条件下大数据类别的概率分布之间的距离。特征值的交叉熵越大，对大数据类别分布的影响也越大。熵的特征选择效果都要优于信息增益。

将交叉熵二次函数应用于互信息评估方法中，取代互信息中 Shannon 熵，就形成了基于二次熵的互信息评估函数。基于二次熵的互信息克服了互信息的随机性，是一个确定的量，因此可以作为信息的整体测度。另外它还比互信息最大化的计算复杂度要小，所以可以比较高效地用在基于分类的特征选取上。二次熵的概念是在广义信息论中提出的。

3) 信息增益方法（Information Gain）

信息增益方法是机器学习的常用方法，在过滤问题中用于度量已知一个特征是否出现于某主题相关大数据中，及对于该主题预测有多少信息。通过计算信息增益可以得到那些在正例样本中出现频率高而在反例样本中出现频率低的特征,以及那些在反例样本中出现频率高而在正例样本中出现频率低的特征。信息增益是一种基于熵的评估方法,涉及较多的数学理论和复杂的熵理论公式,定义为某特征项为整个分类所能提供的信息量,不考虑任何特征的熵与考虑该特征后的熵的差值。根据数据训练,计算出各个特征项的信息增益,删除信息增益很小的项,其余的按照信息增益从大到小排序。

信息增益是信息论中的一个重要概念,它表示了某一个特征项的存在与否对类别预测的影响,定义为考虑某一特征项在大数据中出现前后的信息熵之差。某个特征项的信息增益值越大,贡献越大,对分类也越重要。信息增益方法的不足之处在于它考虑了特征未发生的情况。特别是在类分布和特征值分布高度不平衡的情况下,绝大多数类都是负类,绝大多数特征都不出现。此时的函数值由不出现的特征决定,因此,信息增益的效果就会大大降低。信息增益表现出的分类性能偏低,因为信息增益考虑了大数据特征未发生的情况。虽然特征不出现的情况可能对大数据类别具有贡献,但这种贡献往往小于考虑这种情况时对特征值带来的干扰。

4) χ^2 统计量方法

χ^2 统计量用于度量特征 W 和主题类 C 之间的独立性。当特征 W 和主题类 C 之间完全独立的时候,χ^2 统计量为 0。χ^2 统计量和互信息的差别在于它是归一化的统计量,但是它对低频特征的区分效果也不好。χ^2 统计得分的计算有二次复杂度,类似于互信息和信息增益。χ^2 统计和互信息主要的不同在于 χ^2 是规格化评价,因而 χ^2 评估值对在同类中的值是可比的,但是 χ^2 统计对于低频特征值来说是不可靠的。

利用 χ^2 统计方法来进行特征抽取是基于如下假设:在指定类别大数据中出现频率高的特征值与在其他类别大数据中出现频率比较高的特征值,对判定特征是否属于该类别都是很有帮助的。采用 χ^2 估计特征选择算法的准确率在实验中最高,其分类效果受训练集影响较小,比较稳定。而且在对智慧城市政务、民生、治理、产业各类存在类别交叉现象的大数据进行分类时,采用 χ^2 估计的分类系统表现出了优于其他方法的分类性能。χ^2 估计的可靠性较好,便于对程序的控制,无须因数据训练集改变而人为调节特征阈值的大小。

5) 遗传算法(Genetic Algorithm, GA)

大数据实际上可以看作是由众多的特征值构成的多维空间,而特征向量的选择就是多维空间中的寻优过程,因此在大数据特征提取研究中可以使用高效寻优算法。遗传算法是一种通用型的优化搜索方法,它利用结构化的随机信息交换技术组合群体各个结构中最好的生存因素,复制出最佳代码串,并使之迭代地进化,最终获得满意的优化结果。在将大数据特征提取问题转化为大数据空间的寻优过程中,首先对 Web 大数据空间进行遗传编码,以大数据向量构成染色体,通过选择、交叉、变异等遗传操作,不断搜索问题域空间,使其不断得到进化,逐步得到 Web 大数据的最优特征向量。基于协同演化的遗传算法不是使用固定的环境来评价个体,而是使用其他的个体来评价特定个体。个体优劣的标准不是其生存环境以外的事物,而是由在同一生存竞争环境中的其他个体来决定。协同演化的思想非常适合处理同类大数据的特征提取问题。由于同一类别大数据相互之间存在一定相关性,因而各自所代表的那组个体在进化过程中存在着同类之间的相互评价和竞争。因此,每个大数据的特征向量,即该问题中的个体,在不断地进化过程中,不仅受到其母体(大数据)的评价和制约,而且还受到种族中其他同类个体的指导。所以,基于协同演化的遗传算法不仅能反映其母体的特征,还能反映其他同类大数据的共性,这样可以有效地解决同一主题众多大数据的集体特征向量的提取问题,获得反映整个大数据集合某些特征的最佳个体。

5.8.2　智慧城市大数据特征提取的主要方法

1) 数据分类分析法(Principal Component Analysis,PCA)

大数据特征项提取主要采用数据分类分析法。它不是通过特征选取的方式降维的,而是通过搜索最能代表原数据的正交向量,创立一个替换的、较小的变量集来组合属性的精华,原数据可以投影到这个较小的集合。PCA 由于其处理方式的不同又分为数据方法和矩阵方法。矩阵方法中,所有的数据通过计算方差—协方差结构在矩阵中表示出来,矩阵的实现目标是确定协方差矩阵的特征向量,它们和原始数据的主要成分相对应。在主成分方法中,由于矩阵方法的复杂度在 n 很大的情况下以二次方增长,因此人们又开发了主要使用 Hebbian 学习规则的 PCA 神经网络方法。"数据分类分析法"是特征选取常用的方法之一,它能够揭示更多关联变量主要方向的信息。但它的问题在于矩阵方法中使用奇异值分解对角化矩阵求解方差—协方差。

2) 模拟退火算法(Simulating Anneal,SA)

特征选取可以看成是一个组合优化问题,因而可以使用解决优化问题的方法来解决特征选取的问题。模拟退火算法就是其中一种方法。模拟退火算法是一个很好的解决优化问题的方法,将这个方法运用到特征选取中,理论上能够找到全局最优解;但对于初始温度的选取和邻域的选取要恰当,必须要找到一个比较折中的办法,综合考虑解的性能和算法的速度。

3) N-Gram 算法

它的基本思想是将大数据内容按字节流进行大小为 N 的滑动窗口操作,形成长度为 N 的字节片段序列。每个字节片段称为 Gram,对全部 Gram 的出现频度进行统计,并按照事先设定的阈值进行过滤,形成关键 Gram 列表,即为该大数据的特征向量空间,每一种 Gram 则为特征向量维度。由于 N-Gram 算法可以避免中文语义描述的障碍,所以在中文大数据处理中具有较高的实用性。中文大数据处理大多采用双字节进行分解,被称为 Bi-Gram。但是 Bi-Gram 切分方法在处理 20% 左右的中文表示数据标识时,往往产生语义和语序方面的偏差。而对于专业研究领域,多字词常常是大数据的核心特征,处理错误会导致较大的负面影响。基于 N-Gram 改进的大数据特征提取算法,在进行 Bi-Gram 切分时,不仅统计 Gram 的出现频度,而且还统计某个 Gram 与其前邻 Gram 的情况,并将其记录在 Gram 关联矩阵中。对于那些连续出现频率大于事先设定阈值的,就将其合并成为多字特征词。这样通过统计与合并双字特征词,自动产生多字特征词,可以较好地弥补 N-Gram 算法在处理多字词方面的缺陷。

4) 各种方法的综合评价

上述几种评价函数都是试图通过概率找出特征值和特征项与主题类之间的联系,信息增益的定义过于复杂,因此应用较多的是交叉嫡和互信息。其中互信息的效果要好于交叉嫡,这是因为互信息是对不同的主题类分别抽取特征值,而交叉嫡跟特征值在全部主题类内的分布有关,是对全部主题类来抽取特征值。这些方法在英文特征提取方面都有各自的优势,但用于中文大数据并没有很高的效率,主要有两个方面的原因:

① 特征提取的计算量太大,特征提取效率太低,而特征提取的效率直接影响到整个大

数据分类系统的效率。

② 经过特征提取后生成的特征向量维数太高,而且不能直接计算出特征向量中各个特征词的权重。

目前使用评估函数进行特征选取越来越普遍。特征选取算法通过构造一个评估函数的方法,选取预定数目的最佳特征作为特征子集的结果。在几种评估方法中,每一种方法都有一个选值标准,遵从这个标准,从大数据集的所有特征值中选取出有某个限定范围的特征项(在下文中指"数据集")。因为评估函数的构造不是特别复杂,适用范围又很广泛,所以越来越多的人喜欢使用构造评估函数来进行特征的选取。

这些评估函数在 Web 大数据挖掘中被广泛使用,特征选择精度普遍达到 70%~80%,但也存在各自缺点和不足。例如,"信息增益"考虑了特征未发生的情况,对判断大数据类别贡献不大,而且引入不必要的干扰,特别是在处理类分布和特征值分布高度不平衡的数据时选择精度下降。"交叉熵"与"信息增益"的唯一不同就是没有考虑特征未发生的情况,因此不论处理哪种数据集,它的特征选择精度都优于"信息增益"。与"期望交叉熵"相比,"互信息"没有考虑特征发生的频度,这是一个很大的缺点,造成"互信息"评估函数经常倾向于选择稀有特征值。"大数据权值"是一种构造比较新颖的评估函数,它衡量一般类的概率和给定特征类的条件概率之间的差别,这样在大数据处理中,就不需要计算 W 的所有可能值,而仅考虑 W 在大数据中出现的情况。"优势率"不像前面所述的其他评估函数将所有类同等对待,它只关心要素类、目标类特征值,所以特别适用于多层滤波器和二元分类器,可以尽可能多地识别正类,而不关心识别出负类。

从考虑大数据类间相关性的角度,可以把常用的评估函数分为两类,即类间不相关的和类间相关的。"特征频数"(DF)是典型的类间不相关评估函数,DF 的排序标准是依据特征值在特征项中出现数值的百分比,或称为特征覆盖率。这种类型的评估函数,为了提高区分度,要尽量寻找特征覆盖率较高的特征值,但又要避免选择在各类大数据中都多次出现的无意义干扰值,因此类间不相关评估函数对停用干扰数值表的要求很高。但是,很难建立适用于多个类的停用干扰数值表,停用干扰数值不能选择太多,也不能选择太少,否则都将会影响特征值的选择。同时,类间不相关评估函数还存在一个明显的缺点,就是对于特征值有交叉的类别或特征相近的类别,选择的特征值会出现很多相似或相同的数值条,造成在特定类别间的区分度下降。类间相关的评估函数,例如期望交叉熵、互信息、大数据权值等,综合考虑了特征在已定义的所有类别中的出现情况,可以通过调整特征值的权重,选择出区分度更好的特征,在一定程度上提高了相近类别的区分度。但是,该区分度的提高仅体现在已定义的类别间,而对于尚未定义的域外类别,类间相关评估函数的选择效果也不理想。因此,在评估函数选择问题上,提高对域外类别大数据的区分度是十分重要的研究课题(要根据行业经验)。传统的特征选择方法大多采用以上各评估函数进行特征权重的计算,由于这些评估函数是基于统计学,其中一个主要缺陷就是需要用一个很庞大的训练集才能获得几乎所有的对分类起关键作用的特征。这需要消耗大量的时间和空间资源,况且,构建这样一个庞大的数据训练集也是一项十分艰巨的工作。然而,在现实应用中,考虑到工作效率,不会也没有足够的资源去构建一个庞大的数据训练集,这样的结果就是:被选中的甚至是权重比较高的特征,可能对分类没有什么用处,反而会干涉正确的分类;而真正有用的特征却因为出现的频率低而获得较低的权重,甚至在降低特征空间维数的时候被删除掉。

基于评估函数的特征提取方法是建立在特征独立的假设基础上,但在实际中这个假设是很难成立的,因此需要考虑特征相关条件下的大数据特征提取方法。

5.8.3 卷积神经网络原理

1) 卷积神经网络原理

卷积神经网络与普通神经网络的区别在于,卷积神经网络包含了一个由卷积层和子采样层构成的特征抽取器。在卷积神经网络的卷积层中,一个神经元只与部分邻层神经元连接。在神经网络(CNN)的一个卷积层中,通常包含若干个特征平面(FeatureMap),每个特征平面由一些矩形排列的神经元组成,同一特征平面的神经元共享权值,这里共享的权值就是卷积核。卷积核一般以随机小数矩阵的形式初始化,在网络的训练过程中卷积核将学习得到合理的权值。共享权值(卷积核)带来的直接好处是减少网络各层之间的连接,同时又降低了过拟合的风险。子采样也叫作池化(pooling),通常有均值子采样(meanpooling)和最大值子采样(maxpooling)两种形式。子采样可以看作一种特殊的卷积过程。卷积和子采样大大简化了模型复杂度,减少了模型的参数。

2) 卷积神经网络结构

人工智能卷积神经网络由两部分组成,即:由滤波器构成的特征提取器和由神经网络构成的分类器。卷积神经网络结构如图 5-31 所示。

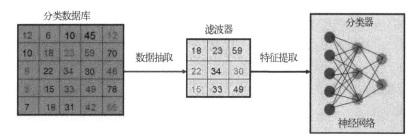

图 5-31 人工智能卷积神经网络结构图

人工智能卷积神经网络的一个非常重要的特点是采用多层特征提取器的结构。在实际应用中,往往使用多层卷积,然后再使用全连接层进行知识数据训练,如图 5-32 所示。多层卷积中,每一层卷积学习到的特征往往是局部的,层数越高,学到的特征就越全面、越精细、越准确。

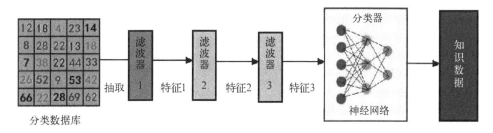

图 5-32 人工智能卷积神经网络多层结构图

其数学表达式为:$Y=f(x, \text{Qfilter Qclassifier})$,其中 Qfilter 的参数越多,也就使得特征值模式有着越强大的能力来描述数据训练。大数据特征值提取与图像处理相似,它不是简单地建立一个从原始数据到最终类别的映射,而是分层逐级的特征值提取。

5.8.4 智慧城市大数据卷积神经网络应用原理与架构

如图 5-33 所示,智慧城市大数据卷积神经网络应用是由三部分构成,即智慧城市大数据应用、可视化大数据卷积神经网络应用、决策及预测数据与信息可视化应用。

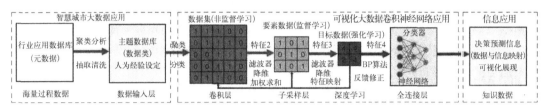

图 5-33 智慧城市大数据卷积神经网络应用原理图

1) 智慧城市信息系统与大数据结构化体系

智慧城市大数据人工智能的应用,是基于大数据的系统化、结构化、标准化,因此需要建立大数据的结构化体系。同时我们也了解数据是来源于信息系统的。原国信办副主任周宏仁教授就指出:"数据资源是发展数据产业的前提,数据资源是需要开发的,而开发的主要形式是构建不同功能、不同形态的信息系统。"本文中也特别强调了:"由于数据特别是大数据的存储和应用涉及面向联机业务处理和联机分析处理,因此数据模型的建立必须是面向信息系统的应用。"在国家《智慧城市顶层设计指南》中也要求"依据智慧城市数据共享交换现状和需求分析,结合业务架构,识别出业务流程所依赖的数据"(标准中所指的"业务架构",系指"信息系统架构",因为业务流程是通过信息流来描述的)。为此要建立大数据结构化体系,首先必须建立信息系统的结构化体系。在前一章节中反复说明了信息功能模块("对象")、信息系统("类")、信息平台、系统集成平台之间物理和逻辑的结构化关系。为此我们构建了智慧城市一级平台、二级平台、三级平台信息系统的结构化体系架构。

由于智慧城市的大数据来源于智慧城市分级分类的信息系统(平台),根据国家《智慧城市顶层设计指南》的要求,要结合业务架构(信息系统结构化体系)来构建智慧城市大数据的体系架构。为此我们构建了与智慧城市一级平台、二级平台、三级平台信息系统的结构化体系架构相结合的智慧城市大数据应用数据库、主题数据库、大数据库的结构化体系架构,如图 5-34、5-35 所示。

从智慧城市大数据卷积神经网络应用原理图中,可以了解智慧城市大数据应用的重点是将"过程元数据"("对象")和"业务数据类"("类")进行系统化、结构化和标准化。这部分任务可以采用专家的经验人为设定和传统联机业务处理与联机分析处理(ETL)相结合的方式,将智慧城市三级平台应用数据库中的"过程元数据"经数据抽取、数据清洗、数据封装,数据加载后的"业务数据类"存储于智慧城市行业二级平台主题数据库中。

根据智慧城市大数据的体系架构,采用分级分类的方法作为表示大数据的特征项。在智慧城市大数据分级分类系统中采用数据集、要素数据、目标数据为特征数据项。我们了解如果将智慧城市大数据中的各行业所有的元数据或元数据类都作为特征项,那么特征向量的维数将过于巨大,从而导致计算量太大,在这样的情况下,要完成智慧城市海量大数据的分类和挖掘分析几乎是不可能的。

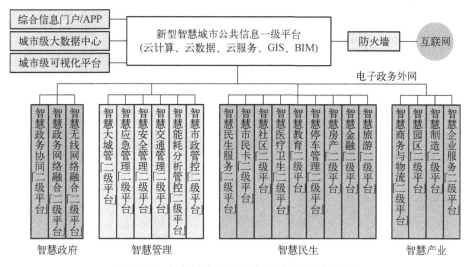

图 5-34 智慧城市信息系统(平台)结构化体系

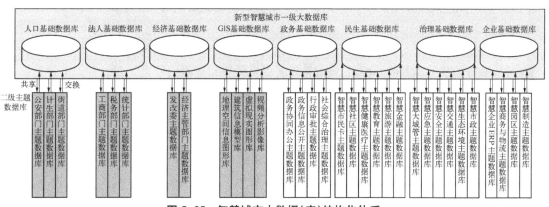

图 5-35 智慧城市大数据(库)结构化体系

2) 智慧城市大数据卷积神经网络特征提取步骤

智慧城市大数据特征数据抽取的主要功能是在不损伤大数据核心信息的情况下尽量减少要处理的数据量,以此来降低向量空间维数,从而简化计算,提高大数据处理的速度和效率,如图 5-36。大数据特征选择对大数据内容的过滤和分类、聚类处理、自动摘要以及用户所关注信息的模式发现、知识发现等有关方面的研究都有非常重要的影响。通常根据某个特征评估函数计算各个特征的评分值,然后按评分值对这些特征进行排序,选取若干个评分值最高的作为特征项,这就是特征提取(Feature Selection)。

3) 智慧城市可视化大数据应用

从智慧城市大数据卷积神经网络应用原理图(图 5-33)中,可以了解智慧城市可视化大数据应用的重点是由智慧城市各行业主题数据库中的"业务数据类"("类")或网络 Web 核心数据库中的"业务数据类"共享到"可视化集成平台"的可视化数据集库中。通过卷积神经网络卷积层、子采样层、全连接层等多层神经网络结构,逐级提取数据集、要素数据、目标数据的特征项和特征权值,并分别构建可视化数据集库、可视化要素数据库、可视化目标数据库。卷积神经网络大大降低了智慧城市大数据的维度和复杂性,从而大大提高大数据的质

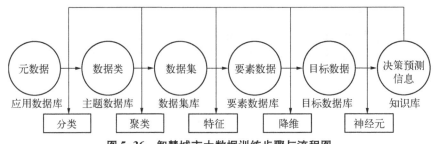

图 5-36 智慧城市大数据训练步骤与流程图

量和精准度。

4) 智慧城市大数据决策与预测信息化

从图 5-33 中,我们可以了解智慧城市决策与预测的信息化的重点是将通过卷积神经网络输出的"知识数据"转换成"决策与预测信息"。这部分的任务可以由"可视化集成平台"人工智能强化学习来完成。强化学习主要表现在信息层面上,是一种从数据状态映射到信息行为的学习过程。我们在"可视化集成平台"引入人工智能强化学习的功能,就是要解决好将通过卷积神经网络输出的知识数据映射到智慧城市管理者对于事物、事态、事件决策和预测的信息层面上。强化学习实质上就是一个连续决策的过程,在这个过程中处理的是状态(或称为"态势"),通过人工智能强化学习可以处理智慧城市中各类事物、事态、事件的连续的、复杂的、高维的状态和态势分析,为城市管理者提供决策和预测的依据。即通过人工智能强化学习,一个智能体(agent)应该知道在什么状态下采取什么行为和决策,是一个从环境状态到动作映射的学习。我们把这个映射称为智慧"策略"。

5) 智慧城市大数据可视化分析展现

智慧城市大数据可视化展现,就是将"可视化集成平台"通过卷积神经网络构建的数据集数据、要素数据以及目标数据,根据智慧城市行业管理(数据集数据)、决策指挥(要素数据)与趋势预测(目标数据)的需求,分别进行可视化的分析展现。智慧城市大数据可视化分析展现,可以通过智慧城市"运营管理中心"大屏幕、多屏操作座席、领导桌面,以及社会公共服务 APP 等方式来展示各个可视化应用的场景。

5.8.5 智慧城市大数据卷积神经网络深度学习方法

首先要了解人工智能(AI)和机器学习(ML)的基础知识,尤其是了解人工智能深度学习的原理及其是如何进行工作的。了解深度学习如何运作的第一步就是掌握重要术语之间的差异。

1) 人工智能与机器学习

人工智能是人类智能在计算机中的复制。当 AI 研究首次开始时,研究人员正试图复制人类智能以执行特定任务,比如下棋,介绍了计算机需要遵循的大量规则。计算机有一个特定的可能操作列表,其根据这些规则做出决策。机器学习是指机器使用大型数据集而不是硬编码规则进行学习的能力。ML 允许计算机自己学习,这种类型的学习利用了现代计算机的处理能力,可以轻松处理大型数据集。

2) 大数据卷积数据网络深度学习原理

深度学习实际上是一种机器学习方法,它允许在给定一组输入的情况下训练数据来预测输出。有监督和无监督学习都可以用来训练数据。我们可以通过预测"安全生产"可能出现事故的概率,来了解深度学习的工作原理。我们将使用有监督的学习方法对"安全生产"的"数据集"中的历史数据进行训练,在卷积神经网络第一层滤波器(特征提取器)输入与"安全生产"相关联的"数据集",如特大事故、重大事故、较大事故、一般事故、火灾事故、交通事故、生产事故、人为事故、危化品事故等。人工智能卷积神经网络的"大脑"内部的神经元(用圆圈表示,这些神经元是相互连接的)被分为三种不同类型的层:卷积层(输入层)、子采样层(中间层)、全连接层(输出层),如图 5-37 所示。

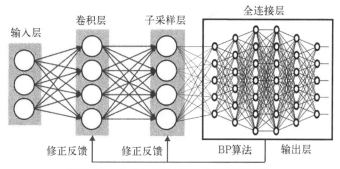

图 5-37　卷积神经网络深度学习原理图

智慧城市大数据卷积神经网络深度学习由两部分,即:由滤波器构成的特征提取器和由神经网络构成的分类器组成。

(1) 可视化大数据卷积层应用

可视化大数据卷积层应用是卷积神经网络的第一层的滤波器,对上一层智慧城市大数据行业管理主题数据库进行连接。通过聚类和分类算法将智慧城市大数据行业管理元数据类进行聚集,并进一步成为可视化大数据特征数据集。根据实际输入的各行业管理数据类的本质属性,找出符合分类要求和特征的数据类型,并组成同一类型的特征数据集。特征数据集存储于可视化大数据集库中。

(2) 可视化大数据子采样层应用

可视化大数据子采样层应用是卷积神经网络中间层的特征映射。在与上一层卷积层连接的基础上,通过对特征数据集权值应用优化决策算法。优化决策算法是在已知的约束条件下,寻找一组数据集的组合(在本文中称之为"要素数据")。使得数据集组合确定的要素函数达到最小,优化的约束的要素数据存储于卷积神经网络连接的要素数据库中。系统的工作状态以动态方程式描述,设置一组随机数据作为启示条件,当系统的状态趋于稳定时,动态方程式的解就作为输出,即优化结果。

优化决策算法可以完成各种逻辑运算,由于逻辑运算的"与""或""非""异或"运算是一个双输入的二维向量,单输出则为一维的分类标量。在卷积神经网络中的逻辑运算都是分类器。它们分别按照逻辑的要求把输入的矢量分为"与""或"两类,则相应的两类的输出分为+1 和-1。优化决策算法可以使得可视化大数据进一步降低维度,改善要素数据特征权值的精准性。要素数据存储于可视化大数据要素数据库中。

(3) 可视化大数据全连接层应用

可视化大数据全连接层应用是卷积神经网络的最后一层。在与上一层子采样层连接的基础上,卷积神经网络全连接层由多个神经元构成(分类器)。分类器构建深层神经网络

(DNN),模拟人类大脑的工作原理。DNN 由一个输入层、数个隐层,以及一个输出层构成。每层有若干个神经元节点,神经元节点之间的连接模拟人脑神经细胞之间的连接。分类器功能是通过 DNN 神经网络对多层特征数据进行深度学习,得到高准确率的可视化大数据目标数据。全连接层输出的目标数据存储于可视化大数据目标数据库。

可视化大数据全连接层应用采用 BP 算法。其中各卷积层的数据权值是不能直接获取的,所以需要利用输出层得到输出结果和期望输出的误差来间接调整各卷积层的数据权值。BP 算法的学习过程由信号的正向传播和误差的反向传播两个过程组成。在卷积神经网络各层滤波器输入数据权值决定反馈修正的初始权值,通过反馈修正逐级将各层滤波器收敛于平均权值,这一平均权值就是经滤波器计算后的输出特征值的结果。反馈修正一般不考虑输入与输出之间在时间上的滞后,而只是表达两者间的映射关系。

3) 大数据卷积数据网络深度学习方法

卷积神经网络深度学习方法首先在输入层接收输入数据,如以"安全生产"为例,在输入层有九个神经元,分别对应特大事故、重大事故、较大事故、一般事故、火灾事故、交通事故、生产事故、人为事故、危化品事故九个数据集。输入层将输入传递给第一个卷积层,在卷积层上进行基于"算法"的数学计算。创建神经网络的关键是决定卷积层和子采样层的数量,以及每层的神经元数量。深度学习中的"深层"是指具有多个卷积层和子采样层。输出层返回的输出数据在"安全生产"的例子中,输入了九个数据维度的数据集数据,经过多层神经网络计算,最后输出与预测事故可能发生相互关联的"要素数据"(预测结果),如图 5-38 所示。

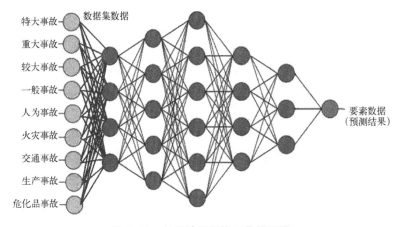

图 5-38 多层神经网络工作原理图

那么如何通过卷积神经网络来预测可能发生事故的概率呢?这就是深度学习的能力所在。图 5-39 所示为神经元工作原理,神经元之间的每个连接与数据权重相关联,这个权重决定了输入值的重要性。初始权重是随机设置的。在预测"安全生产"事故发生概率时,其中"重大事故""生产事故""人为事故""危化品事故"是较重要的事故因素之一(数据特征权值可以根据专家的经验人为确定)。因此"重大事故""生产事故""人为事故""危化品事故"的神经元连接将具有很大的特征值权重。

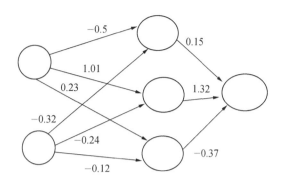

图 5-39　神经元工作原理图

4）卷积神经网络数据训练

每个神经元都有一个激活功能。没有数学推理和计算模型（算法），这些函数很难理解。简而言之，其目的之一是"标准化"神经元的输出。一旦输入数据集通过神经网络的所有层，它就会通过输出层返回输出数据。

卷积数据网络数据训练是人工智能深度学习中最重要的部分。数据训练需要一个大型数据集（由数据类产生），同时需要强大的计算能力。对于"安全生产"的例子，需要查找"安全生产"的历史积累数据。由于大量的特大事故、重大事故、较大事故、一般事故、火灾事故、交通事故、生产事故、人为事故等数据集的关联和特征值提取，我们可以建立一个非常大的数据集列表（或称之为"数据集库"）。为了训练数据，需要从数据集中提供输入，并将其输出与数据集的输出进行比较。由于初始的"安全生产"人工智能预测数据尚未经过训练，其产出将是错误的概率比较高。一旦完成整个"安全生产"各关联数据集的数据训练，我们就可以创建一个函数，通过卷积神经网络多层滤波器输出与实际输出的误差校正。此功能称为修正反馈函数。

理想情况下，修正反馈函数为零，那时卷积神经网络滤波器的输出与数据集输出相同。如何降低修正反馈函数的系数，即修改神经元之间的特征值权重，我们可以通过 BP 算法的误差反馈，即将输出数据样本通过卷积神经网络隐含层向输入层逐层反馈，并将误差分摊至各层的所有单元，从而获得各层单位的误差信号，此误差信号即可作为修正各单元数据特征权值的依据。通过不断反复的数据训练得到修正反馈函数，利用卷积神经网络自动完成有效降低输出的维度和提高数据集特征数据权重的精准度，是卷积神经网络深度学习最重要的能力。一旦训练了"安全生产"事故可能发生概率的"数据集"，就可以用它来预测"安全生产"未来可能发生事故的类型和危害程度的要素数据和信息，做好防范的各项准备措施。

5.8.6　智慧城市大数据卷积神经网络深度学习步骤

卷积神经网络是一个多层结构化的前馈神经网络，分为卷积层和抽样层和全连接层。智慧城市大数据也是一个结构化的体系，分为元数据、元数据类、数据集、要素数据和目标数据。根据卷积神经网络结构和智慧城市大数据体系结构，以及卷积神经网络深度学习的方法，我们将智慧城市大数据分析处理和卷积神经网络应用分为元数据阶段、元数据类阶段、数据集阶段、要素数据阶段与目标数据阶段，这五个阶段构成了智慧城市大数据卷积神经网络深度学习的结构化体系。

1) 元数据阶段

元数据是构成数据的基本元素,也被称为"对象"。我们通过前节已经了解到识别对象是大数据分析处理的关键性一步。对象是元数据在客观实体的一种抽象,对象的属性描述了元数据的具体特征,对象属性有名称和属性值(或称属性状态);通常元数据属性分为单值属性、排他属性和多值属性三种类型。元数据属性表示如变量类型一样,也可以表示为整型、实型、布尔型和枚举型。

元数据是由智慧城市各个行业在生活、生产、服务、管理与运行中产生的过程数据(对象)。根据智慧城市各行业元数据分类编码规范和要求,元数据描述了在生活、生产、服务、管理与运行过程中对其基本实体对象的属性、行为及操作的数据与信息单一封闭的个体。不同类型的业务过程数据资源可能有不同的元数据标准,一般包括完整描述一个具体对象所具有的属性、行为及操作数据项的抽象。

元数据的构成通常由规范的《元数据编码标准》规定。元数据编码通常包括元数据名称、代码、类型、属性值(特征)、语义和定义等。在建设行业级二级平台各业务系统和应用数据库时,根据《元数据编码标准》编制各业务系统《应用数据库元数据代码表》。

元数据阶段的任务包括收集元数据、解释元数据、识别分类元数据,提供基础元数据的质量,并将元数据对象进行标准化的"编码"。通常元数据阶段不需要人工智能卷积神经网络参与元数据的分析处理。

2) 元数据类阶段

数据类是一组具有公共属性的抽象对象的集合(组合)。数据类与元数据对象之间的关系通常分为关联、聚合、聚类、继承等四种类型。一般数据类表示是把现实世界中能够识别的对象进行分类表示。数据类描述包括数据类名称、数据类属性以及数据类操作三部分。元数据类描述了数据类的基本特征、行为描述类具有的功能;元数据对象是数据类的实例化,所有的操作都是针对对象进行的。

元数据类阶段将被创建为一个个对象组合的实例,每个数据类由两个部分组成,即属性和行为。属性通常是一些数据状态值,也就是说,数据类将数据封装隐藏在自己内部,访问这些数据属性必须通过数据类公开的方法、协议或者接口。数据封装决定了今后大数据人工智能卷积神经网络应用的基础,为卷积神经网络建立结构化的复用"数据类库"和复用"数据构件库"提供了便利。数据封装是数据类构成的基础。数据封装表达了一组元数据对象的映射关系。通常数据类封装采用以下方法:

① **数据类关联封装** 一个类包含一组关联对象的组合,或者借助另外一个类达到某个功能,元数据对象关联封装表达的是一种静态的结构。

② **数据类聚合封装** 这是将数据类与元数据对象的关系表示为一种表格式样的关联,表示一个数据类包含多个元数据对象,这种关系是一种整体与部分的关系。

③ **数据类聚类封装** 这是将数据类与元数据对象的关系表示为一种更强烈的聚类关系,聚类封装将物理或抽象元数据对象的集合分组为由数据类组成的多个元数据对象的分析过程,其目的是在相似的基础上收集元数据来进行分类。聚类也类似于分类,但与分类的目的不同,是针对数据的相似性和差异性将一组元数据对象分为几个类别。属于同一类别的元数据对象间的相似性很大,但不同类别之间元数据对象的相似性很小,跨数据类的数据关联性很低。聚类与分类的不同还在于,聚类所要求划分的类是未知的。

④ 数据类继承封装　数据类继承关系也是数据类封装中经常用到的类型,继承可以将一些数据属性抽象到父类中,有很多属性是差不多的,唯一不动的就是数据的行为,为了避免重复可以抽象同一个父类,分别表达数据类之间的继承关系。

数据类的构成是根据智慧城市行业数据分类编码规范和要求,根据政务、城管、应急、安全、交通、节能、设施、市民卡、民生、社区、卫生、教育、房产、金融、文体、旅游、建筑、住宅、商务、物流、企业等各行业生活、生产、服务、管理、运行的业务需求,组成各行业主题数据库的业务元数据类。元数据类关联、聚合、聚类各应用数据库中的元数据对象,即对具有共同特征的一组元数据对象进行分类、组合和封装。通过对各行业所属应用系统数据库元数据对象进行抽取、清理、关联、处理,组合和封装为本行业业务元数据类。各行业应用数据库中的元数据对象是构成智慧城市可视化数据集的基础数据模块(类)。元数据类分类编码通常包括:元数据类名称、代码、类型、语义和定义等。元数据类分类编码在建设行业级二级平台和主题数据库时,编制各行业级《主题数据库元数据类代码表》。

通常元数据类阶段的任务包括:对元数据对象进行抽取、清理、关联、处理,组合和封装,并将元数据对象进行标准化的"分类编码"封装,形成各行业业务数据类。元数据类阶段的数据类封装可以采用人为经验设定元数据对象封装的关联和聚合。通常不需要人工智能卷积神经网络参与元数据类的封装处理。但是对某些行业量大的元数据对象,可以采用如聚类算法进行元数据对象的封装处理。

3) 数据集阶段

数据集是一组对跨领域、跨行业、跨业务各行业主题数据库中的数据类进行聚类分析处理的操作。我们定义了数据集是由智慧城市八大基础数据库和各行业主题数据库中的业务元数据类构成(见 5.7.1 节关于智慧城市大数据体系结构化的描述)。数据集是通过人工智能卷积神经网络方式从智慧城市各领域、各行业、各业务元数据类中,提取相互关联和权值高的,并满足智慧城市综合治理和公共服务需要的数据集特征的数据类构成。数据集为智慧城市各行业管理者提供了跨行业平台的数据分析和业务支撑,同时也是制定行业规划和标准的重要依据。

智慧城市基础数据库和各行业主题数据库中的业务数据类具有海量的数量级,且同时各行业业务数据类是并没有经过统一标准标定的数据类。为了完成智慧城市大数据各行业数据集的聚类、分析、处理,我们采用卷积神经网络非监督学习的深度学习模式,来实现数据集的聚类和分析处理。非监督学习的特点就是可以对无标定的数据进行分类和聚类的学习与训练,使得得到的数据能够学习到数据本身的结构,从而得到比输入数据类更具有表示能力的综合数据类特征,称为"业务数据集"。

为了智慧城市业务数据集能够统一的进行数据类学习与训练,我们将数据集阶段的任务交由智慧城市可视化集成平台来完成。具体方法是在可视化集成平台中采用卷积神经网络应用,如图 5-40 所示,将卷积神经网络的第一层卷积层设置为业务数据集特征项提取层,应用非监督学习聚类算法,将无标定的数据类组合为拥有类似属性的业务数据集。为了区别于其他数据集分析处理的模式或方法,我们称之为"可视化数据集"。

聚类算法属于非监督学习的算法,其在没有训练样本学习的前提下,试图将大量数据组合为拥有类似属性的数据集,以在一些规模较大或难以理解的数据类上发现层次、关系或内在结构,并揭示有用的模式或让数据集更容易理解。如果直接去理解这些数据类所涉及跨

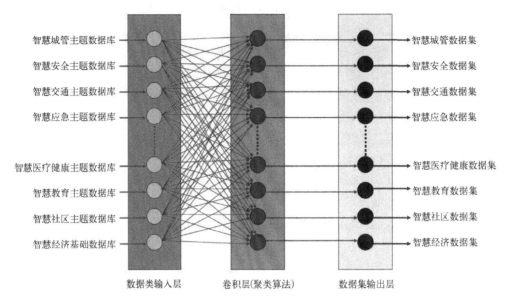

图 5-40 "可视化集成平台"卷积神经网络数据集阶段工作原理图

领域、跨行业、跨业务相互关联的意义是比较困难的。聚类算法的功能就是在同一数据集中的数据类之间具有较高相似度,而不同数据集中的数据类之间差别较大。总结聚类算法具有无标定数据类学习训练和对数据类的相似或非相似特征提取的两大特征,因此聚类算法非常适合完成智慧城市大数据可视化数据集阶段的任务。

4) 要素数据阶段

要素数据阶段是在"可视化数据集"的基础上进一步提取高一层次的"要素数据集"。要素数据集是一组对"可视化数据集"的集成和特征权值提取的过程。要素数据集是通过人工智能卷积神经网络方式从"可视化数据集"中,提取相互关联和权值高的,并满足智慧城市综合治理和公共服务应用决策的要素数据集特征的可视化数据集构成。要素数据为智慧城市管理者提供城市治理和公共服务中的事物、事情、事态的要素数据分析,也是制定其中相关决策预案的重要依据。

经过数据集阶段对可视化数据集进行了数据标定。为了完成智慧城市大数据要素数据集的特征权值的提取,采用卷积神经网络监督学习的深度学习模式,来实现要素数据集的量化分析和特征提取。监督学习的特点就是通过带标定的数据集进行训练。我们将要素数据集阶段的任务交由智慧城市可视化集成平台来完成。具体方法是在可视化集成平台中采用卷积神经网络应用,如图 5-41 所示,将卷积神经网络的第二层采样层设置为要素数据集特征项提取层,应用监督学习决策树算法进行学习和训练,从而得到比输入可视化数据集更全面、更准确的要素数据集的特征,称为"可视化要素数据集"。

决策树算法属于监督学习的算法,是一种逼近离散函数值的方法。它是一种典型的数据分类方法,首先对数据集进行处理,利用归纳算法生成可读的规则和决策树,然后使用决策对新数据集进行分析,其实就是通过一系列规则对数据集进行再分类的过程。决策树完成分类的直观体现都有一个根据样本特征判断的条件,这个条件叫做决策。对于每一个可视化数据集都看成是一个样本,每个样本可以人为设定两个特征权值。基于信息论的决策

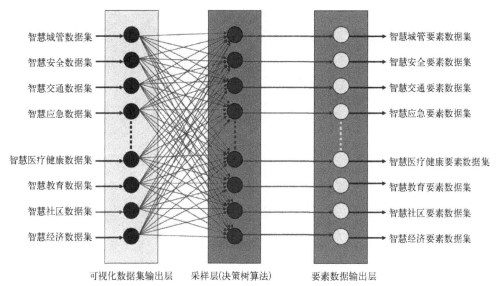

图 5-41 "可视化集成平台"卷积神经网络要素数据阶段工作原理图

树算法的原则,就是使得无序的数据集变得有序,如果在一个数据集中有 10 个特征,那么选取哪个特征作为划分的依据?这就必须采用逻辑量化的方法来判断。以"安全生产"中的"危化品事故"数据集分别是"人为事故"和"自然事故"特征为例,假设"安全生产"数据集中某一种危化品在某一个规定的时间经逻辑判断可能发生事故的概率大于 50% 时,就可以使用决策树算法确定这种危化品的特征权值为+1。我们构造出决策树,将所有的该危化品的数据样本输入到这棵决策树中,这个决策树先根据事故的位置、现状、历史数据、关联数据进行"与""或""非""异或"等逻辑运算,就可以完成数据集逻辑量化的直观体现。具体来说就是确定数据集中那个最大的特征权值,那么这个特征权值就会作为特征划分的依据。决策树算法使得在卷积神经网络采样层要素数据集特征提取的过程中,降低了可视化数据集的维度,同时提高了要素数据集的精准度。

5) 目标数据阶段

目标数据阶段是在"要素数据集"的基础上进一步提取高一层次的"目标数据集"。目标数据集是一组对"要素数据集"特征权值提取、反馈误差修正和知识数据转换为应用决策与预测信息的过程。目标数据集是通过人工智能卷积神经网络中"全连接层"采用强化学习算法对要素数据集进行连续的学习和训练,如图 5-42。目标数据为智慧城市高层管理者对城市重点目标运行状态和突发事件态势,提供目标数据分析和对未来变化趋势的预测信息;使得智慧城市管理者可以更加及时、精细化、科学化决策处理城市治理中发生的重大事件;以及为民众对公共服务需求的趋势提供科学的预测信息。

智慧城市大数据目标阶段主要需要完成三项任务,即目标数据集特征值提取,误差反馈修正,以及知识数据转换为应用决策和预测信息。因此在目标数据阶段会涉及多种算法。

(1) 优化决策算法

目标数据特征提取采用优化决策算法。优化决策算法是在已知的约束条件下,寻找一组数据集的组合(在本文中称之为"要素数据")。使得数据集组合确定的要素函数达到最小,优化的约束的要素数据存储于卷积神经网络连接的要素数据库中。系统的工作状态以

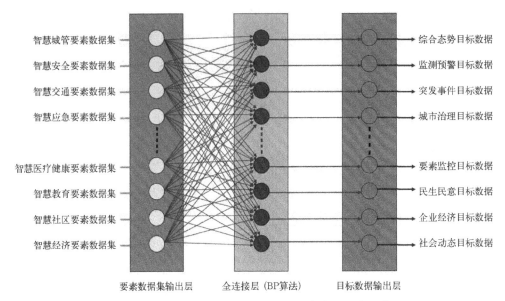

图 5-42 "可视化集成平台"卷积神经网络目标数据阶段工作原理图

动态方程式描述,设置一组随机数据作为启示条件,当系统的状态趋于稳定时,动态方程式的解就作为输出,即优化结果。优化决策算法可以完成各种逻辑运算,逻辑运算的"与""或""非""异或"运算是一个双输入的二维向量,单输出则为一维的分类标量。在卷积神经网络中的逻辑运算都是分类器,它们分别按照逻辑的要求把输入的矢量分为"与""或"两类,则相应的两类的输出分别为$+1$和-1。

(2) BP 算法

卷积神经网络全连接层采用 BP 算法。其中各卷积层的数据权值是需要通过数据训练和学习的,而这个数据权值不能直接获取,所以需要利用输出层得到输出结果和期望输出的误差来间接调整各卷积层的数据权值。BP 算法的学习过程由信号的正向传播和误差的反向传播两个过程组成。在卷积神经网络各层滤波器输入数据权值决定反馈修正的初始权值,通过反馈修正逐级将各层滤波器收敛于平均权值,这一平均权值就是经滤波器计算后的输出特征值的结果,从而使得全连接层的目标数据更加精准。

(3) 知识获取与表示算法

知识获取与表示算法应用在知识表现层。传统的知识获取与表示方法适合能够对明确定义的概念和模型进行描述的知识。但是在很多情况下,知识常常无法用明确概念和模型表达,甚至用于解决问题的信息是不完整的或不准确的。对于这类问题,可以采用非线性映射算法应用在卷积神经网络全连接层与知识表现层之间,主要作用是将最终的分类特征数据映射到知识应用的信息层面上。从理论上讲,非线性映射算法能够以任意精度逼近任意复杂的非线性函数。知识获取与表示算法能够在没有任何先验知识的情况下自动从输入的数据中提取分类特征数据,发现知识规律,并通过自组织、自学习过程构建知识系统,使其适用于表达所发现的知识。

6) 智慧城市大数据卷积神经网络软硬件配置

在可视化大数据神经网络应用的卷积层、采样层、全连接层各配置一台"机器深度学习一体机"。

（1）"机器深度学习一体机"预装软件配置要求

卷积层"机器深度学习一体机"预装"聚类和分类算法"软件；采样层预装"决策树算法"软件；全连接层预装"优化决策算法""BP算法"和"知识获取与表示算法"软件。

（2）"机器深度学习一体机"硬件配置要求

采用4U高性能计算节点，CPU选用英特E5-2600系列至强处理器。具有单机每秒16万亿次高精度计算的能力。预装CentOS操作系统，集成两套世界主流的Google/TensorFlow和伯克利大学Caffe人工智能深度学习工具软件。满足元数据集或图像集等数据训练和自学习的需要。提供智慧城市行业和业务可训练的基础数据集（来源于《新型智慧城市"三中心一平台"可视化集成平台》的可视化数据集、可视化要素数据集和可视化目标数据集）。采用"机器深度学习一体机"经济型或标准型规格的产品，搭建智慧城市卷积神经网络深度学习、数据训练和应用的环境。

5.8.7 智慧城市大数据人工智能应用案例介绍

我们在新加坡轨道交通事故预测评估中就采用了上述人工智能卷积神经网络应用模式。新加坡轨道交通人工智能的应用，改变了以往轨道交通以"事件模型"，即以"故障和问题为导向"的地铁运行安全与维护管理模式（非实时）；而采用地铁监控、运行、管理大数据，即以"数据为导向"，并结合深度学习和人工智能进行实时分析、评估和预测可能发生的轨道交通（地铁）车站安全与列车运行安全的实时状况，如图5-43所示。

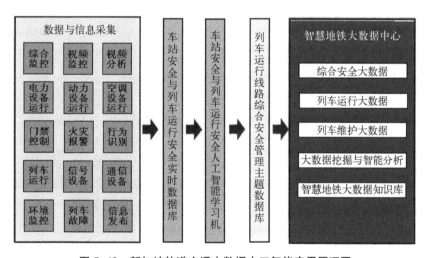

图5-43 新加坡轨道交通大数据人工智能应用原理图

智慧地铁运行安全与维护大数据，主要通过地铁各电子系统实时采集的监测、监控、监管的数据和信息，包括机电设备运行数据（电力及动力设备）、安全监控数据（视频监控、恐怖袭击、环境监控、行为识别、火灾报警等）、列车信号及运行状态数据（行驶中列车的各种运行参数和指标的动态检测数据，包括列车速度、加速时间、匀速度参数、用电量、列车制动性、轴温、轨道振动与变形等数据）等，建立相应的"数据集库"和"要素数据库"，通过人工智能卷积神经网络进行数据特征值提取和全数据链闭环修正反馈，提高对轨道交通事故的预测评估，有效降低事故发生率。

第6章 "城市智慧大脑"案例

6.1 新型智慧城市创新建设模式

传统智慧城市存在的先建信息孤岛再消除信息孤岛的建设方式,造成信息孤岛遍地、数据烟囱林立,建设周期长、建设成本高、系统集成和数据共享效果差,为此必须改变这种"少慢差费"重复建设的传统模式。按照中共中央、国务院《粤港澳大湾区发展规划纲要》中关于"推进新型智慧城市群试点示范,探索建立统一标准,开放数据端口,建设互通的公共应用平台,建设全面覆盖、泛在互联的智能感知网络以及智慧城市时空信息云平台、空间信息服务平台等信息基础设施"的要求,提出以下新型智慧城市可持续发展"多快好省"创新建设新模式的建议。

6.1.1 建设新型智慧城市一体化信息基础设施

新型智慧城市一体化信息基础设施建设,应遵循中央网信办关于新型智慧城市建设六大核心要素,通过"天地一张栅格网"构成一个"虚拟化的复杂巨系统",实现网络资源、计算资源、存储资源、数据资源、信息资源、平台资源、软件资源、知识资源、专家资源等的全面共享。新型智慧城市一体化信息基础设施是网络融合、信息互联、数据共享、业务协同,实现系统集成的基础设施的应用创新。

新型智慧城市一体化信息基础设施构建基于一张栅格网的"网络融合与安全中心"、一个数据体系的"大数据资源中心"、一个管理与运行的"运营管理中心"、一个通用功能的"信息共享一级平台"(简称"三中心一平台"),创新地将网络中心、数据中心、管理与运行中心和公共信息一级平台集成为一体,通过互联网与专网的融合构成一个新型智慧城市"虚拟化的超级复杂巨系统"(或称"城市智慧大脑"),实现网络资源、计算资源、存储资源、数据资源、信息资源、平台资源、软件资源、知识资源、专家资源等的全面共享,如图6-1所示。新型智慧城市一体化信息基础设施("三中心一平台")具有以下功能:

1) 网络融合与安全中心

"网络融合与安全中心"实现电子政务外网、公共互联网(包括电信、移动、联通等运营商网络)、城市无线网、城市物联网(包括公安视频专网)之间的网络互联和传输信息及数据的互通,以及网络与信息的安全保障,构建"天地一张栅格网"。有效避免各大网络运营商独立建设各自的网络中心(机房),造成各个网络运营商之间无法通过网络中心实现互联和统一的安全管理。

第6章 "城市智慧大脑"案例

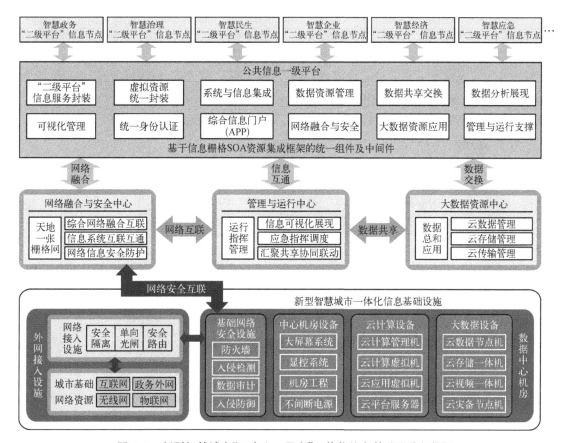

图 6-1 新型智慧城市"三中心一平台"一体化信息基础设施架构图

2) 大数据资源中心

"大数据资源中心"建设以形成新型智慧城市大数据的"总和"为核心要素,将分散的、重复的、难以访问的操作数据转换成集中统一的、有价值的知识数据。"大数据资源中心"为不同来源的数据提供了一致的数据视图,将不同介质、不同组织方式的数据集成转换成为一个一致的分析型数据环境。"大数据资源中心"是数据采集、存储、应用的一种组织形式,可分为四个级别:历史数据级(过程数据)、当前基本数据级(主题数据)、轻度综合级和高度综合级(大数据和知识数据),将各个级别数据库中获取的原始、过程、主题数据经过加工,即清理、抽取、归纳、关联、挖掘、分析成为知识级大数据。"大数据资源中心"是一种数据管理技术,智慧城市大数据涵盖政府管理、行政管理、民生服务、经济企业的各领域、各行业、各业务的数据集合,涉及城市常态和非常态(应急)下运行的基本数据,为"智慧城市管理与运行中心"提供信息与数据的展现、查询、调用与应用,为智慧城市各级行政主管部门领导在制定战略决策,编制行政文件和行业计划,进行资源分配等工作时提供信息与数据支撑。

3) 运营管理中心

建立一个高效的管理、指挥和运行中心,更好地对城市的市政设施、公共安全、生态环境、宏观经济、民生民意等状况有效掌握和管理,构建新型智慧城市统一的管理、指挥和运行中心,实现城市资源的汇聚共享和跨部门的协调联动,为城市高效精准管理和安全可靠运行提供支撑。通过可视化技术实现对智慧城市网络、数据、信息的集成与应用的展现、监控、管理、运营与服务的功能。通过"运营管理中心"可视化集成云平台集成已建、在建和未建的智慧城市行业业务信息系统,通过大屏幕实现智慧城市管理与运行统一的指挥和调度,展现智慧城市常态及非常态下管理与运行信息、基础设施运行监控信息、城市运行态势分析、大数据分析、公共服务APP,以及城市监测数据、社会民生数据、重要资源监测数据、社会经济动态数据、突发公共事件、城市监控、重点项目管理、电子政务、公共服务等内容。

4) 信息共享一级平台

建设"信息共享一级平台",以新型智慧城市各类信息资源的调度管理和服务化封装,支撑智慧城市管理与公共服务的智能化功能为核心要素。应用"智慧城市信息栅格技术",构建新型智慧城市一体化信息共享平台。实现智慧城市涉及政府政务信息、城市管理信息、社会民生信息、企业经济信息各行业级平台、业务级三级平台和应用系统之间建立信息互联互通、数据共享交换、业务功能协同。为了消除"信息孤岛"和打通"信息壁垒",在智慧城市范围内分别建立城市级、行业级、业务级三级平台的结构体系,实现城市级的网络互联、信息互通、数据共享、业务协同。智慧城市大数据结构体系分别由城市级大数据库、行业级主题数据库、业务级应用数据库三级数据库架构体系构成,实现过程数据、经验数据与知识数据的共享与交换。

6.1.2 集成已建业务信息系统

通过新型智慧城市"三中心一平台"一体化信息基础设施的建设,可以实现已建业务系统的集成。根据我们参与智慧城市建设的经验,通常市县一级都已建有政务服务(一站式服务)、数字城管、公共安全、交通管理、雪亮工程、社区服务等业务应用系统,通过"运营管理中心"可视化集成云平台可以实现上述已建系统的集成管理和综合业务应用。该智慧城市建设模式的特点是建设周期短、见效快、投资少。该模式已应用于内蒙古数字东胜、郑州智慧郑东新区、郑州中牟县等。

6.1.3 进行大数据开发应用

在智慧城市已建系统集成的基础上,通过"大数据资源中心"和"可视化集成云平台"可以实现对已建业务信息系统的信息采集和数据的共享交换。该大数据开发应用模式,同样可以实现大数据应用见效快、应用效果好、投资少,增强对智慧城市大数据管理与应用的信心。

通过"三中心一平台"一体化信息基础设施建设,可以有效解决已建系统、在建系统和未建系统的应用系统集成和大数据共享交换。该"三中心一平台"可扩展、可迭代、可持续、可避免重复投资、可支撑新型智慧城市可持续的建设和发展。

6.1.4 创新"三租云服务"模式

我国新型智慧城市建设从20世纪初经历了数字城市和智慧城市的发展阶段,近20年来始终无法避免"信息孤岛"和重复建设的弊端。数字城市和智慧城市建设中,其传统的建设模式也是造成智慧城市"信息孤岛"和重复建设的重要原因。目前智慧城市建设往往是先建各个独立孤岛式的业务系统(平台),再进行系统集成、数据共享交换、系统统一搬迁。由于各个厂家开发的业务系统在结构、技术、方法、数据分类编码等方面的不统一、不一致,加之没有统一的标准可依,必然导致事后再打通信息壁垒和避免重复建设的难上加难,甚至成了不可能完成的任务。根据我们建设新型智慧城市的经验,就是首先建"三中心一平台"信息基础设施,再将各个已建、在建、未建的业务系统(平台)统一部署和综合集成在"三中心一平台"上。"三中心一平台"实质上完成了统一系统集成标准化的工作。

基于"三中心一平台",以"共享经济服务云平台"的方式为新型智慧城市提供大数据存储共享租用服务、行业级平台共享租用服务、大数据开发和人工智能应用共享租用服务,简称"三租云服务"。"三租云服务"的以租代买(政府租用3～5年,期满后,所租用行业级平台归政府所有)、以租代服务,成为新型智慧城市一种共享经济服务的创新建设模式,该创新建设模式具有以下优势:

(1) 大大节省智慧城市建设成本

由于基于"三中心一平台""云服务"的共享方式,各个城市只需要建设本地化的智慧城市"运营管理中心",而网络融合与安全中心、大数据资源中心及各行业级平台均可以采用"共享租用服务"或被称为"购买服务"的方式。该智慧城市创新优化建设模式可以节省70%的建设费用。

(2) 大大缩短智慧城市建设周期

传统智慧城市建设是一期一期地建设行业级平台,再进行系统集成和数据共享交换,通常最快见到成效也需要3～5年。而采用"云服务"共享和"三租云服务"的模式,只需建设本地化的智慧城市"运营管理中心",而无须建设网络融合与安全中心、大数据资源中心及各行业级平台,因此在1年内就可以见到智慧城市建设的实效。

(3) 实现智慧城市系统集成和大数据开发与人工智能应用

由于基于"三中心一平台"采用"云服务"的共享方式,智慧城市各行业级平台采用统一部署和系统集成,已经实现了网络融合、信息交互、数据共享与业务协同。在智慧城市各行业级平台的系统集成基础上,通过智慧城市大数据的采集、清洗、挖掘与开发,进一步应用人工智能深度学习与神经网络为社会和城市综合治理提供精细化的知识数据和准确的决策与预测信息。

(4) 促进智慧城市、大数据、人工智能深度融合应用

智慧城市、大数据、人工智能"三位一体",可促进三者在社会治理、民生保障、政务服务与企业经济等领域的深度融合应用。"三中心一平台"的"云服务"共享机制的核心,就是将智慧城市、大数据、人工智能等物理的、逻辑的、虚拟的资源整合在一个大平台、大数据、大网络、大系统的软硬件应用环境中。智慧城市既是产生海量数据的源泉,又是大数据和人工智能应用的实际场景。"三中心一平台"将有力支撑智慧城市、大数据、人工智能在各个领域的深度融合应用。

(5) 为企业提供"共享经济"云服务

由于基于"三中心一平台"采用"三租云服务"的共享方式,可以为智慧城市各行各业企业提供"共享经济"云服务。包括各类企业"ERP云平台"共享服务、智慧园区"综合管理云平台"共享服务、物流企业"智慧物流云平台"共享服务、商贸服务企业"智慧商务云平台"共享服务、旅游企业"智慧旅游云平台"共享服务、制造业企业"智能制造云平台"共享服务、化工企业"智慧环保云平台"共享服务、金融企业"智慧金融云平台"共享服务、学校教育单位

"智慧教育云平台"共享服务、健康养老服务企业"智慧健康养老云平台"共享服务等等。为企业提供共享经济"三租云服务"是实现社会资源合理配置,落实国家关于社会公共服务与共享经济的创新应用模式。

(6) 实现本地化智慧城市运营管理

通过本地化智慧城市"运营管理中心"可视化集成云平台,采用线上"云服务",线下"三租云服务"的"虚拟机"＋Web服务器＋镜像服务器(B/S+C/S)的方法,可以根据本地智慧城市对"租用服务"的各行业级平台的功能、运行、操控、设置、修改、管理等的需求,通过可视化集成云平台"四界面"的数据、信息、页面、服务等系统化、结构化、标准化的应用封装和跨平台及跨业务的调用,更好地实现智慧城市的综合态势、应急管理、公共安全、公共交通、市政设施、生态环境、宏观经济、民生民意等状况的有效掌握和管理,实现城市资源的汇聚共享和跨部门的协调联动。根据本地智慧城市的业务协同和事件决策的需求,展现所需的可视化应用场景,为智慧城市高效精准管理和安全可靠运行提供支撑。

6.2 新型智慧城市云平台规划设计

6.2.1 新型智慧城市云平台总体架构

新型智慧城市云平台采用面向资源管理的技术(SOA)和云计算 IaaS、PaaS、SaaS 3S 服务的架构,使用广泛接受的标准和松耦合设计模式。新型智慧城市云平台基于 SOA 的技术和"信息栅格"架构,采用云计算、大数据、互联网、物联网、边缘计算、人工智能技术集成应用。整合来自智慧城市各行业级平台的信息资源,并对将来与新建第三方系统平台、应用和信息资源进行系统集成提供手段,构建易于扩展和可伸缩的弹性系统。

新型智慧城市云平台由资源层、接入层、管理层、应用层构成。

① 资源层　基于网络融合与安全中心、大数据资源中心、指挥控制中心,以及云计算、边缘计算、互联网＋物联网"三中心一平台"信息基础设施,通过新型智慧城市云平台与各业务应用系统间的网络融合、系统集成、数据共享、业务协同,实现新型智慧城市云平台与各二级平台及业务应用系统信息互联互通与数据共享交换。采用大数据技术应用,新型智慧城市云平台资源层包括基础数据库、主题服务数据库、应用数据库等,构成新型智慧城市数据集库、新型智慧城市要素数据库与新型智慧城市目标数据库。

② 接入层　由基于云计算 IaaS、PaaS、SaaS 3S 服务的数据、信息、页面、服务封装的中间件组件、基础共享组件、业务组件组成。

③ 管理层　为新型智慧城市云平台提供业务支撑管理,主要由两个层次构成,包括新型智慧城市云平台、新型智慧城市云平台业务级二级平台及业务支撑系统。

④ 应用层　提供新型智慧城市云平台与桌面系统和门户(APP),提供新型智慧城市云平台综合信息的浏览、查询和信息交互的入口、浏览及展示。

6.2.2 新型智慧城市云平台总体技术路线

智慧城市云平台总体技术路线,基于智慧城市总体框架(见图 2-1),表述了知识与建设体系、标准体系、平台与数据结构、信息平台、数据库、应用系统的组成,以及各组成软硬件部分之间的物理与逻辑关系。云平台总体技术路线对智慧城市顶层规划具有指导性、规范性、统一性及约束性的作用。

智慧城市云平台总体技术路线的理念、思路与策略,以"信息栅格"技术为支撑,以智慧城市网络融合与安全中心、大数据中心、运营管理中心和一、二级平台("三中心一平台")信息基础设施为总体框架,以智慧城市现代化科学的综合管理和便捷与有效的民生服务为目标,大力促进政府信息化、城市信息化、社会信息化、企业信息化,建立起智慧城市基础数据管理与存储中心和各级信息平台及各级数据库的智慧城市顶层规划模式。结合智慧城市规划、交通、道路、地下管网、环境、绿化、经济、人口、街道、社区、企业、金融、旅游、商业等各种数据形成一体化统一的云计算与云数据中心,建设智慧城市级的信息互联互通和数据共享交换的超级信息化系统,建立起智慧城市综合社会治理和公共服务要素的城市级一级平台、二级平台专项工程和应用级三级平台及应用系统,如智慧政务、智慧大城管、智慧社区、智慧应急、智慧民生、智慧产业等。新型智慧城市云平台总体技术架构如图 6-2 所示。

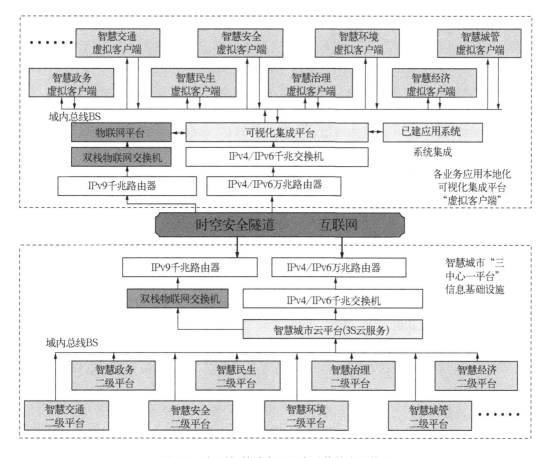

图 6-2 新型智慧城市云平台总体技术架构图

智慧城市云平台总体技术路线基于 SOA 的资源集成架构融于智慧城市框架体系结构之中。智慧城市框架体系结构应满足分级分类,即多平台、多数据库和多重应用的开发的复杂巨系统规划的要求。特别体现智慧城市整个框架体系结构规划中的网络互联、信息互通、数据共享、业务协同,遵循"信息栅格"统一规划、统一标准、统一开发、统一部署、统一应用的原则,将消除"信息孤岛"、打通信息壁垒和避免重复建设作为智慧城市项目实施的根本要求。

新型智慧城市云平台总体技术路线,采用分层的结构模式,从新型智慧城市云平台整体的智慧政务、智慧民生、智慧治理、智慧经济、智慧网络安全五大领域的需求出发来确定的。服务信息平台采用面向对象、面向服务、面向应用的系统架构的规划与设计。

1) 新型智慧城市云平台统一总体技术路线

① 统一"信息栅格"SOA 资源集成架构和云平台总体技术结构易于扩展和部署。

② 统一数据、信息、页面、服务封装,实现跨平台、跨系统、跨业务的系统集成。

③ 统一可视化数据、信息、页面、服务的调用、交换、管理、共享、分析、展现。

④ 统一新型智慧城市云平台、身份认证、服务 APP、应用门户。

⑤ 统一新型智慧城市云平台的数据、信息、处置、预案、指挥、调度、救援等的业务应用。

⑥ 统一采用系统化、结构化、标准化、平台化、组件化的技术应用。

2. 新型智慧城市云平台统一技术路线的特点

① 为了实现新型智慧城市云平台大数据整合,消除"信息孤岛",避免重复建设,在新型智慧城市云平台上,分别建立城市级平台、业务级平台和应用级系统,实现新型智慧城市云平台业务平台及应用系统的网络融合、信息互联、数据共享与业务协同。

② 新型智慧城市云平台总体结构由城市级平台、业务级平台及应用级系统构成。城市级及业务级平台均采用共性的技术路线,可有效消除"信息孤岛"和避免重复建设。

③ 新型智慧城市云平台基本设置应包括门户网站、数据库系统、网络中心、基础网络、服务器组、应用软件、网络安全、系统与数据通信协议接口等。

④ 新型智慧城市云平台 Web 技术架构采用开放的 TCP/IP 网络通信协议,标准规范的信息与数据的接口和通信协议,实现各级平台与第三方三级应用系统间的互联互通和数据共享交换,以及基于云计算的浏览器/服务器(B/S)和边缘计算客户机/服务器(C/S)相结合的计算机系统结构模式。

⑤ 用户通过统一的浏览器方式访问新型智慧城市云平台各级信息平台,实现对新型智慧城市云平台级及业务级平台的信息、图片、视音频进行显示、操作、查询、下载与打印。

⑥ 新型智慧城市云平台二级平台功能,实现对业务级平台信息及数据的汇集、存储、交互、优化、发布、浏览、显示、操作、查询、下载、打印等功能,重点实现基础设施监控与管理、综合管网监控与管理,以及社区社会民生综合服务等。新型智慧城市云平台级平台实现新型智慧城市云平台综合管理和公共服务等应用系统间的信息互联互通、数据共享交换、服务应用功能的协同与技术支撑。

⑦ 新型智慧城市云平台大数据库系统由城市级大数据库、业务级主题数据库和应用级数据库构成。采用云存储方式,实现各级数据库系统之间的数据交换、数据共享、数据业务支撑、数据分析与展现、统一身份认证等。各业务级主题数据库在物理上相互独立,在逻辑上则形成一体化的共享大数据库系统。

6.2.3 新型智慧城市云平台业务支撑系统

新型智慧城市云平台是城市级平台与各业务级平台及应用系统与信息集成的统一平

台,是新型智慧城市云平台统一信息平台的核心信息枢纽。城市级云平台位于整个新型智慧城市云平台统一平台信息化应用的最顶层,各个业务级平台与城市级云平台相连接形成一个星型结构的分布式系统体系,各业务应用系统与业务级二级平台相连接,从而形成一个以城市级平台为核心的"雪花"型结构。城市级云平台作为新型智慧城市统一信息与数据的城市中心节点,承担业务级二级平台及应用系统节点的系统集成、数据交换、数据共享、数据支撑、数据分析与展现、身份统一认证、可视化管理等重要功能。

新型智慧城市云平台由以下业务支撑系统组成:

1) 综合与信息集成系统

新型智慧城市云平台综合信息集成门户网站定位为新型智慧城市云平台级 APP。其功能是将城市级平台和各业务级平台相关的应用系统的管理和服务信息,通过系统与信息集成和 Web 页面的方式链接到"门户网站"上来。网络注册用户(实名制)可以通过网络浏览器方式,对整个新型智慧城市云平台管理与综合服务信息进行浏览、可视化展现、查询与下载。城市级平台综合信息门户网站全面提供新型智慧城市云平台管理与服务的人机交互界面。

2) 数据资源管理系统

新型智慧城市云平台数据资源管理系统实现信息资源规划相关标准的管理、元数据管理、数据交换管理等功能,是实现新型智慧城市云平台数据共享的前提和保证。数据资源管理系统是对信息资源规划提供辅助作用,并方便普通用户使用规划成果、维护规划的成果、数据的工具平台。提供用户直接浏览和查询的界面,并将该成果进一步规范化管理,将数据元目录、信息编码分类、信息交换标准等进一步落实,以指导支持一级平台的大数据建设,以及新型智慧城市云平台管理与民生服务三级平台的建设。

新型智慧城市云平台级平台数据资源管理系统实现以下功能:

① 元数据管理功能;
② 编码管理功能;
③ 数据交换管理功能。

3) 数据共享交换系统

数据共享交换系统实现和保障新型智慧城市云平台共享数据库之间,以及城市级平台与业务级平台之间数据交换与共享的功能,能够在其应用系统之间实现数据共享和交换。数据交换与业务级平台利用面向服务的要求进行构建,以 WS 和 XML 为信息交换语言,基于统一的信息交换接口标准和数据交换协议进行数据封装、信息封装、页面封装与服务封装,利用消息传递机制实现信息的沟通,实现基础数据、业务数据的数据交换以及控制指令的传递,从而实现新型智慧城市云平台与各业务级平台及应用系统的数据、信息、页面与服务的集成。

4) 数据分析与展现系统

新型智慧城市云平台的数据加工存储分析系统,主要由数据仓库(DW)和数据清洗转换装载(ETL)以及前端展现部分组成。通过 ODS 库(主题数据库),将新型智慧城市云平台涉及已建、在建和未建的各个应用系统中的数据、信息、页面与服务,按照要求集中抽取到业务级主题数据库中;然后再进一步挖掘到新型智慧城市云平台大数据库系统中,为数据挖掘、数据分析、决策支持等高质量的数据来源,为新型智慧城市云平台"管理桌面"和各级业务领导及部门提供可视化信息展现,为领导管理决策提供支撑和服务。数据加工存储分析功能主要是对从数据源采集的数据进行清洗、整理、加载和存储,构建新型智慧城市各业务级主题数据库,针对不同的分析主题进行分析应用的系统,以辅助新型智慧城市云平台管理决策。数据加工管理过程包含 ETCL,即数据抽取(Extract)、转换(Transform)、清洗(Clear)和加载(Load),是大数据库系统在数据集成实现过程中,将数据由应用数据库到主题数据库系统,再向城市级平台的 ODS 加载的主要过程;是新型智慧城市云平台建设大数据库知识数据过程中,数据整合、挖掘、分析的核心技术与主要手段。

5) 统一身份认证系统

新型智慧城市云平台统一身份认证系统,采用数字身份认证方式,符合国际 PKI 标准的网上身份认证系统规范要求。

数字证书相当于网上的身份证,它以数字签名的方式通过第三方权威认证有效地进行网上身份认证,帮助各个实体识别对方身份和表明自身的身份,具有真实性和防抵赖功能。

6) 可视化管理系统

新型智慧城市云平台可视化应用,包括地理空间信息 3D 图形(GIS)、建筑信息模型 3D 图形(BIM)、虚拟现实(VR),以及视频分析(VA)的可视化技术应用集成。各业务级平台及应用系统的数据和信息,通过可视化集成展现,形成数据和信息可视化的集成、共享与展现的场景综合应用。

7) 共享大数据库系统

新型智慧城市云平台共享大数据库系统,分别由城市级大数据库、业务级主题数据库、应用级数据库构成,具有大数据管理的环境和能力。采用城市级、业务级、应用级多级数据云存储结构,数据存储采用集中数据存储和网络化分布式数据存储相结合的云存储模式。新型智慧城市云平台共享大数据库采用集中云数据存储的方式,业务级和应用级数据存储数据库可采用网络化分布式数据云存储方式。各级数据存储数据库具有数据存储、管理、优化、复制、防灾备份、安全、传输等功能。云存储数据库采用了海量数据存储与压缩技术、数据仓库技术、网络化分布式数据云存储技术、数据融合与集成技术、数据与信息可视化技术、多对一的远程复制技术、数据加密和安全传输技术、数据挖掘与分析技术、数据共享交换技术与元数据管理技术。新型智慧城市云平台监控与管理数据存储,采用分布与集中的云数据管理和云数据防灾备份。各级数据存储系统在物理上相互独立、互不干扰,逻辑上形成一体化的共享数据云存储仓库。

6.2.4 新型智慧城市云平台资源层

新型智慧城市云平台总体架构能够支持新型智慧城市系统集成中任何数据及信息资源,为其提供一个有效的管理和发现机制。新型智慧城市云平台资源层从整体上可以分为以下三类:

1) 数据资源

信息化处理平台的基础,其中数据主要是静态数据,包括地图数据、历史数据、实时数据、辅助决策数据等。各种数据的存储方式各不相同,有的数据存储于数据库之中,有的数据以文件目录进行组织。数据库可能包括 mySQL、Postgresql、Oracle 等;文件系统可能有

Fat32、NTTS、EXT2 和 EXT3 等。

2) 信息设备资源

提供基本的动态信息,与数据资源相比,其功能主要是提供动态的实时信息。其集成的信息设备可能是雷达设备、卫星设备和频谱监测设备。这些设备自身有其控制和管理模块,接入一体化信息平台后能够以一种标准的格式提供数据流服务。

3) 信息处理资源

实际上是对上述数据资源和信息设备资源产生的数据进行分析和处理。其从本质上来说是数据密集型计算,这些资源能够提供接口调用数据的分析和处理的能力。

新型智慧城市云平台架构融入到新型智慧城市总体技术框架中。新型智慧城市资源层由网络层、设施层与数据资源层构成。网络层实现互联网、政务外网、视频专网、物联网与无线网的互联。设施层实现信息与数据的互联、汇集、分类、清洗与抽取。数据资源层包括多级分时数据、实时数据、多媒体数据,涵盖政府管理、行政管理、民生服务、经济企业的各领域、各行业、各业务的数据集合,涉及政府行政数据、城市管理数据、民生服务数据与企业经济数据。从政府行政管理数据共享的角度,涉及政府管理与政务、城市监控与管理、社会民生服务、公共服务、商业服务、企业经济等信息与数据,以及保证城市常态和非常态(应急)下运行的基本数据挖掘、分析、汇集、共享与交换的功能。

6.2.5 新型智慧城市云平台接入层

新型智慧城市云平台架构接入层的主要目的是在资源层上部署通用的应用服务,将底层的信息系统涉及数据、信息、页面、服务资源进行应用封装。采用容器封装技术,可以屏蔽底层资源的异构性,从根本上消除信息孤岛,从而解决信息系统互联互通和互操作的问题。对于资源层中的数据、信息、页面及服务资源,可以通过基于信息栅格 SOA 系统集成架构统一封装组件和中间件共享策略及数据管理服务调用机制,对其进行封装和组织管理。对于信息设备资源以及信息处理资源,则可以通过资源管理服务进行封装。由于不同功能的资源其接口的调用也各不相同,可以通过资源注册与发现服务将本地资源的调用接口以及服务质量相关信息注册到上层资源发现模块之中,供用户发现和调用。

新型智慧城市信息系统集成架构对应信息栅格 SOA 系统集成架构的接入层,新型智慧城市云平台接入层主要由业务组件层、通用组件层与中间件组件层构成,其架构如图 6-3 所示。业务组件层、通用组件层与中间件组件层起到数据资源层与专业平台应用层之间信息与数据标准化封装的作用,以满足各专业平台应用层的信息与数据的调用、共享和组织管理。业务组件层、通用组件层与中间件组件层可以采用统一开发的方式,根据新型智慧城市一级云平台与业务级二级平台、应用级三级平台互联互通和数据共享交换的要求,将统一开发的业务组件部署在各业务级平台接入层中。

1) 业务组件层

业务组件层需满足新型智慧城市跨平台、跨业务、跨部门可视化集成的调用与场景展现。通过新型智慧城市各行业级二级平台的系统集成,进行新型智慧城市各业务类应用服务的组织、采集和应用信息资源分类、综合与集成。采用分布式多源异构的容器封装共享机制,将新型智慧城市各类数据、信息、页面及服务资源按照城市管理与服务各业务应用类型进行分类、集合、组织、封装;从应用的供需角度组织数据、信息、页面及服务资源。建立新型

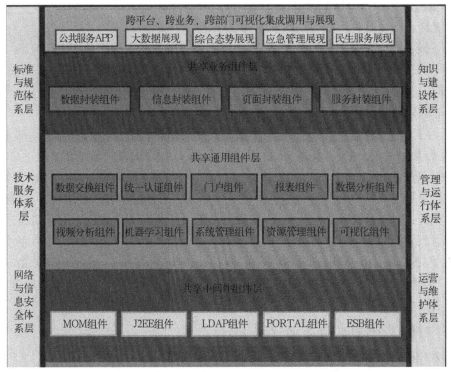

图 6-3　新型智慧城市云平台接入层组件架构图

智慧城市系统集成"四大"封装的业务类目录和业务应用组件调用体系,实现各类封装的业务组件之间(即业务数据、业务信息、业务页面与业务服务的供需之间)的跨平台、跨业务、跨部门、跨应用需求的映射、对接和调用。

2) 通用组件层

根据新型智慧城市云平台所需的通用功能,基于 SOA 系统集成架构,采用系统化、结构化、标准化的方式,构建新型智慧城市云平台各业务二级平台通用的数据交换组件、统一认证组件、门户组件、报表组件、数据分析组件、视频分析组件、机器学习组件、系统管理组件、资源管理组件和可视化组件等共享组件层。共享组件层是异构平台互操作的标准和通讯平台,共享组件结构是"即插即用"的支撑结构。通过一定的环境条件和交互规则,共享组件结构允许一组组件形成一个封闭的"构件",可以独立地与第三方平台或其他异构的系统进行交互、调用和协同。因此共享组件结构及其内含的"构件"也可以视为一组独立的构件组合体或共享组件层。共享组件通过不断地迭代和合成,可以为一个框架体系结构复杂的大系统或巨系统提供跨平台、跨业务、跨部门的应用调用和功能集成,同时避免各业务平台软件及服务程序的重复开发与建设。

3) 中间件组件层

中间件是一种独立的系统软件或服务程序,分布式应用软件借助这种软件在不同的技术之间共享资源。中间件组件层位于客户机/服务器的操作系统之上,管理计算机资源和网络通信,是连接两个独立应用程序或独立系统的软件。相连接的业务平台即使它们具有不同的接口,通过中间件相互之间仍能交换信息。执行中间件的一个关键途径是信息传递。通过中间件,应用程序可以工作于多平台或 OS 环境。新型智慧城市云平台基于 SOA 系统集成架构的基础中间件层，包括 MOM、J2EE、LDAP、PORTAL、ESB 等。

6.2.6 新型智慧城市云平台管理层

新型智慧城市云平台管理层用于对底层的各种资源进行管理与分类的功能，提供透明的访问资源和有效的发现资源，主要包括以下两个模块：

1) 资源监视与发现

该模块采用一种灵活的、可扩展的以及抗摧毁的架构支持对服务元数据进行分类管理，对服务的描述进行标准化；能够根据用户请求将其与目前系统中资源相匹配，并支持多种匹配能力，包括功能匹配和基于 QoS 的服务协同的匹配等，匹配后将用户映射到具体的资源上去；同时能够提供面向客户端的语言规范，使用户能够方便调用和查询。

2) QoS 保障的资源协同与管理

该模块能够有效支持客户端和资源提供者的服务质量的协同。基于 SLA 对 QoS 进行保障，能够提供协同、签署和动态部署 SLA 合同的功能；能够根据用户的请求，协同多个资源来满足用户的要求；该模块还提供用户的语言规范，以方便用户调用该模块完成复杂任务。

新型智慧城市信息系统集成架构对应信息栅格 SOA 系统集成架构的管理层。新型智慧城市管理层功能主要由共享封装组件与中间件层来完成，实现对底层的各种资源进行管理与分类，以及资源监视与发现和 QoS 保障的资源协同与管理的功能。考虑到信息栅格 SOA 系统集成架构中的接入层和管理层都属于信息系统集成的共性功能，同时也考虑到新型智慧城市是一个矩阵型多平台和多数据库的框架体系结构，因此将共性封装组件、业务封装组件和中间件组件作为一个共性软件包进行统一开发、统一部署、统一应用，可以大大降低重复开发和重复部署的费用和成本。

6.2.7 新型智慧城市云平台应用层

新型智慧城市云平台架构应用层是针对各种不同的情况开发的具体应用，它需要提供业务组件应用调用及集成、业务组件应用调用接口（API）等。应用调用是直接面向新型智慧城市指挥者提供常态和非常态场景下的决策与预测服务。由于底层的基础平台将资源提供的功能进行封装，因此对于应用调用的开发只需要关注应用本身的逻辑功能，对于应用本身所需的底层功能服务，可以直接通过底层基础设施提供的资源封装接口获取功能服务组件，这样就在很大程度上避免了重复开发底层资源的浪费。

新型智慧城市系统集成架构对应信息栅格 SOA 系统集成架构的应用层。新型智慧城市应用层由平台层（城市级一级平台、业务级二级平台）和应用展现层构成，其实现功能与信息栅格 SOA 系统集成架构中应用层功能完全一致。新型智慧城市应用层与信息栅格 SOA 系统集成架构应用层功能的不同点是将业务组件与共享组件及中间件进行了分离，使得应用专注于业务和功能，而将共享组件及中间件和业务组件分层部署在虚拟层，以便于统一的信息与服务的虚拟化封装，以及共性软件程序的统一开发和结构化模块的调用。新型智慧城市应用层是直接面向城市级新型智慧城市的各级管理者（市长、区县领导）提供新型智慧城市的信息与服务。底层的业务级三级平台和其应用系统功能已经通过虚拟层进行了数据、信息、页面与服务标准化的封装，因此对于业务级二级平台的开发只需要关注其业务级的管理和服务的逻辑功能。对于各业务级底层的业务应用本身所需的底层服务，直接通过底层业务级三级平台和其应用系统基础设施提供的互联互通接口获取，这样就在很大程度上避免了对底层资源的重复开发。

6.2.8 新型智慧城市云平台系统集成技术特点

新型智慧城市系统集成基于信息栅格 SOA 的系统集成架构融于新型智慧城市框架体系结构之中。新型智慧城市基于 SOA 的系统集成架构借鉴了军事信息栅格信息系统集成框架体系结构(GIG)，并创新地将军事信息栅格信息系统集成由四层架构提升为六层结构，以满足新型智慧城市框架体系结构矩阵型多平台多数据库和多重应用的开放性复杂巨系统框架体系结构的要求。特别注重新型智慧城市整个框架体系结构规划设计中的网络互联、信息互通、数据共享与业务协同，同时强调了统一规划、统一标准、统一开发、统一封装、统一部署、统一应用的原则，将消除"信息孤岛"和避免重复建设作为新型智慧城市项目实施的根本要求。新型智慧城市系统集成具有以下特点：

1) 采用分层结构模式

新型智慧城市系统集成架构，采用分层集成的模式，从满足整体需求出发，根据系统建设的设计原则和技术路线，采用 SOA 面向应用、面向服务、面向数据、面向系统集成的体系架构设计方法作指导，重点是共享组件、业务组件与中间层和平台层的数据、信息、页面、服务"四大"封装的创新设计。协同和联动系统集成的体系架构将以系统业务服务为核心，形成新型智慧城市系统集成架构中各层级之间的信息互联互通、数据共享交换、业务功能协同、系统统一调用。

2) 统一框架结构易于扩展和部署

新型智慧城市系统集成架构采用统一共享组件、业务组件、中间件组件的系统化、结构化、标准化，简化了应用服务的结构，避免了因为存在异构的应用服务可能引起不易集成的难度。采用统一的组件封装结构，封装底层的数据、信息、页面、服务，使得将来易于增加新的应用。采用统一开发的以容器封装技术的标准化结构模型和调用接口(API)，便于高层应用服务通过标准接口调用底层的数据、信息、页面和应用服务，降低重复开发成本，保证新应用的兼容性和集成性。

3) 统一大数据易于利用

新型智慧城市系统集成架构基于城市级一级云平台及大数据库、业务级二级平台及主题数据库的分布式集成模式，为相关决策提供一体化的信息与数据的支撑，满足新型智慧城市全面社会管理和公共服务信息互联互通、数据共享交换、业务协同联动的需求。

6.3 粤桂新型智慧城市创新建设实施方案

为落实粤桂新型智慧城市创新建设模式制定具体的实施方案。实施方案包括：建设粤桂智慧城市云平台，提供"三租云服务"信息基础设施运营管理基地；建设各地智慧城市本地化"运营管理中心"；部署本地运行的智慧城市"可视化集成云平台"及本地运行"三租云服务"的"虚拟机"(包括租用各业务平台的 Web 服务器＋镜像服务器)。

"新型智慧城市创新建设模式"实质上是"边缘计算"的典型应用。其技术核心就是在云端部署云平台信息基础设施,通过"三租云服务",在本地应用近端部署"可视化集成平台";通过"三租云服务"与本地已建监控和信息系统集成,实现"云端"与"地端"物联网和数据源"线上与线下"的结合。采用云计算、物联网、大数据、人工智能、边缘计算等新一代科学技术应用集成,通过"云端"服务支撑"地端"的实时处理与应用,提供"边缘计算"涉及的雾计算、认知计算、实时计算等的本地化计算服务。

基于新型智慧城市云平台信息基础设施,提供"三租云服务"的集中式大数据存储与处理服务(IaaS)、智慧城市行业级业务信息平台服务(PaaS)、大数据挖掘分析与人工智能深度学习(机器学习)应用服务(SaaS)。以"边缘计算"网络体系架构为核心,采用面向海量边缘数据的客户端式"可视化集成平台"和人工智能神经网络大数据实时处理分析技术,使"云"与"地"二者相辅相成;并采用IPV9网络协议构建"时空安全通道",实现互联网大数据安全传输,解决了"云端"与"地端",互联网与物联网的互联互通,以及云端"三中心一平台"与地端"可视化集成平台"之间大数据的实时处理,解决了万物互联时代云计算服务所涉及带宽及流量的瓶颈和实时性、安全性、可靠性等不足的问题。

6.3.1 建设云平台信息基础设施

在"粤桂合作特别试验区"内,将广西忠德科技集团投资建设的"粤桂云数据中心"提升为粤桂新型智慧城市云平台信息基础设施,作为向全国各地市、区县智慧城市提供"三中心一平台"创新"三租云服务"运营管理"云服务"的基地。

粤桂新型智慧城市云平台信息基础设施是"三租云服务"全国运营管理"云服务"的基地,按照《新型智慧城市"三中心一平台"专项规划》,以及《"网络融合与安全中心"工程设计》《"大数据资源中心"工程设计》《"运营管理中心"工程设计》《"信息共享一级平台"工程设计》实施建设。建设的重点是新型智慧城市"运营管理中心",如图6-4所示,包括智慧城市运营管理场景展现大屏幕、各业务平台运行操作座席,以及部署"可视化集成云平台"和各行业级"共享经济"云平台,以形成新型智慧城市实际运营管理的实时展示和提供新型智慧城市"三租云服务"的能力。

图6-4 粤桂新型智慧城市"运营管理中心"

6.3.2 建设本地化"运营管理中心"

各地智慧城市可以借鉴和参考粤桂新型智慧城市"运营管理中心"实际运营管理模式,建设本地化的"运营管理中心"。建设内容包括智慧城市运营管理场景展现大屏幕、各行业级平台操作座席,以及部署本地化的"可视化集成云平台"和"三租云服务"本地运行的"虚拟机"(包括租用各行业级平台的 Web 服务器＋镜像服务器),实现本地化智慧城市可视化集成云平台和各行业级"共享经济"云平台(集成本地物联网＋已建业务系统平台＋"三租云服务"行业级业务信息平台)的运营管理、实时操作、系统设置、参数修改、实时场景展示等功能。

6.3.3 部署本地"可视化集成云平台"及线下运行"虚拟机"

1) 部署本地"可视化集成云平台"

各地智慧城市可以借鉴和参考粤桂新型智慧城市"运营管理中心"实际运营管理模式,部署本地运行的"可视化集成云平台"(本地化微计算中心,已申请国家专利),提供本地智慧城市已建物联网应用、各行业级平台及业务系统的雾计算、认知计算、实时计算和"三租云服务"的各行业级平台的系统集成、大数据开发和人工智能应用,为智慧城市的管理者和领导者提供各行业级"共享经济"云平台及业务系统的功能、运行、操控、设置、修改、管理等功能。通过可视化集成平台"四界面"的数据、信息、页面、服务等系统化、结构化、标准化的应用封装和跨平台及跨业务的调用及"边缘计算"应用,可以更好地实现对智慧城市本地化实时的综合态势分析、大数据分析、公共服务 APP、综合治理、应急管理、公共安全、公共交通、市政设施、生态环境、宏观经济、民生民意、企业运作、智慧园区(社区)等状况的有效实时掌握、实时监控、实时展现和实时管理。实现本地智慧城市资源的汇聚共享和跨部门的协调联动。

根据本地智慧城市业务协同和事件决策的需求,展现所需的可视化应用实时场景,为智慧城市高效精准管理和安全可靠运行提供支撑。

2) 基于"可视化集成云平台"边缘计算的雾计算、认知计算、实时计算应用

边缘计算的理念和技术核心是雾计算、认知计算和实时计算。在"三租云服务"本地化"地端"部署的"可视化集成云平台"完全可以实现"三计算"的应用。

(1) 基于"可视化集成平台"雾计算的应用

基于边缘计算进一步提高了雾计算在本地化的数据与信息实时处理的能力。处理能力更靠近数据源和应用系统,实现本地物联网络内的各设备的实时监控。通过"可视化集成平台"本地化微计算中心,将本地部署的智能交通、平安城市、雪亮工程、智慧大城管、智慧应急等行业级信息平台和物联网应用系统集成到"可视化集成平台"上。使数据和信息的实时处理和通信的监控管理成为可能。"地端"雾计算与"云端"云计算相比,其优点在于单一故障点比较少,各个行业级信息平台和物联网监控设备可以独立进行监控和运行操作,可以根据需要确定数据是保存在"地端"还是"云端"。另一方面,进一步减少了通过网络或向上传输到"云端"的数据量,有助于边缘"地端"信息栅格节点之间的通信和协作。两者互相取长补短,适用于不同实时应用场景。

(2) 基于"可视化集成平台"认知计算的应用

认知计算代表了一种全新的计算模式,它包含了大数据挖掘分析、知识信息处理和人工智能机器学习领域的大量技术创新,能够帮助决策者从大量非结构化数据中展示出非凡的洞察力,对人类而言能够以更自然的方式进行交互。认知计算的目标,就是让计算机系统能够像人的大脑一样学习和思考,并做出正确的决策。认知计算系统可以成为一个很好的辅助性工具,配合人类进行工作,解决人脑所不擅长解决的一些问题,获取海量不同类型的数据,提供决策和预测的推论与应用。认知计算通过"可视化集成平台"人工智能卷积神经网络中"全连接层"强化学习算法对数据集、要素数据、目标数据进行连续的学习和训练,为智慧城市管理者掌握城市重点目标运行状态和突发事件态势,提供大数据分析和对未来变化趋势的预测信息;使得智慧城市管理者可以更加及时、精细化、科学化地决策处理城市治理中发生的重大事件;以及为民众对公共服务需求的发展趋势提供科学的预测信息。

(3)基于"可视化集成平台"实时计算的应用

实时计算是物联网应用的核心技术,物联网应用是智能技术、自动化技术、工业大数据、人工智能、系统工程与物联网、工业互联网等互相融合、互相交织而形成的一门综合智能化技术。物联网具体表现为:智能设计、智能加工、智能机器人、智能控制、智能工艺规划、智能调度与管理、智能装配、智能检测与诊断等领域应用。物理网是将传感器之间的实时连接和控制器对传感器的实时信息的采集和运行实时控制(Real-Time Control),在系统规定的时间间隔内,调节或强制被控制对象完成预定动作或响应的过程控制。通过本地化"可视化集成平台"所提供的实时监控系统集成、卷积神经网络实时数据处理分析,实现物联网实时监控全过程的全反馈自适应闭环控制。自动化和智能化体系具有的自动化、自组织、自学习、自适应、自修复等实时计算能力,都是物联网和工业互联网应用的重要领域。实现"云端"互联网与"地端"物联网的"两网融合",对于物联网落地应用具有重大现实意义。

3) 部署本地运行的"虚拟机"

为了实现"三租云服务"各行业级平台本地化的运行、操作、设置、修改、管理与展现,采用线上"云平台租用服务",线下"虚拟机+Web服务器+镜像服务器"的运行模式。

① 虚拟机指通过软件模拟的具有完整硬件系统功能的、运行在一个完全隔离环境中的完整计算机系统。虚拟系统通过生成现有操作系统的全新虚拟镜像,具有与真实云平台主系统完全一样的功能,运行、操作、设置、修改与管理都可以在这个全新的、独立的虚拟系统中进行。"虚拟机"采用C/S系统运行方式和应用,独立安装运行软件,保存数据,有自己独立的操作桌面,不会对云平台主系统产生任何的影响。"虚拟机"确保本地智慧城市各行业级平台运行的独立性、安全性和可靠性。"虚拟机"同时具有在云平台主系统与虚拟镜像系统之间灵活切换的一类操作系统。虚拟系统不会降低电脑的性能,启动虚拟系统不需要像启动Windows系统那样耗费时间,运行程序更方便快捷。虚拟机可以模拟出其他种类的操作系统,只需要云平台主系统底层的硬件指令。"三租云服务"各行业级平台"虚拟机",可以在本地独立完成对"租用服务"的行业级平台进行运行管理、系统操作、系统设置、参数修改、数据本地存储或云平台存储等功能。

② 在本地部署"虚拟机"时,需配置"三租云服务"各行业级平台Web服务器。Web服务器也称为WWW(World Wide Web)服务器,Web服务器是一台在互联网上具有独立IP地址的计算机系统,可以向接入互联网的客户机提供WWW、E-mail和FTP等各种网络服务。Web服务器是提供互联网服务的一种计算机程序。当Web浏览器(客户端)连到云计算主系统服务器上并请求文件时,Web服务器将处理该请求并将文件反馈到该浏览器上,附

带的信息会提供浏览器如何查看该文件(即文件类型)。服务器使用 HTTP(超文本传输协议)与客户机浏览器进行信息交流,因此也称为 HTTP 服务器。Web 服务器不仅能够存储信息,还能在用户通过 Web 浏览器提供的信息基础上运行脚本和程序。

③ 在本地部署"虚拟机"时,需配置"三租云服务"各行业级平台镜像服务器。镜像服务器与线上云平台主服务器的服务内容完全一致,只是放在一个不同的物理空间和地理位置,分担云平台主系统服务器的负载量。镜像服务器可以独立运行和使用,它是由云平台主系统服务器复制的,与主系统服务器运行的"云服务"内容完全相同,且同步更新的多个服务器。除云平台主系统服务器外,其余的都被称为镜像服务器。镜像也可以作为冗余的一种类型,一个磁盘上的数据在另一个磁盘上存在一个完全相同的副本即为镜像。在服务器上常用镜像操作来组建 RAID1 磁盘阵列,RAID1 是一个由两块硬盘所构成的 RAID 磁盘阵列,当原始数据繁忙时,可直接从镜像拷贝中读取数据,因此使用 RAID1 可以提高读取性能。

4) 部署本地网络域名服务器

在广西粤桂新型智慧城市"三中心一平台"提供"三租云服务"的一端配置 IPv9 国家自主可控的新型智慧城市根域名服务器(深圳北斗智慧城市科技有限公司是设置智慧城市 IPv9 根域名服务器的总代理公司)和 IPv9 万兆路由器;在本地用户"运营管理中心"的另一端配置 IPv9 域名服务器(DNS)和千兆路由器,建立"云服务"端网络节点与"本地用户"端网络节点之间的一个基于互联网数据传输通信的"时空安全隧道"。两端网络节点之间采用地址加密、IPv9 加密通信协议和 IPv9 路由及域名管理,确保接入"云服务"端互联网节点与"本地用户"端互联网节点之间互联互通的网络、数据、信息、系统、平台之间传输信号的绝对安全性。同时两端网络节点均可以无缝接入 IPv4/IPv6 网络和物联网网络,并连接相应网络通信协议的网络路由器和网络交换机,充分发挥 IPv9 与 IPv4/IPv6 相互融合和网络互联互通,以及采用"边缘计算"技术应用,实现"云端"与"地端",互联网与物联网之间互联互通及安全可靠数据传输通信的优势。

新型智慧城市创新建设模式,基于粤桂智慧城市"三中心一平台"信息基础设施的"云服务"与各地智慧城市本地化"运营管理中心"的"三租云服务"创新模式(已申请国家专利),将大大节省国家智慧城市建设的资金,大大缩短智慧城市建设周期,彻底消除"信息孤岛"和完全避免智慧城市信息基础设施和业务系统平台的重复建设。新型智慧城市创新建设模式较传统智慧城市"先建孤岛,再消除孤岛"的"少慢差费"建设模式,具有更先进、更科学、更省钱的"多快好省"绝对优势。

6.4 粤桂新型智慧城市"城市智慧大脑"功能

粤桂新型智慧城市"运营管理中心"是实现"城市智慧大脑"功能的信息基础设施。其以新型智慧城市"六个一"核心要素中关于建立一个高效的新型智慧城市"运营管理中心"目标和要求为总体建设原则。为更好地对城市的市政设施、公共安全、生态环境、宏观经济、民生民意等状况进行有效掌握和管理,需要构建新型智慧城市统一的运行中心,实现城市资源汇聚共享和跨部门的协调联动,为城市高效精准管理和安全可靠运行提供支撑的目标和要求。以新型智慧城市综合资源的汇聚共享和跨部门的协调联动,以及高效精准管理与安全可靠运行为核心要素,实现新型智慧城市大网络、大数据、大平台的集成与应用的分析、展示、监控、管理、运营及服务的功能。新型智慧城市"运营管理中心"与新型智慧城市"网络融合与安全中心"、新型智慧城市"大数据资源中心"实现网络互联、信息互通、数据共享与业务协同,实现信息资源共享和新型智慧城市运营与管理的指挥和调度。通过新型智慧城市"运营管理中心"可以全面掌握新型智慧城市、各区县、各智慧园区、各智慧社区以及网格化的城市基础设施、服务站点、管理与执法人员、运行态势、事件处理信息、绩效评价信息等内容。

6.4.1 粤桂新型智慧城市"城市智慧大脑"总体功能

通过粤桂新型智慧城市运营管理中心"城市智慧大脑"大屏幕可视化(GIS+BIM+VR+VA)直观显示各级(地市、区县)新型智慧城市管理与运行的关键要素和重点目标的信息及数据、运行状况、监测数据和控制等的实时状态,可以让各级新型智慧城市主管领导全面直观地掌握城市管理与运行的实际状况。

粤桂新型智慧城市"城市智慧大脑"具有大数据应用、大屏幕显示、工作座席操控、APP应用、综合通信调度和综合信息集成的功能,支持日常情况下和非常态应急情况下的管理与运行指挥调度,并通过大屏幕可视化(GIS+BIM+VR+VA)实时显示管理与运行所涉及的要素信息,如基础设施、突发应急事件、公共安全、公共交通、社会民生、企业经济,以及海绵城市、市政地下管廊、智慧大城管等的实时运行状况、监测和控制的状态、信息和数据的可视化分析展现等。

6.4.2 粤桂新型智慧城市"城市智慧大脑"分项功能

"城市智慧大脑"应具有以下分项功能:

(1) 新闻栏目

显示本地区新闻及国内、国际新闻内容。本地区新闻来源于本地区新闻办,国内、国际新闻可以通过系统管理员从后台添加。

(2) 重大活动

重大活动栏目以图片或新闻列表的方式显示最新重大活动内容动态。该栏目为非固定栏目,栏目内容可由管理员在后台进行管理。

(3) 综合态势分析

在实景GIS地图上对本地区各种资源的分布、人口、经济情况的目标数据和要素数据,生态环境、公共安全、道路交通、基础设施、民生民意、企业经济的综合态势进行分析展现。双击"综合态势"图形菜单,选择智慧城市"综合态势"各专项"二级菜单",即可选择相关信息页和视频监控图像,以及关联大数据分析等操作界面。

(4) 大数据分析展现

对智慧城市重点目标和核心要素进行大数据分析等。通过深度挖掘、智能分析和人工智能应用进行多视角、多维度的在线关联大数据分析,利用趋势图、关系图、对比图、结构图等形式全面真实地反映重点目标数据和核心要素数据的变化趋势,为政府及各相关部门领导提供宝贵的决策和预测依据。

智慧城市大数据可视化分析展现分别由综合态势、监测预警、突发事件、民生民意、城市治理、要素监测、企业经济八大重点目标数据构成,分析展现八大目标数据的比较、分析、统计可视化图表。通过智慧城市可视化大数据"一级界面"可以链接到本级智慧城市各核心要素数据及元数据集的比较、分析、统计等分析展现的"二级界面"。

(5) 综合监测预警

对智慧城市重点目标和核心要素可能出现的变化和趋势作一个警示性信息分析展现，为可能发生的事情、事件、事态做好准备，以赢得时间和条件。预警级别划分为5个级别，分别称为一级预警、二级预警、三级预警、四级预警和五级预警，并依次用红色、橙色、黄色、蓝色和绿色来加以表示。

① 一级预警　突发事件、自然灾害、火灾报警、安全生产、恐怖威胁等。

② 二级预警　交通事故、治安报警、刑事案件、群体事件、有害液气体泄漏、市政事故等。

③ 三级预警　聚众斗殴、停水停电、食药品安全、人口遗失、环境污染、传染病等。

④ 四级预警　交通阻塞、社区纠纷、医患纠纷、无照经营、入户盗窃等。

⑤ 五级预警　市容市貌、垃圾堆放、违章停车、建筑扬尘、乱贴(发放)广告、施工噪声、渣土车违章、空气质量超标等。

(6) 突发事件应急指挥

突发事件展现包括以下内容：

① 自然灾害　地震、地质灾害、台风、洪涝、污染、次生灾害等。

② 安全生产　特大事故、重大事故、较大事故、一般事故、火灾事故、交通事故、生产事故等。

③ 社会治安　扰乱社会治安案件、严重犯罪案件、重大活动安全事件、妨碍公务案件、社会治安评价等。

④ 公共卫生　霍乱、冠状病毒肺炎、病毒肝炎、痢疾、艾滋病、狂犬病、炭疽、流行脑炎、登革热、流行传染病等。

⑤ 市政设施　停水停电停气事故、供电事故、通信网络事故、燃气事故、供热事故、环境环保事故、重点防灾事故等。

应急指挥包括：应急值守、应急处置、应急预案、专家评估、物质保障、应急联动等。

(7) 社会治理监控

显示来自社会舆情、人口统计、社区管理、社区动态、绩效评估等信息的互联和视频监控图像。点击"社会治理"图形菜单选择社会治理各专项"二级菜单"，即可展现各相关信息页和视频监控图像，以及关联大数据分析等操作界面。

① 社会舆情　舆情监控、舆情分析、民意评估、民众投诉、民众建言、政民关系、警民关系等。

② 人口统计　常住人口、流动人口、就业人口、失业人口、入学人口、出生人口、死亡人口等。

③ 社区管理　社区政务管理、社区民政管理、物业及设施管理、房屋住户信息、流动人口信息、社区纠纷调解等。

④ 社区动态　党群关系、社区活动、社区自助组织、社区义工、网上投诉、网上评议等。

⑤ 绩效考核　工作任务、创新建议、群众评议、服务满意度、业务投诉等。

(8) 城市治理监控

显示来自智慧大城管、智慧安全、智慧应急、智慧交通、智慧环境、智慧市政、智慧社区等各行业级二级平台的信息互联和视频监控图像。点击"城市治理"图形菜单,选择城市治理各行业级二级平台"二级菜单",即可展现相关信息页和视频监控图像,以及关联大数据分析等信息。

① 智慧大城管　事件受理、部门协同、调度指挥、事件结案、综合联动、评价监督、绩效考核等。

② 智慧安全　治安管理、视频联网、娱乐场所监控、酒店管理、安全事件、治安报警、火灾报警等。

③ 智慧应急　事件报送、事件统计、指挥调度、风险监测、次生灾害、应急保障、培训演练等。

④ 智慧交通　交通监控、交通事故、公交车、出租车、网约车、交通违法、地铁运行、交通状态指数等。

⑤ 智慧环境　排污监控、能耗监控、空气质量监测、水质监测、土壤监测、绿色建筑、绿色工厂等。

⑥ 智慧市政　市政设施运营综合监控、地下管网监控、水电气基础设施监控、水务管理等。

⑦ 智慧社区　政务管理、民政管理、政务服务、信息公开、公共服务、商业服务、物业服务等。

(9) 企业经济动态

① 生产总值　以数据分析图表显示季度内的生产总值,包括第一产业、第二产业、第三产业的产值。

② 生产总值走势图　使用走势图显示近几年的生产总值变化趋势。

③ 经济指标目录　以数据分析图表显示经济指标的目录,点击每个指标可以进入二级页面查看详细的分析结果。

经济指标目录包括地区生产总值分析、商业销售分析、企业经济效益、主要工业产品产量、工程进展情况、固定资产投资、房地产开发、商业、物价、社会治安、财政、人民生活、劳动工资、主要经济指标对比、经济指标变动情况分析等。

④ 生产总值及排名　以数据分析图表显示所辖地区的生产总值及排名情况。

(10) 重点项目监控

重点项目栏目在首页显示本地区的重点项目信息,包括项目名称、开展进度、负责人、实施单位、存在的问题及解决办法等。点击此栏目名称,可进入重点项目二级页面。

(11) 业务平台连接

以地理空间信息GIS图层连接方式提供连接集成到所有新型智慧城市行业级二级平台,包括智慧大城市、智慧环境、智慧安全、智慧交通、智慧应急、智慧设施、智慧市民卡、智慧社区、智慧医疗、智慧教育等。

(12) 协同办公系统

以菜单导航方式连接智慧政务"互联网+政务服务"平台,展现办公自动化、公文管理、绩效考核管理等办公业务系统。

6.4.3 粤桂新型智慧城市"城市智慧大脑"可视化展现

粤桂新型智慧城市"可视化集成平台"是"城市智慧大脑"的智慧核心,是运营管理中心建设的主要内容。其内容包括政府政务及综合行业各信息平台及应用系统的集成,达成新型智慧城市各行各业的"技术融合、业务融合、数据融合,跨层级、跨地域、跨系统、跨部门、跨业务的信息互联互通、数据共享交换、业务协同联动",实现智慧城市综合信息与大数据的可视化分析展现;运营管理中心所关注的重点目标和核心要素的位置、状态、数据、关联、分析等的可视化分析展现;以及智慧城市综合态势变化的预测与评估等。

粤桂新型智慧城市"可视化集成平台"可视化大场景展现新型智慧城市的多目标、多要素、多事项、多种类的常态和非常态数据及信息的位置信息、状态信息、数据信息、关联信息及分析信息等;提供智慧政务、智慧民生、智慧治理、智慧经济(企业)各行业级二级平台的Web超链接页面的信息展现、信息集成、数据分析、业务应用,以及监控系统的设置、控制、操作等功能,提高政务服务协同办公的能力。通过大数据各行业各业务的综合分析模型,预测事情、事件、事态的演变趋势,评估预测可实施的措施与办法,辅助领导智慧决策。其架构如图 6-5 所示。

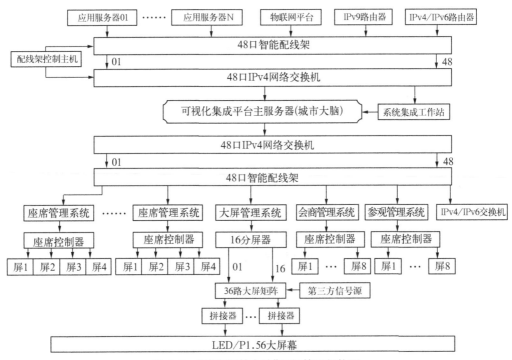

图 6-5 "城市智慧大脑"运行管理架构图

通过新型智慧城市大数据资源中心的数据共享,将涉及新型智慧城市管理与运行相关联的数据,根据常态和非常态下对数据调用和展示的要求,显示在各级(省、地市、区县)可视化用户界面(UI)和 GIS+BIM 图层上。

新型智慧城市"城市智慧大脑"具有显示大屏幕及工作座席管控功能。通过大屏幕展示和各行业级平台及业务系统的工作座席对智慧城市管理与运行进行统一的指挥与调度,以及对各行业级平台及业务系统的运行监控、系统管理、操作控制与参数设置。展现智慧城市常态及非常态下管理与运行信息、基础设施运行监控信息,重点关注目标数据和要素数据、社会民生服务信息等。

新型智慧城市"城市智慧大脑"具有实时集成综合通信的能力。通过有线通信系统、无线通信系统、卫星通信系统、多媒体通信系统等系统集成,实现将 VoIP、语音、数据、视频、图形、邮件、短信、传真等各种通信方式整合为一个"单一"的通信功能的应用。

新型智慧城市"城市智慧大脑"具有指挥调度集成的能力。采用 Web 技术,以 B/S 和 C/S 相结合的计算机结构模式,远程用户可以通过互联网访问信息系统集成,以浏览器方式显示、控制、查询、下载、打印信息集成系统相关的信息、影像与数据等。

新型智慧城市"城市智慧大脑"具有可视化的展示功能,主要由总览界面、一级界面、二级界面、三级界面组成。

6.5 "城市智慧大脑"技术应用

6.5.1 综合信息集成展现技术应用

综合信息集成分析展示子系统将各类系统上的信息和应用进行交叉融合,在一个统一界面上进行综合展示和管理,并提供基于跨部门管理场景的功能应用,包括综合政务、城建、交通、环境、安全以及基础设施等各个维度的数据信息的综合展示与分析。

综合信息集成分析展示子系统基于新型智慧城市云平台的信息资源进行存储格式、结构化数据、非结构化数据等分析。

综合信息集成分析展示子系统对新型智慧城市管理与服务所涉及的所有信息进行分类、汇集和集成。确定城市管理与服务的信息分析与集成,以及与信息平台及应用系统的信息属性、边界和接口。

综合信息集成分析展示子系统以信息管理的需求为原则、以信息互联互通数据共享需求为原则、以城市管理和公共服务的需求为原则,展示涉及政府管理与政务信息、城市监控与管理信息、社会政务服务、公共服务、商业服务信息、企业管理、生产、市场、财务、人事等信息。

6.5.2 监控与管理技术应用

"城市智慧大脑"监控与管理是新型智慧城市的信息化计算机与数据处理软硬件平台的中心,有效监控交通、环境、人员流动、治安、经济数据、城建、政务等。

"城市智慧大脑"监控与管理应用系统提供多用户的认证和授权机制,可以设定各操作员的权限,及其对不同事件的处理权限。

"城市智慧大脑"监控与管理应用系统实现新型智慧城市各子系统的状态以及报警信息的显示、与各子系统间实时信息的交互与数据共享、控制联动。

6.5.3 大屏幕显示控制技术应用

大屏幕显示控制根据大屏幕尺寸、分辨率和拼接规格,设计出反映不同场景和数据的画面分割和组合方案,并根据不同的分割组合方案设计图形工作站使用功能分布和切换流程。

大屏幕显示控制软件采用客户机/服务器模式的体系结构,通过此种结构可以有效地进行大屏显示信息的控制,包括内容切换、画面组合。

大屏幕显示控制将显示单元、多屏拼接处理器、控制软件、数据接口有机结合为一个系统。

大屏幕显示控制及显控设备具有可靠性、实用性、先进性、易维护性、灵活性、可扩展性、协调性,主要部件应当由同一家工厂提供。

大屏幕显示控制采用分布式控制系统,管理客户端可以安装在新型智慧城市云平台的任意一端口,通过互联网、物联网、无线网控制和管理大屏。

6.6 "城市智慧大脑"可视化分析展现界面设计

6.6.1 可视化分析展现界面总体设计

新型智慧城市"城市智慧大脑"可视化界面设计要求包括政府政务信息及数据、综合行业业务信息及数据可视化、城市运行要素的状态可视化及预测与评估等。通过"运营管理中心"业务应用三级平台功能,能够以更加精细和动态的方式管理智慧城市涉及政府政务、综合治理、社会民生、企业经济,充分利用社会资源,提高生产力水平和民众的感受度,有力推进低碳、节能、环保等以改善人与自然间的关系。

新型智慧城市"城市智慧大脑"通过可视化分析展现大屏幕、大场景展现新型智慧城市各类、多要素、多目标、多时项的常态和非常态信息及数据的位置信息、状态信息、数据资源、关联信息、决策分析;提供智慧政务、智慧民生、智慧治理、智慧经济(企业)各行业级二级平台的Web超链接的信息展现、信息集成、数据分析、业务应用,以及监控系统的设置、控制与调节等操作功能,提高政务服务的协同办公能力。通过大数据各行业各业务的综合分析模型,预测事件、事态、形态的演变趋势,评估预测可实施的效果,辅助领导智慧决策。

6.6.2 综合信息分析可视化展现设计

新型智慧城市"城市智慧大脑"综合信息分析展现(APP+大屏幕显示),就是通过可视化集成平台与各级新型智慧城市"公共信息一级平台"以及被集成的各行业级二级平台基于B/S结构的各级信息展现页面、运行状态页面和设置控制操作页面的Web超链接及中间件技术应用,如图6-6所示,使得"运营管理中心"可视化集成平台具有全方位、全视角、全场景的实现新型智慧城市各行业、各业务、各应用信息平台及应用系统及大数据可视化的展现、监测、监控、监管、操作、设置、控制及应用的能力。

新型智慧城市"城市智慧大脑"综合信息分析展现,覆盖各级新型城市的市政、市容、环保、园林、环卫、人防、公共事业、道路交通、公共安全、节能减排、基础设施监控、监测、监管的信息集成和数据共享的展现。综合展现与管理包括平台、数据、基础设施以及业务应用和系统实时的运行状态和故障监测等。

新型智慧城市"城市智慧大脑"综合信息分析展现城市的交通、经济、环保、安防等各方面的信息,综合管理政务、城建信息、交通、环境监测、安全监控、基础设施管理等。综合信息分析展现与管理应用,通过"网络融合与安全"的互联网、政务外网、物联网,无线移动网为决

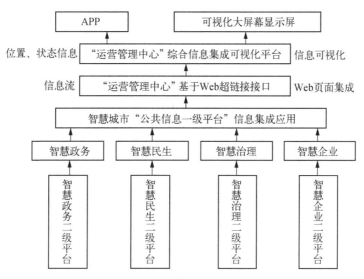

图 6-6 "城市智慧大脑"综合信息分析展现原理图

策者提供网络融合、信息互联、数据共享、业务融合的可视化监控、指挥与调度等。

6.6.3 大数据分析可视化展现设计

新型智慧城市"城市智慧大脑"大数据分析展现（APP+大屏幕显示），就是通过可视化集成平台与新型智慧城市"大数据资源中心"的八大基础数据库和被共享交换的各行业级主题数据库的分级分类编码的元数据、运行过程数据、行业管理数据、经过挖掘的智能分析知识数据，以及经人工智能深度学习的决策数据等，使得"城市智慧大脑"可视化集成平台具有全面实现新型智慧城市各基础数据库、各行业主题数据库、各业务数据库、各应用数据库的综合大数据的分析展现，如图 6-7 所示，具有为目标问题和目标项目提供目标数据、分析数据、知识数据及决策数据的应用能力。新型智慧城市"城市智慧大脑"大数据分析展现可视化集成平台将新型智慧城市各类系统中的信息和应用进行交叉融合，在一个统一的大数据分析可视化界面上进行综合展现和管理，并提供基于跨层级、跨行业、跨部门、跨业务、跨应用的大数据综合、关联、分析的可视化场景的分析展现，包括综合政务、城管、治理、安全、交通、应急、生态、环境以及基础设施等各个维度的数据信息的综合分析和深度挖掘（人工智能）。

新型智慧城市"城市智慧大脑"大数据分析展现，基于新型智慧城市"大数据资源中心"特有的海量数据建立起来的一个开放共享的数据体系。通过"大数据资源中心"对数据的规范整编和融合共用，实现并形成数据的"总和"；通过"大数据资源中心"对海量的结构化和非结构化的数据的采集、存储、处理、分析、应用等，有效提高决策支持数据的生产与运用，进一步提升城市治理的科学性和智能化水平。"城市智慧大脑"大数据分析展现，对新型智慧城市管理与服务所涉及的所有数据进行分类、汇集、交换和共享，确定城市管理与服务的数据集成与分析应用，以及与行业、业务、应用各级数据库共享交换的分析展现。

"城市智慧大脑"大数据分析展现，涉及政府管理与政务数据、城市监控与治理数据、社会政务服务、公共服务、商业服务信息、企业管理、生产、市场、财务、人事等社会数据。大数据分析展现应以数据共享与应用的需求为原则、以数据共享交换需求为原则、以城市管理和公共服务大数据应用需求为原则。

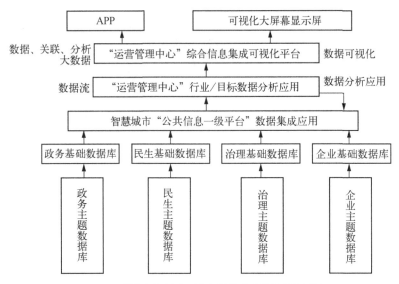

图 6-7 "城市智慧大脑"大数据分析展现原理图

6.7 "城市智慧大脑"可视化集成平台技术方案

6.7.1 可视化集成平台概述

新型智慧城市"城市智慧大脑"可视化集成平台(Smart City Visualiaztion Integration Platform,SCVIP)是新型智慧城市建设全生命周期的"最后一公里"。可视化集成平台分析展现政府政务及各行业各业务的信息与数据;城市综合治理的重点目标和核心要素的位置、状态、数据、关联与分析;以及智慧城市综合态势变化的预测与评估等。通过智慧城市可视化平台,可以以更加精准、精细和动态的方式,有效掌握和管理智慧城市所涉及的政府政务、综合治理、社会民生、企业经济的方方面面,提高社会资源的充分利用,提高生产力水平和民众幸福的感受度,大大推进伟大"中国梦"的落地与实现。

新型智慧城市可视化集成平台,可以多目标、多要素、多维度、多场景地分析展现新型智慧城市常态和非常态下数据与信息的位置、状态、数据、关联与分析等;提供智慧政务、智慧民生、智慧治理、智慧经济(企业)各行业级二级平台 Web 页面超链接的信息展现、信息集成、大数据分析、业务应用,以及监测、监控、监管系统的操作、控制及设置等功能,提高政务服务协同办公的能力。通过各行业各业务的大数据综合分析和人工智能预测事件、事情、事由的态势演变趋势,评估预测可应对的措施与方法,全面支撑各级领导科学与智慧的决策与行动。

新型智慧城市"城市智慧大脑"建设的目的,就是要通过智慧城市"三中心一平台"和"运营管理中心"可视化集成平台,集成分析展现全国、省、地市、区县涉及智慧政务、智慧民生、智慧治理、智慧经济(企业)的监测、监控、监管的实时信息与数据、历史信息与数据等。通过"城市智慧大脑"大屏幕可视化展现(GIS+BIM+VR+VA)上述信息与数据的位置信息、状态实时信息、历史数据、关联信息与数据、决策分析信息与数据等。

为了全面展现各级新型智慧城市各领域、各行业、各业务、各应用的实时信息、历史数据,"城市智慧大脑"可视化展现界面的设计显得非常重要和具有专业性(已申请技术专利)。新型智慧城市可视化展现界面的设计应满足展现各级新型智慧城市信息与数据的全面性、便利性、逻辑性、关联性及决策分析性等。

6.7.2 可视化集成平台界面设计

1) 界面结构设计

"城市智慧大脑"可视化集成平台设计的重点是体现各级智慧城市运行、管理、服务信息及数据的可视化分析展现的功能;体现各级新型智慧城市各领域、各行业、各业务、各应用的信息互联互通、数据共享交换、业务协同功能联动的功能;最终体现在"城市智慧大脑"分析展现界面设计的科学性、互联性、逻辑性、准确性和易操作。因此"运营管理中心"分析展现界面结构设计至关重要,通过新型智慧城市"运营管理中心"信息基础设施的整体运行与管理,支撑整个智慧城市的运行、管理、服务各项业务应用和功能实现。

新型智慧城市可视化采用 APP、显示大屏幕、计算机桌面系统等多种展示方式,实现多维度、多目标、多要素、多场景的信息与数据的分析展现。"城市智慧大脑"设工作座席,根据可视化"四界面"结构设计,主席位采用"四分屏",分别显示总览界面、一级界面、二级界面和三级界面,如图 6-8。多个分席位可根据展示行业二级平台业务界面、应用界面、操作和设置页面的需要采用三分屏、四分屏或多分屏的方式。目前可视化集成平台已集成智慧城市综合态势、网络融合与安全中心、大数据资源中心、智慧城市 APP、智慧城市大数据、智慧大城管、智慧安全、智慧应急、智慧交通、智慧环境、智慧社区等十多个行业级二级平台。

"城市智慧大脑"可视化集成平台分析展现界面的结构设计,基于新型智慧城市大平台、大数据、大系统、大网络的总体框架体系结构和系统集成、数据集成、软件集成、应用集成的思路和策略,构建整个新型智慧城市运行、管理、指挥、调度、决策的可视化展示和操作的"人—机"相互配合、相互协同、相互理解的智慧化、可视化、易操作的人机界面。"运营管理中心"可视化集成平台分析展现界面结构设计,基于上述思路、策略、原理和结合以往参与城市、园区、建筑等可视化分析展现用户界面(UI)设计的经验,将新型智慧城市"城市智慧大脑"可视化分析展现界面分为四层结构,即:总览界面(区县级以上智慧地市需要)、一级界面、二级界面和三级界面。

2) 总览界面

通常县区以上的地市级、省级、全国智慧城市应设置总览界面。总揽界面的主要功能是在全国、省级、地市级、区县级 GIS 地图上导览和链接本级新型智慧城市的一级界面,以及导览和链接本级智慧城市所关注的关键要素和重点目标的信息与数据的导览图形图标和标绘信息点。各级智慧城市总览界面 GIS 地图上,标绘本级监测、监控、监管关键要素和重点目标对象的位置和实时状态的信息点,如安全、交通、基础设施、重点危化品企业、仓库、医院、学校、社区等,如图 6-9。

在常态时,各信息点显示"绿色"表示系统运行正常,系统处于"常态下信息及数据查询模式"。当发生突发事件即在非常态下时,在 GIS 地图上相应的要素和目标信息点会变为"红色"并闪烁,同时出现报警类型的显示图形图标。双击报警图形图标,可立即直接进入"非常态事件分析展现模式",推送事件现场监控视频图像(可操控)、周边关联要素信息(GIS 地图标绘)、事态实时分析信息及数据,以及应急处置预案等分析展现和操控界面。

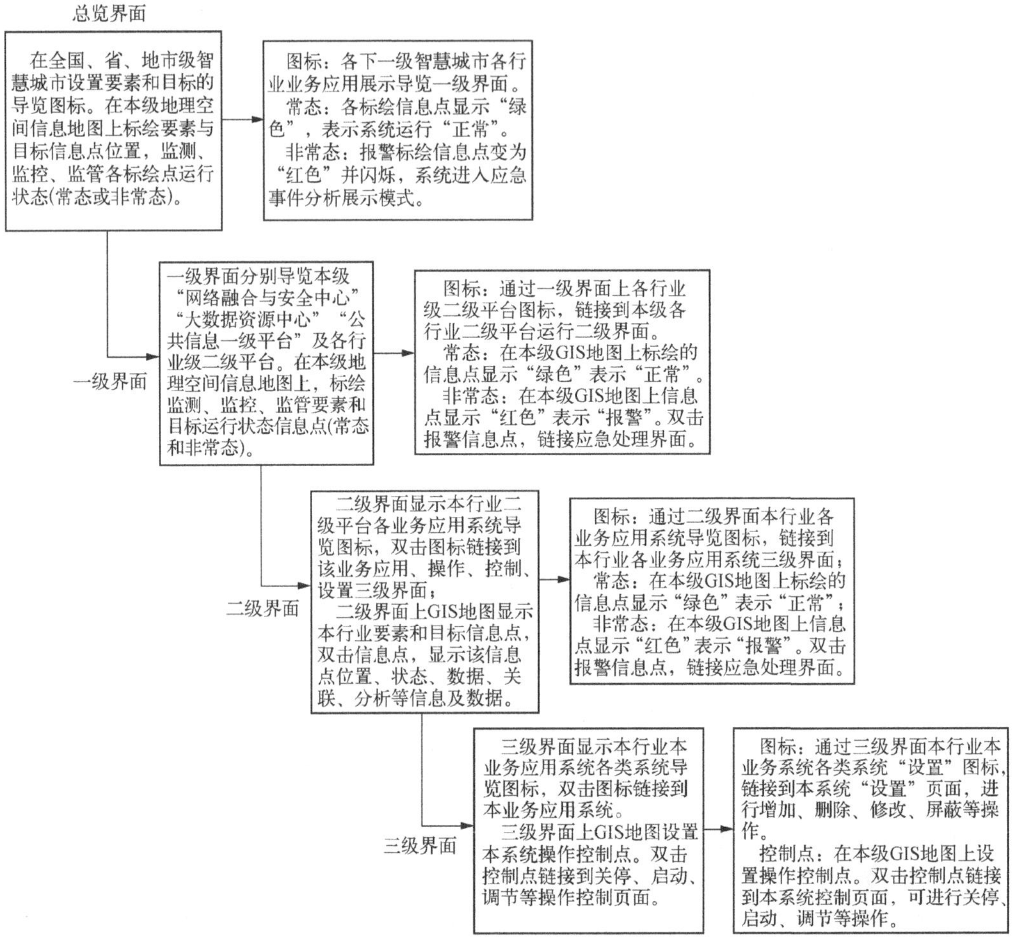

总览界面
在全国、省、地市级智慧城市设置要素和目标的导览图标。在本级地理空间信息地图上标绘要素与目标信息点位置，监测、监控、监管各标绘点运行状态(常态或非常态)。
图标：各下一级智慧城市各行业业务应用展示导览一级界面。
常态：各标绘信息点显示“绿色”，表示系统运行“正常”。
非常态：报警标绘信息点变为“红色”并闪烁，系统进入应急事件分析展示模式。
一级界面
一级界面分别导览本级“网络融合与安全中心”“大数据资源中心”“公共信息一级平台”及各行业级二级平台。在本级地理空间信息地图上，标绘监测、监控、监管要素和目标运行状态信息点(常态和非常态)。
图标：通过一级界面上各行业级二级平台图标，链接到本级各行业二级平台运行二级界面。
常态：在本级GIS地图上标绘的信息点显示“绿色”表示“正常”。
非常态：在本级GIS地图上信息点显示“红色”表示“报警”。双击报警信息点，链接应急处理界面。
二级界面
二级界面显示本行业二级平台各业务应用系统导览图标，双击图标链接到该业务应用、操作、控制、设置三级界面；
二级界面上GIS地图显示本行业要素和目标信息点，双击信息点，显示该信息点位置、状态、数据、关联、分析等信息及数据。
图标：通过二级界面本行业各业务应用系统导览图标，链接到本行业各业务应用系统三级界面；
常态：在本级GIS地图上标绘的信息点显示“绿色”表示“正常”；
非常态：在本级GIS地图上信息点显示“红色”表示“报警”。双击报警信息点，链接应急处理界面。
三级界面
三级界面显示本行业本业务应用系统各类系统导览图标，双击图标链接到本业务应用系统。
三级界面上GIS地图设置本系统操作控制点。双击控制点链接到关停、启动、调节等操作控制页面。
图标：通过三级界面本行业本业务系统各类系统“设置”图标，链接到本系统“设置”页面，进行增加、删除、修改、屏蔽等操作。
控制点：在本级GIS地图上设置操作控制点。双击控制点链接到本系统控制页面，可进行关停、启动、调节等操作。

图 6-8 “城市智慧大脑”可视化分析展现界面结构图

网络与安全中心
业务管理
安全管理
路由管理
配置管理
物联网管理
流量管理
故障管理
运维管理
智慧城市APP
智慧城市大数据
智慧应急
智慧安全
智慧大城管
大数据资源中心
云平台
云存储
云处理
云视频
云传输
机房监控
故障管理
运维管理
智慧交通
智慧市政
智慧环境
智慧民生
智慧经济

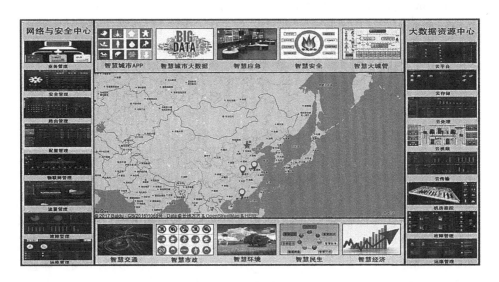

图 6-9 总览界面示意图

(1) 常态下操作(查询方式)

① 通过在总览界面的全国 GIS 地图上的各级新型智慧城市位置图形图标,链接到相应的新型智慧城市(省级、地市级、区县级)的一级界面。

② 通过在总揽界面上本级(全国、省级、地市级、区县级)的"网络融合与安全中心""大数据资源中心""公共信息一级平台"的网络运行、网络安全、云计算、云存储、电子机房等的图形图标,链接到相应本级智慧城市网管系统与网络设备运行和监测、监控、监管的分析展现界面上;以及通过总览界面上"公共信息一级平台"各行业级二级平台的图形图标,链接到相应的本级智慧城市行业级二级平台的分析展现二级界面。

(2) 非常态下操作(推送方式)

当某一智慧城市(全国、省级、地市级、区县级)发生突发事件时,本系统会直接推送(弹出)发生突发事件所属区县级分析展现一级界面。区县级"运营管理中心",在发生突发事件时,直接推送(弹出)本级与应急事件相关联的分析展现二级界面。

3) 一级界面

由总览界面导览本级智慧城市(省、地市、区县)的一级界面。一级界面分别链接本级智慧城市的"网络融合与安全中心"运行监控、"大数据资源中心"运行监控、"公共信息一级平台"所涉及各行业级二级平台的导览图形图标,主要包括新型智慧城市 APP、新型智慧城市大数据、智慧大城管、智慧应急、智慧安全、智慧交通、智慧市政、智慧环境、智慧民生、智慧经济等(可增加),如图 6-10 所示。

图 6-10 一级界面示意图

(1) 常态下操作(查询方式)

① 通过一级界面上的本级(区县级)智慧政务、智慧民生、智慧治理、智慧经济各行业的图形图标,链接到本级相关行业级二级平台分析展现二级界面。也可以通过系统计算机输入分析展现界面"关键字"的方式,直接快速超层级查询各级分析展现界面。

② 通过在一级界面上本级(省、地市、区县)的"网络融合与安全中心""大数据资源中心"的网络运行、网络安全、云计算、云存储、电子机房等监测、监控、监管的图形图标,链接到

相应系统和设备运行和管理的分析展现界面。

③ 监控在一级界面上本级(省、地市、区县)的地理空间信息(GIS)地图上标绘的重点监测、监控、监管要素和目标对象的位置和实时状态的标绘点(如安全、交通、基础设施、重点危化品企业、仓库、医院、学校、社区等),在常态时,各标绘点显示"绿色"表示系统运行正常,系统处于"常态下信息及数据查询模式";当发生突发事件即在非常态下时,在GIS地图上相应的要素和目标标绘点会变为"红色"并闪烁,同时出现报警类型的显示图形图标。双击报警图形图标,可立即直接进入"非常态事件分析展现模式",推送事件现场监控视频图像(可操控)、周边关联要素信息(GIS地图标绘)、事态实时分析信息及数据,以及应急处置预案等分析展现和操控界面。

(2) 非常态下操作(推送方式)

当本级(省、地市、区县)发生突发事件时,本系统会直接推送(弹出)发生突发事件所关联的分析展现二级界面。

4) 二级界面

由一级界面导览本级行业级二级平台二级界面,如图 6-11 所示。二级界面可分别通过导览图形图标链接本行业各业务级应用三级平台的运行、管理、应用、操作、设置、控制等三级界面。在本级(省、地市、区县)二级界面地理信息空间 GIS 地图上,标绘本行业监测、监控、监管关键要素与重点目标对象的位置和实时状态的信息点(如在智慧交通行业 GIS 地图上标绘:交通基础设施、机场、高铁站、地铁站、公交站、停车场、交通枢纽等信息点)。

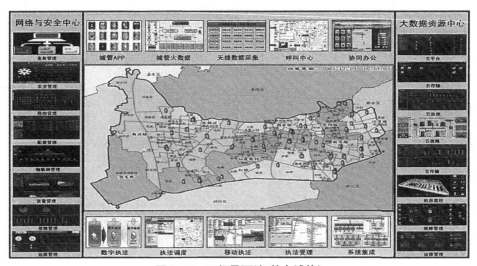

图 6-11 二级界面(智慧大城管)

在常态时,各信息点显示"绿色"表示系统运行正常,系统处于"常态下信息及数据查询模式"。当发生突发事件即在非常态下时,在 GIS 地图上相应的要素和目标标绘点会变为"红色"并闪烁,同时出现报警类型的显示图形图标。双击报警图形图标,可立即直接进入"非常态事件分析展现模式",推送事件现场监控视频图像(可操控)、周边关联要素信息(GIS地图标绘)、事态实时分析信息及数据,以及应急处置预案等分析展现和操控界面,如图 6-12。

第6章 "城市智慧大脑"案例

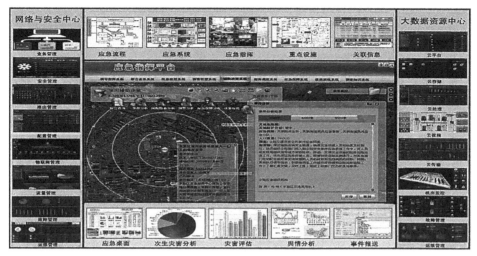

图 6-12　二级界面（智慧应急）

二级界面在常态下，采用查询模式。通过双击二级界面 GIS 地图上重点关键要素和重点目标信息点，进入该关键要素或重点目标信息及数据分析展现页面。该信息及数据分析展现内容包括：详细的实时运行状态信息及数据、历史信息及数据的查询与推送、关联信息的查询与推送、数据分析的查询与推送等。

5）三级界面

由二级界面导览选择本行业级各业务应用三级平台的三级界面。三级界面可分别链接本业务级应用三级平台的运行、管理、应用、操作、设置、控制等分析展现和操作控制页面。在本级（省、地市、区县）三级界面地理信息空间 GIS 地图上，标绘本业务应用系统监测、监控、监控、控制设施与设备的位置和实时状态的信息点与监控点（如智慧建筑 BIM 地图上标绘：火灾、入侵、门禁、摄像机、照明、空调等信息与监控点）。在常态时，各信息与监控点显示"绿色"表示该信息或监控点处于正常状态，系统处于"常态下信息及数据查询模式"；当发生突发事件即在非常态下时，则相应的信息与监控点会变为"红色"并闪烁，同时出现报警类型的显示图形图标。双击报警图形图标，可立即直接进入该报警点实时信息及数据分析和展现操作控制页面，如图6-13 所示。

图 6-13　三级界面（智慧建筑）

6.7.3 可视化界面展现模式

"城市智慧大脑"可视化集成平台分析展现显示模式可分为：

1) 常态下分析展现界面查询与显示模式

① 通过分析展现一级界面上的导览图形图标链接下一级的行业级二级平台（二级界面），以及业务应用系统操作设置控制界面（三级界面）。

② 通过分析展现各级界面上的地理空间信息（GIS）地图上标绘的关键要素和重点目标的信息点，可显示各级（城市级、行业级、业务级）信息点的位置、状态、数据、关联、分析的信息及数据。

③ 通过计算机输入查询各级界面的"关键字"，可实现跨层级快速链接到相应的分析展现或操作控制的界面和页面。

2) 非常态下应急事件分析展现模式

① 当发生突发事件时，全国、省级、地市级智慧城市可视化分析展现平台即刻推送（弹出）突发事件所属区县级一级界面，通过双击该区县级一级界面 GIS 地图上的报警信息点，链接显示突发事件的位置、状态、数据、关联、分析信息及数据。

② 当发生突发事件时，区县级"运营管理中心"智慧城市可视化分析展现平台即刻根据突发事件的属性和类型，直接弹出该突发事件的信息及数据分析展现在界面和关联的操作控制页面上。在 GIS 地图上展现突发事件报警点的位置、状态、数据、关联、分析信息及数据，同时显示现场的视音频图像和信号，以及提供事件进程趋势、综合研判、应急评估、应急保障等关联信息和数据。

6.7.4 可视化大屏幕分析展现场景

新型智慧城市大平台、大数据、大网络"最后一公里"可视化分析展现，通过移动终端 APP、工作座席管理系统、显示大屏幕，实现"人与信息及数据"交互沟通。SCIP 可视化分析展现与由大屏幕厂商提供的信息窗口（通道）展示的方式完全不同。信息窗口展示场景是由预先设定的多个信息显示通道（通常在 20 个以上），且每个显示通道的接口类型是固定不变的（如 VGA、RGB、DVI、HDMI、USB、DP 等），同时显示窗口在场景中的物理位置、窗口大小、分辨率也是不可以改变的，且每个信息窗口必须要由各自独立的硬件设备提供信息展现的信号源，故称为"可视化展现硬件通道集成"方式。SCIP 可视化分析展现体现的是系统集成的能力。SCIP 显示场景中信息窗口的多少、位置、大小、分辨率等完全通过软件来设定，可以单通道显示整个智慧城市所有的各类信息和数据的分析展现场景。因此 SCIP 大屏幕分析展现属"可视化展现软件系统集成"方式，其最重要的优势是可以根据展现的场景内容，如对事情、事件、事态的位置、状态、数据、关联、分析等信息与数据的实时需求，动态地实现跨层级、跨地域、跨系统、跨部门、跨业务的信息与数据的业务协同和控制联动的分析展现场景。故可以实现"领导调度指挥室"一路宽带线路、一个四分屏工作席、一个显示屏，就可以显示、调度、指挥和操控智慧城市"运营管理中心"的全部分析展现的信息与数据的特有功能。这个功能是"可视化展现硬件通道集成"根本无法实现的。下面是由可视化集成平台提供的综合态势、应急指挥、大数据分析、网络与大数据中心运营管理等主要应用场景的可视化分析展现界面的实例。

1) 智慧城市综合态势分析展现场景

智慧城市综合态势分析展现,是"城市智慧大脑"的核心功能。可视化平台跨领域、跨平台、跨业务,对城市的生态环境、公共安全、道路交通、市政设施、宏观经济、民生民意等的信息、数据、图像、应用页面实现全集成;对智慧城市的综合态势和状况进行有效地掌握和管理;实现城市资源的汇聚共享和跨部门的协调联动,为智慧城市高效精准管理和安全可靠运行提供支撑,如图 6-14 所示。

图 6-14 智慧城市综合态势分析展现场景

2) 智慧城市应急指挥调度分析展现场景

智慧城市应急指挥调度分析展现,由四个功能展示区组成,即应急指挥调度主操控区、突发事件现场及相关图像显示区、应急预案联动区和灾害损害评估区。智慧应急指挥调度分析展现通过可视化平台,实现跨平台、跨系统、多维度的集成智慧大城管、智慧安全、智慧交通、智慧环境、智慧社区等与突发事件相关联的信息、数据、图像、应用页面,进行综合分析评估,将突发事件损失降低到最小,如图 6-15 所示。

图 6-15 智慧城市应急指挥调度分析展现场景

3) 智慧城市大数据分析展现场景

智慧城市大数据分析展现,分别对综合态势、监测预警、突发事件、民生民意、社会动态、城市治理、要素监测、企业经济八大目标数据进行可视化分析展现,如图 6-16 所示。由元数据集库、要素库、目标库组成的可视化大数据库分别与网络 Web 数据库和智慧城市八大基础数据库构成的大数据库,实现跨平台、跨行业主题数据库的共享交换和深度挖掘分析与人工智能的应用。

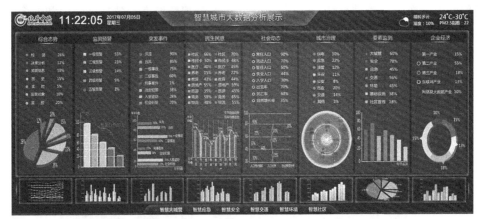

图 6-16 智慧城市大数据分析展现场景

4) 智慧城市网络安全与大数据中心运行管理分析展现场景

智慧城市网络安全与大数据中心的运行管理分析展现,实现对"网络融合与安全中心"的网络互联、网络安全、网络流量、网络故障进行实时的监控、运行管理、故障报警,如图 6-17 所示。实现对"大数据资源中心"的云存储、云计算、云服务等软件系统和硬件设备进行实时的监控、运行管理、故障报警,确保网络安全中心和大数据资源中心运行的高度安全性和可靠性。

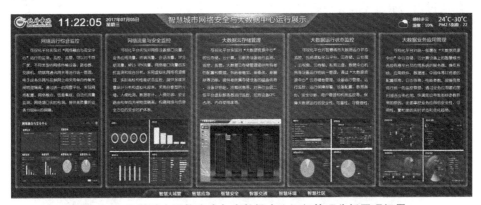

图 6-17 智慧城市网络安全与大数据中心运行管理分析展现场景

6.7.5 "城市智慧大脑"工作座席设计

智慧城市"运营管理中心"工作座席是"城市智慧大脑"的重要组成部分,具有对智慧城市各行业级平台及业务应用系统的多维度、多目标、多要素、多场景的数据、信息、页面、服务进行运行、监控、操作、设置和管理等功能(显示大屏是无法实现这些功能的)。"城市智慧大脑"工作座席,根据可视化"四界面"结构设计,工作座席采用"四分屏",分别显示总览界面、一级界面、二级界面和三级界面,如图 6-18 所示。多个分席位可根据展示行业二级平台业务界面、应用界面、操作和设置页面的需要采用四分屏或多分屏(8分屏、10分屏、16分屏)。目前可视化平台已集成智慧城市综合态势、网络融合与安全中心、大数据资源中心、智慧城市APP、智慧城市大数据、智慧大城管、智慧安全、智慧应急、智慧交通、智慧环境、智慧社区等10多个行业级二级平台。

图6-18 新型智慧城市"城市智慧大脑"工作座席四分屏管理系统

"城市智慧大脑"工作座席,分别由座席管理系统、座席控制器和多显示屏组成。工作座席管理系统具有对各行业级平台及业务应用系统的系统运行、系统管理、监控操作、参数设置等多屏幕各屏分别显示和操控的功能。工作座席控制器支持多屏画面分割、画面漫游,每个显示屏可以显示不同的业务系统窗口界面或操控页面,支持多个显示屏之间显示界面的拖拉、推送和联动展示等功能。

工作座席"四分屏"一号显示屏展示可视化"总览界面"。通过"总览界面"上的全国GIS地图,点击GIS地图链接的智慧城市图标,即可进入该智慧城市"一级界面",如图6-19所示。可视化平台采用多屏显示技术,将多屏显示的页面,通过简单的"推拉"操作,即可在大屏幕上同步展示。

图6-19 一号显示屏"总览界面"

通过"总览界面"选择"智慧南京",即可在主席位二号显示屏上显示"智慧南京"一级界面,分为三个图形图标导览区。左边是"网络融合与安全中心"运营管理业务级导览;右边是"大数据资源中心"运营管理业务级导览;中间上下部分是"公共信息一级平台"各行业级二级平台导览,如图6-20所示。点击中间"智慧南京运营管理平台"页面,即进入"综合态势分析展现"链接页面,其中包括生态环境、公共安全、道路交通的综合实时状况、信息、数据的监控和分析展现。

图 6-20　二号显示屏"智慧南京"

在"智慧南京"一级界面,如选择"智慧城市大数据"导览图形图标,即在主席位三号屏上显示"智慧城市大数据"行业级二级平台二级界面。"智慧城市大数据"二级界面实时展示"智慧南京"八大重要目标及核心要素数据的动态分析展现;同时可链接到"智慧南京"各区县大数据进行分析展现、统计分析,各核心要素元数据集,以及各行业指标数据、运行数据的分析展现三级界面,如图6-21所示。

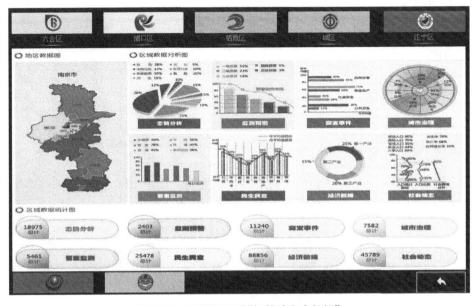

图 6-21　三号显示屏"智慧城市大数据"

在"智慧南京"一级界面,如选择"智慧大城管"导览图形图标,即在主席位四号屏上显示"智慧大城管"行业级二级平台二级界面。"智慧城市大数据"二级界面实时展示"智慧大城管"运营管理实时状况,包括报案、立案、处理、核查,以及城管员位置、巡查路线、事件视频等,如图6-22所示。通过"智慧大城管"二级界面也可链接到各应用系统、操作、设置的三级界面。

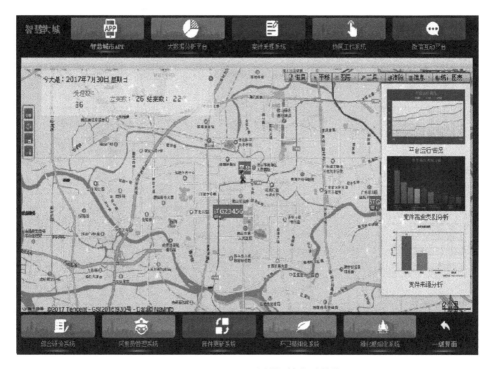

图6-22 四号显示屏"智慧大城管"

通常智慧城市"运营管理中心""城市智慧大脑"设置以下工作座席:

① 智慧城市(大脑)总体运行指挥调度与管理工作座席(包括应急指挥调度等)。

② 网络融合与安全中心运行监控与管理工作座席。

③ 大数据资源中心运行监控与管理工作座席。

④ 综合态势分析及运行监控与管理工作座席(包括环境、交通、安全、应急等)。

⑤ 大数据分析展现与管理工作座席(包括大数据智能分析、提供决策信息等)。

⑥ 智慧安全监控与管理工作座席(包括雪亮工程、公共安全、生产安全、智能视频监控等)。

⑦ 智慧治理运行监控与管理工作座席(包括智慧大城管、智慧安全、智慧交通、智慧应急、智慧环境、智慧市政、智慧社区、智慧建筑等平台信息集成及监控与管理)。

⑧ 智慧民生运行监控与管理工作座席(包括智慧医疗健康、智慧教育、智慧房产、智慧金融、智慧商务等平台信息集成及监控与管理)。

⑨ 智慧环境运行监控与管理座席(包括环境监测、环境数据分析、环境预测等)。

⑩ 智慧市政监控与管理工作座席(包括智慧市政、智慧路灯、地下管网、智慧水务等)。

⑪ 大屏显示操作工作座席(包括展示画面分割、显示信号调度、音视频操控)。

⑫ 运营中心会商信息调度工作座席。

⑬ 运营中心参观座位信息调度工作座席。

⑭ 会议系统及视频会议操作与管理工作座席。

智慧城市"运营管理中心"工作座席设置及全景如图6-23~6-25所示。

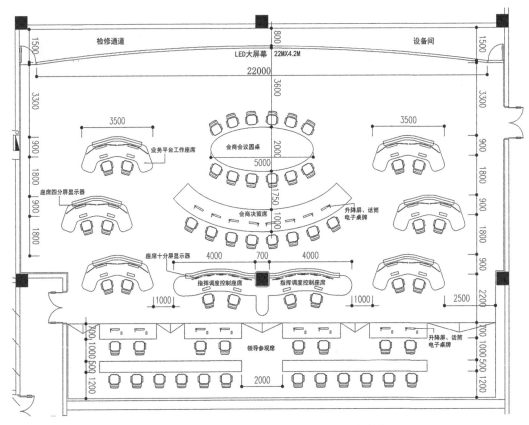

图6-23 智慧城市"运营管理中心"工作座席布置图

图6-24 智慧城市"运营管理中心"工作座席图

图 6-25　智慧城市"运营管理中心"全景图

6.7.6　计算机系统软件配置要求

"城市智慧大脑"可视化集成平台集成各行业级二级平台和业务应用系统应满足以下对计算机系统软件配置的要求:"运营管理中心"可视化集成平台所连接的第三方行业级二级平台及业务级应用三级平台的信息、数据、应用、操作、设置、控制等页面,必须采用B/S计算机系统的结构模式和具有 Web 超链接的功能(可以连接到第三方平台及系统的上述任一页面)。

6.7.7　"网络融合与安全中心"可视化运行管理展示界面

"网络融合与安全中心"运行监测、监控、监管一级界面,部署在"运营管理中心"的各级界面上。网络与安全运行监控一级界面,包括业务管理、安全管理、路由管理、配置管理、端口管理、物联网管理、流量管理、故障管理、运行管理等。

"网络融合与安全中心"运行监控二级界面,主要展现"网络融合与安全中心"一级平台导览的各类网络、安全业务系统和设备的位置信息、运行状态信息(实时)、过程数据(历史)、关联信息、分析数据等展现页面。

"网络融合与安全中心"运行监控三级界面,主要展现"网络融合与安全中心"二级平台导览的各类网络和安全运行监测、监控、监管业务系统的操作设置或监控页面,可以实现对该网络监控业务系统的配置、设置、增加、删除、修改等操作,以及查询相关操作的历史记录。

"网络融合与安全中心"运行监控各级界面,以及信息点和监控点,必须支持 B/S 方式的Web 超链接(可以链接到运行监控界面的任何一级页面)。

"网络融合与安全中心"可视化集成平台,可采用"一机四屏"或"一机三屏"的显示与操作方式,可以同时显示和操作"网络融合与安全中心"各级界面。

6.7.8　"大数据资源中心"可视化运行管理展示界面

"大数据资源中心"运行监控一级界面,部署在"城市智慧大脑"的各级界面上。大数据资源运行监控一级界面,包括云平台、云存储、云处理、云视频、机房监控、故障管理、运维管理等。

"大数据资源中心"运行监控二级界面,主要包括"大数据资源中心"一级平台链接的各数据库系统运行和设施及设备的位置信息、运行状态信息(实时)、过程数据(历史)、关联信息、分析数据等展现页面。

"大数据资源中心"运行监控三级界面,主要包括"大数据资源中心"二级平台链接的各数据库系统运行监控和操作设置页面,可以实现对该业务系统的配置、设置、增加、删除、修改等操作,以及查询相关操作的历史记录。

"大数据资源中心"运行监控各级界面,以及信息点和监控点,必须支持 B/S 方式的 Web 超链接(可以链接到运行监控界面的任何一级页面)。

"大数据资源中心"可视化集成平台,采用"一机四屏"或"一机三屏"的显示和操作方式,可以同时显示和操作"大数据资源中心"各级界面。

6.7.9 "公共信息一级平台"可视化运行管理展示界面

1) 一级界面展现内容

"公共信息一级平台"运行管理展现一级界面,部署在"城市智慧大脑"可视化的一级界面上。公共信息一级平台展示界面包括各行业级二级平台,如新型智慧城市 APP、新型智慧城市大数据、智慧大城管、智慧应急、智慧安全、智慧交通、智慧市政、智慧环境、智慧民生与智慧经济等。

2) 地理信息 GIS 地图展现

"公共信息一级平台"运行管理展现一级界面,通过实景 GIS 地图上展现新型智慧城市所涉及关键要素和重点目标的监测、监控、监管对象的位置信息、状态信息(实时)、数据信息(历史)、关联信息、决策分析信息等,按各行业级二级平台进行分析展现。

3) 监测预警

对重要监测、监控、监管对象出现的非正常情况,提前发出一个警示性信息,为应急准备赢得时间和条件。预警级别可以划分为 5 个级别,分别称为五级预警、四级预警、三级预警、二级预警和一级预警,并依次用绿色、蓝色、黄色、橙色和红色来加以表示。

4) 突发事件监控

① 自然灾害　以数据分析图表方式显示本级自然灾害相关的信息。通过按时间和地区排序,将本级自然灾害事故信息显示在列表最上面;其次是下一级城市自然灾害事故列表;最后是上一级城市自然灾害事故列表。

② 安全生产　以数据分析图表方式显示本级安全生产相关的信息。通过按时间和地区排序,将本级安全生产事故信息显示在列表最上面;其次是下一级城市安全生产事故列表;最后是上一级城市安全生产事故列表。

③ 社会安全　以数据分析图表方式显示本级社会安全相关的信息。通过按时间和地区排序,将本级社会安全事故信息显示在列表最上面;其次是下一级城市社会安全事故列表;最后是上一级城市社会安全事故列表。

④ 公共卫生　以数据分析图表方式显示本级公共卫生相关的信息。通过按时间和地区排序,将本级公共卫生疫情信息显示在列表最上面;其次是下一级城市公共卫生疫情列表;最后是上一级城市公共卫生疫情列表。

5）城市状态监控

实时显示来自城管、应急、公安、交通、环保、市政、供电、环保等及其他业务部门的监测、监控、监控信息和视频监控图像。点击一级平台相关导览图标选择相应二级界面可进入行业级二级平台显示页面查看及浏览相关信息。

6）协同办公系统

通过点击一级平台总览界面上的智慧政务导览图标，可进入本级办公自动化、公文管理、绩效考核管理等办公业务应用系统。

6.7.10 "大数据资源中心"大数据分析展现界面

1）重要资源监测分析

① 每日要报　用于简要说明本级新型智慧城市每日运行重要目标数据和态势，以数据分析图表展示方式为领导提供综合分析状况，使领导每天都能够在第一时间掌握辖区内关键要素和重点目标的现状和变化趋势。

② 每日监测　显示并发布城市综合治理的大城管、安全、应急、交通、环境、基础设施等每日整时实时监测数据。

2）民生大数据分析

以数据分析图表方式展现涉及民生要素大数据的分析，如社区、市民卡、医疗、养老、教育、房地产、旅游、商务、物流的实时数据与变化趋势分析。通过综合数据分析进行多视角、多维度的在线分析，利用趋势图、雷达图、关系图、对比图、结构图等数据可视化形式，全面真实地反映重要民生的现状分析展现，为政务及各相关部门领导提供民生决策分析依据。

3）经济动态大数据分析

① 生产总值　以数据分析图表方式显示季度内的生产总值，包括第一产业、第二产业、第三产业的产值。生产总值以数据分析图表方式显示近几年生产总值分类、比较、变化趋势等。

② 经济指标目录　以数据分析图表方式显示经济指标的目录，点击每个指标可以进入二级页面查看详细的分析结果。经济指标包括地区生产总值分析、商业销售分析、企业经济效益、主要工业产品产量、工程进展情况、固定资产投资、房地产开发、商业、物价、社会治安、财政、人民生活、劳动工资、经济主要经济指标对比、主要经济指标变动情况分析等。

③ 所辖地区的生产总值及排名　以数据分析图表方式显示生产总值及排名情况。

4）社会动态大数据分析

① 采用数据分析图表方式展现人口统计指标目录，如常住人口、流动人口、暂住人口、失业人口、入学人口等。

② 以数据分析图表方式展现人口出生率、死亡率及自然增长率现状。

③ 以数据分析图表方式展现社会舆情分析，通过社会调查数据可视化，展现对社会民情民意分析数据。

6.8 《新型智慧城市"信息栅格"操作系统》技术创新与特点

《新型智慧城市"信息栅格"操作系统》由新加坡新电子系统有限公司指导，深圳北斗智慧城市有限公司组织开发，于2017年9月通过中国智慧城市专家委员会组织全国院士级专家评审，于2017年10月正式上线运行。2018年申请国家发明专利，并获批准。

《新型智慧城市"信息栅格"操作系统》全面采用"信息栅格"理论体系、知识体系、技术体系和系统体系，基于"信息栅格"SOA分布式资源集成架构进行系统化、结构化、标准性的应用开发。《新型智慧城市"信息栅格"操作系统》可以重点应用于新型智慧城市系统集成平台和各行业级业务平台的开发。目前深圳北斗智慧城市有限公司应用《新型智慧城市"信息栅格"操作系统》已经开发完成了《城市级数字化应用一级平台》(发明专利)、《智慧城市"三中心一平台"可视化集成平台》(发明专利)、《新型智慧城市"信息栅格"操作系统》(软件著作权)；以及《新型智慧城市"三中心一平台"可视化集成平台》《新型智慧城市可视化用户界面(GUI)平台软件》《"边缘计算"网络集成平台》《"边缘计算"云端与地端数据管理平台》《"边缘计算"双栈物联网路由器应用软件》《智慧城市"运营管理中心"座席管理系统》《AI＋机器人教学平台》《AI＋机器人实验室平台》《智慧应急管理云平台》《智慧环境云平台》《智慧园区云平台》《智慧社区云平台》《智慧建筑云平台》《智慧交通云平台》《智慧校园云平台》《智慧杆云平台》《8XG智慧家庭云平台》《数字政府分布式资源管理平台》《智慧政务分布式数据库管理平台》《大数据卷积神经网络平台》等数十项国家知识产权专利，如图6-26所示。

《新型智慧城市"信息栅格"操作系统》应用开发涉及智慧城市建设的多项技术专利，是构建新型智慧城市大平台、大数据、大网络、大系统和边缘计算及物联网的核心技术概念、原理和应用；是解决智慧城市信息互联互通和数据共享交换，避免重复建设的关键性技术；是实现智慧城市、大数据、人工智能深度融合应用，对在建或拟建的新型智慧城市都不可缺失的重要指导性技术标准和实施规范。

《新型智慧城市"信息栅格"操作系统》主要包括五个方面的功能，即分布式存储管理、分布式节点资源管理、分布式节点任务与进程管理、底层技术服务组件封装和系统集成服务接口管理。其实现对新型智慧城市各个分布式节点的软硬件、数据、信息、页面、服务等资源的管理、控制与协调，达到智慧城市对这些资源的综合利用，尽可能地通过系统集成、信息与数据共享、业务协同联动来充分发挥智慧城市各种资源的作用。作为分布式资源集成的管理者，"信息栅格"操作系统主要完成以下工作：

① 监视和监测智慧城市各种资源的调用、协调和应用，并通过可视化展现各种资源的位置、状态、数据、关联与应用等使用情况。

② 实施分布式综合资源管理策略以决定谁获得资源、如何获得资源、获得什么资源。

③ 分配智慧城市综合资源提供给有需求的用户使用。

④ 集成智慧城市资源，以便实现智慧城市各分布式节点应用的再分配。

将《新型智慧城市"信息栅格"操作系统》的系统集成模式、软件体系结构、底层技术服务和可视化界面标准化等核心技术应用到智慧城市行业级业务平台开发(如智慧交通二级平台、智慧城管二级平台、智慧应急管理二级平台、智慧医疗健康二级平台等)中，可以节省50%的开发费用和缩短70%的开发周期。

6.8.1 《新型智慧城市"信息栅格"操作系统》创新与特点

1)《新型智慧城市"信息栅格"操作系统》的创新

《新型智慧城市"信息栅格"操作系统》是一个典型的分布式操作系统。其基于"信息栅格"SOA 分布式资源集成架构,将智慧城市各个分布在政府不同管理部门、不同行业的业务平台(系统)、不同地理位置的计算机系统、信息和数据资源集成在一个统一的虚拟化的云平台(分布式中心节点)上,实现了各个分布式节点的信息通信和资源共享。

《新型智慧城市"信息栅格"操作系统》通过边缘计算和物联网,实现各分布式资源节点"自治性"的实时操作,对采集的信息、数据和外部事件进行即时的处理,做出相应的反映。对于分布式节点资源的调用和分配的重点是实时性(响应时间可达到毫秒,甚至微秒),然后是效率,同时还有很强的容错能力。《新型智慧城市"信息栅格"操作系统》具有三种典型应用场景:分布式资源调用、分布式信息发现与分布式事件处理。

2)《新型智慧城市"信息栅格"操作系统》的特点

《新型智慧城市"信息栅格"操作系统》具有以下特点:

① 分布性　电子政务外网和物联网上的各个政府部门、行业管理机构的各个分布式节点(机)可以位于不同的地理位置,各自执行本部门和本行业的任务、业务、作业和应用。

② 自治性　网上的各个分布式资源节点都有自己的内存、IO 设备和操作系统,具有独立的处理能力。各个节点的资源被认为是局部所有的。"信息栅格"操作系统支撑各分布式节点独立完成各自承担的任务、业务、作业和应用。

③ 互联性　网上各个分布式节点的资源,包括软硬件资源、数据、信息、页面、服务在物理上和逻辑上连接为一个整体。在统一的"信息栅格"操作系统的控制下,实现网络通信和资源共享。

④ 透明性　网上各个分布式资源对于各个节点用户是完全透明的。各个分布式节点任务在本地节点上运行。"信息栅格"操作系统提供的节点资源可以共享到其他分布式节点上。

⑤ 选择性　"信息栅格"操作系统能够实现对各个分布式节点资源的最佳选择。通过分布式节点资源注册了解和掌握整个智慧城市分布式系统中共享资源的状态和应用情况,能够根据用户的需求自动做出选择。

⑥ 统一性　"信息栅格"操作系统为各个分布式节点提供一致的资源共享接口,而不管其内部采取什么方法予以实现。

⑦ 可靠性　"信息栅格"操作系统利用硬件和软件资源在物理上分布的优势,实现容错、冗余和可靠的运行与操作。

⑧ 并行性　新型智慧城市中城市级平台、行业级平台、数据库系统都可被视为一个节点。"信息栅格"不仅能实现各节点上多道程序的并发执行,而且能实现各个分布式节点机上进程执行的真正并行处理。

⑨ 可扩展性　"信息栅格"操作系统可以根据分布式节点的需求和应用情况,方便地对系统的规模进行扩充或缩减,以及执行任务的增加或修改。

6.8.2　新型智慧城市系统集成模式创新与特点

1) 传统系统集成模式

传统的系统集成开发模式,基本都是在基于数据的基础上进行系统集成二次开发,实现数据集成、数据分析、数据可视化及数据应用场景可视化。

传统的系统集成模式基本上是按照图 6-27 的模式和流程开发的。

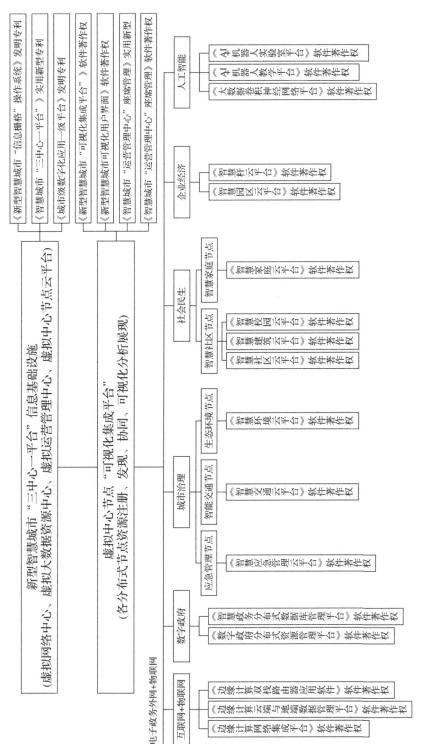

图 6-26 《新型智慧城市"信息栅格"操作系统》新电子软件平台及技术专利结构图

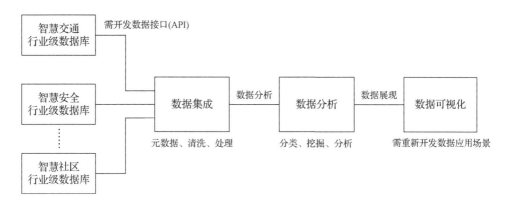

图 6-27 传统系统集成模式

从传统系统集成模式图上，可以看出该开发模式存在如下明显的缺陷：

① 首先需开发与不同行业平台或业务系统数据库连接的数据接口(API)，如果有 N 个系统就必须开发 N 个数据库接口。对于智慧城市复杂巨系统而言，其数据接口开发量巨大，同时还面临第三方数据库系统接口的开放问题，如果第三方不开放数据库系统接口，要想实现系统集成将是不可能完成的任务。

② 通常智慧城市传统系统集成可视化都是通过柱状图、曲线图、饼状图的方式来展现的，很少实现系统集成应用可视化场景的展现，即很少实现可视化展现系统的运行、业务、功能、操作、设置等系统集成应用场景界面的展现。如果传统系统集成模式要实现系统集成应用场景的可视化展现，必须在数据可视化的基础上重新开发系统集成应用场景的展示界面。对于智慧城市系统集成需要展现 N 个系统的可视化应用场景的界面，必须重新开发 N 个行业级平台及应用系统的可视化界面，其开发应用场景界面的工作量巨大，几乎是不可能完成的任务。

③ 传统系统集成开发是基于数据集成的模式，因此其开发模式注定了系统之间无法实现互操作，而系统之间的互操作是物联网的核心功能，因此也就很难实现智慧城市各个行业级平台及应用系统之间的业务协同，也无法通过物联网实现系统的操作与控制联动。

2) 创新系统集成模式

"信息栅格"操作系统的系统集成模式基本上是按照图 6-28 的模式和流程开发的。

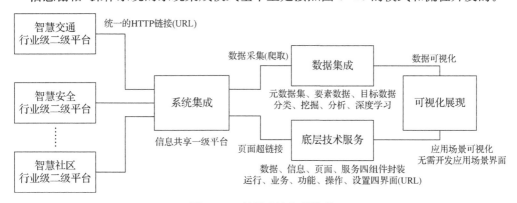

图 6-28 创新系统集成模式

从"信息栅格"操作系统的系统集成模式图上,可以看出该开发模式相比传统系统集成开发模式,具有明显优势,试分析如下:

① "信息栅格"操作系统的系统集成模式采用基于 Web 技术的系统集成模式。系统集成平台(信息共享一级平台)与不同行业级平台或业务系统之间采用统一的 HTTP 协议和 URL(Uniform Resource Locator,统一资源定位)页面超链接的系统集成模式(新型智慧城市可视化集成平台已申请国家发明专利)。创新系统集成模式无需开发系统集成接口。对于智慧城市复杂巨系统而言,免去了系统集成接口的开发工作,可以大大节省开发费用和缩短系统工程建设时间。同时由于采用开放的 HTTP 协议和 URL 页面超链接系统集成模式,因此也不存在第三方不开放系统集成链接接口的问题。

② "信息栅格"操作系统的系统集成模式采用 Web 技术的系统集成模式和 SOA 分布式资源集成的架构,通过信息共享一级平台系统集成,将各被集成系统的数据、信息、页面、服务注册到系统集成平台上,实现各被集成系统底层技术服务的数据、信息、页面、服务封装组件的监测、发现、调用、映射、和运行、业务、功能、操作、设置可视化界面(URL)的展现。通过创新系统集成的数据集成、底层技术服务和组件封装及界面 URL 资源定位技术,不但可以实现数据可视化展现,同时也可以实现被集成业务应用系统运行、业务、功能、操作、设置场景的可视化界面的展现。创新系统集成通过系统页面采集实时数据,采集的数据具有实时性和低延时,而不同于传统系统集成从数据库中共享非实时性的历史数据。创新系统集成模式提高了数据的质量和数据的实时性、可用性。

③ "信息栅格"操作系统的系统集成开发是基于系统底层技术服务组件封装和系统四级界面超链接的模式进行系统集成,因此创新系统集成可视化集成平台具有跨平台、跨系统、跨业务、跨区域、跨部门的分布式资源综合和系统集成的能力,以及分布式节点注册、监测、发现、协调、协同与联动的能力。完全可以实现智慧城市各行业级平台及应用系统之间的互操作、业务协同和监控系统之间的控制联动。

6.8.3 新型智慧城市系统集成软件体系创新与特点

"信息栅格"操作系统的系统集成模式采用 Web 前端与 Web 后端分离的结构。Web 前后端分离已经成为互联网项目开发的主流技术。通过智慧城市大型分布式系统集成架构可以有效地实现解耦合。采用云计算、区块链、边缘计算、物联网、大数据、人工智能等新一代信息技术集成创新和深度融合应用,以及各集成系统底层技术服务的数据、信息、页面、服务四组件封装和运行、业务、功能、操作、设置四界面(URL)展现的二次开发,为智慧城市与第三方系统集成打下了坚实的基础。采用 Web 前后端分离的最大好处是使得智慧城市行业级平台及业务系统之间封装组件的共享和复用,采用业务应用逻辑的虚拟化,可以有效地避免各行业级平台及业务应用系统相同功能组件的重复开发和重复建设。

基于"信息栅格"操作系统的系统集成模式,智慧城市可视化集成平台必须对传统系统集成软件体系进行创新和改造。"信息栅格"操作系统的系统集成软件体系结构如图 6-29 所示。

1) 可视化集成平台 Web 前端

可视化集成平台 Web 前端主要由静态页面组成,如图 6-30 所示。首先制定 Web 前端统一的静态页面 GUI 设计的标准化和静态页面涉及系统运行、业务、功能、操作、设置

第 6 章 "城市智慧大脑"案例

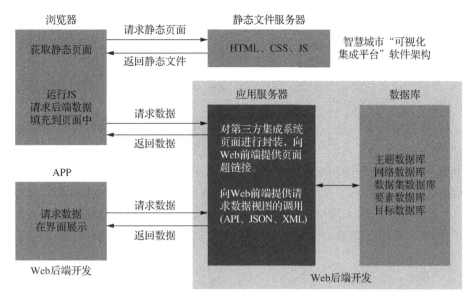

图 6-29 可视化集成平台软件体系结构图

页面之间链接的逻辑关系（已申请软件著作权）。通常 Web 前端软件开发涉及 HTML、CSS、JS 等软件技术。

通过 Web 前端的调用可以简化和减少接口。对于应用来讲，业务应用功能的调用是通过每个服务页面来完成的，每个服务页面只需公开一个用于业务应用服务的调用类名，形式，如对数据、信息、页面、服务组件的调用类名作为调用的接口。这种方式可以有效避免和减少业务应用功能调用接口的开发，使得平台功能使用起来更加便捷。

图 6-30 智慧城市总览界面

2) 可视化集成平台 Web 后端

可视化集成平台 Web 后端主要由两部分组成，系统底层技术服务和专题数据库系统。

通常 Web 后端软件开发涉及 API、JSON、REST、XML 等软件技术。

① 底层技术服务　主要功能是对被集成系统的数据、信息、页面、服务进行组件封装，重点是被集成系统的页面封装（页面已包括数据、信息和服务内容）。通过 Web 前端静态页面调用 Web 后端已经封装好的系统动态数据、信息、页面、服务封装的组件，形成可视化动态页面。

② 专题数据库系统　通过被集成智慧城市行业级二级平台应用系统页面采集动态数据和二级平台主题数据库共享数据的方式，进行统一的元数据管理及数据分类，并分别存入可视化集成平台主题数据库和网络数据库中。Web 前端静态页面上的数据框，由 Web 后端封装数据推送至 Web 前端静态页面数据框中，实现静态页面和动态数据可视化界面的集成。可视化集成平台将存入网络数据库和主题数据库内已经封装好的元数据类，通过神经网络深度学习的聚类、决策树、BP 等算法，对其进行特征值提取、降维等，形成可视化数据集、要素数据和目标数据。

③ 可视化集成平台数据集成遵循 HTML5 标准的超文本标记语言和 JavaScript 基于 Web 客户端开发的脚本语言，通过 REST 数据库接口平台访问第三方数据库系统。数据库接口支持 HTTP 传输协议、REST 远程服务器数据调用、JSON 数据传输格式、UTF8 编码格式和 POST 数据请求方式等。通过 JSON 数据交换格式，实现 Web 页面与数据库系统的连接和交互，如图 6-31 所示。

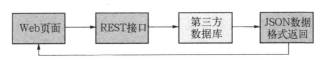

图 6-31　可视化 Web 页面与第三方数据库连接示意图

6.8.4　新型智慧城市系统集成组件封装技术创新与特点

基于"信息栅格"操作系统的系统集成模式，底层技术服务四封装组件技术是核心。可视化集成平台封装组件是"信息栅格"SOA 分布式资源集成的基础，一方面将各分布式节点的组件资源注册到可视化集成平台中心节点上；另一方面通过可视化集成平台监测和发现来协调、协同和调用各分布式节点中的被封装的组件资源。

客观事物所表达的内容，主要是通过事物变化的事件（发生）、事态（状况）、事由（过程）、事处（应用）简称"四事"来表述的。要真实地表述"四事"，主要通过客观事物或称为"事件"的位置信息、状态信息、数据信息、关联信息、应用信息来支撑，即通过"五信"来对"四事"进行具体的描述。表 6-1 是"四事"与"五信"之间的信息要素、可视化展现、信息支撑之间的相互逻辑关系和关联关系表。事件与信息描述的逻辑关系是确定系统封装组件的分类、注册、监测、发现、协调、协同、调用的重要依据。

表 6-1　可视化集成平台组件封装逻辑关系

信息类	信息要素	可视化界面	信息支撑	描述
位置	GIS、BIM 列表、标定	一级界面	总览、标绘展现	事件
状态	标定、分级	二级界面	运行、标绘展现	事态

续　表

信息类	信息要素	可视化界面	信息支撑	描述
数据	决策、预测	三级界面	数据、信息 页面、服务封装	事由
关联	数据关联 信息关联		页面关联 关联调用	
应用	操作、设置 查询	四级界面	操作、设置、查询 页面+对话框	事处

　　可视化集成平台底层技术服务主要由通用组件、业务组件、安全组件和中间件组件构成，以满足系统集成对各分布式行业级平台及应用系统信息与数据的调用、映射、交换、集成、共享和组件组织管理。通用组件、业务组件、安全组件和中间件组件采用统一的标准和规范进行开发和组态。各类组件根据可视化集成平台（中心节点）与各分布式节点（P2P）互联互通和数据共享交换的需求，将统一开发的各类组件部署在各行业级平台的底层技术服务中，如图6-32所示。

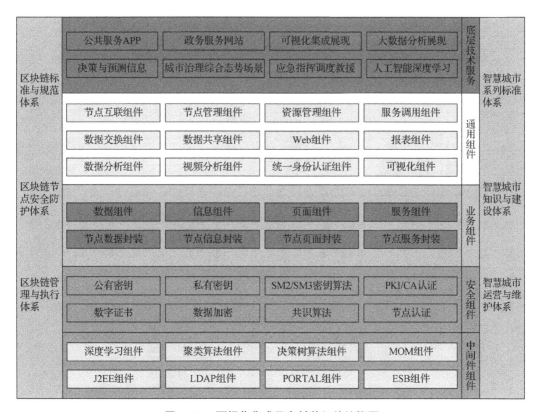

图6-32　可视化集成平台封装组件结构图

6.8.5　新型智慧城市系统集成可视化界面创新与特点

　　基于"信息栅格"操作系统的系统集成模式，可视化界面集成创新是可视化集成平台最重要的创新。一方面通过可视化静态页面实现了与系统底层动态的数据、信息、页面、服务的集成；另一方面实现了智慧城市各行业平台及应用系统统一的和独立界面的运行、业务、功能、操作、设置的可视化界面的展现。通过可视化界面注册了各行业平台及应用系统的运行、业务、功能、页面、服务的分布式节点资源,同时又通过可视化界面实现了对各行业平台及应用系统资源的监测(推送)和发现(查询)。

可视化界面根据总览+四界面GUI结构化、系统化、标准化的设计,将业务应用逻辑与可视化服务功能界面分离,如图6-33所示。业务应用逻辑之间及界面与业务应用逻辑之间动态数据、信息、页面、服务的变化则由另一界面或底层技术服务的数据、信息、页面、服务的组件来驱动。这样既可以给用户带来很好的可视化实时动态的应用场景体验;同时可视化四界面支持第三方插件,支持封装组件的注册、监测、发现、调用、映射,特别通过事件(发现)来触发和驱动控制组件的调用及界面之间实时控制数据与信息的传递。可视化四界面既实现业务应用逻辑的链接,同时又相互独立于第三方界面或底层技术服务的动态数据、信息、页面、服务组件。采取信息栅格节点与资源分离的注册、监测、发现、调用、映射、控件等松耦合多重对接的资源集成方式,且同时满足业务应用客户端的服务需求,该可视化四界面GUI结构化、系统化、标准化的设计有效解决了业务应用逻辑与可视化动态数据、信息、页面、服务的展现与业务应用系统集成的功能。

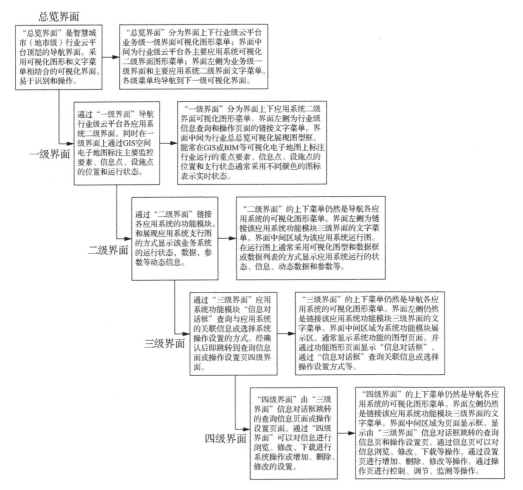

图6-33　总览十四界面的可视化展现

附　　录

附录1　智慧城市可视化集成平台功能一览表

序号	业务系统名称	功能子系统名称	功能要求
1	集成系统基本配置	系统软件配置	系统配置 HTML5、JavaScript、ERST、JSON 等 Web 超链接技术应用,可实现与第三方信息平台及应用系统的全集成,业务、功能、操作、设置等应用页面的可视化分析展现
2		可视化一级界面	可视化一级界面展示智慧城市各被集成信息平台的导览(如生态环境、综合治理、视频监控、智慧城管等),一级界面 GIS 地图上标绘本智慧城市所关注的目标和核心要素的信息点,信息点可以显示常态下和非常态下的实时状态和该信息点的信息查询
3		可视化二级界面	可视化二级界面展示智慧城市各被集成信息平台业务系统导览,GIS 地图上标绘本信息平台所关注的核心要素的信息点,信息点可以显示常态下和非常态下的实时状态和该信息点的信息查询
4		可视化三级界面	可视化三级界面展示智慧城市各被集成信息平台业务系统的各功能模块的操作和设置对话框,GIS 地图上标绘本信息平台应用系统监控点(如摄像机、控制设备、传感设备等),点击监控点可以弹出操作或设置对话框
5		大屏幕展现方式	以各被集成信息平台系统集成,跨平台、跨系统的信息互联互通和数据共享交换可视化分析展现方式,不接受通过大屏控制器信息窗口的集成展现方式
6		桌面展现方式	集成平台支持桌面计算机的多屏显示方式(四分屏或三分屏),可以同时展现一、二、三级可视化界面;可以通过"推送"方式实现桌面系统与大屏幕显示的互动和实时多场景的切换与展示
7	集成平台支撑系统	统一身份认证	具有授权访问控制(分为电子政务内网、电子政务外网、公共互联网)、数据加密、数字签名等功能模块
8		数据资源管理	具有数据设备资源管理、数据库运行状况实时监控(存储、磁盘、挂载、空间使用率、故障等)、数据库设备配置管理、设备维护管理、用户管理、运行日志管理、数据备份管理等功能模块

续　表

序号	业务系统名称	功能子系统名称	功能要求
9		大数据分析展现	大数据分析展现分别由大数据可视化元数据集库、要素库、目标库组成，可对各被集成信息平台数据库基础数据进行抽取、转化、清洗、整合、加载、审计、校核。具有通过大数据可视化图表（多柱状图、曲线图、饼图、数据列表等）分析展现各目标数据、要素数据和元数据集数据进行跨平台、跨系统、多维度的综合分类、阶段比较、OLAP 关联分析、AI 智能、趋势分析等功能模块
10		网络资源管理	具有网络设备资源管理、网络运行状况实时监控（流量、业务、拓扑、安全、故障等）、网络设备配置管理、网络设备维护管理、用户管理、运行日志管理、网络备份管理等功能模块
11	集成平台支撑系统	综合视频集成管理	"集成平台"具有对分布式数字视频资源集成管理的功能。采用视频云存储与物联网技术的结合，可以将第三方视频系统或视频监控平台集成在"集成平台"综合监控与视频集成管理云平台上。基于"集成平台"云存储与云处理，有效整合第三方视频资源，形成统一的视频调用和业务的协同联动。综合视频集成管理具有视频联动报警的功能，当接收来自业务系统报警信息时，主动展现与报警信息关联的实时视频图像
12		远程分控中心	"集成平台"可以提供远程分控中心的部署（如领导调度指挥室），通过互联网或电子政务外网分别登录"集成平台"。通过多屏显示的方式（通常标配四分屏座席＋显示大屏）展示"集成平台"任意的可视化分析展现页面，领导可以通过调用相关页面进行全局的指挥、调试、操作和控制。当发生重大突发事件时，"集成平台"主动向各远程分控中心推送报警页面和触发报警警铃
13		移动 APP	"集成平台"提供移动 APP 的应用，展现智慧城市被集成信息平台及应用系统的各种服务功能，包括监控视频、可视化分析图表、服务项目的操作和设置等功能。支持 Android 和 IOS 等多个版本，可支持各种移动终端和电脑桌面系统
14	第三方信息平台集成	系统集成	通过 Web 超链接技术应用，实现被集成第三方信息平台及应用系统（B/S 或 C/S＋Web）的业务、功能、操作、设置页面的超链接。通过集成平台一、二、三级可视化界面分别分析展现被集成信息平台的业务、功能、操作、设置页面等
15		数据库集成	通过数据共享技术应用，实现与被集成第三方信息平台及应用系统集成页面的要素数据采集和应用数据库的抽取。第三方集成数据应导入"集成平台"可视化元数据集库，并通过大数据分析展现页面的数据可视化图表，分别展示目标数据、要素数据、元数据集数据的分类、比较、分析（LOAP）、趋势等内容

续 表

序号	业务系统名称	功能子系统名称	功能要求
16	"三中心一平台"集成	大数据开发应用集成	可以集成第三方对智慧城市某个特定目标数据的深度挖掘、分析或人工智能开发应用的系统或平台。可以通过"集成平台"可视化展示被集成"大数据开发应用"系统或平台的应用场景和实现Web超链接的页面集成及展示
17		网络融合与安全中心	集成"网络融合与安全中心"运行管理平台,分析展现"网络运管平台"的业务、功能、操作、设置等各应用功能
18		大数据资源中心	集成"大数据资源中心"运行管理平台,分析展现"数据运管平台"的业务、功能、操作、设置等各应用功能
19		机房监控	集成"三中心一平台"机房监控平台,分析展现"机房运管平台"的业务、功能、操作、设置等各应用功能
20	第三方外购软件	需提供	需提供智慧城市"集成平台"所需要的外购操作系统、数据库系统、中间件、GIS系统(可采用开源系统)等
21	软件产品版本要求	需提供	需提供智慧城市"集成平台"软件著作权证书
22	软件产品性能要求	需提供	需提供智慧城市"集成平台"演示版本
23	"集成平台"安装部署	无需提供硬件配置	统一部署在"三中心一平台"大数据资源中心云计算平台上

附录2 智慧城市可视化大数据构成与内容一览表

序号	重点目标(一级父项)	核心要素(二级子项)	元数据集(三级次项)
1	综合态势大数据	监测预警	一级预警、二级预警、三级预警、四级预警、五级预警
		突发事件	自然灾害、安全生产、社会治安、公共卫生、市政设施
		城市治理	智慧大城管、智慧安全、智慧应急、智慧交通、智慧环境、智慧市政、智慧社区
		要素监测	城市治理、公共交通、公共安全、绿色环保、基础设施、应急管理、社区管理
		民生民意	智慧社区、智慧健康医疗、智慧教育、智慧交通、智慧环境、智慧市政
		企业经济	第一产业、第二产业、第三产业、互联网产业、大数据产业
		社会动态	社会舆情、人口统计、网格管理、社区动态、绩效考核

续 表

序号	重点目标(一级父项)	核心要素(二级子项)	元数据集(三级次项)
2	监测预警大数据	五级预警	市容市貌、垃圾堆放、违章停车、建筑扬尘、乱贴(发放)广告、施工噪声、渣土车违章、空气质量超标
		四级预警	交通阻塞、社区纠纷、医患纠纷、无照经营、入户盗窃
		三级预警	聚众斗殴、停水停电、食药品安全、人口遗失、环境污染、传染病
		二级预警	交通事故、治安报警、刑事案件、群体事件、有害液气体泄漏、市政事故
		一级预警	突发事件、自然灾害、火灾报警、安全生产、恐怖威胁
3	突发事件大数据	自然灾害	地震、地质灾害、台风、洪涝、污染、次生灾害
		安全生产	特大事故、重大事故、较大事故、一般事故、火灾事故、交通事故、生产事故
		社会治安	扰乱社会治安案件、严重犯罪案件、重大活动安全事件、妨碍公务案件、社会治安评价
		公共卫生	冠状肺炎、霍乱、病毒肝炎、痢疾、艾滋病、狂犬病、炭疽、流行脑炎、登革热、流行传染病
		市政设施	供水事故、排水事故、供电事故、燃气事故、供热事故、电信事故、环境卫生事故、防灾事故
4	城市治理大数据	智慧大城管	事件受理、部门协同、调度指挥、事件结案、综合联动、评价监督、绩效考核
		智慧安全	治安管理、视频联网、娱乐场所监控、酒店管理、安全事件、治安报警、火灾报警
		智慧应急	事件报送、事件统计、指挥调度、风险监测、次生灾害、应急保障、培训演练
		智慧交通	交通监控、交通事故、公交车、出租车、交通违法、地铁运行、交通状态指数
		智慧环境	节能减排、道路排放、能耗监控、循环经济、可持续发展、绿色建筑、绿色工厂
		智慧市政	市政设施运营综合监控、地下管廊监控、基础设施监控、海绵城市监控
		智慧社区	政务管理、民政管理、政务服务、信息公开、公共服务、商业服务、物业服务
5	要素监测大数据	城市治理	安全指数、交通指数、应急指数、环境指数、基础设施指数、能耗指数、污染指数
		公共安全	公共安全、交通安全、社区安全、食药品安全、健康医疗安全、人身安全、妇幼安全

续 表

序号	重点目标(一级父项)	核心要素(二级子项)	元数据集(三级次项)
5	要素监测大数据	公共交通	出行信息、公共交通、轨道交通、出租车预约、道路拥堵信息、交通事故、违章信息
		绿色环保	环境指数、空气质量监测、环境污染监测、碳排放监测、能耗监测、工业排放监测、道路排放监测
		基础设施	供水监测、排水监测、供电监测、燃气监测、供热监测、电信监测、卫生监测、防灾监测
		应急管理	应急值守、应急处置、应急预案、专家评估、物质保障、应急联动
		社区管理	视频监控、安全报警、出入口控制、传染病监控、车辆管理、设备运行监控、物业管理
6	民生民意大数据	智慧民生	政务服务、民政服务、公共服务、商业服务、社保服务、一站式服务
		智慧健康医疗	疾病预防、重症疾病、突发疫情、慢性病、常见病、传染病、就诊率、康复率、社区医疗、智慧医院
		智慧教育	三通两平台、网络教育、职业培训、妇幼教育、教育资源共享、智慧学校
		智慧养老	社区养老、机构养老、居家养老、健康档案、养老保健、生活安全、养老服务、智慧养老
		智慧房产	房产登记、产权管理、房产信息化、房产档案、房产维护、房产服务
		社会保障	劳动就业、养老保险、医疗保险、失业保险、工伤生育保险、职业培训
		商务物流	电子商务、网上购物、物流配送、仓储管理、物品溯源、运输调度、物品查询
7	企业经济大数据	第一产业	农业、畜牧业、林业、渔业
		第二产业	制造业、建筑业、电力、矿业
		第三产业	商业(零售)业、服务业、金融业、教育文化
		互联网产业	电子商务、网上购物、网上银行、网上金融、物流配送
		网络及大数据产业	网络宽带、移动通信、用户接入、数据中心、业务应用平台、智慧城市建设
8	社会动态大数据	社会舆情	舆情监控、舆情分析、民意评估、民众投诉、民众建言、政民关系、警民关系
		人口统计	常住人口、流动人口、就业人口、失业人口、入学人口、出生人口、死亡人口
		网格管理	社区服务网格、社区人员信息、健康养老信息、房屋住户信息、流动人口信息、社区纠纷调解、综合业务协同
		社区动态	社区活动、社区自助组织、社区义工、网上投诉、网上评议
		绩效考核	工作任务、创新建议、群众评议、满意度、业务投诉

附录3 智慧城市行业元数据及数据类一览表

编号	部门	业务(元数据)	管理(元数据)	行政许可(元数据)	应用(数据类)	信息(数据类)	共享(数据类)	库别	数据源
1	交通局	交通基础设施	车辆收费管理	公路建设项目	公交一卡通	货运车辆信息	车辆管理数据	智慧交通主题数据库及业务系统应用数据库	智慧交通二级平台及主题数据库
		交通运输业务	出租车企业管理	公路超速运输	车辆到站预报	从业人员信息	道路管理数据		
		重点运输业务	道路收费管理	运输经营许可	出行信息APP	运输企业信息	机动车数据		
		交通服务机构	高速路管理	危险品运输许可	道路信息发布	出租车企业信息	出租车数据		
		交通监管业务	停车场收费管理	汽车租赁许可	出租车预约	维修企业信息	停车场数据		
		交通建设业务	公交车管理	运输服务许可	道路监控	出租车信息	运输企业数据		
		车辆运营业务	机动车维修管理	维修服务许可	车辆定位与调度	培训企业信息	交通应用服务数据		
		道路运输市场监督	机动车检验管理	外商投资许可	高速路收费	驾驶员信息	交通服务数据		
		机动车维修服务	加油站管理	从业资格许可	交通道路诱导	车辆审验信息	交通信息互联		
			汽车租赁管理	核发运输证	重点车辆监控	违章处罚信息			
			公交卡管理	客运经营许可	停车场监控管理				
			交通信息管理	工程设计审批	道路环境监控				
				工程坡工验收					
2	卫健委	卫生医疗机构	综合医院管理	公共卫生许可	医疗卫生服务平台	卫生服务信息	医疗机构数据	智慧医疗卫生主题数据库及业务系统应用数据库	智慧医疗卫生二级平台及主题数据库
		医务从业人员监管	妇幼保健管理	供水卫生许可	居民健康档案	医疗服务信息	社区医院数据		
		医疗质量标准	社区医院管理	医疗设备许可	医疗电子病历	养老服务信息	医疗就诊数据		
		医疗服务规范	药店管理	医生资格许可	医疗服务APP	网上医疗信息	慢病分类数据		
		医疗纠纷处理	传染病管理	医疗机构审批	社区医疗服务	医疗机构信息	医疗收费数据		
		卫生领域准入	慢性病管理	医疗收费审批	社区养老服务	医疗收费信息	药品价格数据		
		疾病预防控制	家庭医生管理	药品价格审批	远程医疗	药品价格信息	医疗人员数据		

续表

编号	部门	业务(元数据)	管理(元数据)	行政许可(元数据)	应用(数据类)	信息(数据类)	共享(数据类)	库别	数据源
2	卫健委	社区卫生服务	卫生许可管理		就医一卡通	医疗专家信息	医患纠纷数据		
		农村合作医疗	医疗收费管理		医疗预约服务	慢病咨询信息	突发事件数据		
		突发公共卫生事件	医疗事故管理			医疗投诉查询	居民健康数据		
			医疗纠纷管理			医疗信息发布	患者康复数据		
			药品价格管理				养老服务数据		
3	公安局	社会治安案件处理	户政部门信息管理	大型集会许可	社会治安监控	社会治安信息	社会治安数据	智慧安全主题数据库及业务系统应用数据库	智慧教育二级平台及主题数据库
		重大刑事案例侦破	车辆登记管理	民用枪支配购许可	110报警受理	消防报警信息	报警分类数据		
		交通安全管理业务	交通违法管理	焰火燃放许可	视频联网	突发安全事件信息	安全分类数据		
		消防监督管理业务	户籍人口管理	爆破作业许可	公共场所视频监控	户籍信息	受理分类数据		
		危险品管理业务	身份证登记管理	危险品运输许可	常住人口管理	流动人口信息	结案分类数据		
		特种行业管理业务	派出所一览表	特种行业许可	流动人口管理	安全信息发布	社会安全指数		
		户籍及身份证业务	安全执法管理	保安服务公司许可	消防报警	民众治安投诉	人口统计数据		
		出入境管理业务	出入境管理	保安培训单位审核	社区安全报警		常住户籍数据		
		公共安全信息监察业务	港澳台通行证管理	金融机构设计审查			流动人口数据		
		安全生产监督业务	流动人口管理	公共场所安全检查					
		公共场所安全监管	酒店入住人员登记管理	机动车登记					
		酒店入住人员管理	安保机构管理	核发驾驶证					
		安全事故协同调查	公共场所治安管理	公民因私出国许可					
		组织应急救援		港澳台通行证许可					
		公共安全行政执法		户籍登记审批					
		保安机构管理业务		发放居民身份证					
		保安人员培训业务							

续 表

编号	部门	业务（元数据）	管理（元数据）	行政许可（元数据）	应用（数据类）	信息（数据类）	共享（数据类）	库别	数据源
4	教育局	指导中小学教育工作	学历管理	培训机构许可	学生在线学习	教育机构信息	教育机构数据	智慧教育主题数据库及业务系统应用数据库	智慧教育二级平台及主题数据库
		中小学教师队伍建设	幼儿园管理	幼儿园审批	教师在线学习	在校学生信息	在校学生数据		
		职业教育	教育收费管理	培训收费许可	网络课堂	在校教师信息	在校教师数据		
		成人教育	培训机构管理		教学课件管理	幼儿园信息	幼儿园数据		
			幼儿园管理		学生学历管理	培训机构信息	入园儿童数据		
			教育收费管理		智慧校园		智慧校园数据		
					校园一卡通		辍学学生数据		
					"三通两平台"		职业学校数据		
							成人考试数据		
5	人社局	就业管理业务	居民医疗保险管理	人力资源服务许可	人社信息平台	人社信息发布	公务员数据	智慧人社主题数据库及业务系统应用数据库	智慧人社二级平台及主题数据库
		社会保险基金业务	社会养老保险管理	民办职业培训许可	社会保险应用	人社服务APP	新增就业数据		
		公务员管理业务	公务员考试管理	录用公务员审批	养老金管理应用	社会保险信息	退休人员数据		
		事业单位人事业务	职业资格管理	外国专家来华许可	离退休管理应用	养老保险信息	在岗职工数据		
		高层次人才管理业务	社会保险机构管理	港澳台内地工作许可	专业资格审核应用	专业资格审核信息	退休职工数据		
		专业资格管理业务	法律咨询机构管理	医疗机构资格审批	公务员管理应用	公务员录用信息	资格分类数据		
		军队转业管理业务	人才中介机构管理	零售药品资格审批		就业与失业信息	养老保险数据		
		基本养老金管理业务	失业救助管理	社会保险费征收许可			医疗保险数据		
		医疗保险管理业务	计划生育管理	离退休养老金支付			失业人口数据		
		劳动人事仲裁业务	人才流动管理	职业技能鉴定			社会保险数据		
		技术等级考核		劳动能力鉴定			人才流动数据		
		职业中介机构审批		医疗费用结算			保险机构数据		

续 表

编号	部门	业务（元数据）	管理（元数据）	行政许可（元数据）	应用（数据类）	信息（数据类）	共享（数据类）	库别	数据源
5	人社局	公伤认定业务		公伤待遇核定					
		劳动能力鉴定业务		失业保险金发放			境外人员数据		
				社会保险登记					
6	民政局	社会团体登记注册	居民最低保障管理	居民最低保障申请	民政信息平台	社会团体信息	民政业务数据	智慧民政主题数据库及业务系统应用数据库	智慧民政二级平台及主题数据库
		优抚对象申报抚恤	社会团体登记管理	困难居民救助申请	社会保障应用	社会福利机构信息	民政管理数据		
		转业军人安置业务	婚姻登记管理	退伍军人安置补助	社会团体管理应用	外来人口信息	行政许可数据		
		救灾物资管理发放	社会福利院登记	婚姻登记证明	婚姻管理应用	行政划分信息	民政应用数据		
		居民救助最低保障发放	老年活动中心登记	社会团体登记年检	社会救助资金管理	优抚对象信息	社会团体数据		
		行政区设立更名	基金会登记管理	发放抚恤金	养老信息应用	社区服务管理信息	福利机构数据		
		特殊人群利益保障	志愿者服务管理	国内外收养许可	救灾物资管理应用	社会五保信息	外来人口数据		
		婚姻收养登记业务	社会救助资金管理	农村五保供养申请	社会福利机构管理	养老服务管理信息	行政划分数据		
		社区建设管理业务	社会福利机构登记管理	流浪人员救助申请		退伍军人安置信息	优抚对象数据		
			优抚对象管理	养老机构登记管理		婚姻登记信息	社区服务数据		
			福利彩票管理	福利彩票许可		民办非企业信息	社会五保数据		
							养老服务数据		
							退伍军人数据		
							结离婚数据		
							民办企业数据		
7	环保局	生态环境监督业务	环境标准管理	污染排放标准许可	环保信息平台	污染源监测信息	环保业务数据	智慧环保主题数据库及业务系统应用数据库	智慧环保二级平台及主题数据库
		建筑项目环保评估	环保企业登记管理	放射性安全标准许可	污染监控监管应用	污染企业监控信息	环保管理数据		
		环境污染防治监控	环评企业登记管理	机动车辆排放标准许可	污染源监测监管应用	车辆排放监测信息	环保许可数据		

续 表

编号	部门	业务(元数据)	管理(元数据)	行政许可(元数据)	应用(数据类)	信息(数据类)	共享(数据类)	库别	数据源
7	环保局	自然生态保护	排污许可证管理	建设项目环评许可	车辆排放监测应用	环境质量监测信息	环保应用数据		
		排污控制监测业务	机动车排放管理	排污企业申报审批	环境质量监测应用	污染质量监测信息	污染监测数据		
		环境质量监测业务	环保质量认证	建筑工地环境申报审批	危险废物监控应用	建筑工地监控信息	企业监控数据		
		核辐射安全监测	危险废物经营管理	危险品运输审批	工地监控监管应用	水源安全监控信息	车辆监测数据		
			污染企业处罚管理	危化品安全使用审批	水源安全监测监管应用	建筑节能排放信息	环境监测数据		
			重点污染源监测	水源保护项目审批	建筑节能排放监测	环保评估信息	废物监控数据		
			建筑工地环境监测	绿色建筑评估		环保企业信息	工地监控数据		
			建筑节能排放监测			环保质量认证信息	水源监控数据		
							节能排放数据		
							环保评估数据		
						污染企业处罚信息	环保认证数据		
							污染处罚数据		
8	旅游局	旅游资源规划开发	旅行社管理	旅行社设立许可	旅游信息平台	旅行社信息	旅游业务数据	智慧旅游主题数据库及业务系统应用数据库	智慧旅游二级平台及主题数据库
		旅游服务质量监督	旅行社诚信管理	导游人员年审许可	旅游一卡通应用	旅游景点信息	旅游管理数据		
		旅游企业监管	旅行社处罚管理	办理导游证许可	电子门票应用	旅游服务企业信息	旅游许可数据		
		旅游业务审查审批	旅行景点管理	旅行社业务变更许可	旅游景点监控应用	导游人员信息	旅游应用数据		
		旅游经济监测统计	旅游购物管理	旅行社分支机构备案	自助导游应用	旅游投诉信息	旅行社数据		
		旅行社业务管理	演出活动监管			旅游经济统计信息	旅游景点数据		
		旅游服务企业监管	旅游投诉管理			演出活动信息	旅游服务数据		
		旅游投诉处理	导游人员管理				导游人员数据		

续 表

编号	部门	业务(元数据)	管理(元数据)	行政许可(元数据)	应用(数据类)	信息(数据类)	共享(数据类)	库别	数据源
8	旅游局	旅游从业资格认证					旅游投诉数据		
		出境旅游管理业务					旅游经济数据		
		旅游景点服务指导							
		导游人员培训					演出活动数据		
9	城建局	城建项目审批	城市建设管理	城建建设项目审批	建筑信息平台	城市建设项目信息	城建业务数据		
		市政工程项目审批	市政建设管理	市政建设项目审批	智慧城管应用	城市建设市政项目信息	城建管理数据		
		综合城管业务	城市项目投资管理	城市项目投资审理许可	城市建设项目应用	基础设施建设项目信息	城建许可数据		
		生活垃圾处理业务	综合城管	建筑垃圾处理许可	基础设施项目示范应用	重大建设项目信息	城建应用数据		
		城建工地监控业务	城市管理行政执法	环卫设施项目审批	智慧城市示范应用	城市道路桥梁项目信息	建设项目数据		
		智慧城市示范申报	城建特许项目监管	建设工程项目监督	建设工程监控应用	城市综合治理信息	市政项目数据		
		城市管理投诉受理	智慧城市示范管理	建筑工程质量检查	智慧路灯应用	项目投资信息	基础设施数据	智慧城建主题数据库及业务系统应用数据库	智慧城建二级平台及主题数据库
				建筑工程项目验收	地下管网应用	建设工地监控信息	重大项目数据		
				建筑项目监理审批	海绵城市应用	建设项目监理信息	道路桥梁数据		
					地理信息应用	建设项目综合治理信息	综合治理数据		
					移动执法应用		项目投资数据		
							工地监控数据		
							建设项目监理数据		
							项目质量数据		
							项目验收数据		
10	规划局	城乡规划拟定	城市规划编制管理	规划设计资质审批	城乡规划信息平台	多规综合信息	规划业务数据	智慧规划主题数据库及业务应用数据库	智慧规划二级平台及主题数据库
		城镇总体规划编制	城市总体规划审查	测绘资质审批	多规合一数据应用	多规合一审查信息	规划管理数据		

355

续 表

编号	部门	业务(元数据)	管理(元数据)	行政许可(元数据)	应用(数据类)	信息(数据类)	共享(数据类)	库别	数据源
10	规划局	组织重大规划设计	规划竣工验收管理	建设规划发布	多规综合服务应用	规划项目管理信息	规划许可数据	智慧国土主题数据库及业务系统应用数据库	智慧国土二级平台及主题数据库
		核发建设规划许可	建设规划许可证	地理信息(GIS)共享	多规合一审查应用	城镇规划信息	规划应用数据		
		测绘行业管理	用地规划许可证	建设项目选址审批	规划项目管理应用	规划测绘管理信息	多规综合数据		
		建设规划项目审批	测绘资质审批	组织编制控制性规划	城镇规划应用	地理信息(GIS)	多规审查数据		
		地理信息化建设	测绘资质审查	建设体规划审查	规划测绘管理应用	重大规划设计信息	规划管理数据		
		规划测绘行政执法		建设用地规划许可	地理信息应用	核发建设规划信息	城镇规划测绘数据		
				建设工程规划审核		测绘行业审批信息	地理信息数据		
				测绘资质审核		建设规划审批信息	重大规划数据		
						规划测绘执法信息	核发规划数据		
							测绘管理数据		
							建设审批数据		
							测绘执法数据		
11	国土局	国土资源权属	矿产资源管理	《房地产权证》发放	国土资源信息平台	国土资源信息	国土业务数据		
		耕地保护	地质灾害防治管理	采矿权登记审批	地质灾害防治应用	地质灾害防治信息	国土管理数据		
		矿产环境保护治理	物资矿产企业管理	拆迁安置房登记审批	房地产信息应用	房地产信息	国土许可数据		
		国有土地转让业务	房地产经纪管理	房屋租赁登记审批	房地产企业应用	房地产企业信息	国土应用数据		
		土地征收报批业务	房地产权登记管理	房地产企业资质审批	房地产交易应用	房地产交易信息	国土资源数据		
		房屋权籍管理业务	房屋维修资金管理	代征收房地产交易税	房屋租赁信息应用	房屋租赁信息	地质防治数据		
		房地产权交易业务	房屋中介管理	房地产中介机构审批	商品房建设信息应用	商品房建设信息	房地产数据		
		低收入住房保障	基础测绘成果管理	房屋所有权登记审批	经济适用房信息应用	经济适用房信息	房地产企业数据		

续表

编号	部门	业务(元数据)	管理(元数据)	行政许可(元数据)	应用(数据类)	信息(数据类)	共享(数据类)	库别	数据源
11	国土局	房屋征收业务	房地产开发商管理	房屋变更抵押登记	房地产中介应用	房地产中介信息	房产交易数据		
		房屋安全管理业务	楼盘销售管理	经济适用房申请登记许可	国土资源权属应用	国土资源权属信息	房屋租赁数据		
		物业管理业务	二手房出售管理	商品房销售登记许可	耕地保护应用	耕地保护信息	商品房数据		
			房地产信息管理	建设项目用地审批	矿产保护治理应用	矿产环境保护信息	经济房数据		
			房屋租赁管理	房屋租赁合同管理	国有土地转让应用	国有土地转让信息	房屋中介数据		
			经济适用房管理	商品房买卖登记	土地征收应用	土地征收信息	国土资源数据		
			商品房限价管理	商品房销售合同备案	住房保障应用	住房保障信息	耕地保护数据		
			土地查封抵押管理	物业管理企业审批	房屋征收应用	房屋征收信息	矿产保护数据		
				物业人员资质审核	房屋安全管理应用	房屋安全管理信息	土地转让数据		
				占用基本农田	物业管理应用	物业管理信息	土地征收数据		
				建设用地使用权出让			住房保障数据		
				房屋补贴审核			房屋征收数据		
							房屋安全数据		
							物业管理数据		
12	发改委	宏观经济社会发展	经济社会发展编制	建设项目审批	发改信息平台	经济社会发展信息	高新企业数据	智慧发改主题数据库及业务系统应用数据库	智慧发改二级平台及主题数据库
		经济体制改革	经济体制改革管理	价格审批	经济社会发展应用	经济体制改革信息	证券企业数据		
		制定投资项目计划	投资项目管理	投资项目审批	经济体制改革	投资项目信息	企业债券数据		
		重大项目审批	重大项目登记管理	招资计划项目审批	投资项目应用	重大项目投资信息	工业经济数据		
		境外投资项目审批	重大外资项目管理	涉农项目审批	重大项目投资应用	重大项目稽查信息	商贸经济数据		
		重点项目推进稽查	重点项目稽查管理	基础设施类项目审批	重点项目稽查应用	经济调整升级信息	第三产业数据		
				资源类项目审批			数据产业数据		

续 表

编号	部门	业务(元数据)	管理(元数据)	行政许可(元数据)	应用(数据类)	信息(数据类)	共享(数据类)	库别	数据源
12	发改委	经济结构调整升级	经济调整升级管理	机场地铁公路审批	经济调整升级应用	新区规划信息	网络产业数据		
		新区规划测评	新区规划管理	节能环境类项目审批	新区规划应用	社会信用信息	国内经济数据		
		社会信用体系建设	社会信用管理	固定投资类审批	社会信用应用	招投标信息	国外经济数据		
		招投标工作指导协调	招投标管理	危化品项目审批	招投标应用	项目审批信息	能源交通数据		
				矿产类开发项目审批		工程咨询单位信息	农业经济数据		
				汽车类项目审批		发行企业债券信息	期货经营数据		
				奶制品类项目审批		进出口信息	专业咨询数据		
				原料类项目审批		创业投资企业信息	上市企业数据		
				高新技术项目审批		国家技术中心信息	新区建设数据		
				《收费许可证》核发		智慧城市发展信息	城镇建设数据		
				建设项目评审			社会发展数据		
				外资项目评估审查			投资项目数据		
				工程咨询资格认定			重点项目数据		
				发行企业债券审核			招商项目数据		
				进出口配额指标审核			发布财政数据		
				创业投资企业备案			发布金融数据		
				国家技术中心认定			进出口数据		
				智慧城市规划制定					
13	统计局	国情国力普查业务	社会资源统计管理	地方统计项目审批	统计信息平台	综合统计信息	土地资源数据	智慧统计主题数据库及业务系统应用库	智慧统计二级平台及主题数据库
		综合统计报表业务	地方统计报表管理	房地产项目统计	地方报表管理应用	地方统计报表信息	统计业务数据		
		社会发展信息采集	企业状况调查	调查机构资格审批	企业状况调查应用	企业状况调查信息	统计管理数据		

续 表

编号	部门	业务（元数据）	管理（元数据）	行政许可（元数据）	应用（数据类）	信息（数据类）	共享（数据类）	库别	数据源
13	统计局	社会经济数据采集	价格指数统计	从业统计资格认证	价格指数统计应用	价格指数统计信息	统计许可数据		
		歧失业数据统计	企业信心指数统计		企业指数统计应用	企业信心指数信息	统计应用数据		
		统计从业机构认定	企业景气指数统计		企业景气指数应用	企业景气指数信息	经济指标数据		
			统计分类标准制定		统计分类标准制定	统计分类标准信息	地区产值数据		
			制造业产值统计		制造业统计应用	制造业统计信息	综合统计数据		
			第三产业产值统计		第三产业统计应用	第三产业统计信息	统计报表数据		
			农业产值统计		农业产值统计应用	农业统计信息	企业调查数据		
			商贸业产值统计		商贸业统计应用	商贸业统计信息	价格指数数据		
			综合经济指标统计		综合经济统计应用	综合经济统计信息	景气指数数据		
						在岗职工工资信息	统计分类数据		
						固定资产投资信息	制造业数据		
						社会消费信息	第三产业数据		
							农业统计数据		
							商贸业数据		
							经济统计数据		
							职工工资数据		
							固定投资数据		
							社会消费数据		
14	经信委	工业行业管理业务	工业行业管理	能源类经营许可	工业及信息化平台	工业经济信息	经信业务数据	智慧经信主题数据库及业务系统应用数据库	智慧经信二级平台及主题数据库
		工业经济调整	工业经济调整管理	无线台站设置许可	工业经济信息应用	工业企业信息	经信管理数据		

续表

编号	部门	业务(元数据)	管理(元数据)	行政许可(元数据)	应用(数据类)	信息(数据类)	共享(数据类)	库别	数据源
14	经信委	工业及信息化项目	工业及信息化管理	工业技术改造核准	工业企业管理应用	软件企业信息	经信许可数据		
		工业及信息化投资	项目投资管理	软件企业认定	软件企业管理应用	技术创新应用信息	经信应用数据		
		工业安全应急业务	工业安全管理	软件产品登记	技术创新应用	重大项目信息	工业经济数据		
		行业技术创新指导	技术创新管理	计算机系统集成认定	重大项目管理应用	综合资源开发信息	工业企业数据		
		科技重大项目实施	科技重大项目管理	免税进口设备核准	综合资源开发应用	能耗监测监控信息	软件创新数据		
		重大装备国产审核	装备国产化管理	矿产开采申报审核	能耗管理应用	三网融合开发信息	技术创新数据		
		节能和资源综合利用	综合节能管理	技术改造项目审批	三网融合开发应用	智慧城市开发信息	重大项目数据		
		企业能耗监测监管	企业能耗监测	工业产品生产许可证	智慧城市开发应用	电子政务协调信息	资源开发数据		
		合资合作项目测评	合资合作管理	车辆生产考核申报	电子政务开发应用	信息化项目信息	能耗监控数据		
		工业特殊行业监管	工业特殊行业监管		信息化项目推进	信息资源开发信息	三网融合数据		
		三网融合指导推进	三网融合管理		信息资源开发利用	信息安全开发信息	智慧城市大数据		
		智慧城市信息化推进	智慧城市建设管理		信息安全开发利用	无线频率管理信息	电子政务数据		
		电子政务协调推进	电子政务协调		无线电管理应用	军工民用融合信息	信息项目数据		
		信息化项目推进	信息化项目管理		军工民用融合应用		信息资源数据		
		信息资源开发利用	信息资源开发管理				信息安全数据		
		信息安全体系建设	信息安全管理				无线管理数据		
		无线电频率管理	无线电频率管理				军工民用数据		
		军工与民用融合协调	军民融合管理						
15	科技局	高新技术企业审核	高新技术企业管理	科技项目评审	科技信息平台	高新技术企业信息	科技业务数据	智慧科技主题数据库及业务系统应用数据库	智慧科技二级平台及主题数据库
		科技成果登记鉴定	高新技术产品认定	高新技术企业认定	科技开发应用	科技成果信息	科技管理数据		
		技术合同登记认定	技术合同管理	科普基地认定	重点技术改关应用	技术合同信息	科技许可数据		

续表

编号	部门	业务(元数据)	管理(元数据)	行政许可(元数据)	应用(数据类)	信息(数据类)	共享(数据类)	库别	数据源
15	科技局	社会科研机构审批	技术咨询机构管理	技术合同登记认定	重点实验室应用	社会科研机构信息	科技应用数据	智慧财政主题数据库及业务系统应用数据库	智慧财政二级平台及主题数据库
		知识产权保护	重点实验室认定	重点科技项目申报	技术合同管理应用	知识产权申报信息	高新企业数据		
		科技计划项目申报	科技类社团管理	高新技术企业申报		重大科技项目信息	科技成果数据		
		火炬等重大科技项目	软件企业认定	知识产权申报			技术合同数据		
		技术人才登记审定	科技研发机构认定	技术标准编制申报		技术人才信息	社会科研数据		
							知识产权数据		
							重大科技人才数据		
16	财政局	财政收支业务	财政收支管理	会计机构注册审批	财政信息平台	财政收支信息	财政业务数据		
		财政公共支出业务	财政公共支出管理	会计人员资格审批	财政收支应用	财政公共支出信息	财政管理数据		
		税政协调和检查业务	税政协调和检查	财政决算决算	税政检查应用	税政检查信息	财政许可数据		
		社会保障资金业务	社会保障资金管理	财政预算收入审核	社会保障资金应用	社会保障资金管理信息	财政应用数据		
		非税收资金管理业务	非税收资金管理	预算单位账户审批	税收资金管理业务	税收资金管理信息	财政收支数据		
		建设财政项目支出业务	建设项目支出管理	政府采购文件审核	建设财政支出管理业务	建设财政支出信息	公共支出数据		
		基建财政支出业务	基本建设支出管理	政府采购债务审批	建设财政支出应用	基建财政支出信息	税政检查数据		
		政府贷款债务业务	政府贷款债务管理	合作合资项目审批	政府贷款债务应用	政府贷款债务信息	保障资金数据		
		政府采购业务	政府采购管理	国有资产处置审批	政府采购应用	政府采购信息	税收应用数据		
		社会审计业务	社会审计管理	基础设施配套费审核	社会审计应用	社会审计信息	建设财政数据		
		国有资产业务	国有资产管理	土地出让金征收入库	国有资产应用	国有资产信息	基建财政数据		
		会计企业机构审批	会计企业机构管理	国有资产登记审核	会计事务所应用	会计事务所信息	政府贷款数据		
						资产评测机构信息	政府采购数据		

续 表

编号	部门	业务(元数据)	管理(元数据)	行政许可(元数据)	应用(数据类)	信息(数据类)	共享(数据类)	库别	数据源
16	财政局			再生资源退税审批		财政支出项目信息	社会审计数据		
				免征非税收入审核		会计从业人员信息	国有资产数据		
							会计事务所数据		
							资产评测机构数据		
							财政支出项目数据		
							会计从业人员数据		
17	水务局	水资源管理业务	水资源管理	取水许可	水资源应用	取水许可信息	水务业务数据	智慧水务主题数据库及业务系统应用数据库	智慧水务二级平台数据库
		节水用水管理业务	节水用水管理	水务项目审批	节水用水应用	水务项目信息	水务管理数据		
		水资源保护管理业务	水资源保护管理	河道采砂许可	水资源保护应用	河道采砂信息	水务许可数据		
		水务建设项目业务	水务建设项目管理	水土保持方案审批	水务建设管理应用	水土保持信息	水务应用数据		
		城市供水排水业务	城市供水排水管理	城市供水配套许可	城市供排水应用	城市供水配套信息	取水许可数据		
		水利工程项目业务	水利工程项目管理	节约用水设施审批	水利工程项目应用	节约用水项目信息	水务项目数据		
		城乡防汛抗旱业务	城乡防汛抗旱管理	计划用水指标审核	城乡防汛抗旱应用	计划用水指标信息	河道采砂数据		
		河道建设维护业务	河道建设维护管理	水务规划设计审批	河道建设维护应用	水务项目规划信息	水土保持数据		
				排污申报审批		排污申报审批信息	城市供水数据		
				河道维护方案审批		河道建设信息	节约用水数据		
				防洪抗旱方案审批		防洪抗旱信息	计划用水数据		
				水库运维方案审批		水库运维信息	水务项目数据		
							排污审批数据		
							河道建设数据		
							防洪抗旱数据		
							水库运维数据		

续 表

编号	部门	业务(元数据)	管理(元数据)	行政许可(元数据)	应用(数据类)	信息(数据类)	共享(数据类)	库别	数据源
18	文广局	文物保护业务	出版社管理	文物保护作业用地审批	文广信息平台	文广综合信息	文广业务数据	智慧文广主题数据库及业务系统应用数据库	智慧文广二级平台及主题数据库
		文化基础设施建设	电视节目审查管理	文物保护区用地审批	文物保护应用	文广管理信息	文广管理数据		
		文化娱乐演出监督	电影放映管理	文物保护措施许可	文化娱乐应用	文化娱乐信息	文广许可数据		
		电视电影发行放映	演出剧场管理	文物保护修缮许可	网络服务应用	网络服务信息	文广应用数据		
		出版物印刷市场监管	群众艺术管理	文化娱乐场所许可	演出放映管理应用	演出放映管理信息	文广综合数据		
		互联网服务行业监管	赛事管理	电影放映单位许可	文化团体管理应用	文化团体管理信息	文物保护数据		
		印刷行业许可证管理	社会文化活动管理	网络服务企业许可	出版印刷管理应用	出版印刷管理信息	文化娱乐数据		
			图书馆管理	对外文化项目审批	文化出版管理应用	文化出版机构信息	网络服务数据		
			文化馆管理	设置卫星接收站许可			演出管理数据		
			演出公司管理	网络视听节目许可			文化管理数据		
			艺术培训机构管理	开办网络点播许可			出版管理数据		
			演出剧团管理	演出团体及营业审批			文化出版数据		
			文化讲堂管理	文物销售拍卖许可					
19	税务局	税费征收业务	税费征收管理	税费优惠减免许可	税务信息平台	税务征收名录信息	税务业务数据		
		纳税监督检查业务	纳税监督检查管理	社会保险费征缴许可	税费征收应用	缴纳税务名录信息	税务管理数据		
		涉税违法处罚	涉税违法处罚管理	企业社保费征缴许可	纳税监督检查应用	发票信息	税务许可数据		
		个税营业税减免	个税营业税管理	营业税征收许可	涉税违法处罚应用	纳税申报税种信息	税务应用数据		
		发票管理业务	发票管理	企业税征收许可	个税营业税应用	个人所得税信息	税务征收数据		
		税务登记管理业务	税务登记管理	房产税征收许可	发票管理应用	企业所得税信息	缴纳税务数据		
			代理财务机构管理	个人所得税征收许可	税务登记管理应用	企业申报纳税信息	发票管理数据		
				土地税费征收许可	代理财务机构应用	主管税务机关信息	纳税申报数据		

续表

编号	部门	业务（元数据）	管理（元数据）	行政许可（元数据）	应用（数据类）	信息（数据类）	共享（数据类）	库别	数据源
19	税务局			资源税征收许可		代理财务机构信息	个人税数据		
				教育附加税征收许可		税费征收信息	所得税数据		
				城建税许可		纳税监督检查信息	申报纳税数据		
				车船税许可		涉税违法处罚信息	税务机关数据		
				税务登记许可		个税营业税信息	财务机构数据		
				非盈利企业免税认定		发票管理信息	税费征收数据		
				纳税人信用等级评定		税务登记信息	纳税监督数据		
							涉税处罚数据		
							营业税数据		
							发票管理数据		
							税务登记数据		
20	工商局	工商企业注册业务	工商企业注册管理	企业名称核准许可	工商信息平台	工商企业注册信息	工商业务数据	智慧工商主题数据库及业务系统应用数据库	智慧工商二级平台及主题数据库
		市场监督管理业务	市场监督管理	企业核准登记许可	企业名称核准应用	市场监督信息	工商管理数据		
		商品质量监督业务	商品质量监督管理	外国企业登记许可	企业核准登记应用	商品质量监督信息	工商许可数据		
		查处假冒伪劣业务	查处假冒伪劣管理	广告企业资格审批	外国企业应用	查处假冒伪劣信息	工商应用数据		
		经济合同监督业务	经济合同监督管理	市场监督管理许可	广告经营应用	经济合同监管信息	企业注册数据		
		抵押登记业务	抵押登记管理	商品质量监督许可	市场监督管理应用	抵押登记信息	市场监管数据		
		商标注册业务	商标注册管理	查处假冒伪劣许可	商品质量监督应用	商标注册信息	质量监督数据		
		广告审批业务	广告审批管理	经济合同监管许可	查处假冒伪劣应用	广告审批信息	假冒伪劣信息		
		网络经营监督业务	网络经营监督管理	抵押登记管理	经济合同监管应用	网络经营监管信息	合同监管数据		
		安全生产评估		商标注册许可	抵押登记管理应用	企业年检监督信息	抵押登记数据		

附　录

续表

编号	部门	业务(元数据)	管理(元数据)	行政许可(元数据)	应用(数据类)	信息(数据类)	共享(数据类)	库别	数据源
20	工商局	安全事故处罚			商标注册应用	企业信用信息	商标注册数据		
							广告审批数据		
							网络监管数据		
							企业年检数据		
							企业信用数据		
21	安监局	安全生产监督业务	安全生产监督管理	矿山安全生产许可	安全生产信息平台	安全生产综合信息	安监业务数据	智慧安监主题数据库及业务系统应用数据库	智慧安监二级平台及主题数据库
		烟花爆竹生产准入	烟花爆竹经营管理	烟花爆竹经营许可	安全生产监督应用	安全生产监督信息	安监管理数据		
		职业卫生监督检查	职业卫生监督管理	乙类危险品经营许可	烟花爆竹生产应用	烟花爆竹生产信息	安监许可数据		
		安全事故调查	安全事故调查管理	甲类危险品经营许可	职业卫生监督应用	职业卫生监督信息	安监应用数据		
		安全事故救援	安全事故救援管理	制销化学品许可	安全事故调查应用	安全事故调查信息	安全生产数据		
		安全检验检测	安全检验检测管理	民用爆炸品生产许可	安全事故救援应用	安全事故救援信息	安全事故数据		
		安全中介机构监管	安全中介机构管理	民用爆炸品销售许可	安全检验检测应用	安全检验检测信息	烟花生产数据		
				项目安全设施机构审批	安全中介机构应用	安全中介机构信息	职业卫生数据		
				安全培训机构审批			安全救援数据		
				乙级安全机构审批			安全检测数据		
				特种防护产品销售认证			中介机构数据		
				高危企业资格认证					
				重大应急预案审批					
22	质监局	质检监督检查业务	质量监督检查管理	制造修理计量器具	质量信息平台	产品质量信息	质检业务数据	智慧质监主题数据库及业务系统应用数据库	智慧质监二级平台及主题数据库
		质检检验检测业务	质量检验检测管理	计量器具检测许可	质量监督检查应用	计量检测信息	质检管理数据		
		质检监督执法业务	质量监督执法管理	计量标准器具考核	质量监督检验检测应用	质量监督检查信息	质检许可数据		
		质检认证业务	质量认证管理	计量检定人员考核	质量监督执法应用	质量检验检测信息	质检应用数据		

续 表

编号	部门	业务（元数据）	管理（元数据）	行政许可（元数据）	应用（数据类）	信息（数据类）	共享（数据类）	库别	数据源
22	质监局	标准化管理业务	标准化管理	特种设备使用登记	质量认证应用	质量监督执法信息	产品质量数据		
		计量管理业务	计量管理	设备操作人员考核	标准化应用	质量认证信息	计量检测数据		
		特种设备安全业务	特种设备安全管理	标准化审批发布	计量应用	标准化信息	质量监督数据		
				质量认定考核认定	特种设备安全应用	计量管理信息	质量检验数据		
						特种设备安全信息	质量执法数据		
							质量认证数据		
							标准化数据		
							计量管理数据		
							特种设备数据		
23	食品药品监督局	药品及医疗器械业务	药品及医疗器械管理	化妆品销售许可	食药综合信息平台	食药品综合信息	食药品质量数据	智慧食药品主题数据库及业务系统应用数据库	智慧食药平台及二级平台主题数据库
		食品安全监管业务	食品安全管理	药品销售许可	医疗器械管理应用	药品生产企业信息	食药品管理数据		
		特种药品管理业务	特种药品管理	制药企业审批	食品安全应用	药品批发零售信息	食药品许可数据		
		查处食药品安全事故	查处食药品安全管理	药品生产许可	特种药品应用	药品及医疗器械信息	食药品应用数据		
		餐饮食品卫生监督	餐饮食品卫生管理	保健食品生产许可	查处食药品安全应用	食品安全信息	食药品综合数据		
				化妆品生产许可	餐饮食品卫生应用	特种药品信息	药品企业数据		
				餐饮服务及卫生许可		查处食药品安全信息	药品批发数据		
				医疗器械生产许可		餐饮食品卫生信息	医疗器械数据		
				网络药品销售许可			食品安全数据		
				进口药品销售许可			特种药品数据		
				药品批发企业审批			食药品处罚数据		
							餐饮卫生数据		

参 考 文 献

[1] 李林.数字城市建设指南上册[M].南京:东南大学出版社,2010.
[2] 李林.数字城市建设指南中册[M].南京:东南大学出版社,2010.
[3] 李林.智慧城市建设思路与规划[M].南京:东南大学出版社,2012.
[4] 李林.智慧民生工程[M].南京:江苏凤凰科学技术出版社,2016.
[5] 李林.新型智慧城市系统工程[M].南京:江苏凤凰科学技术出版社,2018.
[6] 刘鹏.军事信息栅格理论与技术[M].北京:国防工业出版社,2015.
[7] 爱德华·克劳利,布鲁斯·卡梅隆,丹尼尔·塞尔瓦.系统架构:复杂系统的产品设计与开发[M].北京:机械工业出版社,2017.
[8] 李林.智慧城市系列标准:第一卷[M].南京:江苏凤凰科学技术出版社,2015.
[9] 李林.智慧城市系列标准:第二卷[M].南京:江苏凤凰科学技术出版社,2016.
[10] 李林.新型智慧城市总体规划导则[M].南京:江苏凤凰科学技术出版社,2017.
[11] 刘鹏.数据挖掘[M].北京:电子工业出版社,2018.
[12] 刘鹏.大数据可视化[M].北京:电子工业出版社,2018.
[13] 刘鹏.深度学习[M].北京:电子工业出版社,2018.
[14] 伊恩·古德费洛,约书亚·本吉奥,亚伦·库维尔.深度学习[M].赵申剑,等译.北京:人民邮电出版社,2017.
[15] 吴岸城.神经网络与深度学习[M].北京:电子工业出版社,2016.